MANUAL DOUTRINÁRIO, RITUALÍSTICO E COMPORTAMENTAL UMBANDISTA

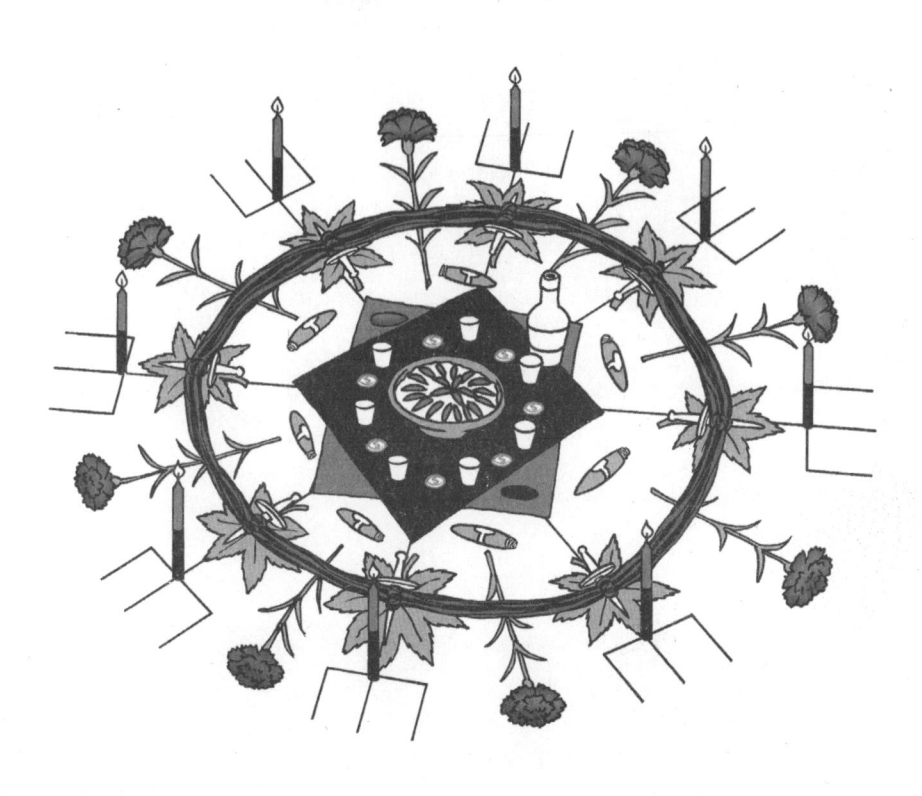

Supervisão de Rubens Saraceni
Coordenação de Lurdes de Campos Vieira

MANUAL DOUTRINÁRIO, RITUALÍSTICO E COMPORTAMENTAL UMBANDISTA

Textos:
Adriano Vieira Cazallas, Daisy Saraceni Faria, Domitilde Aparecida Pedro, Doris Deborah Massulo, Douglas Henrique Cetertick, Gloria Costa, Lurdes de Campos Vieira, Maria Andrea La Greca, Maria Flavia Fernandes da Silva, Marilda de Aguiar, Míriam Christino, Paula Santamaria e Rozilene Marques

MADRAS®

© 2022, Madras Editora Ltda.

Editor:
Wagner Veneziani Costa (*in memoriam*)

Produção e Capa:
Equipe Técnica Madras

Ilustrações foram desenvolvidas e cedidas para esta obra por:
Gloria Costa

Revisão:
Neuza Aparecida da Rosa Alves

Dados Internacionais de Catalogação na Publicação (CIP)
(Câmara Brasileira do Livro, SP, Brasil)

Manual doutrinário, ritualístico e comportamental umbandista / supervisão de Rubens Saraceni ; coordenação de Lurdes de Campos Vieira. –
9. ed. – São Paulo : Madras, 2022.
Bibliografia.
ISBN 978-85-370-0422-7

1. Umbanda (Culto) I. Saraceni, Rubens.
II. Vieira, Lurdes de Campos.
08-10292 CDD-299.672

Índices para catálogo sistemático:
1. Umbanda : Doutrina, rituais e comportamento :
Religiões afro-brasileiras 299.672

Proibida a reprodução total ou parcial desta obra, de qualquer forma ou por qualquer meio eletrônico, mecânico, inclusive por meio de processos xerográficos, incluindo ainda o uso da internet, sem a permissão expressa da Madras Editora, na pessoa de seu editor (Lei nº 9.610, de 19.2.98).

Todos os direitos desta edição reservados pela

MADRAS EDITORA LTDA.
Rua Paulo Gonçalves, 88 – Santana
CEP: 02403-020 – São Paulo/SP
Tel.: (11) 2281-5555 – (11) 98128-7754
www.madras.com.br

DEDICATÓRIA
Dedicamos este trabalho ao nosso Mestre e Pai espiritual, Rubens Saraceni, com o nosso profundo respeito, confiança e amizade.

Os autores

ÍNDICE

Abertura 11
Prefácio 13
Introdução à Obra 15
Objetivos da Obra 18
"Umbanda tem Fundamento, é Preciso Preparar"... 19
    A — Preparação dos Templos 19
        A.1 — O Espaço Sagrado e as Posturas 20
        A.2 — A Infra-estrutura.. 20
        A.3 — Organização de Grupos de Trabalho 21
        A.4 — Cumprimento dos Horários................................ 26
    B — Preparação do Ambiente Para os Trabalhos 26
    C — Preparação da Corrente Mediúnica 33
        C.1 — Reforma Íntima 34
        C.2 — A Purificação do Corpo...................................... 34
        C.3 — A Purificação do Coração 35
        C.4 — Condições Para o Trabalho 36
        C.5 — Preparo Para o Dia de Trabalho......................... 36
        C.6 — Preparação no Templo 38
        C.7 — Organização e Manutenção da Corrente Energética 45
    D — A Preparação Comportamental do Sacerdote 46
        D.1 — Deveres do Sacerdote Umbandista 47
    E — A Preparação Comportamental dos Ogãs. 60
        E.1 — Deveres do Ogã. 62
        E.2 — Não é Permitido ao Ogã 64
    F — A Preparação Comportamental dos Médiuns 64
        F.1 — Tipos de Mediunidade 65
        F.2 — Os Médiuns na Umbanda. 69
        F.3 — Deveres dos Médiuns mais Experientes 71
        F.4 — Deveres dos Médiuns mais Novos ou em Desenvolvimento 77
    G — A Preparação Comportamental dos Cambones e dos Auxiliares 78
        G.1 — Deveres dos Cambones e dos Auxiliares 79

Atuação Junto aos Frequentadores..81
   A — Recepção 81
      A.1 — Orientações Iniciais 81
      A.2 — Orientações sobre Vestimenta 82
      A.3 — Pedidos de Silêncio 82
   B — Procedimentos no Templo 83
      B.1 — Orientações Religiosas 83
      B.2 — Folhetos para os Fiéis 84
      B.3 — Uso do Som 85
   C — Motivação Religiosa dos Frequentadores 85
      C.1 — O Culto Familiar 87
      C.2 — Gira de Desenvolvimento Mediúnico 87
      C.3 — Gira de Atendimento Individual 87
      C.4 — Culto Religioso com Doutrina 88
         C.4.1 — Instruções Gerais 88
         C.4.2 — A Prática do Culto com Doutrina.......................88
         C.4.3 — Exemplos de Culto com Doutrina — Culto ao Divino Criador Olorum (Culto aos Sagrados Mistérios de Deus)........89
         Culto Religioso a Pai Oxalá 102
         Culto Religioso à Mãe Logunã 112
         Culto Religioso à Mamãe Oxum 122
         Culto Religioso ao Pai Oxumaré 133
         Culto Religioso a Pai Oxóssi...144
         Culto Religioso à Mãe Obá 155
         Culto Religioso a Pai Xangô 165
         Culto Religioso à Mãe Oro Iná 174
         Culto Religioso a Pai Ogum 184
         Culto Religioso à Mãe Iansã..195
         Culto Religioso ao Pai Obaluaiê......................................204
         Culto Religioso à Mãe Nanã..213
         Culto Religioso à Mãe Iemanjá 224
         Culto Religioso a Pai Omolu 234
         Culto Religioso ao Sr. Exu 244
         Culto Religioso a Sra. Pombagira 251
      C.5 — Culto Religioso Coletivo...256
         C.5.1 — Instruções Gerais 256
         C.5.2 — A Prática do Culto Coletivo 257
         C.5.3 — Exemplo de Culto Coletivo — Culto Religioso Coletivo .... a Pai Obaluaiê 258
      C.6 — Cultos Consagratórios..269
         C.6.1 — Instruções Gerais 270
         C.6.2 — A Prática do Culto Consagratório 270
         C.6.3 — Exemplos de Cultos Consagratórios.................271
            C.6.3.1 — Ritual para a Consagração de Imagens............271

C.6.3.2 — Ritual para a Consagração de Talismãs 279
C.6.3.3 — Ritual para a Consagração da Água 284
C.6.3.4 — Ritual para Consagração do Azeite 290
C.6.3.5 — Ritual para a Consagração do Vinho 296
C.6.3.6 — Ritual para Consagração do Sal 302
C.6.3.7 — Ritual para Consagração de Ervas, Banhos e
Essências 308
C. 7 — Outros Cultos 315
   C.7.1 — Instruções Gerais para os Rituais de Saúde,
Prosperidade e Outros 315
   C.7.2 — A Prática dos Rituais para a Saúde e Outros 315
   C.7.3 — Exemplos de Ritual 317
      C.7.3.1 — Ritual para a Saúde 317
      C.7.3.2. — Ritual para Prosperidade 323
C. 8 — Cerimônias Sacramentais 330
   C.8.1 — Instruções Gerais 331
   C.8.2 — A Prática dos Sacramentos 332
      C.8.2.1 — Cerimônia de Batismo 333
      C.8.2.2 — Cerimônia de Casamento 337
      C.8.2.3 — Cerimônia Fúnebre 343
C.9 — Conclusões 350
Bibliografia 351

ABERTURA

O processo de produção deste trabalho foi muito gratificante, pois aprofundou os laços de convivência, irmandade e amizade entre os participantes. Acreditamos que todos aprendemos a ouvir mais atentamente o outro, a respeitar as opiniões, a oferecer o nosso trabalho — conforme nossas condições a desenvolver a paciência, a tolerância, a reflexão e o compartilhar.

A participação de cada um, quer tenha sido maior ou menor, foi fundamental. Todos compareceram às reuniões, realizadas aos domingos, trocaram conhecimentos, debateram ideias, deram sugestões, cantaram, riram e, com certeza, saíram enriquecidos e felizes.

Sabemos que muitos gostariam de ter participado deste projeto, mas não dispunham de tempo para dedicar-se a ele. Com certeza, outras oportunidades surgirão.

Queremos agradecer a participação indireta de alguns irmãos, como Paulo Sergio Rösler, Severino de Sena, Geraldo Pereira Rosa Junior, Roberto da Costa e Sueli Vieira de Lima Mignor.

Se não fizemos o melhor, fizemos o que nos foi possível, neste momento, como resultado do entrosamento e do consenso do grupo.

Esperamos que as sugestões propostas possam auxiliar os(as) dirigentes, que concordarem com elas, na melhor atuação em seus templos e na orientação aos médiuns, quanto ao seu comportamento.

PREFÁCIO

"Oxalá é rei, Oxalá é Pai,
Oxalá é o rei ... Ele é o rei dos orixás!"
(*Ponto Cantado*)

Sendo o "exército branco de Oxalá", os umbandistas parecem estar, de certo modo, vivendo na própria pele um dos mitos que a tradição afro-brasileira atribui a esse que é — conforme um ponto cantado — "o rei dos Orixás": o mito que nos conta a confusão que Exu causou quando Oxalá levava as novas leis que Xangô deveria proclamar em seus reinos.

Não sei se vou narrar corretamente o mito, mas, se minha memória estiver certa, quando Oxalá estava a caminho, Exu se disfarçou por três vezes para desviar o orixá — emissário de Olorum —, atrasá-lo e sujar a roupa branca que o identificaria quando ele chegasse na aldeia de Xangô.

Em uma das vezes, fez de conta que sua carroça de carvão tinha virado. Oxalá foi ajudá-lo e se sujou de carvão. De uma outra vez, fingiu estar ferido e todo lambuzado de sangue. Oxalá o socorreu e se sujou de sangue. Em outra ocasião, ainda, simulou estar atolado na lama e sujou o orixá misericordioso que sempre a todos os necessitados ajuda. Imaginem como estava a branca roupa de Oxalá, quando ele finalmente chegou a seu destino.

Mas, para completar a peça que Exu queria pregar, antes de Oxalá chegar, ele entrou escondido na aldeia e praticou um crime.

Então, adivinhem o que aconteceu com Oxalá quando o viram chegando? Acharam que o criminoso era aquele forasteiro, estranho e todo emporcalhado, que aparecera ali justamente quando tinham acabado de descobrir o crime. Oxalá foi preso e, sem receber as novas leis divinas que ele trazia, o reino de Xangô caiu na discórdia e na estagnação. Somente quando Xangô mandou buscar o conhecedor dos oráculos para interpretar os desígnios ocultos em tudo aquilo que estava acontecendo, a situação se esclareceu e Oxalá foi solto. As leis foram proclamadas, e a paz e a prosperidade voltaram a prevalecer.

Só que, quando Oxalá foi libertado, ele já não era o jovem Oxaguiã; toda aquela provação, privação e sofrimento transformaram-no no velho e maduro Oxalufã.

Talvez, imaginando o remorso e o arrependimento que Xangô teria sentido, há quem diga que ele acabou cometendo suicídio. Eu prefiro interpretar isso como sendo a necessidade que a lei tem de se matar para se renovar, se quiser distribuir justiça a cada diferente estágio da evolução humana. Também seria preciso interpretar o papel de Exu neste mito. Simboliza o imprevisto, o ilusório, o equívoco que se oculta por detrás das aparências e exige um olhar mais profundo e um conhecimento maior.

A Umbanda constituiu-se publicamente como prática religiosa, migrando aos poucos dos bastidores dos quintais e das cozinhas de seus humildes seguidores, para o proscênio das Tendas, que se multiplicavam nas então recentes metrópoles brasileiras, como Rio de Janeiro, São Paulo, Porto Alegre e Belo Horizonte, a partir da corajosa iniciativa do médium Zélio Fernandino de Moraes, em 1908.

Assim que se assumiu formalmente frente à sociedade brasileira — oficialmente católica, apostólica, romana e, no âmbito laico, cientificista e defensora do embranquecimento da raça — a Umbanda foi perseguida pela polícia e seus médiuns, muitas vezes, iam parar na delegacia, recebendo os maus-tratos típicos dessas instituições.

Hoje em dia, já não somos presos, mas difamados e caluniados. Isso, certamente, é outra forma de prisão, pois a falsidade e a mentira limitam o poder da verdade e impedem os prodígios da fé. Mas, não para sempre, graças a Deus!

Oxalá, tenha chegado o momento de a Umbanda ser reconhecida em seus ricos fundamentos, leis e princípios, como dádiva de Deus para o povo brasileiro, e do povo brasileiro para a humanidade.

Faço votos que o grupo que ora apresenta este trabalho — coordenado por Mãe Lurdes de Campos Vieira (minha mãe) — sob os auspícios de Pai Rubens Saraceni e sua grande comunidade, contribua para o reconhecimento público que a Umbanda merece e que Pai Rubens e outras autoridades da religião já estão conquistando.

Tenho certeza, tenho fé que, assim como os umbandistas se libertaram da perseguição policial, vão se libertar dos estigmas que seus difamadores e caluniadores tentam lhes impingir pelo método mais grosseiro: repetindo mentiras até que elas pareçam verdades.

O potencial transmutador que, então, vai ser liberado poderá, quiçá, abrir os caminhos para que o povo brasileiro saia da condição miserável e indigna em que se encontra na injusta distribuição-concentração internacional das riquezas no Planeta. Se, por um lado, "a esperança é a última que morre", por outro, "a fé é a mãe de todas as virtudes".

Como sabemos, Pai Oxalá é o regente masculino do Trono da Fé, fazendo par com Mãe Logunã, que rege o Tempo. "A Fé remove montanhas". No tempo certo, a devoção dos umbandistas à sua fé removerá os obstáculos que hoje parecem intransponíveis.

Adriano Vieira Cazallas
Historiador

INTRODUÇÃO À OBRA

"Avante, filhos de fé, como a nossa Lei não há..."
Hino da Umbanda

Entendemos por doutrina o conjunto de princípios que servem de base a um sistema religioso, político ou filosófico. No caso específico da Doutrina de Umbanda ora proposta, é a codificação de normas que devem ser seguidas pelos praticantes umbandistas e não a doutrina litúrgica, embora haja constante mediação entre ambas. Isso não significa que a Umbanda não precisa ter uma liturgia que deva ser aceita e seguida por todos os seus adeptos.

Lembramos que há uma contradição entre a perigosa conotação dogmática que se pode dar às palavras doutrina, doutrinar e doutrinação, e o espírito da prática umbandista, baseado na pureza, humildade e simplicidade. Há religiosos dogmáticos que chegam ao extremo de fazer guerras em nome de suas doutrinas.

Sabemos que não é fácil estabelecer normas doutrinárias, ainda que básicas, que sirvam de denominador comum aos umbandistas, pois a doutrina religiosa tem relação direta e profunda com os princípios morais e éticos ditados pela consciência dos praticantes de determinada religião. Isso ocorre porque esses princípios não são decididos por eleição, mas pelo foro íntimo, pelo livre-arbítrio, pelos exemplos deixados pelos profetas, santos, messias, iniciados, mestres e sacerdotes responsáveis pela manutenção dos cultos e dos espaços sagrados. Não temos intenções dogmáticas com esta proposta, mas, queremos simplesmente traçar algumas normas de uniformização doutrinária, para maior identidade e fortalecimento da Umbanda, procurando não incorrer na fixação de tabus ou de ensinamentos ultrapassados.

Observando atentamente o comportamento dos médiuns e dos consulentes nos terreiros umbandistas não é difícil perceber que há diversas lacunas a preencher, pois a religião de Umbanda, embora nova em sua forma de manifestação e ainda em fase experimental de implantação, já deveria ter suas normas estabelecidas e seguidas. Essas normas já existem empiricamente em diversos terreiros, mas são desprezadas em outros.

A tarefa a nós solicitada, em reunião da A.U.E.E.S.P. (Associação Umbandista e Espiritualista do Estado de São Paulo), foi a de reunir algumas das regras fundamentais que possam sugerir uma coesão de atuação dos terreiros. Se os templos seguirem tais normas, este será o início de um processo que poderá se estender gradativamente. Cada templo deverá ser um modelo de virtude da Doutrina.

Acreditamos que é preciso aperfeiçoar e ampliar a consciência religiosa e a dimensão cultural umbandista, para fundamentar adequadamente essa comunidade com conceitos próprios, aprofundando sua religiosidade. Necessário se faz, também, clarear os objetivos individuais e coletivos, desmistificar os fetiches, melhorar a cerimonialidade, a qualidade de atuação, atendimento, comunicação, eficiência e fineza de trato nos terreiros e, consequentemente, sua inserção social.

Cultura é o conjunto de conhecimentos que uma geração passa para outra; designa toda uma estrutura social no campo das ideias, das crenças, costumes, artes, tecnologias, linguagens, moral, direito, leis, etc. Ela se traduz no modo de agir, sentir e pensar de uma coletividade que aprende, inova e renova o seu próprio modo de criar e fazer as coisas, em uma dinâmica de constantes transformações. É imperioso, portanto, envidar esforços que possam preencher as lacunas existentes na atuação umbandista, que tem a religião como a pedra fundamental. Mas, não podemos nos esquecer de que há vários outros pilares, também importantíssimos, como a ética, a ciência e a filosofia.

Mestre Rubens Saraceni diz que "a Umbanda está tomada pela paralisia, pelo imobilismo mental e consciencial. Sua estrutura de cúpula tem sido impermeável e estática; não aceita mudanças. O que mais paralisou a religião foi a preguiça e a falta de disposição".

Nossa religião tem sido encarada como folclore, desqualificada em programas de rádio e de televisão e em *marketings* blasfêmicos e sem ética, que disputam a arregimentação de fiéis de maneira desleal, em uma espécie de mercado religioso. Precisamos nos preparar, para produzirmos uma organização mais efetiva e eficiente e uma religiosidade, com acompanhamento orientador, que faça com que as pessoas permaneçam e perseverem na religião, sentindo-a com muita fé, amor e respeito.

A Umbanda, por sua simplicidade e pelo fato de cada médium ser um templo vivo, atua muito na informalidade do ambiente doméstico. Se, de um lado, isso é bom, porque a torna versátil e acessível às pessoas simples, por outro, essa informalidade e a multiplicidade exagerada de diferentes formas de prática levam a um desregramento e descaracterização do culto umbandista.

Além disso, como em todas as religiões, a usurpação e o charlatanismo deram margem para estigmas e ataques desferidos contra nossa religião. Também, não temos um código de ética, uma doutrina que a regularize, que ponha limites aos abusos, tampouco uma autoridade validada por todos que possa supervisionar as ações inadequadas. Até hoje, essas ações só foram disciplinadas pelo guia do médium.

O projeto que ora apresentamos servirá como uma primeira reflexão sobre a necessidade de termos uma Doutrina de Umbanda que crie um consenso, que permita o delineamento natural de uma linha de pensamento e atuação que se torne predominante em nossa religião.

OBJETIVOS DA OBRA

"É hora, é hora, é hora, caboclo, é hora de trabalhar."
Ponto de chamada de caboclo

- Participar do movimento para mudança da imagem da Umbanda e reverter o quadro atual fazendo com que ela seja bem conceituada no panorama social geral.

- Melhorar a dinâmica de trabalho, com uma autossustentação material de apoio ao cultivo espiritual.

- Definir e distinguir o autêntico campo de trabalho dos umbandistas, para que falem a mesma língua, sigam um mesmo rumo e trabalhem unidos pelo coletivo.

- Respeitar e proteger a Natureza, principalmente em seus pontos de força, participando dos movimentos políticos e sociais e das ações institucionais concretas, já existentes.

- Acolher cada vez mais adeptos, praticantes e participantes, incorporando o médium e o frequentador dos nossos templos, como umbandistas convictos.

- Desenvolver a mentalidade correta dos umbandistas e melhorar o relacionamento entre eles, tornando-os uma verdadeira irmandade, em torno de um ideal, de um trabalho permanente de crescimento pessoal, que se expressará no crescimento da religião.

- Auxiliar o crescimento da religiosidade.

- Prepararmo-nos para organizar e participar de grandes movimentos de massa.

Mudar a imagem atual da Umbanda envolve unidade, coesão, satisfação e orgulho de ser parte da religião. Isso tem de se expressar na conduta, sendo que a garantia do respeito aos princípios e sua colocação em prática, requer moral, disciplina doutrinária e individual, ensinamento, partilha de conhecimentos, aprendizado conjunto e irmandade. Envolve, ainda, a conscientização de que o médium deve estudar, para entender melhor o que seus guias lhe passam na vivência do fenômeno mediúnico.

"UMBANDA TEM FUNDAMENTO, É PRECISO PREPARAR"...

A — PREPARAÇÃO DOS TEMPLOS

> "Somos templos vivos, através dos quais o Pai chega ao nosso semelhante. Temos que espelhar o Pai."
> *Mestre Rubens Saraceni*

Para que esta Doutrina de Umbanda não se transforme em letra morta ou palavras ao vento, na prática cotidiana, é preciso que nossos terreiros sejam modelos de virtude dela.

A Natureza, principalmente em seus pontos de força, é o espaço sagrado do Umbandista. Pela dificuldade de se cultuar Deus e Suas Divindades nos santuários naturais, foram criados os Templos.

Um Templo tem uma função nobre, muito maior do que podemos imaginar ou ver com olhos carnais. Nesses locais, existe um campo eletromagnético criado pelas Irradiações Divinas que o inundam de essências religiosas despertadoras da fé. No seu lado etérico ou espiritual, cada Templo assemelha-se a uma célula viva, que ora se expande, ora se contrai, de acordo com as necessidades. Nossos Templos são espaços consagrados às Divindades e aos rituais religiosos da Umbanda.

O espaço físico do Templo acolhe aqueles que ali trabalham e os frequentadores de suas atividades. Mas, cada Templo tem seu correspondente no espaço etérico, seu grau vibratório e magnético, semelhante a uma tela vibratória. Nesse espaço etérico específico, ressonarão todas as ações voltadas ao bem geral, iniciadas dentro do templo, protegidas, amparadas e estimuladas pelos mentores espirituais.

Sagrado é o Templo e sagrado deve ser o umbandista; silencioso e com respeito, integrando-se em espírito às coisas de Deus e tornando-se Seu manifestador.

A.1 — O ESPAÇO SAGRADO E AS POSTURAS

Sempre que adentrarmos em um Templo, devemos pedir licença e comportarmo-nos religiosamente, ainda mais se ele for de nossa religião, pois é o local onde nos conectamos com o Divino Criador.

Não devemos jamais levar nossos vícios para os espaços sagrados e nossa conduta nesses locais deve ser de extrema cerimonialidade, cuidado e respeito. Esse lugar é incompatível com conversas, brincadeiras, mexericos, comércio, vícios, futilidades, lixos e qualquer outra inconveniência. O terreiro é um espaço sagrado e não um clube de amigos.

Todos devem estar irmanados no amor, na fé e nas atitudes, pois a postura é o modo pelo qual Deus se manifesta por meio de cada um, para o seu semelhante. Portanto, nossa postura deve ter coerência com o "espelhar o Pai".

Os praticantes de uma religião são membros de uma família e, em uma família desunida e em desarmonia, não se podem realizar grandes coisas. Portanto, não deve haver conflito de autoridade, desrespeito com o chefe da casa, com os irmãos ou com o público.

O corpo de trabalho, além das atitudes adequadas, tem de estar em prontidão, em sintonia com o chefe da casa. Deve ter a compreensão profunda do momento sagrado e bastante clareza da fronteira entre o profano e o sagrado.

A.2 — A INFRAESTRUTURA

Temos consciência de que a maior parte dos templos de Umbanda são pequenos, mas, pequenos, médios ou grandes, todos precisam ter uma infraestrutura adequada, com seu espaço, seus utensílios, seus médiuns e demais colaboradores, devidamente preparados.

Um Templo é uma organização e, como tal, tem de ter qualidade. Em uma organização ninguém pode responder "não sei". Todos devem estar orientados, para que, ao receber qualquer pergunta por parte dos frequentadores, possam respondê-la ou levá-los até quem pode resolver o seu problema.

Para dar um tratamento adequado a todos os trabalhos realizados em nossa religião, cada casa deve formar Grupos Específicos, que se dedicarão ao planejamento, organização e condução de cada atividade, de acordo com as necessidades e disponibilidades do Templo. Cada grupo deverá ter um coordenador, auxiliado por irmãos, que poderão ter funções específicas ou não. Todos os grupos deverão estar integrados e devidamente preparados e informados, para o exercício de suas funções.

A.3 — ORGANIZAÇÃO DE GRUPOS DE TRABALHO

GRUPO PARA LIMPEZA E ARRUMAÇÃO DO TEMPLO

Esse grupo deve cuidar da manutenção da limpeza e da ordem do chão, dos móveis e utensílios que fazem parte do espaço sagrado, inclusive das cadeiras ou assentos para acomodação dos frequentadores. As demais orientações estarão no item B — "Preparação do Ambiente para os trabalhos".

GRUPO PARA ORGANIZAÇÃO DAS INFORMAÇÕES

Esse grupo deverá preparar os cronogramas e *folders* explicativos dos trabalhos da casa:

• **Calendário Anual de Trabalhos e Eventos**

Deverá ser definido no início do ano, em conjunto com o dirigente da casa, e servirá como base para o planejamento das atividades do Templo durante todo o ano.

• **Calendário Mensal de Trabalhos e Eventos, para os médiuns e para os frequentadores**

Será definido antecipadamente, mês a mês, informando as datas, formas de trabalho, orixás cultuados, etc.

• *Folhetos:*

Com Mensagens, Orações, Cantos e Explicações Doutrinárias, para os médiuns e para os frequentadores.

• *Demais divulgações necessárias*

GRUPO PARA ORGANIZAÇÃO DE EVENTOS

Os templos têm em sua rotina os trabalhos semanais de atendimento aos fiéis e de desenvolvimento dos médiuns. Complementando os trabalhos semanais, são realizadas, em maior ou menor grau, diversas atividades não rotineiras, de grande importância no contexto de nossa religião:

• *Festas Religiosas*

Orixás, Pretos-Velhos, Crianças, Baianos, etc.

• *Cerimônias Religiosas*

Casamentos, Batizados, Amacis, etc.

• *Eventos de Confraternização*

Confraternização da equipe mediúnica, confraternização entre templos, etc.

• *Eventos Sociais*

Campanhas de doação, bazares, etc.

Todos esses eventos têm como característica comum o fato de serem atividades não rotineiras que, por isso, não têm uma estruturação claramente definida para sua realização. A execução de tais trabalhos se processa quase que automaticamente e a improvisação é o método mais comum. Os problemas que ocorrem antes ou durante o evento nem sempre podem ser resolvidos da melhor forma, o que pode causar surpresas, aborrecimentos ou constrangimentos aos participantes e embaçar o brilho da ocasião.

As atividades possuem demandas próprias e diferenciadas umas das outras. Há uma grande diferença entre a preparação de uma festa para nossos amados Pretos-Velhos e a preparação de um Batizado. Há uma grande distinção entre organizar uma festa para nosso amado Pai Ogum, no terreiro, e outra para nossa amada Mãe Iemanjá, à beira-mar. Ainda que algumas festas religiosas possam se parecer entre si, existem características específicas de cada uma, como por exemplo, nas oferendas a serem providenciadas.

Em geral, essas atividades envolvem aspectos de organização, logística e de mobilização de pessoas e recursos que não são claramente percebidos a princípio. Como regra, tais eventos são realizados pela boa vontade e esforço heróico das pessoas envolvidas e podem muitas vezes acarretar sobrecargas para os dirigentes do Templo. Para dar um tratamento adequado a esses encontros, fundamentais em nossa religião, cada casa deve formar um Grupo para Organização de Eventos que se dedicará ao planejamento, à organização e à condução deles.

• Estrutura do Grupo para Organização de Eventos

A estrutura do grupo para organização de eventos deverá ser avaliada em função das necessidades e disponibilidades de cada Templo. Como um parâmetro mínimo, sugerimos nomear um irmão(ã) como coordenador(a) desta frente com um mandato anual. Obviamente uma única pessoa não poderá se incumbir de todas as atividades e deverá receber a assistência de outros(as) irmãos(ãs) da casa a cada evento realizado. Seria ideal que o grupo possuísse uma estrutura fixa, com um número de pessoas adequado para planejar e conduzir todas as festividades. Além do(a) coordenador(a), podem ser estabelecidas outras funções específicas como tesoureiro(a) e secretário(a).

• Atividades do Grupo para Organização de Eventos

O objetivo do grupo para organização de eventos é planejar e organizar as reuniões da casa, cuidando de todos os aspectos necessários para o sucesso delas. Sugerimos que o Grupo paute suas atividades pela seguinte agenda:

— Seguir o Calendário Anual de Eventos;
— Planejamento do Evento;
— Organização e Preparação do Evento;
— Realização do Evento.

• Planejamento do Evento

Cada evento programado para o ano, deverá ser trabalhado previamente, iniciando-se pela etapa de planejamento. A partir daí, a atividade deverá ser estudada e avaliada, para sua dimensão correta, levando-se em conta parâmetros como:

- Tipo de evento;
- Participação permitida (público em geral, médiuns e familiares, somente médiuns);
- Quantidade de participantes;
- Local de realização;
- Definição do roteiro do evento (o que acontecerá durante o encontro, quando e como);
- Necessidades de transporte (pessoas e objetos);
- Mobiliário requerido (altar, mesas, cadeiras, etc.);
- Adornos necessários (toalhas, flores, etc.);
- Materiais ritualísticos;

- Trajes requeridos para o corpo mediúnico e assistência;
- Necessidades de equipamentos de som e/ou de iluminação;
- Tipo e quantidade de oferendas;
- Tipo e quantidade de alimentos;
- Confecção e distribuição de convites;
- Materiais de apoio necessários (limpeza, higiene, etc.);
- Quantidade e função das pessoas necessárias para realização do evento;
- Custos de realização.

Tudo o que for necessário para o evento será identificado e os custos envolvidos deverão ser estimados. Eventuais dificuldades de realização deverão ser consideradas, e medidas de contingência deverão ser planejadas. Por exemplo, para um evento realizado em local distante e/ou de difícil acesso, deverão ser tomados cuidados especiais para que todos possam chegar ao lugar, providenciando-se mapas e facilidades de transporte. Para um evento realizado ao ar livre, deverão ser previstas medidas a serem adotadas em caso de chuva, vento forte, etc.

• *Organização e Preparação do Evento*

Nesta etapa, o planejamento do evento será revisto, e tudo o que for necessário preparar previamente deverá ser trabalhado:
- Definir nominalmente e obter o comprometimento de todos os que participarão da realização do evento;
- Arrecadar os fundos necessários;
- Encomendar adornos, materiais e alimentos;
- Contratar meios de transporte;
- Obter os equipamentos necessários;
- Encomendar e receber os convites;
- Distribuir os convites;
- Comunicar detalhadamente aos participantes todos os detalhes do evento. Estes detalhes deverão incluir data e local, facilidades disponíveis para acesso, quem pode participar, trajes requeridos e/ou permitidos, orientações de conduta e comportamento, custos, etc;
- Realizar eventuais reservas de local;
- Planejar a preparação do local do evento;
- Planejar as atividades pós-evento.

• *Realização do Evento*

É o ápice de todo o trabalho. Chegado o dia do evento, tudo o que foi planejado e preparado deverá convergir para a sua perfeita realização. É boa prática revisar com a equipe do evento tudo o que será realizado nesse dia, como e por quem. Ou seja, o planejamento deverá novamente ser revisto por todos e todas as dúvidas sanadas. Cada participante da equipe destacada para realização do evento deverá saber exatamente quais são suas atribuições e como elas deverão ser executadas.

O(a) coordenador(a) do grupo de organização de eventos deverá estar disponível para resolver quaisquer problemas que eventualmente surjam, definindo ações e medidas de contingência.

A tônica das atividades no dia do evento será focada na preparação do local na recepção e orientação dos participantes, na limpeza e arrumação pós-evento.

GRUPO PARA RECEPÇÃO E DISTRIBUIÇÃO DE SENHAS

A recepção aos fiéis deve ser feita desde a porta de entrada até o interior do templo. Na porta de entrada deve haver, pelo menos, dois trabalhadores da casa, devidamente uniformizados, para as primeiras orientações.

Em seguida, outros trabalhadores desse grupo distribuirão as senhas, colherão as assinaturas dos frequentadores em um livro de presenças e distribuirão os *folders* com os cronogramas e as mensagens doutrinárias relativas ao trabalho do dia.

GRUPO PARA ORIENTAÇÕES À ASSISTÊNCIA

Esse grupo ficará encarregado do encaminhamento das pessoas aos lugares, onde permanecerão, em silêncio, antes e durante os trabalhos. Dará as primeiras orientações comportamentais para a tranquilização da assistência, o começo de mudança do tônus vibratório geral e o modo adequado de agir em um templo ou em um santuário natural, quando for o caso.

As demais orientações estão no item IV — "Atuação Junto aos Frequentadores".

Grupo para Doutrina

Grupo que ficará encarregado de oferecer as primeiras noções doutrinárias, necessárias para o entendimento do trabalho que se realizará no dia.

A. 4 — CUMPRIMENTO DOS HORÁRIOS

A observância do horário de início e término dos trabalhos deve ser praticada, em respeito ao plano espiritual — que sempre está pronto para o início no horário estipulado —, ao corpo mediúnico e à assistência.

B — PREPARAÇÃO DO AMBIENTE PARA OS TRABALHOS

"...Cada religião recebe de Deus um grau vibratório e magnético específico que se assemelha a uma tela vibratória, e dentro dele ressonarão todas as ações iniciadas dentro de seus templos..."
Mestre Rubens Saraceni

As flores, as imagens, o cheiro, o som, os pontos, o ritmo, o bordão são coisas fascinantes que os fiéis não esquecem. A Umbanda é uma religião privilegiada, também, em relação a esses elementos, que devem ser cuidados com esmero.

Limpeza

O terreiro todo precisa estar bem limpo, perfumado, arejado e iluminado, principalmente nos dias de trabalho. A limpeza deve ocorrer antes, durante e depois de cada sessão.

O Altar

O altar, devidamente erigido e fundamentado, é um ponto de força pelo qual as irradiações das divindades alcançarão todos os fiéis presentes no Templo. Sua principal função é criar um magnetismo específico, um portal de captação das irradiações verticais das divindades, irradiador dessas energias positivas que se espalharão horizontalmente, ocupando todo o espaço do Templo.

No altar são colocados elementos materiais que, assim que são consagrados religiosamente, tornam-se irradiadores de energias elementares puras ou mistas, ou absorvedores de ondas ou de energias negativas (da aura ou do corpo energético das pessoas), que enviam às dimensões elementares, onde elas são diluídas e incorporadas ao éter.

O altar deve, também, e ainda mais especialmente, estar sempre limpo e arrumado, com toalhas, imagens, flores, ervas, frutos, velas e até cristais, minérios, armas simbólicas, etc. O altar esteticamente organizado atrai o olhar dos fiéis, criando um magnetismo maior, que beneficia a comunhão com as divindades e entre as pessoas.

As Imagens

O uso de imagens é um recurso que tem por finalidade inspirar respeito e despertar nas pessoas uma postura religiosa, de fé, silêncio e reverência, elevando as vibrações mentais, aumentando a conexão com as qualidades divinas do Criador. Devem estar sempre limpas e corretamente distribuídas no altar, com Pai Oxalá no alto, o orixá de frente do(a) dirigente à direita e o orixá adjunto à esquerda.

Muitos estranham que a Umbanda aceite e recorra aos ícones sagrados de outras religiões (como os santos católicos e os orixás do candomblé).

Mas, lembramos que a transposição dos orixás da natureza para o interior das nascentes tendas de Umbanda, processou-se por intermédio dos santos católicos.

Um espírito, quando se universaliza, abre um campo de atuação tão amplo que ultrapassa a religião que possibilitou sua elevação dentro das hierarquias divinas. O Divino Jesus Cristo, por exemplo, ocultava com Sua singela imagem humana, o Divino Mestre Oxalá. Um mistério divino tem alcance planetário, multidimensional e possui suas hierarquias espalhadas por todas as religiões.

O Ritual de Umbanda Sagrada é universalista, congrega espíritos de todas as esferas espirituais, dotando-os com nomes simbólicos, identificadores das qualidades dos orixás. A Umbanda aceita todas as divindades como exteriorizações dos mistérios divinos, acolhe a todas e reserva a cada uma um meio de melhor amparar os espíritos que Deus Pai lhe confiou, por meio das linhas de ação e trabalho.

As Velas*

As velas dão vida ao altar, que deve estar sempre iluminado, preferencialmente com velas de sete dias. As velas podem ser coloridas, de acordo com a cor adotada para cada orixá, ou brancas.

Elas são usadas como elemento simbólico e recebem da divindade à qual foram consagradas um fluxo de energia divina, que se espalha pelo altar e se irradia pelo espaço interno do Templo, alcançando quem se encontra dentro dele.

As velas ajudam na concentração, são fonte de luz, representando sabedoria, iluminação, conhecimento e realização espiritual. Absorvem energias, essências e elementos, consomem cordões energéticos e irradiam uma gama de ondas vibratórias transportadoras de energias ígneas.

* *Leia* A Magia Divina das Velas — O Livro das Sete Chamas Sagradas, *de Rubens Saraceni, Madras Editora.*

As velas, firmadas com amor e fé, captam as irradiações positivas que chegam do alto verticalmente e estabelecem um elo maior com a dimensão Divina, através das divindades que nos assistem. Também têm o poder de consumir energias negativas e miasmas, trazidos pelos frequentadores para dentro do espaço sagrado.

Todos os orixás trazem em si muitas cores que não são visíveis nem conhecidas dos olhos humanos. Cada orixá irradia todas as cores, pois atua nas sete faixas ou padrões vibratórios. Mas, as cores variam de acordo com a faixa vibratória específica em que o orixá atua. Cada tipo de vibração, ao graduar a velocidade do giro, dá uma cor a cada um dos elementos irradiados na forma de energias. Mas, todos eles aceitam as cores que já lhes atribuíram.

Orixá	Cor	Vela
Oxalá	Branco, cristalino, furta-cor	Branca
Logunã	Azul-escuro, branco	Azul-escuro
Oxum	Rosa, dourado, azul-claro, amarelo, branco	Rosa
Oxumaré	Azul-turquesa, furta-cor, branco	Azul-celeste
Oxóssi	Verde, azul-escuro, branco	Verde
Obá	Magenta, dourado, vermelho, branco	Magenta
Xangô	Marrom-claro, dourado, vermelho, branco	Marron
Oro Iná	Laranja, dourado, vermelho, branco	Laranja
Ogum	Azul-escuro, prateado, vermelho, branco	Vermelha
Iansã	Amarelo, dourado, coral, branco	Amarela
Obaluaiê	Branco, prateado, violeta	Violeta
Nanã	Lilás, azul-claro, branco	Lilás
Iemanjá	Branco-azulado, prateado, azul, branco	Azul
Omolu	Branco, roxo	Roxa
Exu	Preto, vermelho	Preta
Pombagira	Vermelho, preto	Vermelha

Flores, Ervas, Raízes, Sementes e Frutas

Plantas e flores são os melhores enfeites, pois produzem um efeito mágico não só de beleza, mas de energização, absorvendo as energias negativas e transformando-as em positivas.

Flores, ervas, raízes, sementes e frutas no altar liberam essências balsâmicas que purificam o ambiente, tornando-o mais leve e benéfico, mantendo uma vibração elevada. As plantas em geral emitem radiações energizadoras, purificadoras, curadoras, cicatrizadoras, higienizadoras e potencializadoras.

Os frutos são fontes de energia que têm várias aplicações no plano etérico. Cada fruta é uma condensação de energias que formam um composto energético sintético que, se corretamente manipulado pelos espíritos, tornam-se plasmas astrais usados por eles até como reservas energéticas durante suas missões socorristas e curadoras, pois, quando atuam em esferas mais densas, sofrem esgotamentos.

Pedras, Minerais ou Cristalinas

São elementos materiais condensadores e irradiadores de energias e ondas, que podem ser direcionadas mentalmente. Cada pedra possui vibração própria e traz para o ambiente do Templo a força do sítio da Natureza da qual foi retirada.

Ferramentas

Orixá	Linha	Pedra	Minério
Oxalá	Cristalina ou da Fé	Quartzo transparente	Ouro
Logunã	Cristalina ou da Fé	Quartzo fumê/rutilado	Estanho
Oxum	Mineral ou do Amor	Ametista	Cobre
Oxumaré	Mineral ou do Amor	Opala	Antimônio
Oxóssi	Vegetal ou do Conhecimento	Esmeralda, amazonita	Manganês, madeira petrificada
Obá	Vegetal ou do Conhecimento	Calcedônia, madeira petrificada	Hematita
Xangô	Ígnea ou da Justiça	Pedra-do-sol, topázio imperial	Pirita
Oro Iná	Ígnea ou da Justiça	Topázio imperial, ágata de fogo	Magnetita
Ogum	Eólica ou da Lei	Rubi, granada, sodalita	Ferro
Iansã	Eólica ou da Lei	Citrino	Níquel
Obaluaiê	Telúrica ou da Evolução	Turmalina, obsidiana	Cassiterita
Nanã	Telúrica ou da Evolução	Rubelita, safira	Prata
Iemanjá	Aquática ou da Geração	Diamante, água-marinha	Platina
Omolu	Aquática ou da Geração	Ônix preto	Molibdenita

São utensílios religiosos e magísticos, como cálices, espadas, colares de contas e outros, feitos dos mais variados minérios que quando consagrados adquirem a capacidade de atrair ou projetar ondas vibratórias energizadas. Também são absorvedoras de energias condensadas no éter dos Templos ou nos campos eletromagnéticos dos médiuns ou dos consulentes.

ARRUMAÇÃO DOS ATABAQUES

Cada Templo tem sua forma de adornar e cobrir seus instrumentos sagrados e o local de guardá-los. Costuma-se, ao fim das celebrações, afrouxar os couros, para que durem mais tempo. O assunto será abordado no item "Preparação dos Ogãs".

Defumação do Espaço

A defumação, antes do início de cada trabalho, dilui as energias negativas condensadas, purifica o ambiente e sutiliza as vibrações, tornando o espaço receptivo às energias de ordem positiva. Dilui cargas fluídicas dos médiuns e cargas energéticas que vêm com os consulentes, além de trabalhar com os mesmos elementos básicos (fogo, plantas e alimentos) que as velas e os arranjos das oferendas já representavam visualmente, intensificando o "clima" de magia e sacralidade.

As defumações descarregam o campo mediúnico e sutilizam suas vibrações, tornando-o receptivo às energias de ordem positiva. Ervas e fumos, quando potencializadas pelos mentores com energias etéricas, tornam-se poderosos limpadores de campos eletromagnéticos. A fumaça defuma os médiuns e suas guias.

De preferência, defumar o ambiente todo, na seguinte ordem: o altar, os atabaques, a firmeza da casa, os quatro cantos, o local de separação entre o congá e os frequentadores, os anexos (vestiários, etc).

A seguir, defumar as pessoas: o dirigente da casa, os médiuns — seguindo a hierarquia da casa, se for o caso — e a assistência.

Defumar o exterior, se houver. O incensário com a defumação restante deve ficar do lado de fora do terreiro.

É bom lembrar que o braseiro deve estar tão bem aceso que queimará até o fim, até virar cinza. O carvão em brasa fica mais belo e brilhante, além do que o empenho, dedicação e esforço do responsável pelo braseiro, tornam-se evidentes e podem ser admirados pelas pessoas mais atentas. O próprio responsável acaba tornando mais intensa sua ligação (mental e corporal) com o objeto simbólico, potencializando sua irradiação mágica, material e espiritual.

A defumação é feita na abertura dos trabalhos, acompanhada dos pontos cantados e batidos nos atabaques, palmas e/ou outros instrumentos, da tradição umbandista.

As ervas* usadas para a defumação variam de terreiro para terreiro, de acordo com os fundamentos de cada casa.

C — PREPARAÇÃO DA CORRENTE MEDIÚNICA

"Nenhuma religião é melhor do que o seu pior praticante."
Mestre Rubens Saraceni

A religião não deve ser como uma corrente que arrebenta no elo mais fraco. O pior praticante não deveria poder expor a religião ao ridículo e ao sarcasmo. Quanto menos pessoas fizerem o negativo, menos todos estarão expostos à vergonha. A máxima — "nenhuma religião é melhor do que o seu pior praticante" (do pai Rubens) — deixa claro que cada um é responsável por todos e vice-versa. Ou seja, para que a religião evolua é preciso que todos ajudem seu pior praticante a ascender espiritualmente e como ser humano na sua totalidade (material, emocional e culturalmente, como indivíduo e cidadão).

Na estrutura de um Templo, todos as funções são importantes (dirigente, ogãs, médiuns, cambones, auxiliares, etc.). O corpo mediúnico deve ser organizado em grupos de trabalho, cada um com suas tarefas específicas. Os

---

* *Em* A Magia das Ervas e seu Axé, *de Angela Maria Carvalho e Antonio Novarro Júnior, publicado pela Madras Editora, são apresentados diversos tipos de incensos e defumadores e a magia das ervas de uma forma simples e eficaz.*

participantes poderão se revezar nos grupos ou atuar segundo suas habilidades, e cada posto deve ser ocupado pela pessoa mais qualificada para a função, ou a mais disposta.

A preparação do corpo mediúnico começa pelo esclarecimento sobre a doutrina umbandista, a mediunidade e, principalmente, sobre a importância do médium e do seu comportamento e concentração, antes, durante e depois dos trabalhos.

Citamos, a seguir, pontos importantes para uma boa preparação corporal, mental, emocional e espiritual dos médiuns:

C.1 — REFORMA ÍNTIMA

A partir da ciência de sua mediunidade e do compromisso de colocá-la a serviço da espiritualidade, o médium deverá conscientizar-se da própria necessidade de melhorar comportamentos e atitudes no dia a dia, que automaticamente refletirão de modo positivo nos trabalhos que realizará no Templo e em sua vida como um todo.

Quando alguém assume o grau de médium, dele também é exigido que purifique seu íntimo, que reformule seus antigos conceitos a respeito da religiosidade e que se porte dignamente, de acordo com o que dele esperam os orixás sagrados, que o ampararão daí em diante.

A transformação interior é o caminho correto da vida, o caminho da retidão, o caminho da fé e da vontade, o caminho da luz. Em nossa mente e em nosso coração, não deve haver separação entre mundo material e espiritual; não há um tempo para a matéria e um tempo para o espírito, pois o valor da vida está na eternidade. A qualidade de tudo é universo de Deus.

A prática religiosa deve ser um ato sagrado o tempo todo, levando a simplicidade da vida para dentro do nosso coração e tornando sagrado o nosso mundo, as nossas ações, os nossos momentos. Não é preciso "arranjarmos tempo" para praticar a religião, o necessário é transformarmo-nos interiormente, buscando nossa verdadeira essência, nossa verdadeira natureza e identidade, a cada momento, expressando isso na criação de um mundo melhor. É preciso purificar o corpo físico e o coração.

C.2 — A PURIFICAÇÃO DO CORPO

A purificação do corpo implica comportamento limpo, claro e aberto, dar carinho e servir aos outros, fazendo de nós um modelo a ser seguido. Significa não ir à busca do prazer e da gula, não falar palavras fúteis, desrespeitosas ou sobre os erros dos outros; não promover discórdias; mas sim, incentivar as pessoas a fazerem as coisas certas; falar palavras reconciliadoras; ser educado, amoroso, suave, delicado, afável e benevolente; não falar alto e grosseiramente. Implica, ainda, o consumo de alimentos depurativos do sangue e curativos e a superação de vícios e maus hábitos.

Nos dias de trabalho estamos para Deus. Certos cuidados são exigidos: não ter relação sexual por pelo menos 24 horas antes; não ingerir bebida alcoólica e/ou outras drogas e substâncias prejudiciais à saúde, sejam elas legais ou ilegais; não ingerir carne de espécie alguma. A alimentação deve ser leve, pois refeições pesadas ou picantes demais trazem distúrbios orgânicos e energéticos que desvirtuam o trabalho do médium, interferem na concentração e despertam emoções mais densas.

O excesso de alimentação produz odores desagradáveis pelos poros, pela da saída dos pulmões e do estômago. O álcool e outras substâncias tóxicas conturbam os centros nervosos, entorpecendo a mente, anulando a percepção extrassensorial e alterando certas funções psíquicas. Também abrem o campo mediúnico às vibrações negativas e estimulam o emocional dos médiuns.

Os procedimentos de resguardo visam desobstruir os pontos de captação de energias e afinizar a vibração do médium em seu padrão pessoal. Quanto mais puro em suas energias, mais facilmente o médium sintonizará, vibratoriamente, as irradiações dos orixás e isto, se feito continuamente, se expressará na saúde do médium, tornando-o menos suscetível às doenças.

C.3 — A PURIFICAÇÃO DO CORAÇÃO

A purificação do coração, enquanto fonte da consciência do ser humano, ocorre com a preservação do pensamento limpo e sem defeito. Para isso, devemos desenvolver a sinceridade, o respeito, a humildade, a gratidão, a harmonia, o contentamento, a misericórdia, a compaixão, a abnegação e o perdão, no entanto sem aplacar o sentimento de revolta contra as injustiças e a miséria.

Este mundo transitório da matéria deve ser entendido como uma dádiva, para podermos enxergar nossa verdadeira dimensão e caminhar para a comunhão com a consciência divina. Em nossa prática do dia a dia, temos de ser, nós mesmos, uma fonte de luz .

O ciclo reencarnacionista é uma das vias de evolução, sob a irradiação dos sagrados orixás, na qual todo e qualquer espírito tem a possibilidade de percorrer um caminho de infinito aperfeiçoamento, tanto no plano material quanto no plano espiritual.

O sentido da vida está em ajudarmos no equilíbrio de nossos semelhantes. Aqueles que se tornaram conhecedores da Lei e já conquistaram seu equilíbrio buscam a essência do Criador nas coisas mais simples; sacrificam-se pelos semelhantes, sem nada esperar em troca; preocupam-se em não depredar a natureza; integram-se por inteiro ao ancestral místico, sabendo que tudo é parte do mesmo corpo de Olorum. O *I Ching* alerta para não se anular para servir ao outro, pois se diminuindo muito não se poderá prestar ou servir para nada.

A nós, umbandistas, cabe purificar o nosso íntimo, renovar a religiosidade e a fé nos sagrados orixás, no nosso meio humano, sofrido e desencantado com tantas injustiças sociais e religiões comprometidas com esse estado de coisas. Temos que lidar, simultaneamente, com o nosso íntimo e com o nosso meio, sem nos dissociarmos de nada ou de ninguém à nossa volta. É fundamental que conquistemos os dons, as virtudes e a harmonia para o nosso planeta, retornando à simplicidade de cultuar Deus, de sermos responsáveis pela vida e auxiliares do nosso Divino Criador. Se essa for a prática cotidiana na vida do médium, torná-lo-á inacessível aos espíritos trevosos e às vibrações negativas.

C.4 — CONDIÇÕES PARA O TRABALHO

Os dias de trabalho são especiais e sagrados e os médiuns devem conscientizar-se disso. É necessário ter um dia o mais tranquilo possível; evitar, ao máximo, aborrecimentos e discussões; ter muito cuidado com o que fala ou pensa, não se envolver em fofocas ou intrigas, nem trazer esse tipo de assunto para dentro do Templo. Todo médium precisa estar bem, calmo, equilibrado e asseado, para que receba adequadamente as entidades e estas possam usar as boas energias dele, para atender e cuidar dos consulentes e dele próprio, que pode e deve sair revigorado do trabalho.

Os guias percebem tudo o que sentimos e pensamos. Um espírito elevado não aceita atitudes erradas, piadas chulas, depreciação do outro e sentimentos negativos. Se o médium adotar um mau comportamento, não conseguirá uma sintonia com os guias de luz, que se afastam e, em seu lugar, são atraídos espíritos zombeteiros, que causam erros e transtornos.

Caso o médium tenha um dia agitado, por várias situações, deve chegar ao Templo com tempo suficiente para relaxar, acalmar-se e, se necessário, pedir alguma ajuda aos irmãos ou ao dirigente. Caso não esteja em condições de trabalhar, não o faça. Fique para os rituais, mantenha-se concentrado, tome um passe e permaneça em silêncio, em um local onde não atrapalhe o andamento do trabalho.

C.5 — PREPARO PARA O DIA DE TRABALHO

BANHOS DE DEFESA

Nos dias de trabalho, tomar banhos de ervas, antes de acender a vela para o Anjo de Guarda*. Os banhos podem ser apropriados a cada um, de acordo com seu orixá de cabeça, ou, se o mesmo ainda não for conhecido, poderão ser feitos os banhos de defesa indicados a todos, de acordo com a orientação de cada casa.

O banho de defesa, ou o que foi determinado pelos guias, poderá ser tomado horas antes da cerimônia ou no mesmo dia pela manhã. Para os banhos, ferver água em um vasilhame e colocar um número ímpar de

---

* *Conheça mais sobre seu Anjo da Guarda em* Hierarquia Angelical, *de Giovanna Lakshimi Veneziani Costa, Madras Editora.*

ervas, abafando-as. Deixar esfriar naturalmente e, após o banho de higiene, derramar o preparado de ervas do ombro para baixo ou segundo a orientação do dirigente da casa. Exemplo de ervas: arruda, guiné, alecrim, manjericão, alfazema, sálvia, hortelã, tapete de Oxalá, malva, colônia, abre-caminhos, quebra-demandas, etc.

O banho de sal grosso deve ser utilizado quando o médium se sentir sobrecarregado. Logo no dia seguinte, deverá tomar um banho de ervas. Em caso de não haver condições para o preparo do banho de ervas, utilizar sabonete com ingredientes vegetais, pois o campo áurico é trabalhado pela espuma.

Firmeza de Forças

Antes de sair de casa, o médium deve firmar velas, para a direita e para a esquerda, de acordo com as orientações da casa frequentada. Caso não possa firmar as velas de proteção em sua casa, o Templo poderá oferecer um espaço apropriado para isso.

C.6 — PREPARAÇÃO NO TEMPLO

AO CHEGAR NO TEMPLO

Saudar a tronqueira (limite entre a rua e a casa espiritual), espaço destinado às firmezas e assentamentos da linha da esquerda do Templo, com os Senhores Exus, Senhoras Pombagiras, Guardiões e Guardiãs, pedindo a eles licença para entrar na casa e proteção para os trabalhos. Com os dedos entrelaçados e as palmas das mãos viradas para baixo, inclinar levemente a cabeça e bater palmas, dizendo:

> LAROIE EXU! EXU OMOJUBÁ! SALVE SENHORA POMBAGIRA! POMBAGIRA SARAVÁ!

Manter atitude de prontidão, respeito, seriedade, responsabilidade, atenção, presteza, gentileza, educação, concentração, dedicação, amor e ser exemplo de boa conduta.

VESTIMENTA

Nos trabalhos regulares, os médiuns deverão usar as roupas brancas, limpíssimas, adotadas pela casa. A vestimenta poderá ser diferenciada, em giras especiais ou festas.

O branco não é uma cor e, sim, a reflexão de todas as cores, trazendo as propriedades terapêuticas delas, refletindo, até mesmo, cargas astrais. O branco favorece a mente, inspirando pensamentos mais puros e sublimes.

O branco é de Pai Oxalá, regente da Fé no Ritual de Umbanda Sagrada. Como a fé é o mistério religioso por excelência, o astral tem estimulado o uso dos paramentos brancos. É por isso, também, que o conjunto dos umbandistas é denominado "O exército branco de Pai Oxalá".

O pano branco de cabeça faz parte da vestimenta ritualística. Esse pano será de uso obrigatório, pois filtra formas-pensamento e projeções mentais, além de seu uso significar respeito às forças divinas.

Quanto ao calçado, sapatilha branca ou tênis branco, deverá ser usado exclusivamente nos trabalhos da casa e ser colocado e retirado com a vestimenta branca, para que não traga sujeiras da rua para dentro do espaço purificado do congá. Mesmo os médiuns cujos protetores trabalham descalços, devem entrar no terreiro com a sapatilha branca ou tênis que serão retirados minutos antes da incorporação.

As roupas devem ser razoavelmente uniformizadas e confortáveis, de modo que o médium possa abaixar-se, erguer os braços e sentar-se no chão, tendo seus movimentos livres, sem expor partes do corpo e peças íntimas. A vestimenta deve ser discreta, sem decotes avançados, camisetas regatas, blusas de alcinhas, calças apertadas, blusas ou saias transparentes, que tragam constrangimentos a outros médiuns e a consulentes.

A roupa branca ritualística deverá ser utilizada exclusivamente nas cerimônias sagradas e não no dia a dia. Nos dias de trabalho, deverá ser vestida no Templo, pois está limpa energeticamente e não poderá chegar impregnada com outras energias pegas pelo caminho. A roupa deve ser lavada de um trabalho para outro, não só por questão de higiene física, mas, também, para limpar energias negativas que porventura tenham ficado impregnadas. A roupa ritualística é de uso pessoal e, de preferência, não deve ser emprestada para outras pessoas.

Ao Adentrar no Congá

Saudar a porteira interna do terreiro (limite entre a assistência e a corrente mediúnica), fazendo uma cruz no chão. Pedir licença e reverenciar os protetores e mentores da casa. Em seguida, fazer uma cruz à sua direita, reverenciando a direita do terreiro, e uma cruz do outro lado, para reverenciar à esquerda, dizendo: Salve os orixás, guias, mentores, protetores desta casa e de seu(sua) dirigente espiritual. Salve as correntes da direita e as correntes da esquerda.

Falar em voz baixa, cumprimentar os dirigentes e os irmãos de fé, fazer uma primeira saudação ao altar, dirigir-se ao vestiário e colocar a roupa ritualística.

Tirar todos os objetos de metal que estejam em contato com o corpo, para que não interfiram na troca magnética com o campo espiritual.

Voltar ao altar e bater cabeça, de acordo com as orientações da casa.

Pegar as guias, beijá-las, em sinal de respeito ao Pai e Mãe orixás e aos demais guias de trabalho. Tocar a testa com todas as guias, pedindo permissão ao seu orixá de Frente, para trabalhar. Segurá-las, até o momento da defumação e ficar em concentração, não cabendo atitudes inadequadas, pois a espiritualidade já está atuando.

Caso o médium tenha uma função determinada pelo dirigente, após bater cabeça deverá executá-la, revestido de cerimônia e seriedade, com postura adequada. Os demais médiuns deverão posicionar-se no seu lugar, em silêncio e em atitude de concentração e meditação, aguardando a abertura à defumação e colocar as guias.

APETRECHOS DE TRABALHO

Cada médium deve responsabilizar-se e cuidar adequadamente de seus objetos e materiais de trabalho. Precisa ser orientado e consciente, o bastante para entender que as entidades de Umbanda usam os materiais físicos para manipular energias, para as quebras de demandas, o afastamento de obsessores, o encaminhamento de sofredores, etc., que propiciarão mudanças nas condições apresentadas pelos consulentes. Os apetrechos de trabalho são solicitados pelas entidades de cada médium.

Além das toalhas brancas, bordadas de acordo com as orientações da casa, é recomendável providenciar sacolinha de pano branco, ou caixa, para o transporte das guias, velas, pembas, charutos, cachimbos, cigarros, ervas frescas, perfumes, fitas e demais objetos necessários. Os *kits* dos guias serão providenciados pelos médiuns, de acordo com o cronograma da casa e com a linha de trabalho do dia.

GUIAS NÃO SÃO ENFEITES

As guias de cristal, louça, miçangas, contas de rosário, olhos de boi ou de cabra, ou outras composições, são condensadores energéticos, utilizados pelos Guias de Lei, para descarregar acúmulos negativos alojados nos campos eletromagnéticos. Durante os trabalhos, as energias que vão sendo captadas vão se condensando (agregando) às guias e não são absorvidas pelos corpos energéticos dos médiuns, livrando-os de sobrecargas e desarmonia durante os trabalhos.

Elas devem ser adquiridas ou confeccionadas, conforme solicitação e orientação das entidades, pois ninguém melhor do que elas para saber com que tipo de energias trabalham e como proteger seus médiuns.

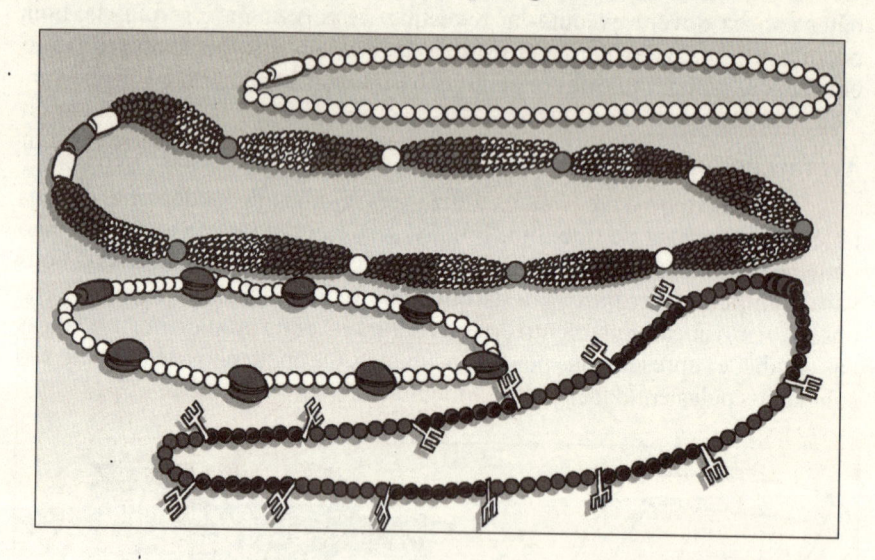

A montagem e as cores das guias encerram mistérios que estão além de nosso parco conhecimento e devem ser respeitados.

As guias devem ser cuidadas com respeito e carinho, passar por defumação no início dos trabalhos e serem usadas com critério. Não devem ser colocadas no chão. Se por algum motivo houver essa necessidade, quem o fará será a entidade que estiver trabalhando. Não se emprestam guias de um médium para outro; somente o médium deve tocá-las. Se for preciso retirá-las, colocá-las sobre a toalha; nunca levá-las ao banheiro ou deixá-las com pessoas da assistência, sejam elas adultas ou crianças.

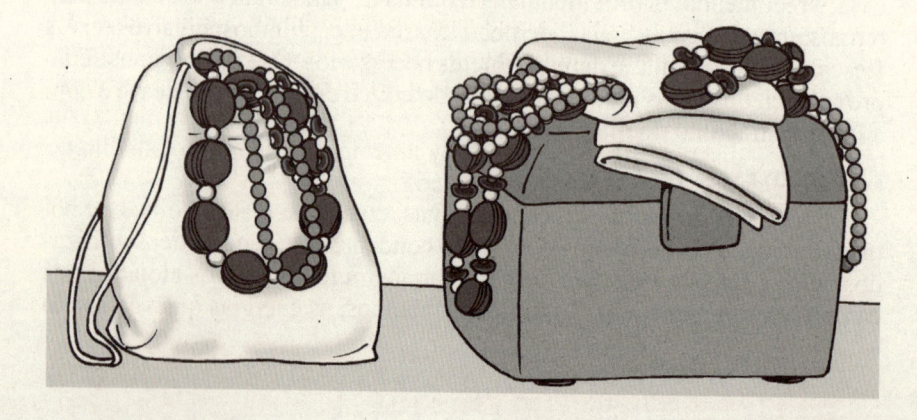

Cada um deve prezar e estar com as suas guias nos trabalhos. Caso as tenha esquecido, as próprias entidades tomarão providências e intuirão o médium sobre como se proteger.

Quanto às guias das Sete Linhas, recomenda-se que sejam usadas por médiuns já experientes, bem preparados, ou quando pedidas pelas entidades. Médiuns novatos e em desenvolvimento não estão prontos para assumir tamanhas responsabilidades, presentes em uma guia da Sete Linhas, pois perante a espiritualidade é um símbolo de conhecimento e preparo para o que der e vier.

De tempos em tempos, é necessário descarregar as guias, segundo as orientações dadas pelas entidades ou pelos dirigentes, para que fiquem limpas e purificadas.

CANTOS, PALMAS, TOQUES E DANÇAS

Devemos cantar de forma harmoniosa, bater palmas e dançar, com sincronia e de maneira bonita, todos os pontos.

De acordo com Mestre Rubens Saraceni, no livro *Doutrina e Teologia de Umbanda Sagrada*, da Madras Editora, "a Umbanda recorre aos cantos ritmados, pois eles atuam sobre alguns plexos, que reagem aumentando a velocidade de seus giros. Com isso, captam muito mais energias etéricas, que sutilizam rapidamente todo o campo mediúnico, facilitando as incorporações... As palmas cadenciadas e ritmadas criam um amplo campo sonoro, cujas vibrações alcançam o centro da percepção localizado no mental do médium, predispondo-o a vibrar ordenadamente, facilitando o trabalho de reajustamento de seus padrões magnéticos".

Quanto aos atabaques e outros instrumentos, "as vibrações sonoras têm o poder de adormecer o emocional, estimular o percepcional, alterar as irradiações energéticas e atuar sobre o padrão vibratório do médium. Ao desestabilizar o padrão vibratório do médium, o mentor aproveita esta facilidade e adentra no campo eletromagnético, adequando-o ao seu próprio padrão, fixando-o no mental de seu médium por intermédio de suas vibrações mentais direcionadas. Em pouco tempo, o médium adequa-se e torna-se, magneticamente, tão etérico em seu padrão vibratório, que já não precisa do auxílio de instrumentos para incorporar. Basta colocar-se em sintonia mental com quem irá incorporar para que o fenômeno ocorra".

"A Umbanda recorre às 'danças rituais', pois, durante o transcorrer dos trabalhos, os médiuns se desligam de tudo e concentram-se intensamente numa ação em que o movimento cadenciado facilita a incorporação do seu guia espiritual. Nas 'giras' (danças rituais), as vibrações médium-mentor se interpenetram de tal forma que o espírito do médium fica adormecido, já que é paralisado momentaneamente. Os médiuns, no princípio, sentem tonturas ou enjoos. Mas, estas reações cessam se a entrega for total e se não houver tentativa de comandar os movimentos, já que será seu mentor quem comandará".

"Um médium plenamente desenvolvido pode 'dançar' durante horas seguidas que não se sentirá cansado após a desincorporação. E se assim é, isto se deve ao fato de não ter gasto suas energias espirituais. Não raro, sente-se leve, enlevado, pois seu corpo energético, influenciado pelo corpo etérico do mentor, sobrecarregou-se de energias sutis e benéficas."

"Médiuns que caem durante as danças rituais, caem porque não se entregam totalmente ou tentam comandá-las. A simples interferência consciente é suficiente para anular as vibrações mentais de seus guias, ou enfraquecê-las, desequilibrando toda a dança, já que assume seu padrão vibratório e desarmoniza-se com seu guia incorporante."

Ao Sair do Templo

Saudar o altar e, ao sair, pedir licença aos Senhores Exus, Senhoras Pombagiras, Guardiões e Guardiãs, agradecendo a proteção recebida em mais um trabalho realizado em nome do nosso Divino Criador, Olorum.

C.7 — ORGANIZAÇÃO E MANUTENÇÃO DA CORRENTE ENERGÉTICA

Existe um motivo para se denominar corrente a organização das filas de médiuns durante as giras. As entidades formam elos energéticos no astral, fortalecidos e sustentados pelo corpo mediúnico, com energias positivas, firmeza de pensamento e com a permanência de cada um em seu lugar na corrente. Há uma separação de homens de um lado e mulheres do outro, pois são energias diferentes, ambas necessárias ao andamento dos trabalhos.

As mulheres devem ficar à direita e os homens à esquerda do dirigente espiritual, logo atrás dele, considerando-o voltado de frente para o altar.

Em geral, a formação da corrente respeita uma hierarquia de funções desempenhadas pelos médiuns da casa e determinadas pelo(a) dirigente, levando em consideração a vivência nos trabalhos de Umbanda, capacidades, responsabilidades, conhecimentos, etc.

Se, por uma necessidade temporária, os trabalhos necessitarem de outro(a) dirigente, ele(a) deverá estar em sintonia com o chefe da casa e o corpo mediúnico deve respeitá-lo(a).

"Médium desequilibrado deve ser afastado temporariamente do corpo mediúnico e encaminhado para tratamento médico-psicológico e espiritual.

Médium alcoolizado, ainda que minimamente, não deve realizar trabalhos práticos ou deles participar.

Médium que não realizar a higiene espiritual e pessoal, tal como banho com ervas, firmar uma vela para seu anjo da guarda, firmar sua esquerda e direita, etc., não está apto a realizar um bom trabalho mediúnico." (Rubens Saraceni, *O Código de Umbanda,* Madras Editora).

D — A PREPARAÇÃO COMPORTAMENTAL DO SACERDOTE

"Religião é algo muito dinâmico, não é para o acomodado."
Mestre Rubens Saraceni

O sacerdote de Umbanda é o elo entre o plano astral e físico do seu Templo, responsável pela boa condução do intercâmbio entre esses diferentes planos. A linha sacerdotal de Umbanda representa a expressão máxima de poder, conferido pelas entidades superiores, que exige muita responsabilidade. Os investidos desse poder sagrado têm a função de cuidar do Templo e da mediunidade dos "filhos", de trazer para o mundo material aspectos novos da sabedoria milenar e da manipulação de forças mágicas e ter consciência de sua missão espiritual. Sua fé em Olorum e nos seus mistérios é seu alicerce e deve ser inabalável, jamais fanatizando sua religião.

Na Umbanda, a voz de comando e a última palavra é dada pelos mentores espirituais e pelos guias chefes, o que tem sido de grande valia para a manutenção dos templos e para que as sessões ocorram de forma ordenada. O sacerdote deve cumprir os preceitos, obrigações e determinações dos guias e mentores espirituais, mas isso não o exime de ter uma boa e permanente preparação e formação, para conhecer sua religião a fundo, ensinar e dar atenção aos médiuns da casa.

Uma religião só se perpetua se criar um quadro de sacerdotes muito bem instruídos, que possa disseminar seu ensino teológico e doutrinário. Quanto mais o sacerdote umbandista souber, melhor ele protegerá a Umbanda e seus fiéis das investidas de "religiosos" que tentam denegrir-nos e dos ataques do baixo astral e dos magos negros.

Um bom sacerdote deve ter firmeza de propósitos, paciência, humildade, humanismo, bom senso, discernimento, sabedoria, honestidade, responsabilidade, simplicidade, cautela e fortalecer-se sempre que necessário. Além disso, deve sentir-se responsável pelo grupo, refletir sobre suas posturas, ser ético, amável, carinhoso, leal, caridoso, ter vínculos de fraternidade com os irmãos sacerdotes e não abrir a guarda para o baixo astral.

Ninguém faz um sacerdote, a não ser ele mesmo. É possível ensinar, mas é ele quem se impõe as condições, as posturas dignas, condizentes com o seu grau, com as suas funções, não tornando dependente, nem manipulando ninguém com os guias espirituais e não profissionalizando sua mediunidade sacerdotal.

Também, para dirigir um terreiro, é preciso ter autorização do guia espiritual e abdicar de passeios, lazer, lar e outras coisas, para socorrer pessoas e construir o mundo da grande harmonia.

D.1 — DEVERES DO SACERDOTE UMBANDISTA

> "É vigiando a nós mesmos que nos construiremos,
> que nos elevaremos e ampliaremos a nossa luz."
> *Mestre Rubens Saraceni*

DIRECIONAR OS TRABALHOS DO TEMPLO

> "Cada Templo, no seu lado etérico ou espiritual, assemelha-se a
> uma célula viva que tanto se expande quanto se contrai..."
> *Mestre Rubens Saraceni*

Os dirigentes espirituais devem conduzir os trabalhos no Templo, com muita vontade e controle, direcionando-os para o equilíbrio e evitando intervenções negativas que possam prejudicar o andamento das sessões. Devem organizar os espaços de seus Templos, as Correntes Mediúnicas, os grupos de trabalho e demais necessidades da casa, sabendo delegar e distribuir funções.

Ministrar Sacramentos

> "É no Templo e na vida compartilhada que devemos crescer, evoluir e amadurecer para o Divino Criador, Olorum."
> *Lurdes Vieira*

Chamamos de sacramento cada um dos sinais sagrados administrados aos fiéis:

Batismo — Deve ser feito, preferencialmente, nas primeiras sete semanas após o nascimento, mas pode ser realizado até os sete anos de idade.

Conversão — Após os 7 anos, primeiro deve haver a conversão, para depois ocorrer o batismo religioso e os demais sacramentos.

Confirmação — Ocorrerá quando a criança completar 7 anos, ou por ocasião da conversão.

Consagração da Coroa — Aos 13 anos, o adolescente já tem boa noção de religiosidade e é possível fazer a consagração da coroa ao orixá. Nos demais casos, poderá ocorrer tempos depois da conversão, quando o fiel já estiver bem inteirado dos princípios doutrinários da Umbanda.

Casamento — A união de casais na Umbanda deve ser um serviço sacerdotal tão válido quanto em outras religiões. O casamento é a união de dois espíritos, de duas vontades, de duas consciências, perante os sagrados orixás.

São utilizados os elementos:
- água — significando vida, purificação;
- pemba — significando o alimento, a terra, a firmeza e estabilidade;
- crisântemos — utilizados para aspergir água e colocar as alianças dentro. É a flor que traz harmonia, paciência, quietude, tolerância e benevolência.

Confissão — A confissão traz alívio imediato a quem a fizer e recoloca a pessoa de frente para seu Criador, trazendo-a de volta ao campo religioso. Deve estar fundamentada no verdadeiro arrependimento.

Encomenda do Espírito que Desencarnou — Esta cerimônia deve ser realizada no ato do sepultamento, com os procedimentos de purificação do corpo do falecido.

Atuar na Incorporação

> "Mediunidade é algo que nasce com a gente porque é conquista evolutiva do nosso espírito."
> *Mestre Rubens Saraceni*

Os sacerdotes de Umbanda são médiuns de incorporação que passaram por um aprendizado ritualístico, religioso e magístico, tendo sua formação no dia a dia da prática religiosa e na preparação e aprendizado permanentes.

Como sacerdote-médium, deve conduzir os trabalhos do Templo e sempre receber as entidades que lhe dão assistência, para que elas também possam conduzir as giras e orientar os médiuns e os fiéis em geral.

Ser sacerdote de Umbanda significa ser o Templo vivo onde seus orixás e guias se manifestam e a partir do qual atuam na vida de quem os consulta.

Preparar-se e Formar-se Permanentemente

"Uma boa prática não dispensa uma boa teoria..."
Mestre Rubens Saraceni

Todo sacerdote deve desenvolver uma consciência de formação e aprendizado permanentes, para poder exercer suas funções, discutir a religião com sabedoria e conhecimentos fundamentados. Deve buscar boas leituras que lhe tragam orientações, organizar cursos e grupos de estudo.

Mentalidades retrógradas, mesquinhas, de pessoas com ogeriza ao estudo, colaboraram para o descrédito com que muitos indivíduos olham a Umbanda. Pessoas mal preparadas e sem consciência de sua responsabilidade levaram a religião a encolher.

Na Umbanda, os participantes estão muito voltados para a prática. É preciso estudar, absorver e ampliar os conhecimentos. Uma grande quantidade de pessoas entra e sai da Umbanda, por não encontrar nos terreiros, em geral, um mínimo de doutrinação sábia e conscientizadora.

Alertamos para que não se confunda o ato de compreender, para realização interna, com exibição exterior de conhecimentos, quando o estudo intelectual pode resultar em satisfação do ego, ostentação e vaidade e não em realização espiritual.

Um bom sacerdote de Umbanda deve interagir na prática com os conhecimentos e fundamentos teológicos de sua religião, lembrando sempre que "a sabedoria não é assimilada com os olhos, mas com os átomos... Quando sua convicção de uma verdade não estiver apenas em seu cérebro, mas em todo o seu ser, você poderá modestamente dar testemunho de seu significado". (*Sri Yuktéswar—mestre yogue*)

APRESENTAR SEUS FILHOS ESPIRITUAIS AOS ORIXÁS*

A melhor apresentação aos orixás "é aquela que o pai ou mãe espiritual realiza para seus filhos espirituais, pois os conscientiza sobre as ligações que se estabelecerão e facilitarão os trabalhos", sob a orientação de seu guia chefe, responsável pelas ações do médium.
Mestre Rubens Saraceni

Essa apresentação é fundamental, pois os orixás só reconhecem alguém como apto a lhes encaminhar pessoas com problemas espirituais e dificuldades materiais, se ele lhes foi corretamente apresentado. Daí em diante, existirá uma ligação entre o médium e o orixá, que facilitará o seu trabalho com os guias, no socorro espiritual e amparo material a inúmeras pessoas.

---

* *Em* Orixás — Teogonia de Umbanda, *você encontra comentários excelentes sobre divindades como Logum Edé e Ewá e de como a ciência dos orixás os explica cientificamente.* Rubens Saraceni, Madras Editora.

ATUAR NO DESENVOLVIMENTO DE NOVOS MÉDIUNS

> "Desenvolver a mediunidade não significa dar algo a quem não está habilitado para recebê-lo, mas sim, habilitar alguém a assumir conscientemente o dom com o qual foi ungido."
>
> Mestre Rubens Saraceni

Na Umbanda, cabe ao sacerdote de cada Templo realizar o desenvolvimento correto dos médiuns, auxiliado pelos médiuns mais preparados na função.

É preciso acolher nos templos todas as pessoas possuidoras de faculdades mediúnicas e auxiliá-las no desenvolvimento, preparando-as para que, futuramente, se tornem bons e responsáveis médiuns e, alguns, até sacerdotes e sacerdotisas.

O médium iniciante passa por um período de transição bastante delicado e difícil, pois a ele vão sendo apresentados novos valores religiosos. "Alguns milhões de filhos de fé com um potencial mediúnico magnífico já foram perdidos para outros credos religiosos, porque os diretores das tendas não deram a devida atenção ao 'fator médium' do ritual de Umbanda. Também não atentaram para o fato de que aqueles que lhes são apresentados pelos guias zeladores dos novos médiuns, se lhes são enviados, o são pelo próprio espírito universal e universalista que anima a Umbanda Sagrada. Esse espírito religioso, no lado espiritual tem meios sutis de atuar sobre um filho de fé, mas, no lado material, depende fundamentalmente dos pais e mães de santo, animadores materiais desse corpo invisível, mais ativo e totalmente religioso." (Rubens Saraceni, *O Código de Umbanda*).

O sacerdote deve saber lidar com o ser humano, ser sensível às necessidades alheias, pois o médium principiante geralmente chega fragilizado, diante do novo e ainda desconhecido, e necessita da compreensão do sacerdote e dos irmãos já desenvolvidos, para que não se decepcione e vá se socorrer em outros rituais que ignoram o mundo espiritual e sufocam os dons naturais de seus fiéis.

É preciso olhar para os que chegam como irmãos em Oxalá, que desejam dar "passagem" às forças que recebem da Natureza. Mas, essas forças que lhes chegam, encontram sua mediunidade ocupada por escolhos inculcados neles, através de séculos. O sacerdote deve receber e cuidar dos filhos enviados por Olorum, o Incriado, com o mesmo amor, carinho e cuidados que devota aos seus filhos encarnados.

ENSINAR A DOUTRINA E DEIXAR APRENDER

"A semeadura é livre, mas a colheita é obrigatória."
E. A. White

O sacerdote precisa ministrar cursos e palestras sobre a doutrina e a teologia da religião e seus mistérios, estimulando seus filhos de fé a buscarem esclarecimentos sobre as coisas divinas. O aprendizado deve ser permanente, exercitando as faculdades do conhecimento.

O sacerdote não pode dar respostas evasivas ou simplesmente responder "ainda não é hora de você saber isso". Se o médium pergunta, merece uma resposta elucidativa, honesta e sábia. O sacerdote não pode permitir que dúvidas salutares tornem-se barreiras intransponíveis.

O sacerdócio pode não ser para todos, mas a consciência religiosa, sim, e deve ser estimulada e desenvolvida. Um médium bem esclarecido e ensinado pode e deve estabelecer ligação mental direta com os orixás e recorrer a eles para resolver algum problema que se lhe apresente. Todos podem ser intermediadores entre os dois planos da vida, desde que bem instruídos e "apresentados" aos sagrados orixás.

"Na instrução está a absorção de conhecimentos sobre os orixás, seus campos de atuação, suas qualidades, seus atributos e atribuições. E isso não se consegue de uma hora para outra. É preciso estudar e munir-se de muito bom senso..." (Rubens Saraceni, *O Código de Umbanda*). E é o sacerdote quem irá transmitir aos filhos o amor aos orixás, pois orixá é amor do Criador às Suas criaturas.

O sacerdote pode estabelecer um dia da semana ou do mês, para o ensinamento da doutrina, por um guia doutrinador, por ele próprio ou por filhos indicados por ele.

Sentir-se e Ser Responsável pelo Grupo

"No meu rebanho eu me realizo enquanto servo de Deus."
Mestre Rubens Saraceni

Além dos procedimentos iniciáticos, o sacerdote precisa ser um pastor atento ao seu rebanho, conduzi-lo, defendê-lo e ter nele seu sustentáculo, olhando e acompanhando seus médiuns, ensinando-os, fazendo com que cresçam.

Deve dar atenção aos médiuns da casa, ser firme com os faltosos, mas sem excesso, e generoso com os que estão se esforçando. Nos terreiros, é comum a preferência, mas o sacerdote deve se preocupar justamente com aqueles de quem menos gosta, pois ali reside sua dificuldade. Quem está evoluindo ou buscando a melhor forma de crescer, precisa de orientação, de auxílio, pois ainda lhe falta autodomínio.

O sacerdote convive com as dificuldades de seus filhos de fé e tem de transmitir a eles a confiança, os bons conselhos e as palavras que eles precisam, com ponderação, sabedoria e prontidão. Enfim, deve ser o verdadeiro orientador dos seres que Deus mandou, manda e mandará para ele.

Ministrar Atendimento Religioso a Pessoas, Lares e Estabelecimentos

"Espalha a semente, esperando recolhê-la
multiplicada, numa colheita abundante."
E. A. White

Ao sacerdote cabe atender aos consulentes e auxiliá-los na medida de suas faculdades mediúnicas e no merecimento de cada um. Há muitas formas de ajudar o semelhante, pois há muitos tipos de enfermos. O sacerdote deve ter os recursos para curar os que chegam em seus caminhos, benzendo, realizando curas espirituais, descarregando-os, atuando em desobsessões e magias, realizando oferendas, intermediando junto aos orixás em favor dos que o procuram, purificando lares, positivando o espírito das pessoas, transmutando suas vidas para que se integrem ao Criador, ou até orientando e acompanhando os que necessitam tratamento médico específico.

Uma pessoa quando procura um Templo de Umbanda, normalmente está fragilizada e com depressões várias. Precisa de muito amor, carinho, entendimento e, acima de tudo, de paciência.

O sacerdote precisa receber fraternalmente a todos os que o procuram e ajudá-los, o máximo possível, com paciência, humanismo, bom senso, discernimento e firmeza de propósitos.

Um sacerdote não pode se envolver com problemas alheios, nem prometer o que não pode cumprir, pois será cobrado depois. Mas, nunca deverá se omitir naquilo que puder ajudar.

Acolher Espíritos Sofredores e Atuar em Desobsessões

> "Vigiai e orai."
> *Jesus (Mateus, 26-41)*

O sacerdote pode realizar o resgate da escuridão do nosso espírito e de milhões de seres que sofrem no astral, em faixas vibratórias negativas porque não tiveram quem os ensinasse no plano da matéria e não têm quem os resgate desses planos inferiores.

É preciso "estender a mão", buscar os que estão caídos, tratá-los, limpá-los e colocá-los em sintonia com as faixas positivas, doutriná-los e encaminhá-los às moradas espirituais das faixas vibratórias luminosas.

Desenvolver a Religiosidade e Ter Convicção

> "Não tema as consequências; só tema a insegurança."
> *Mestre Rubens Saraceni*

O sacerdote de Umbanda é a pedra angular, a vidraça e o espelho de seu Templo. Seu maior dever é estimular os frequentadores do templo a desenvolverem a religiosidade em seu íntimo, fazer a religião crescer de forma correta e ser motivo de orgulho para seus praticantes e frequentadores. Ser sacerdote é pensar o tempo todo na religião; é ver o que pode ser melhorado, para trazer mais pessoas à religiosidade.

O senso religioso das pessoas pode ser trabalhado externa e internamente. O "burilamento externo necessita ser acompanhado de uma mensagem socorrista e de algum resultado concreto e satisfatório quanto às dificuldades vividas por elas, senão o seu senso religioso não é alcançado e logo se afastam, procurando novamente outras alternativas religiosas".

A religiosidade não é pronto-socorro. É estado de espírito que dá força ao ser, para suportar as piores adversidades da vida. O trabalho espiritual não é um fim em si mesmo; ele é um meio. É preciso ensinar às pessoas que se não mudarem seus pensamentos, sentimentos, expectativas, condutas pessoais e posturas sociais e religiosas, não desenvolverão a religiosidade. Esse é o burilamento interno, que tem de ser realizado por meio de uma mensagem redentora e cada um deve ser corresponsável pela ajuda conseguida e não apenas beneficiário.

Religiosidade é confiança, é prática diária de vida. Desenvolver o senso de religiosidade cura 90% dos problemas das pessoas; 10% é o pronto-socorro. O trabalho espiritual, pronto-socorro, deve ser para os necessitados. O trabalho religioso deve ser para todos.

Recomenda-se ao bom sacerdote de Umbanda que utilize, simultaneamente, os dois recursos, acolhendo as pessoas necessitadas e incutindo nelas a prioridade da mudança íntima, quanto a Deus e à religiosidade.

O sacerdote é o agente indutor da religiosidade, da fé, desde que convicto do que faz. Aquele que não é um convicto, não muda a vida das pessoas porque a palavra dele não traz a indução, o poder de realização na vida das pessoas. É dever do sacerdote induzir a pessoa a acreditar novamente em Deus, a se desligar das esferas negativas e a confiar mais em si e menos nos problemas à sua volta, para conseguir solucioná-los.

As pessoas chegam negativadas, os sacerdotes têm de limpá-las. Elas precisam de um poder em que confiem, com o qual possam se ligar, senão tornam a cair e deixam de puxar vibrações positivas.

As orações são nossos tesouros; são impregnadas com o poder e quando feitas com convicção, o mesmo se manifesta. A convicção é uma forma de Deus estar com a pessoa, no seu íntimo. O sacerdote deve ter essa convicção, deve fazer o bem porque está convencido de que isso é bom e quanto mais pessoas forem beneficiadas, melhor estará servindo Deus.

SER ÉTICO E TER RESPONSABILIDADE

> "Conhece-te e terás o Universo à tua disposição
> e terás Deus a habitar todo o teu ser imortal."
> *Voltaire*

A conduta de um dirigente espiritual deve ser irrepreensível, condizente com seus valores religiosos, pois ele é um templo vivo, um meio de comunicação entre o plano material e o plano espiritual. Deve ter retidão de princípios e sempre refletir sobre suas posturas.

Ter confiança em si é importante, mas, sem excesso, pois a responsabilidade é muito grande. O comedimento é importante, pois as palavras de um sacerdote mexem com as pessoas, influenciando-as. Um sacerdote jamais poderá criar problemas que não saiba resolver.

É preciso cuidar para não interpretar erroneamente o que vem pelos canais de comunicação com o astral e ter a mente aberta e o merecimento do grau e da proteção. Jamais dizer a alguém que há um trabalho feito contra ele se não tiver certeza e, se tiver, dizer o que fazer para cortar e pronto. O sacerdote deverá saber quando falar e quando calar, o que falar ou não, quando deve fazer algo e quando deve mandar a pessoa fazer algo por si, para que ela cresça e se liberte.

O sacerdote ou sacerdotiza de Umbanda deve se impor simplicidade e rígida conduta moral, tanto no mundo sacro quanto no profano, sendo o exemplo de dirigente capaz de se fazer respeitar por todos os que a ele(a) recorrem. Deve zelar por sua moral e pela moral de seu corpo mediúnico, exigindo de todos uma conduta de acordo com os padrões morais da sociedade.

Dirigentes que assediam filhos ou filhas espirituais são vistos pelos orixás e pela espiritualidade superior como pessoas doentes e obsedadas pelos mais baixos instintos. São vítimas de kiumbas e espíritos mistificadores que os iludem, fazendo-os crer que estão incorporando guias, quando, na verdade, são marionetes do baixo astral que infla seus egos e estimula suas vaidades e suas sexualidades pervertidas.

O(a) dirigente umbandista tem seus preceitos e também toda a liberdade quanto à sua vida civil, dissociada de seu grau religioso, mas não de sua religiosidade, pois onde ele estiver, lá estará um templo vivo, pronto para deixar fluir seu dom e suas faculdades mediúnicas.

Atender, Cuidar de seu Ambiente e Atuar nas Magias

"Todos nós somos místicos, só que alguns não o sabem e outros não o compreendem, vagam de templo em templo em busca do seu elo partido."
Mestre Rubens Saraceni

Um sacerdote tem nos seus objetos ritualísticos a identidade religiosa de sua vida, dedicada àqueles que o procuram porque creem na sua superioridade no aspecto religioso da vida dos seres.

Para ativar os processos magísticos é necessário receber uma imantação divina e adquirir todos os apetrechos específicos, que são "meios" de suma importância para a realização das ações mágicas. Sem eles, a tendência é o médium magista esgotar a si mesmo, pois não possui seus fixadores, seus canalizadores, seus direcionadores e seus finalizadores.

O sacerdote deve cuidar de seu Templo e ter profundo apreço e cuidados especiais com esses objetos religiosos ou magísticos, que consagrou para realizar seus rituais, mantendo-os sempre limpos.

Os espaços religiosos de um Templo dão sustentação a todas as atividades ali iniciadas. Todo Templo, além de seu espaço físico, tem seu lado etérico ou espiritual, com seus graus vibratórios e magnéticos.

O ambiente de atendimento deve ser isolado, limpo e arejado, para não captar energias indesejáveis.

FORTALECER-SE SEMPRE QUE NECESSÁRIO E REALIZAR OFERENDAS

> "O umbandista não precisa de uma catedral, como só o gênio
> humano é capaz de construir, ele só precisa de
> um pouco de natureza, como só Deus foi capaz de criar."
> *Pai Ronaldo Linares"*

Nem tudo é resolvido dentro do terreiro. O sacerdote também deve fortalecer o trabalho de seus guias se fortalecendo, para que eles possam fazer mais e mais. O sacerdote, quando estiver assoberbado, desgastado demais, deve ir aos pontos de força da Natureza, levantar determinadas forças, colher a bênção das divindades e superar o que lhe atrapalha. A Natureza o regenera energética e espiritualmente, para levar adiante o seu trabalho. Deve ir a esses pontos de força agradecer, buscar a ajuda e a segurança de que precisa, para levar adiante seu trabalho.

Oferendar uma divindade é prestar-lhe uma oblação ou uma reverência; é cumprir com nossos deveres religiosos, demonstrando nosso apreço, amor, respeito, fé e agradecimento pelo zelo que ela tem por nós, seus filhos amados.

O ofertador deve portar-se de modo condizente com o ato que realiza, com postura religiosa sóbria, compenetrada e sacra, no ponto de força natural da divindade oferendada.

Ter Vínculos de Fraternidade com os Irmãos Sacerdotes

"Os índios amazônicos não guerreiam ou guerreavam entre si pela posse de Deus, pois Deus era e é generoso demais."
Mestre Seiman Hamiser yê

A postura religiosa do sacerdote não se restringe apenas à sua relação com o corpo mediúnico e com os fiéis, mas deve estender-se aos seus irmãos sacerdotes. Os irmãos sacerdotes devem visitar-se, amparar-se, respeitar-se, conversar, trocar ideias sobre a religião e trabalhar com unidade.

A unidade se fará com fraternidade e irmandade, com o desenvolvimento de uma linguagem comum, de uma literatura tipicamente umbandista e com o desenvolvimento de uma consciência religiosa coletiva e direcionada para um só objetivo: dar respeitabilidade e grandeza à religião de Umbanda.

É preciso que os sacerdotes abram ao público o universo mágico e religioso que se manifesta nos templos brasileiros, disseminando coletivamente as mensagens e pregações doutrinárias de nossa Umbanda, através de todos os meios de comunicação aos quais tiverem acesso. Mas, também é preciso que estudem, ensinem a religião devidamente fundamentada e falem corretamente, pelo menos, o nosso idioma.

Não Abrir a Guarda para o Baixo Astral

> "Espíritos com os quais nos antipatizamos em outras encarnações, e que passaram a nos odiar, costumam atormentar-nos e desequilibrar-nos, pois assim se sentem vingados."
> *Mestre Rubens Saraceni*

O sacerdote está em permanente choque com as hordas de espíritos rebelados contra a Lei Maior. Precisa estar sempre em equilíbrio mental e emocional, ser dinâmico, ágil no pensar e agir, sem preguiça, não ter medo nem dúvidas. Enfim, deve estar sempre preparado para, quando receber um choque, saber agir e o que fazer no momento certo, sem deixar para depois, para não se arrepender.

Representar a Umbanda, com Dignidade

O sacerdote deve assumir publicamente sua religião, defendê-la sempre que necessário e representá-la em eventos públicos e oficiais. Para isso, deve conhecê-la em profundidade, sendo capaz de argumentar, com segurança e convicção, sobre os assuntos concernentes à Umbanda.

E — A PREPARAÇÃO COMPORTAMENTAL DOS OGÃS

> "Um Ogã precisa saber o que cantar, quando cantar, para quem cantar e que toque utilizar, para movimentar a energia correta naquele momento do trabalho."
> *Ogã Severino Sena*

Além do sacerdote, os templos de Umbanda possuem outras autoridades, iniciadas em seus ofícios, dentre elas, os Ogãs. Eles, de fato, não entram em transe de incorporação; são sacerdotes específicos de louvor aos orixás, de extrema confiança do líder espiritual da casa. Uma das principais características dos Ogãs é a capacidade mediúnica de ativar correntes energéticas e vibratórias por meio do canto e do toque. Eles são o complemento fundamental para a concepção da força vibratória de um terreiro. Nos terreiros em que os pais ou mães incorporam o tempo todo, quem segura as giras, praticamente, são os Ogãs.

Os Ogãs de toque e canto são, naturalmente, os tocadores de atabaque ou "Tabaqueiros" e são, por excelência, pais espirituais, pois normalmente são exímios conhecedores dos cantos, rezas e fundamentos de cada orixá e das linhas de trabalho. São médiuns preparados pelo Criador para servirem aos orixás e Guias, tendo o dom de movimentar a energia necessária durante um trabalho. Os Ogãs têm um roteiro a seguir, durante as giras, que pode variar um pouco, de uma casa para outra, mas é basicamente o mesmo em seus fundamentos.

Há os Ogãs natos e aqueles que são preparados durante a jornada terrena. Aprendem os cantos e toques ao longos de muitos anos e são empossados após um período iniciático, que termina em uma apresentação pública, em que exibem seus dotes artísticos e saber religioso. Após a iniciação, recebem também um nome litúrgico que os identificará para sempre e podem, então, ser reconhecidos carinhosamente como pais, abençoar e serem abençoados. Todos os Ogãs, assim como os demais médiuns, precisam de ensinamentos religiosos e ritualísticos para melhor desempenho de suas funções nas giras e demais trabalhos.

Uma "curimba", ou seja, o conjunto de vozes e toques dos atabaques, é formada por Ogãs que tocam e cantam, Ogãs que só tocam e por filhos da casa que só cantam. Pode ser acompanhada de palmas e mesmo de sino.

Todo ponto cantado é uma decodificação de mantras, é uma prece, uma reza, para chamar os protetores que dão assistência aos trabalhos espirituais. Os verdadeiros pontos cantados são os chamados de raiz, ensinados ou transmitidos pelas próprias entidades. A letra, a música, o tom, a afinação e o ritmo corretos do ponto cantado e tocado, constituem a magia do Verbo na Umbanda e imprimem matizes aos rituais, unindo os participantes, criando maior sentimento de disciplina, solidariedade e colaboração.

Cada ponto cantado corresponde às vibrações espirituais da entidade evocada, mas, para se obter o efeito desejado de harmonia e aproximação do guia espiritual, deve ser cantado corretamente, sem mudança da letra ou da melodia, e com muita afinação. Um verdadeiro ponto evoca imagens fortes e chegam ao coração, despertando a emoção e a verdadeira fé, pura e simples. As notas afinadas e ritmos corretos ajudam a manter a corrente concentrada, a sintonia e o repouso da mente de quem ouve, afinizando-o com o meio.

Os atabaques ou tambores sagrados, além dos atributos naturais e magísticos, proporcionam a vibração e a frequência necessárias para a celebração da gira, para as evocações, abertura e fechamento do facho energético nos trabalhos.

E.1 — DEVERES DO OGÃ

- Ter comportamento sério e muito respeitoso com a entidade chefe e com as demais entidades, que dependem dele para saber exatamente o que está acontecendo na gira.
- Estar sempre em total sintonia com o guia chefe e atento a todo movimento da gira e a tudo o que ocorre no ambiente de trabalho.
- Ter consciência de que o atabaque é sagrado, pois contém a força viva do orixá.
- Saber que é o responsável pelo canto e toque dos pontos do terreiro e que deve trabalhar numa sequência, conforme o desenvolvimento da gira, e saber quando cantar, o que cantar, para quem cantar e que toque utilizar, para movimentar a energia correta, naquele momento do trabalho. Precisam estar sempre alertas às vibrações do momento e de prontidão, pois o equilíbrio da gira depende da curimba.
- Ajudar seus irmãos em desenvolvimento, firmando as energias necessárias.
- Vestir-se de branco, como os outros médiuns e usar suas guias, correspondentes aos orixás de sua coroa.
- Firmar a curimba. Algumas casas adotam a firmeza da curimba, antes de iniciar os rituais, de forma bem simples, firmando o anjo da guarda e os orixás daquele atabaque, acendendo uma vela branca e colocando um recipiente com água e mel, na frente ou do lado direito do atabaque.
- Saber que a curimba bem tocada e bem cantada facilita as incorporações e ajuda a sustentação de um bom trabalho espiritual. A curimba mal conduzida irrita os sentidos, dificulta as incorporações e, por melhor que sejam os sons dos atabaques, os mesmos, sozinhos, sem a afinação vocal, não criam a harmonia vibratória necessária aos trabalhos do terreiro, pois os médiuns não saberão que tonalidade devem manter nos cânticos, além do incômodo que a desafinação causa aos ouvidos musicalmente educados.
- Conhecer os vários toques e aqueles necessários para cerimônias de batismo, casamento, coroamento e, no mínimo, sete pontos de cada entidade e de cada momento, principalmente os pontos relacionados aos orixás e guias chefes da casa, assim como pontos de abertura, defumação, batimento de cabeça, saudações, chamada, sustentação, fir-

meza, despedida, etc. Um toque diferente pode comprometer qualquer trabalho e ainda ser responsável pelo cruzamento da linha, rebaixando a vibração dos médiuns.

- Respeitar a hierarquia entre os Ogãs. Manter um bom entrosamento com todos os tabaqueiros, para que sejam cantados os pontos corretos, mantendo a vibração, a sintonia e a firmeza dos trabalhos.
- Vestir seu atabaque com fitas ou tiras coloridas de pano, na cor do orixá ao qual o atabaque foi consagrado.

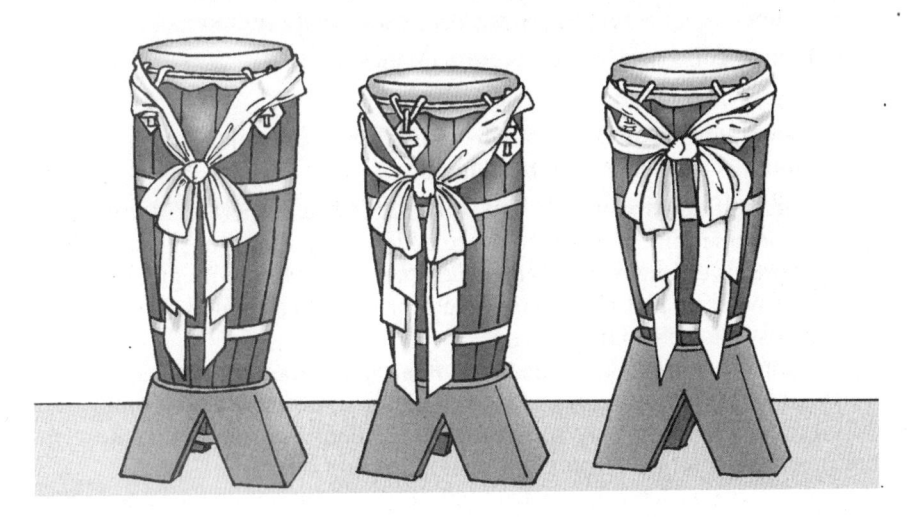

- Cobrir o atabaque, quando não mais estiver em trabalho, para proteção do instrumento, quanto à exposição ao sol, poeiras, toque de pessoas alheias ao terreiro e até de pessoas com intenções negativas sobre a casa.

E.2 — NÃO É PERMITIDO AO OGÃ

- Tocar no atabaque, sem pedir licença ao orixá ali assentado. Há casas onde cada Ogã deve ter seu próprio atabaque, pois na sua consagração aquele instrumento será oferecido aos seus orixás de coroa. Caso seja convidado a tocar um instrumento que não seja o seu, o Ogã deverá pedir licença ao orixá ao qual foi consagrado aquele atabaque. Outras casas, principalmente as maiores, dispensam essa formalidade, pois têm um grupo de Ogãs que se revezam na curimba.
- Debruçar-se sobre o atabaque, seu instrumento sagrado.
- Fumar, comer ou beber em cima do atabaque.
- Trocar de roupa na frente do atabaque.
- Fazer comentários ou estabelecer conversas paralelas durante a gira, mesmo com a curimba em silêncio.

Toda religião organizada tem seus rituais que despertam as emoções, na vibração e sentimentos de seus seguidores. Toda seita tem seus cânticos, que são preces cantadas e ritmadas que criam um colorido mágico especial no plano material e extra-material, sintonizando e harmonizando a emotividade dos fiéis ao ritual religioso.

A música produzida por instrumentos, pela voz, ou por ambos, restaura a ligação com o cosmos, com nossa essência, e desperta nossa alma para os sentimentos e emoções superiores. É fundamental na meditação e na harmonização entre o corpo e o espírito de quem os emite.

A Umbanda tem na musicalidade um dos fatores mais importantes de seu ritual, com suas cantigas que remetem à ancestralidade, memória e tradição.

É importante que os templos umbandistas busquem um nível de excelência, priorizando, também, a harmonia e o refinamento musical. É estratégica a busca do mínimo necessário para que o som esteja em sintonia com o ritmo e com o trabalho espiritual e que encontremos nos instrumentos e nos cantos uma parcela importante da arte na Umbanda o que, com certeza, atrairá seguidores que gostam de ouvir cânticos harmoniosos e belos.

F — A PREPARAÇÃO COMPORTAMENTAL DOS MÉDIUNS

"Se tiveres que chorar por alguém que errou, chora por ti mesmo.
Se tiveres de alterar a voz com irmãos que julgastes incursos em erro,
altera a voz contigo mesmo.
Se tiveres de anunciar alguma virtude que não possuis, fala das qualidades
dos companheiros e dos esforços que eles fazem para melhorar."

Espírito Miramez

Médium, é toda pessoa que sente, em um grau qualquer, a influência dos espíritos. A mediunidade é a faculdade que, se desenvolvida ordenadamente, poderá servir de veículo de comunicação entre os dois planos da vida, o espiritual e o material. Essa faculdade é inerente ao homem, porém, usualmente, tal qualificação só se aplica àqueles que, devido a organismos mais sensíveis, têm a faculdade mediúnica nitidamente caracterizada e manifestada por efeitos de uma intensidade maior. A mediunidade é um dos recursos mais eficientes para o resgate de carmas.

A mediunidade é a exteriorização de um dom que aflorou no ser e que, se bem desenvolvida, irá acelerar sua evolução espiritual. Portanto, não é uma provação. Também não é uma punição cármica, mas um ótimo recurso facultado pela Lei, para a harmonização com nossas ligações ancestrais.

O médium, desde que integrado à corrente espiritual de um centro de Umbanda, torna-se beneficiário direto dos orixás, recebendo seu amparo e direção. Mesmo que sua mediunidade de incorporação demore a aflorar, ou nunca aconteça, está religado aos orixás por sua fé e é importante para a corrente, que confiará a ele algum outro tipo de trabalho nas atividades da casa: auxílio ao trabalho dos guias, orientação à assistência, canto dos pontos aos orixás, etc. Todos os médiuns de uma corrente estão sob a irradiação direta dos orixás.

F.1 — TIPOS DE MEDIUNIDADE

As principais formas de mediunidade são as que ocorrem em médiuns de incorporação, médiuns sensitivos, médiuns audientes ou auditivos, médiuns falantes, médiuns videntes, médiuns curadores, médiuns de efeitos físicos ou motores, médiuns psicógrafos ou escreventes, médiuns pintores e desenhistas e médiuns de transporte.

Desenvolver a mediunidade significa que o médium deve passar por um aprendizado e conscientização, senão suas faculdades mediúnicas ficarão obstruídas por escolhos religiosos, por tabus, dogmas e medos, já incorporados por ele. A mediunidade é um dom pessoal e intransferível e o desenvolvimento mediúnico é um meio rápido de desobstrução desses canais mediúnicos e de desenvolvimento das faculdades extrassensoriais do médium.

MÉDIUNS DE INCORPORAÇÃO

São médiuns que produzem os aspectos, maneiras, vozes e linguagens das entidades que incorporam e falam por seu intermédio. A mediunidade de incorporação pode ser inconsciente e consciente. A consciente se processa quando o espírito atua no médium e este tem plena consciência dessa atuação. A incorporação inconsciente, muito rara, ocorre quando o espírito atua no médium e este não tem plena consciência dos atos e práticas ali executados pelo espírito.

Médiuns de Transportes

É uma mediunidade de incorporação, em que uma entidade ou espírito que está agindo numa pessoa é transportado para o médium e passa a se manifestar por intermédio dele. O transporte visa tirar do campo vibratório de uma pessoa um espírito internalizado, que não sai porque ela está em simbiose com ele. É preciso alguém pôr a mão, puxar aquele espírito, incorporar e limpar a pessoa. Esses médiuns são importantes para a retirada de obsessores, que, a seguir, são levados pela Lei Maior, para o seu lugar de merecimento.

Médiuns Sensitivos

Os médiuns sensitivos têm a capacidade de perceber, detectar e sentir a presença de espíritos, sejam eles de qualquer classe e ordem evolutiva.

Médiuns Audientes ou Auditivos

Ouvem a voz dos espíritos, com suas mensagens de socorro ou palavras de consolo e orientação. Podemos exemplificar com Joana D'Arc e Cecília Meirelles.

MÉDIUNS FALANTES

Neles, a palavra é um instrumento, do qual o espírito se serve, para entrar em comunicação com o plano material, assim como também pode fazê-lo por intermédio do médium audiente. O médium se exprime geralmente sem ter a consciência do que diz e fala coisas fora de suas ideias habituais, de seus conhecimentos e mesmo do alcance de sua inteligência. Embora esteja perfeitamente desperto e no estado normal, raramente conserva a lembrança do que disse.

São Jerônimo pode ser considerado um médium falante consciente, pois passava horas ditando aos taquígrafos suas cartas (epístolas) e suas traduções da Bíblia (Velho Testamento e Evangelhos) que deram origem à "Vulgata" (primeira Bíblia em Latim), no fim do séc. IV e início do séc. V d.C.

Se concordarmos que os Evangelhos foram revelados pelo Espírito Santo, São João, São Marcos, São Mateus e São Lucas foram, também, médiuns falantes, pois, provavelmente, como São Jerônimo, ditavam os textos. Jesus e Krishna foram considerados, cada qual em seu contexto, a própria encarnação do Verbo, assim como, entre os islâmicos, mais recentemente (séc. VII), Maomé (Mohamed).

Nesse sentido, todos os autores dos textos sagrados das diferentes culturas poderiam ser incluídos ou nessa categoria de médiuns falantes ou na de psicógrafos.

MÉDIUNS VIDENTES

São dotados da faculdade de ver os espíritos. Há os que dispõem dessa faculdade em seu estado normal, perfeitamente despertos e mantendo a lembrança exata do que veem. Outros não a têm, senão no estado sonambúlico ou próximo do sonambulismo. Os médiuns videntes acreditam ver pelos olhos, mas, na realidade, é a alma que vê, por isso veem tão bem tanto com os olhos fechados como abertos.

Médiuns Curadores

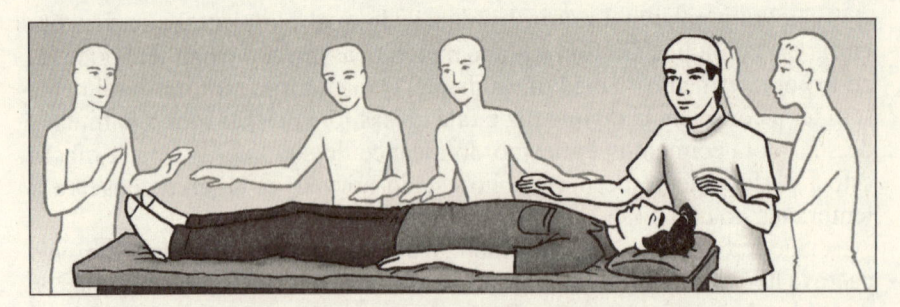

São aqueles que fazem as curas por meios psíquicos ou ocultos, pela imposição das mãos ou por outras formas. Os médiuns curadores têm, compondo o seu dom de cura, o intermédio de médicos curadores já desencarnados, especialistas neste assunto, e também de espíritos de altos escalões evolutivos, que se servem das ervas, das rezas e de seus conhecimentos magísticos medicinais.

Médiuns de Efeitos Físicos ou Motores

São aqueles, que no estado de transe, fazem mover ou transportar objetos mais ou menos pesados, como mesas, cadeiras, etc. ou produzem outros fenômenos. Uns produzem os fenômenos por um ato de sua vontade outros involuntariamente.

Médiuns Psicógrafos ou Escreventes

Têm a faculdade de escrever, sob a influência dos espíritos. Temos como exemplos Chico Xavier e mestre Rubens Saraceni. Os médiuns escreventes mecânicos recebem um impulso involuntário em suas mãos. Os que não têm nenhuma consciência daquilo que escrevem são muito raros. Aqueles cujas mãos avançam involuntariamente e que têm a consciência instantânea das palavras ou das frases à medida que escreve, esses são os mais comuns e chamam-se semiescreventes.

MÉDIUNS PINTORES E DESENHISTAS

Pintam ou desenham sob a influência dos espíritos, permitindo, através da pintura e da arte, mostrar as maravilhas existentes no lado espiritual. Mostram, também, suas formas e características físicas, perceptíveis aos nosso olhos.

F.2 — OS MÉDIUNS NA UMBANDA

Seres de luz têm comunicado que hordas de espíritos trevosos, malfeitores e obsessores que perambulam pela Terra, têm reencarnado, pois foram abertas comportas do astral inferior. Esses seres são rebeldes, viciados, desregrados, tiranos, perversos e inescrupulosos, almas sedentas de prazer, paixão e vingança, que se atiram com avidez sobre a humanidade, revelando vícios e taras estranhas e cometendo crimes aviltantes. Com isso, a humanidade vai se pautando por sensações inferiores, pela sedução de fortuna e de luxo, ficando cada vez mais neurótica, aflita e desesperada.

Contra essa carga magnética inferior planetária, tem ocorrido a eclosão da mediunidade, para a cooperação espiritual na redenção dos irmãos desencarnados, confortando os sofredores, comovendo os obsessores obstinados e orientando os irmãos confusos. O "cavalo" de Umbanda é o ponto de apoio das entidades, em sua luta ferrenha contra os poderosos agrupamentos e falanges das trevas. Mas o médium pode ser o mais necessitado de recuperação espiritual, principalmente se sua compostura moral for inferior à sua desenvoltura mediúnica. Ele deve apurar os seus atributos de elevação espiritual, para ser portador de valores úteis e bons para ofertar ao próximo.

Na preparação de sua reencarnação, o espírito, que virá para a matéria com a compromisso de mediunidade de Umbanda, recebe um complemento de energia vital eletromagnética nos seus chacras, que permitirá aos guias atuarem mais intensamente nas regiões dos plexos, facilitando-lhes o domínio do corpo físico do médium e possibilitando-lhes assumir suas principais características, com seu gestual e linguajar próprios.

Essa energia também é fundamental para que o médium umbandista possa suportar a difícil tarefa que deverá desempenhar nos entraves com o baixo astral, com os espíritos cruéis que manipulam as forças ocultas negativas, com os trabalhos de magia negra, com as demandas e energias negativas em geral. Essa é uma das principais funções do médium de Umbanda, ou seja, atuar contra esse submundo do baixo astral, contra as vibrações e ataques das falanges negras.

O êxito ou prejuízo do intercâmbio mediúnico depende principalmente do estado espiritual do médium, que, em seu desenvolvimento, precisa dar atenção à sua higiene física, moral e espiritual, para ter condições de desempenhar suas tarefas. Deve resguardar-se, defender-se e limpar sua aura, utilizando-se dos elementos da Natureza, em seus banhos de defesa com ervas, no uso de essências, defumações e outros.

Algumas casas de Umbanda classificam os médiuns em Médium de Porteira, Médium de Coroação, Médium Ponta de Lança e outros.

Médium de Porteira

É designado, obrigatoriamente, pelo Plano Espiritual, para ficar na porta de entrada do Templo. Incorporado ou não, seu guia estará o tempo todo ao seu lado. Deve, com muita humildade e dedicação, não se ausentar dos trabalhos, pois o Plano Espiritual confiou nele.

Esse médium deve ser maduro e pronto para a espiritualidade e ter facilidade de lidar com demandas, as quais vai resolvendo, na hora ou depois. Ele tem um mental fortalecido, sabe quando chega a demanda e domina a própria mediunidade, ligando-se ao alto e chamando por seus Guias ou pelos Guias Chefes do Terreiro, pedindo ajuda mentalmente, sem que os quiumbas e trevosos que ali demandam percebam sua ação. Por sua função de fazer a segurança do terreiro, esse médium deve sempre se manter em equilíbrio e seguir as recomendações do astral para se proteger.

Médium Coroado

A coroação significa que o médium está pronto para fazer um determinado tipo de trabalho. É sempre feita pelos Guias Chefes do Terreiro, que darão permissão para o médium já desenvolvido fazer alguma coisa dentro do terreiro.

Há dois tipos de coroação:
— Coroação para trabalhar,
— Coroação de Pai e Mãe Pequenos

• *Coroação para Trabalhar*

Acontece quando o médium está pronto para incorporar na Corrente Mediúnica, dar passes e atender a assistência.

• **Coroação de Pai e Mãe Pequenos**

Ocorre quando o médium já desenvolvido está pronto para abrir trabalho, pois conhece tudo sobre a casa e o que é necessário para dirigir uma gira ou cerimônia, na ausência do Pai ou Mãe do Terreiro. A partir daí, passarão a estar responsáveis pelos demais filhos de fé da casa, cabendo-lhes desenvolver os médiuns novos e ensinar os cambones, trazendo a todos os demais médiuns firmeza e segurança mediúnica, para que estejam preparados para receber a primeira coroação.

Médium Ponta de Lança

É o que tem mais tempo de terreiro. Geralmente, fica na frente, durante os trabalhos.

F.3 — DEVERES DOS MÉDIUNS MAIS EXPERIENTES

Além da Preparação, conforme indicado no item C — "Preparação da Corrente Mediúnica", os médiuns mais experientes ou com mais tempo na casa devem:

Assumir Conscientemente sua Mediunidade e Saber Lidar com Ela

É preciso ter consciência de que a mediunidade não limita o ser nem escraviza ninguém, apenas exige do médium uma conduta de acordo com o que esperam os espíritos que atuam no plano material através dele, para socorrer os encarnados.

O médium de Umbanda deve entender que é um "templo vivo", no qual se manifestam os sagrados orixás e seus irmãos em espírito, para melhor cumprirem suas missões junto aos irmãos encarnados.

O médium deve assimilar a inovação que seu campo biopsíquico-espiritual está recebendo, sem criar confusões, para que não ocorram consequências desastrosas em sua vida e na vida daqueles que necessitam da orientação de seus guias.

Deve entender que como "templo vivo" foi ungido para as práticas religiosas e precisa cumprir suas funções e realizá-las, por intermédio:
- das incorporações;
- dos passes magnéticos;
- das desobsessões;
- das curas espirituais;
- das magias;
- da emissão de oráculos;
- etc.

SABER SAUDAR TODOS OS ORIXÁS E LINHAS DE TRABALHO*

Orixá	Saudação	Significado
Oxalá	Oxalá Yê, meu Pai! Exê Babá!	O Sr. Realiza! Obrigado Pai!
Logunã	Olha o Tempo, minha mãe!	Olha o Tempo, minha mãe!
Oxum	Ora Yê iê, ô!	Olha por nós, Mãezinha!
Oxumaré	Arroboboi!	Senhor da Águas Supremas!
Oxóssi	Okê Arô!	Dê seu brado, Majestade!
Obá	Akirô Oba Yê!	Eu saúdo o seu Conhecimento, Senhora da Terra!
Xangô	Kaô Kabecilê!	Permita-me vê-lo, Majestade!
Oro Iná	Kali Yê, minha Mãe!	Salve a Senhora Negra, minha Mãe!
Ogum	Ogum Yê, meu Pai!	Salve o Sr. da Guerra!
Iansã	Eparrei, Iansã!	Salve o raio, Iansã!
Obaluaiê	Atotô, meu Pai!	Peço quietude, meu Pai!
Nanã Buruquê	Saluba Nanã!	Salve a Mãe das águas Pantaneiras!
Iemanjá	Adoci-yaba ou Odoiá, minha Mãe!	Salve a Senhora da Água!
Omolu	Atotô, meu Pai! Ou	Peço quietude, meu Pai! Omolu Yê! Salve o Sr. Omolu!
Exu	Laroyê (olhe por mim), curvo a ti, vós sois poderoso,	Vós sois grande, Exu! Ou Eu Exu! Exu Omojubá! me Exu!
Pombagira saravá!	Salve a Sra. Pombagira!	Salve a Sra. Pombagira! Pombagira saravá! Pombagira
Exu Mirim	Laroyê, Exu Mirim!	Olhe por mim, Exu Mirim!
Pretos-Velhos	Adorê as almas!	
Caboclos	Okê Caboclo!	Dê seu brado, Caboclo!
Crianças	Oni Beijada!	Salve os irmãos do altar!
Sereias	Adoci-yaba!	Salve as mães da água!
Baianos	É da Bahia!	Ou Salve a Bahia, meu Pai!
Marinheiros	Salve a Marujada!	Ou Salve o povo do mar!
Boiadeiros	Jetuá, Boiadeiro!	Ou Marambá!
Ciganos	Salve o Povo do Oriente!	Ou Salve Santa Sara Kali!

---

* As Sete Linhas de Umbanda *permite ao leitor conhecer as linhas que atuam no Ritual de Umbanda Sagrada, além das minúcias dos mistérios dos sagrados orixás. Rubens Saraceni, Madras Editora.*

Não Interferir nas Consultas

A mente do médium faz a captação da mensagem da entidade e a decodifica, telepaticamente. O que o médium recebe e transmite segundo sua compreensão psíquica varia de acordo com o equilíbrio ou desequilíbrio de sua personalidade. É preciso deixar que o Guia conduza as consultas. Não interferir nem julgar os problemas dos consulentes, nem absorvê-los para si.

Buscar a Energia da Força Vital Positiva

Essa energia está em sua essência. Sua mediunidade deve ser um instrumento para alcançar a sabedoria interior, por meio do afloramento dos estados evolutivos do eu, seguindo um processo de crescimento espiritual de integração com as energias vibrantes magnéticas e luminosas, recebidas do plano espiritual.

Nem todos conseguem incorporar os seus guias, pois suas mentes criam bloqueios que impedem uma completa incorporação. Ser um médium de incorporação exige um reajustamento íntimo de tal natureza, que mentalmente é preciso se colocar numa vibração na qual tudo flua naturalmente.

Manter a Harmonia entre sua Vida Interior e Exterior

Quando há desarmonia entre o exterior e o interior do médium, sua dor emocional pode se manifestar na consciência exterior, de tal modo que o médium acaba perdendo o seu equilíbrio psíquico, deixando vir à tona quadros mentais que destoam da mediunidade propriamente dita. Estando em desequilíbrio, naturalmente, com isso, acabará por transmitir ideias contrárias ao teor da orientação espiritual ali necessária.

Não Permitir a Interferência das Dificuldades Materiais

As dificuldades materiais são temporárias e, assim que o médium superá-las, recuperará seu entusiasmo e desejo de ser útil aos semelhantes. Portanto, o médium deve manter sua autoconfiança, amor próprio e autoestima, desenvolvendo as habilidades que o tornarão capaz de superar as dificuldades materiais que se apresentarem.

Rever-se Internamente, Sempre que Necessário

Assumir quando precisar de amparo e de ajuda espiritual e psíquica. Enfrentar suas crises emocionais e/ou psíquicas sem sobrecarregar os circuitos espirituais. Manter pensamentos positivos, para bons efeitos, tanto no corpo físico como no espírito. Há emoções que geram consequências drásticas e bloqueios no campo espiritual, que podem comprometer a mediunidade. O sentimento de raiva, por exemplo, drena a energia do corpo, deixando-o energeticamente anêmico. O medo, imobiliza o corpo físico, pressiona as emoções e reduz o foco do espírito. O ressentimento produz erosão energética, provocando assim a depressão de todas as funções no corpo espiritual. A culpa reduz o movimento de energia entre os órgãos e sistemas, diminuindo a capacidade física de reparar e substituir células, etc.

Não Sentir Ciúme ou Inveja dos Irmãos

É preciso agradecer as oportunidades que nosso Divino Criador nos está dando para evoluirmos, de acordo com as nossas necessidades e merecimentos.

Lembrar, sempre, que somos espíritos eternos em trânsito evolutivo e que não cabe a nós conhecer ou reconhecer quem possui maior ou menor bagagem e conhecimento.

Respeitar os Templos de Todas as Religiões

Cuidar de seu Dom

Dom é a manifestação superior da vida, através das vias evolucionistas dos sentidos do ser, que, se estiverem em harmonia com os princípios da Criação, fluirão naturalmente, trazendo-lhe grande satisfação. Dom não se adquire; desperta-se a partir da relação do ser consigo mesmo, com seus semelhantes e com Olorum, doador e fonte natural de todos os dons.

Essas qualidades cada um traz em si desde sua origem e também as desenvolve com sua própria evolução, nas múltiplas encarnações.

A mediunidade é um dom, é um presente recebido como forma de acelerar o processo de resgate cármico, por isso precisa ser bem cuidada e não deve ser temida. Os que temem o dom mediúnico de incorporação, estão afastando de si um bem espiritual conquistado com muito esforço nas reencarnações passadas. Quando alguém desperta o seu dom, através das condutas virtuosas, é integrado na irradiação de Luz e Força do seu orixá e passa a ser um auxiliar direto da Lei Maior, um multiplicador das qualidades do seu dom, socorrendo o maior número possível de semelhantes.

Receber com Amor e Carinho os Novos Médiuns

O médium é o ponto chave do ritual de Umbanda no plano material e deve ser acolhido pelos irmãos já iniciados, com atenção, carinho e respeito, pois é mais um filho de Umbanda que é "dado à Luz" e necessita de amparo e cuidados, pois ainda é frágil em sua constituição íntima e emocional.

Deve ser ajudado e orientado no seu desenvolvimento, com maturidade, lembrando que ele só conseguirá internalizar e incorporar as experiências espirituais que vivenciar em si e através de si. Não é possível aos mais velhos imporem suas experiências, mas é possível serem ótimos exemplos de religioso(a) para seus irmãos de fé.

Ajudar nas Giras de Desenvolvimento

Os terreiros têm nas giras de desenvolvimento o dia dedicado a todos os filhos, para o aprendizado das práticas religiosas, dos mecanismos da incorporação, para o fortalecimento pessoal da coroa individual e para o conhecimento dos guias e orixás dos médiuns.

Os objetivos da gira de desenvolvimento são amplos, pois neste dia há um fortalecimento geral para a harmonia de todo o corpo mediúnico. Como o filho poderá amparar, sustentar ou mesmo ajudar alguém que precisa se nem ele mesmo está fortalecido?

Alguns que já se intitulam médiuns desenvolvidos não vão nestas giras de desenvolvimento, porque acham que não precisam, mas não é assim que se procede, ele deve colaborar e acolher os irmãos mais novos; é desta colaboração que surge o fortalecimento dos laços de união do terreiro.

Ser Disciplinado

Entende-se por disciplina o respeito à organização dos trabalhos, às normas e preceitos e o acatamento das diretrizes da casa e orientações do dirigente espiritual. Disciplina não é escravidão e obediência cega. É, ao contrário, autodomínio e conhecimento de si mesmo.

A pessoa verdadeiramente livre escolhe as obrigações com as quais quer e pode se comprometer, sendo então responsável por essa escolha, disciplinando-se para agir de acordo e estar à altura dela. A indisciplina mostra falta de consciência e autodomínio, imaturidade e leviandade.

Auxiliar nos Serviços da Casa, das Giras e Cerimônias

O médium deve estar inteiramente integrado ao seu terreiro, considerando-o sua própria casa, seu lar, colaborando para que ele prospere e cresça.

Deve ter consciência do que sabe e do que não sabe fazer bem e daquilo que é necessário em cada situação, ajudando no que puder.

Ser Assíduo

O compromisso com a corrente espiritual significa constância e frequência aos trabalhos do templo. A assiduidade e a pontualidade demonstram as qualidades nobres do médium. A constância mostra a evolução individual e um caráter firme determinado e perseverante.

Sempre que necessitar faltar, o médium deve comunicar de alguma maneira à direção da casa frequentada. Mais de três faltas seguidas só são admissíveis em casos de extrema excepcionalidade.

Ao chegar, deve assinar o livro de presenças dos médiuns e usar o crachá de identificação.

Obedecer

É aprendendo a obedecer que estaremos exercitando nosso conhecimento e desenvolvendo nossa evolução. Caso o médium já desenvolvido, por alguma razão tenha trocado de Centro, deve incorporar os novos valores e suas aplicações, enriquecendo ainda mais suas práticas espirituais. Depois de aceito e integrado à nova Corrente Mediúnica e Espiritual, poderá oferecer seus valores para apreciação e, caso sejam aceitos, serão absorvidos e integrados naturalmente às práticas da casa que o acolheu.

Ter Humildade

"A modéstia a tudo favorece", diz o ditado. É preciso ter a humildade de aceitar a existência de Guias espirituais e outros seres e fenômenos imperceptíveis aos nossos sentidos normais, que são bem mais limitados do que normalmente se pensa, e não criar resistência quando incorporado. Se realmente compreendeu os compromissos que assumiu, jamais será soberbo, orgulhoso ou vaidoso, pois saberá que o médium não é um fim em si mesmo, mas apenas um meio.

Ter humildade é saber que não é melhor do que quem não desenvolveu sua mediunidade, é tratar a todos com amor, carinho e dedicação.

Ser Paciente e Tolerante

Mediunidade é sinônimo de sacerdócio e trabalho espiritual é sinônimo de atuação dos espíritos santificados no respeito e fé em Deus e no amor à humanidade. A paciência e a tolerância são virtudes importantes para que sejamos elementos de agregação da Corrente de Trabalhos Espirituais.

Vigiar os Pensamentos em Relação a Tudo e a Todos

Procurar conhecer-se e descobrir o quanto se está realmente integrado à Corrente Mediúnica que o(a) acolheu e se foi realmente aceito(a) pela Corrente Espiritual da casa que frequenta.

Zelar pela Memória e Tradição de sua Religião e de seu Templo

É fundamental que todo médium saiba o Hino da Umbanda, os cantos para os orixás e Guias, os cantos de abertura, defumação, chamada, sustentação, subida e encerramento dos trabalhos de seu terreiro.

É de extrema importância verter para a escrita a tradição oral, como fez Mestre Rubens Saraceni, por exemplo, na obra *Os Decanos — Os Fundadores, Mestres e Pioneiros da Umbanda*, da Madras Editora.

Estudar Sempre

O conhecimento, aprofundamento de estudos e esclarecimentos em geral são importantíssimos. Para que isso se realize adequadamente, é necessário que os praticantes e seguidores da Umbanda estudem em profundidade os seus fundamentos religiosos, tenham boas palavras e anulem, no seu íntimo, tudo aquilo que não os engrandeça.

Mestre Rubens nos lembra que "Ciência, religião e filosofia geram um fator renovador do entendimento das coisas divinas, das divindades e da consciência dos seres humanos". (*O Código de Umbanda,* Rubens Saraceni).

F. 4 — DEVERES DOS MÉDIUNS MAIS NOVOS OU EM DESENVOLVIMENTO

Além de todas as orientações constantes do item "Preparação da Corrente Mediúnica", os médiuns menos experientes ou recém-chegados à casa devem:

Buscar Orientações

Com os dirigentes e com os médiuns mais antigos na casa, ou mais experientes. Poderá, aos poucos, ir aprendendo a doutrina, por meio de palestras, cursos e livros. Também poderá seguir as orientações traçadas anteriormente, como deveres dos médiuns mais experientes.

Geralmente, os médiuns mais novos vão sendo formados pelo comportamento dos mais velhos, integrando-se à corrente de trabalho. Mas, possuem sua própria natureza íntima, que lhes confere individualidade.

Superar Comportamentos da Formação Religiosa Anterior, Dissonantes com a Religião Atual

É fundamental assumir uma postura mais afinizada com a nova condição religiosa, que é ativa e dinâmica. Não vamos ao templo só rezar, mas, também, trabalhar como membro ativo de uma corrente espiritual.

Lembrar que na Umbanda há lugar para Todos

Todos os trabalhos realizados em uma gira ou nas demais cerimônias são de suma importância, para que as atividades transcorram de forma harmônica e equilibrada. Portanto, todas as tarefas são importantes para o bom andamento dos trabalhos, havendo uma infinidade delas reservadas ao médium de Umbanda. É só terem consciência da beleza espiritual da religião que abraçaram com fé, amor e confiança.

Aprender para Melhor Ajudar

Não adianta ter pressa. É preciso que tudo transcorra no seu devido tempo, por meio de constante aprendizado sobre as normas e os trabalhos da casa.

Integrar-se Efetivamente ao Corpo Mediúnico da Casa

Essa integração deverá ocorrer com o desenvolvimento natural das faculdades mediúnicas.

Ajudar na Orientação da Assistência

Fazer Transporte Quando Indicado e/ou Chamado pelos Guias

Não Sentir Ciúme ou Inveja dos Irmãos

É preciso agradecer as oportunidades que está recebendo do Divino Criador, de acordo com as suas necessidades e merecimentos. Lembrar que nem sempre o médium coroado ou recebedor de algum outro mérito é o melhor ou mais preparado, mas pode ser o que mais está necessitado daquela experiência, no momento, para evoluir.

Não Alimentar Orgulho

Quem se destaca como um médium mais aperfeiçoado, ou cujo tempo de lapidação é mais curto que o de outrem, não deve se orgulhar ou se envaidecer. Se galgou mais responsabilidade é porque suas forças exigem dele mais preparação para cumprir suas tarefas.

Aceitar os Acontecimentos como Lições, Aprendizados

Nem sempre temos o poder de mudar os acontecimentos e as circunstâncias, mas podemos mudar nossa maneira de reagir a elas, aproveitando os acontecimentos como desafios à nossa capacidade de adaptação.

G — A PREPARAÇÃO COMPORTAMENTAL DOS CAMBONES E DOS AUXILIARES

"Estamos todos ligados uns aos outros e todos em Deus."
Espírito Miramar

Muitos imaginam que só pode participar das atividades dos terreiros quem é médium de incorporação. Já vimos que há diversas formas de mediunidade e os templos umbandistas necessitam de muitas pessoas colaboradoras, para seu bom funcionamento físico e espiritual. Se todos dentro do terreiro incorporarem, quem irá cantar os pontos, quem irá cambonar, quem irá ajudar a amparar os médiuns novos que estão aprendendo a girar?

Todos nós podemos vestir o branco, principalmente dentro do coração, isto é, vestir nosso espírito de branco em prol de um trabalho caritativo e verdadeiro. Os cambones são trabalhadores abnegados que cuidam para que tudo esteja em ordem e atendem às necessidades dos Guias incorporados, quando precisam de algum elemento material.

São muito importantes e são os grandes responsáveis pelo bom andamento das atividades do templo, durante um trabalho. São médiuns preparados para a doutrinação de espíritos menos esclarecidos e para o auxílio na firmeza dos rituais.

Há cambones que não são incorporantes, mas são capacitados e consagrados no trabalho de auxiliar e servir os mentores e guias durante os trabalhos. Há aqueles que estagiam nessas funções e preparam seus espíritos para a prática da mediunidade de incorporação. Em algumas casas, essas funções funcionam como porta de entrada da mediunidade, pois o médium aprende primeiro a cambonar, para depois vibrar sua mediunidade ativa, junto com os médiuns mais experientes.

Somente os cambones preparados têm autorização para auxiliar as entidades na manipulação magística de elementos diversos, pois seu corpo espiritual foi preparado para isso.

G.1 — DEVERES DOS CAMBONES E DOS AUXILIARES

- Preparar-se antes dos trabalhos e concentrar-se durante eles.
- Conhecer bem as normas da casa.
- Preparar, antes da abertura da gira, o que as entidades costumam solicitar.
- Servir e respeitar os Guias e os médiuns. Sempre chamar as entidades pelo seu nome de força.
- Saudar a entidade e acomodá-la no seu lugar.
- Entregar para a entidade tudo o que ela solicitar.

- Manter-se concentrado e em total sintonia com os Guias que estiver cambonando.
- Se a entidade riscar o ponto pela primeira vez, copiá-lo e depois passar para o médium, ou agir conforme as normas da casa,
- Manter-se atento aos atendimentos realizados pelos Guias, principalmente quando o médium é iniciante na função. Caso a entidade de algum filho faça algo incompatível com as normas da casa, comunicar isso a ela, com muito respeito, explicando-lhe que nessa casa não é permitido agir daquela maneira.
- Esclarecer dúvidas dos consulentes, quanto ao entendimento da fala do Guia, prestando atenção e anotando as receitas de ervas, acendimento dos charutos, cachimbos, cigarros, velas, etc.
- Anotar o que as entidades indicam aos consulentes: banhos, defumações e outras recomendações.
- Ser discreto e preciso. Não ouvir nem participar do diálogo entre o consulente e a entidade. Se solicitado na conversa, por qualquer motivo, ser o mais discreto e educado possível. Nunca revelar o que ouviu durante o atendimento, a não ser para o dirigente da casa, caso seja necessário.
- Nunca interferir nas decisões da entidade.
- Agir com atitudes de respeito, amor, caridade e fraternidade, desinteressadamente, em relação aos consulentes e frequentadores do templo.
- Despedir-se do(s) Guia(s) que cambonou, antes de suas retiradas, agradecendo sua(s) vinda(s) ao terreiro, desejando-lhe que "Pai Oxalá lhe dê muita luz e força".
- Preparar-se sempre, buscando mais esclarecimentos e estudos acerca da espiritualidade.

Em diversos terreiros de Umbanda existe uma classificação para os responsáveis pelos serviços gerais:

- Cambone Chefe — responsável geral, que prepara e defuma o templo, para que o sacerdote e os demais médiuns desenvolvam seu trabalho.
- Cambone Subchefe — responsável pelos médiuns já desenvolvidos.
- Cambone de Terreiro — executa serviços gerais e auxilia os médiuns.
- Cambone de Assistência — é responsável pelo encaminhamento das pessoas para as consultas espirituais.
- Cambone Iniciante — médium em princípio de aprendizagem.

ATUAÇÃO JUNTO AOS FREQUENTADORES

"O hóspede é Deus."
(provérbio hindu)

"O habitante das cidades tem o senso de hospitalidade embotado pela superabundância de rostos estranhos."
Paramahansa Yogananda — Mestre Iogue

A — RECEPÇÃO

As pessoas vêm ao Templo em busca de amparo físico e espiritual, que precisam ser oferecidos assim que elas entram em nossa casa, quando são bem-vindas, amparadas, amadas e conduzidas fraternalmente.

Qualquer pessoa, ao entrar em um Templo pela primeira vez, fica insegura quanto ao procedimento que deve ter, o lugar onde deve ficar, etc. Se não receber orientações, irá comportar-se como quiser e bem entender, muitas vezes até de maneira inadequada para um lugar sagrado. É preciso que a equipe de trabalho do Templo dê as boas-vindas ao público frequentador e o oriente.

A.1 — ORIENTAÇÕES INICIAIS

Precisam ser dadas aos frequentadores, pelo grupo de recepção, devidamente uniformizado e paramentado. Os componentes desse grupo, assim como os demais, devem ter um cuidado especial ao receber as pessoas, sendo amáveis, respeitosos e educados para com elas, mostrando que são bem-vindas, explicando e orientando-as quanto ao funcionamento da casa.

O grupo irá fornecer as senhas, pedir a assinatura do livro de presença, o preenchimento de fichas, indicar o local onde se sentarão ou formarão fila, pedir ordem, respeito e silêncio no espaço sagrado, além do desligamento de celulares e cuidados com a limpeza.

Esse grupo também poderá entregar folhetos com os cronogramas do Templo, as principais orações, pontos e hinos cantados e demais orientações necessárias.

A.2 — ORIENTAÇÕES SOBRE VESTIMENTA

Ao lado da recepção, o Templo deve ter um quadro com as informações gerais necessárias, dentre elas as referentes à vestimenta adequada e à preparação para se estar em um espaço sagrado. Há pessoas que comparecem à cerimônia do Templo com trajes inadequados, como *short*, mini-blusa, roupa decotada, transparente, bermuda ou camiseta regata.

O terreiro de Umbanda é um templo religioso, onde os mensageiros de Pai Oxalá se fazem presentes. É um local para recolhimento espiritual e exige trajes adequados, compatíveis com o ambiente religioso.

Durante as orientações religiosas, é preciso, com educação e tranquilidade, explicar a importância do respeito ao Templo e às entidades, de maneira que as pessoas entendam a seriedade dos trabalhos realizados e retornem sempre.

A.3 — PEDIDOS DE SILÊNCIO

"O silêncio é uma prece." Antes do início dos trabalhos, e durante eles mesmos, os pedidos de silêncio devem ser endereçados diretamente aos que estão falando, tanto frequentadores quanto médiuns. As pessoas encarregadas de cultivar o silêncio no Templo deverão dirigir-se àqueles, particularmente, e não a todas as pessoas, pois um pedido feito em voz alta ou num microfone, além de chegar a quem não precisa ser chamado à atenção, quebra sua concentração. Pedir silêncio, educadamente e em voz baixa, lembrando que a preparação para as atividades do Templo necessita do silêncio de todos, pois a espiritualidade inicia sua atuação nesse espaço sagrado bem antes do começo dos trabalhos.

B — PROCEDIMENTOS NO TEMPLO

> "Aproveita o tempo que a bondade divina te deu e ajuda com amor, dedicação, respeito e simplicidade."
>
> Lurdes Vieira

B.1 — ORIENTAÇÕES RELIGIOSAS

É fundamental que se ensine a religião dos orixás aos frequentadores, de forma simples, desenvolvendo neles a consciência religiosa de Umbanda, para que estes não procurem o Templo apenas quando precisarem resolver problemas. É importante empolgar as pessoas, para que se sintam como parte da casa e não se omitam diante da religião.

O maior dever dos sacerdotes é fazer a religião crescer permanentemente, com uma nova mentalidade, desenvolvendo a religiosidade dos frequentadores, estimulando-os a transmutar seus sentimentos e a serem participantes ativos da religião.

É importante que entendam os sentimentos religiosos das pessoas e trabalhem esses sentimentos, sustentando-as em sua fé. Os fiéis devem ser envolvidos, trazidos para dentro dos templos, tornando-se colaboradores, membros de uma irmandade, de um mesmo corpo religioso, para que saiam dali enlevados e elevados.

Para isso, precisamos trabalhar as possibilidades de nossa religião passar por transformações, tornando-se escola religiosa, orientadora da doutrina, conduzindo trabalhos, acolhendo médiuns e demais fiéis, convertendo-os, concedendo-lhes sacramentos, ajudando-os, etc.

É necessário desenvolvermos um trabalho regular de assistência religiosa, tanto no Templo como para levar ao lar, aos familiares, tornando-os participantes da religião e da religiosidade.

Além do atendimento curador e purificador das pessoas, quando o fiel vier ao Templo, devemos registrar o seu nome, fazer um cadastro, para que ele participe do aprendizado da Doutrina, dos Cultos, das Consagrações, das Cerimônias Sacramentais e de outras atividades.

A Umbanda é uma religião extremamente rica em recursos, com suas Divindades, seus Guias, seus fundamentos teológicos e práticos, seus rituais, seus cantos, suas danças, etc. Vamos explorar ao máximo esses recursos, com cultos de atendimento individual, cultos doutrinários, para conversão e batismo, cultos coletivos, cultos familiares, aulas, palestras e atividades culturais em geral. Vamos ensinar, compartilhar conhecimentos, aprender uns com os outros, irmanarmo-nos. Vamos desencadear programas de assistência social, de ajuda humanitária aos nossos irmãos necessitados.

Se nossos espaços físicos se tornarem pequenos, será necessário ampliá-los, dinamizá-los e acolher cada vez mais fiéis, colhendo mais frutos de nossa fé e trabalho. Grupos pequenos crescem à medida que ganham confiança, com simplicidade, praticidade, objetividade, seriedade, responsabilidade e exercitação.

Também poderemos solicitar aos fiéis que já passaram por atendimentos individuais com os guias e foram beneficiados, que venham ao Templo nos outros cultos, para desenvolver a sua religiosidade e firmeza na Umbanda. O consulente deve ser incentivado a participar e compartilhar ativamente das atividades do terreiro, podendo abrir mão das giras de atendimento individual com os guias, para os irmãos mais necessitados naquele momento. O respeito e a colaboração com os irmãos, além de mostrar o sentimento fraternal, são importantes passos para ordenar a evolução espiritual.

"Somente o homem superficial perde a receptividade às aflições do próximo, à medida em que submerge em seu próprio e estreito sofrimento..." (Paramahansa Yogananda, *Autobiografia de um Iogue* — Summus Editorial)

B.2 — FOLHETOS PARA OS FIÉIS

- Devem ser curtos e claros, exaltando o poder de um templo, o poder e as qualidades do orixá cultuado e/ou da linha de trabalho evocados no dia.

- Devem expor o(s) assunto(s) do dia, ensinar cultos familiares com os orixás, conter mensagens, orações, pontos cantados, hinos, etc.

- Precisam orientar o fiel sobre a importância da reflexão acerca do motivo que o levou a buscar um Templo, o poder da fé, da oração e da crença.
- Devem explicitar que cada um recebe conforme seu merecimento e propiciar conscientização e crescimento espiritual. Carecem explicitar, também, que temos o amparo e a sustentação espiritual dos orixás, mas, os resultados buscados não dependem unicamente da ação da entidade, e sim principalmente de nós mesmos, pois a força e o poder dos orixás também estão em nós e devemos caminhar por nossas próprias pernas. Só necessitamos fazer a nossa parte, acreditar e desenvolver os nossos dons.
- Precisam conter orientações sobre os melhores meios de canalizar as energias do Templo, de forma que fluam de maneira ordenada e dirigida para a melhor concretização dos objetivos ali buscados.

Esses folhetos também podem ser distribuídos e trabalhados com os médiuns da casa, nos dias de desenvolvimento.

B.3 — USO DO SOM

O som é um excelente meio para a preparação dos cultos. Poderá ser ativado, com palestras, com músicas próprias da Umbanda ou relacionadas a ela, que contribuam para acalmar a ansiedade do frequentador e firmar sua concentração para o trabalho que será realizado.

Sugerimos que se busque um nível de excelência, harmonia e refinamento musical. Para isso, são necessários bons equipamentos de som, que as Casas de Trabalhos Espirituais poderão priorizar, na medida de suas possibilidades, além do desenvolvimento da musicalidade dos instrumentistas e cantores.

C — MOTIVAÇÃO RELIGIOSA DOS FREQUENTADORES

"Se você não convida Deus para ser seu hóspede no verão, Ele não virá no inverno de sua vida."
Láhiri Mahásaya — mestre iogue

Pessoas dependentes são os piores fiéis de uma religião. É necessário criar para o frequentador uma alternativa luminosa, fundamentada no que acreditamos na Umbanda.

Religiosidade não é "consulta"; é fazer o ser modificar seus sentimentos, suas expectativas, sua fé. Descobrindo o Criador Olorum dentro de nós, passamos a percebê-lo, também, fora de nós. Religiosidade é ajudar o fiel a se conscientizar de que ele frequenta uma Casa de Deus, um espaço religioso que tem a presença do Divino Criador. Mas é preciso que ele busque sua própria fonte na essência da natureza divina, que expanda sua alma, para que na hora da necessidade, ajoelhe, ore e encontre a sua própria verdade.

Os sacerdotes são intermediários entre o plano físico e o espiritual e, como religiosos, precisam oferecer aos fiéis mais que o "pronto-socorro", para que as pessoas frequentem os Templos com consciência de religiosidade e tenham na religião de Umbanda o amparo que necessitam. Eles têm responsabilidades sobre a vida das pessoas que chegam aos terreiros e buscam orientação religiosa.

O socorro infinito é inexaurível e tem respostas para todos os dilemas da vida, desde que tenhamos nos desapegado de nossos desejos egoístas e não estejamos separados de Deus e de suas divindades, os Sagrados orixás. Eles têm o poder divino de sustentar as pessoas a partir de suas vibrações de sentimentos de fé.

Sugerimos que, antes da abertura dos trabalhos, um dos médiuns do Grupo de Doutrina palestre, esclarecendo sobre assuntos concernentes à Umbanda (fundamentos, religiosidade, elevação espiritual, etc.), mostrando que cada um deve fazer por merecer a graça pretendida. Explicar que é necessário sempre buscar a melhoria interior, que não devemos ter pensamentos negativos e que a fé e a confiança de que tudo vai melhorar são imprescindíveis. Também poderá ser lido e comentado o folheto referente às características do orixá reverenciado no dia.

Quando reconhecemos o poder, a majestade, a santidade de Olorum e de suas divindades, os Sagrados orixás, podemos louvá-los, expressando e exteriorizando nossa adoração por intermédio do culto.

A função do culto e seus rituais é fazer com que, por meio da meditação, do gesto, da música tocada e cantada, da dança, etc. tenhamos uma integração cada vez maior com o mundo sagrado, trazendo a experiência espiritual para dentro de nós e ampliando nossa consciência mística.

Para todos os cultos realizados no Templo, se o(a) dirigente achar pertinentes, poderão ser seguidas as orientações constantes do item IV — "Atuação Junto aos Frequentadores". Propomos que sejam mantidas as formas de trabalhos já realizados junto aos frequentadores e médiuns, que estejam funcionando adequadamente, e indicamos alguns procedimentos que poderão ser adotados e/ou adaptados:

- Culto familiar;
- Gira de desenvolvimento mediúnico;
- Gira de atendimento individual;
- Culto Religioso com Doutrina Umbandista;
- Culto Coletivo Umbandista;
- Sacramentos;
- Consagrações;
- Etc.

C.1 — O CULTO FAMILIAR

Cada religião tem faixas específicas no plano espiritual, para acolher seus fiéis após o desencarne e ampará-los num universo afim com a religiosidade cultivada no plano material. Se disseminarmos continuamente o culto umbandista e desenvolvermos a consciência religiosa e o conhecimento de Umbanda nos frequentadores, colocando-os em comunhão direta com os Sagrados orixás, estaremos criando uma poderosa egrégora, também no plano material.

O fortalecimento da fé e do culto no núcleo familiar fará com que a egrégora religiosa de Umbanda se espalhe além dos Templos e irradie sua luz sobre as casas e as vidas dos fiéis.

No item 4.2, "A prática do culto com doutrina", há orientações específicas para os cultos familiares a todos os orixás.

C.2 — GIRA DE DESENVOLVIMENTO MEDIÚNICO

Cada casa já tem sua forma de trabalhar, para o desenvolvimento de seus médiuns. Se estiver caminhando de maneira adequada, deve ser mantida e aprimorada cada vez mais.

C.3 — GIRA DE ATENDIMENTO INDIVIDUAL

Esta modalidade também já é suficientemente difundida e praticada, com atendimento individual para os mais necessitados de desobsessão, com orientações dadas pelos Guias, etc.

Nos dias de trabalhos com atendimento individualizado, é necessário:
- Distribuir senhas.
- Realizar orientação comportamental.
- Fazer a abertura dos trabalhos, o andamento e encerramento de praxe.

C.4 — CULTO RELIGIOSO COM DOUTRINA

O culto religioso com doutrina se faz necessário, para sanar a carência de ensinamentos doutrinários umbandistas, tanto para o corpo mediúnico quanto para os demais frequentadores. É preciso superar o preconceito teológico que confunde ignorância com fé.

O conhecimento religioso é benéfico, se for assimilado vagarosamente, se estiver em todo o ser e estimular o desejo de realização interna. É preciso entender com o coração. O conhecimento religioso meramente literário não leva à realização espiritual, pois é adquirido para ostentação e satisfação do ego em erudição.

Devemos semear em corações espiritualmente férteis, para que a religião seja sentida com intensidade e assimilada em todas as práticas cotidianas dos fiéis.

C. 4.1 — INSTRUÇÕES GERAIS

RECEPÇÃO

No dia do culto religioso com doutrina umbandista não há necessidade de senhas. Cada frequentador deverá ter uma ficha, com seus dados e anotações de sua presença nos rituais necessários para que, posteriormente, possa fazer a conversão e o batismo na Umbanda, frequentar cursos e palestras e receber as demais consagrações.

FOLHETOS E TEXTOS

Os frequentadores terão as orientações de praxe, na entrada, e receberão textos ou folhetos referentes ao culto do dia, que deverão devolver no final do trabalho ou, se quiserem, poderão adquiri-los. A casa deverá organizar-se para que essa aquisição ocorra em ordem e em silêncio, zelando-se para que o material não seja jogado fora ou deixado em qualquer lugar.

C. 4.2 - A PRÁTICA DO CULTO COM DOUTRINA

Cada casa tem sua forma de trabalho, seus próprios pontos e orações, que devem ser respeitados. Se aqui estamos oferecendo alguns exemplos de cultos com doutrina, folhetos sobre assuntos pertinentes a cada orixá e linha de trabalho, são sugestões, que poderão ser utilizadas e também adaptadas.

- Abrir o trabalho, normalmente;
- O dirigente poderá explanar sobre a doutrina, sobre o orixá cultuado no dia, orientar os fiéis sobre a importância de se ter uma religião e do cultivo da religiosidade. As orientações sobre a doutrina deverão ser determinadas pelo dirigente, de acordo com o cronograma mensal;
- Coordenar o propósito do culto com as necessidades da assistência (fiéis);
- Fazer uso da meditação e da respiração, no momento adequado, pedindo aos presentes ao Templo que respirem, profundamente, várias vezes e façam exercícios de meditação, principalmente em suas casas;
- Cantar hinos e pontos;
- Incorporação de uma das entidades guias do chefe da casa, que falará ou pedirá a outra entidade para falar aos presentes.
- Chamar a Linha de Trabalho da entidade em Terra;
- Fazer bênção a todos, com oração ao orixá cultuado no dia;
- Ensinar como realizar o culto familiar umbandista, com os orixás e com as linhas de trabalhos;
- Pedir algo como "tarefa de casa", exercício;
- Cantar com todos um hino de ligação com o próximo encontro;
- Encerrar o trabalho.

4.3 — EXEMPLOS DE CULTO COM DOUTRINA — CULTO AO DIVINO CRIADOR OLORUM (CULTO AOS SAGRADOS MISTÉRIOS DE DEUS)

1 — Seguir os itens, C.4.1

FOLHETO

SÓ EXISTE UM DEUS, OLORUM

"Divino Criador Olorum, não temos de Vós uma noção apurada ou exata. Sois muito mais do que podemos imaginar ou conceituar, mas pedimos licença para tecer algumas considerações sobre Vossa criação."

Mestre Rubens Saraceni

A unidade religiosa da Umbanda está em Olorum, o Divino Criador, Deus, princípio de tudo. A palavra Olorum é de origem yorubá, é uma contração de Olodumaré (Senhor Supremo do Destino). Olo significa senhor e Orum o além, o alto, o céu. Olorum é o Senhor do Céu, infinito em Si mesmo, onisciente, onipotente, onipresente, oniquerente e indivisível. Ele é em Si tóda a criação e rege tudo no Universo. Deus é UM, sempre foi e sempre será, mas muitos são os nomes pelos quais Ele é conhecido. Os nomes usados por diferentes povos e religiões, referem-se simplesmente aos diversos caminhos por meio dos quais Deus manifesta a Si mesmo na criação, para cada povo com sua cultura específica.

Deus não tem um início; é princípio, meio e fim; é o Criador, o Gerador de tudo o que existe e está tanto na Sua criação como nas criaturas e nos seres que gera. Deus é vida, é o mistério que anima e fornece os meios ideais para que nos multipliquemos em nossos filhos, que também trazem em si a capacidade de se reproduzir, pois são gerados em um meio vivo. Olorum, Senhor Supremo do Destino, é infinito em tudo e também o é nas Suas Divindades, os Sagrados orixás. Ele as gerou em Si e elas complementam-se umas às outras na sustentação da criação divina e na manutenção dos princípios que a regem, manifestando-se através dos sentidos da Fé, do Amor, do Conhecimento, da Justiça, da Lei, da Evolução e da Geração.

Os orixás são mistérios individualizados do Divino Criador, são Divindades, Tronos Sagrados distribuídos por toda a Sua criação, são manifestações das qualidades divinas. Olorum é o todo e Suas divindades são as partes formadas por esse todo. Cada divindade atua num campo só seu e em momento algum elas se chocam. Adorar as divindades significa adorar as qualidades de Deus. A magnitude, a grandeza infinita de Olorum, nos agracia e contempla com Suas divindades, pelas quais podemos perceber o quanto o Divino Criador é infinito em Si mesmo.

Portanto, a Umbanda não é politeísta e os orixás não são deuses. Eles são divindades de Deus, são irradiações divinas que amparam os seres até que evoluam, desenvolvendo seus dons naturais, para alcançar seus fins em Deus. Deus se manifesta e se irradia em todos os níveis onde vivem os seres e as criaturas, através do Setenário Sagrado, os sete sentidos da vida, pelos quais fluem as essências divinas (cristalina, mineral, vegetal, ígnea, aérea, telúrica e aquática) que chegam até nós pelas vibrações mentais, sonoras, energéticas e magnéticas.

Olorum nos gerou em Seu íntimo e nos exteriorizou como Seus filhos humanos, dotados com Sua programação genética humana, para que, através da nossa vivência, encontremos nossa forma pessoal de evolução e ascensão, pois só assim nos tornaremos em nós mesmos as Divindades humanas de Deus, o nosso Divino Criador.

Nós Vos louvamos e Vos agradecemos, Divino Criador Olorum!

2 — Abrir uma oferenda para Pai Olorum

OFERENDA

Pode ser arrumada sobre uma bancada ou mesa, em frente ao altar, coberta com toalha branca, com franja de renda dourada. Enfeitar com vasos de louça branca ou vidro transparente, com flores brancas.

Firmar uma vela branca no centro da mesa, sobre um prato de louça branca. Cobrir o prato com farinha de trigo ou grãos de trigo em volta da vela, colocando açúcar e mel por cima da farinha. Ladear a vela branca com velas nas cores azul, verde, rosa, lilás, amarela, vermelha e violeta, cada uma em um pires branco, também cobertos com trigo, açúcar e mel. Acender as velas para início do ritual.

3 — Seguir os três primeiros itens de C.4.2

4 — Explanação sobre Pai Olorum e a doutrina

Olorum, nosso Deus, está muito acima de nossa compreensão. Ele é infinito em todos os sentidos e inefável, pois não pode ser expressado ou explicado por palavras. Dar um nome a Deus é limitá-Lo, pois um nome, por si só, já é uma visão parcial. Aquele que transcende o entendimento comum está acima de adjetivos e nomenclaturas.

A Umbanda é uma religião espiritual, espiritualizadora e magística, cujo maior fundamento é a crença na existência de um Deus único, nosso Divino Criador, Olorum, o grande mistério. Olorum é o Criador do Universo, é o próprio princípio criador em eterno movimento. É o princípio de tudo e está em tudo o que criou.

Todas as religiões, mais ou menos elaboradas, apontam para um Criador Supremo e anterior às divindades criadas por Ele e distribuídas por toda a criação. Para nós, umbandistas, Olorum é Deus e é o princípio de tudo. Para as religiões judaica e cristã o nome de Deus é Iavé ou Jeová.

Olorum é, em Si mesmo, os princípios masculino e feminino indiferenciados porque Sua natureza divina é impenetrável, una, indivisível, indissociável. No ocidente, costumamos chamá-lo de Pai e o imaginamos como uma figura masculina, mas Ele é Pai e Mãe ao mesmo tempo e muito mais.

Olorum, o Senhor Supremo do Destino, gerou em Si seus mistérios, individualizados nas divindades, os orixás, que são Tronos Sagrados distribuídos por toda a sua Criação. Cada divindade é em si mesma a manifestação de uma qualidade divina, de um aspecto de Deus e é, em si mesma, essa qualidade. Se em um nível da criação tudo é Uno e Olorum é a unidade original, após esse nível o que é uno começa a nos mostrar a dualidade macho-fêmea, ativo-passivo, irradiante-concentrador, positivo-negativo, etc.

Como exemplo da unidade de Olorum, individualizada nos seus orixás, temos:

- Oxalá, mistério da fé, qualidade congregadora, oniquerência de Olorum.
- Ogum, mistério da ordenação, a onipotência de Olorum.
- Oxóssi, mistério do conhecimento, qualidade expansora, a onisciência de Olorum.
- Xangô, mistério da justiça, qualidade equilibradora de Olorum.
- Oxum, mistério do amor, qualidade conceptiva de Olorum.
- Obá, mistério do conhecimento, qualidade concentradora de Olorum.
- Iansã, mistério da Lei, qualidade direcionadora de Olorum.
- Oxumaré, mistério do amor, qualidade diluidora e renovadora de Olorum.
- Obaluaiê, mistério da evolução, qualidade evolucionista de Olorum.
- Omolu, mistério da vida, qualidade estabilizadora de Olorum.
- Iemanjá, mistério da vida, qualidade geradora criativista de Olorum.
- Nanã Buruquê, mistério da evolução, qualidade racionalizadora de Olorum.

- Logunã, mistério da religiosidade, qualidade condutora de Olorum.
- Oro Iná (orixá feminino do fogo), mistério da justiça, qualidade purificadora de Olorum.
- Exu, qualidade vitalizadora de Olorum
- Pombagira, qualidade estimuladora de Olorum.

Olorum está em todas as Suas divindades e em cada uma delas encontramos Sua presença e cada uma delas pode nos conduzir a Ele, pois cada orixá é uma via, um caminho, até o Divino Criador. Nós, umbandistas, devemos centrar nossa religiosidade, nossas preces, clamores e votos, nos sagrados orixás, assim como o cristão e o budista dirigem-se a Jesus ou ao Buda. Não somos idólatras nem politeístas e não procedemos de forma diferente de outras religiões, pois cultuamos Deus Olorum.

Nossa origem e destino está em Deus, pois somos centelhas emanadas Dele. Em nossa jornada evolutiva desenvolvemos o instinto, a intuição, os sentidos, a consciência e o livre-arbítrio, para que retornemos a Ele de forma consciente. O poder de realização de Deus em nós, e por nós, também é ilimitado. O único limite é o limite humano de cada um, que pode ser ampliado com sua evolução e ascensão. A nós compete, em nossa caminhada evolutiva, equilibrar essa herança divina e desenvolvê-la, ampliando o poder de realização Divina em nossas vidas.

Não podemos penetrar na essência do Princípio Criador, mas podemos senti-la pulsando em nós mesmos, por intermédio do verdadeiro amor ao Criador. Quem O ama de verdade, não O ofende com a ignorância a respeito de Sua natureza. Não importa como O cultuamos, mas importa realmente que O amemos e respeitemos como parte da Sua criação, do Seu todo.

Irmão umbandista, não se sinta inferiorizado porque o nome de seu Deus é Olorum. Ame-O com todo o seu amor; cultue-O com toda a sua fé; louve-O com todo o seu ardor; respeite-O com toda a sua reverência; ensine-O aos mais novos com todo o seu saber; manifeste-O no seu virtuosismo porque todas as virtudes derivam Dele.

5 — Meditação

Neste momento, todos os presentes no Culto devem ajoelhar-se, com as mãos voltadas para o alto e com as palmas para cima. O(a) dirigente poderá pedir a todos que elevem seus pensamentos ao Divino Criador.

6 — Cantar hino de louvação ao Criador Olorum

Hino ao Divino Criador Olorum
Olorum, meu Divino Criador, }
Ouça o meu clamor, aceite a minha louvação. } bis (refrão)

Evoco todos os Seus Tronos infinitos, }
A Sua Paz, Sua Justiça e Sua Lei Maior. } bis

Prefiro a solidão do que a degeneração,
Clamo pelo equilíbrio da mente e do coração,
Clamo pela Luz do Trono do Amor e da Evolução, Olorum.

Olorum, meu Divino Criador,
Ouça o meu clamor, aceite a minha louvação.

Evoco as forças do Universo
E a essência da Mãe Terra, que criastes para mim,
Para bem me conduzir e conduzir os meus irmãos.
Evoco as forças do Universo
E a essência da Mãe Terra, que criastes para mim,
Para bem me conduzir e conduzir os meus irmãos, Olorum.

Olorum, meu Divino Criador,
Ouça o meu clamor, aceite a minha louvação.

Eu louvo ao meu Deus, o Divino Criador, Olorum. } bis

Olorum, meu Divino Criador,
Ouça o meu clamor, aceite a minha louvação.

Que as Suas Fontes Vivas brilhem sempre sobre mim,
Sobre a Umbanda e sobre o meu país.
Que as Suas Fontes Vivas brilhem sempre sobre mim,
Sobre a Umbanda e sobre o meu país, Olorum.

Olorum, meu Divino Criador,
Ouça o meu clamor, aceite a minha louvação.
Eu louvo ao meu Deus, meu Divino Criador, Olorum. } bis ...

(Geraldo Pereira Rosa Júnior)

7 — Incorporação

Chamar a Entidade Oxalá da(o) dirigente, que dará a bênção a todos. Solicitar aos fiéis que façam seus pedidos, compatíveis com aquilo que é possível de ser alcançado.

Oxalá, Divino Pai,
Oxalá, Divina Luz,
É o caminho que nos conduz, }
para os braços de Jesus. } bis

Com as luzes sagradas de Aruanda,
Ilumine nosso caminhar,
Pela senda da Umbanda
e venha nos abençoar.
Nos ensine, ó Divino Pai,
nos ensine a seguir com fé,
Pela estrada que nos conduz }
a Jesus de Nazaré. } bis

(Lurdes Vieira, para Domínio Público)

Chamar, para os demais médiuns, a linha de trabalhos dos **caboclos Pena Branca**, que atuam na irradiação de Pai Oxalá.

Cantar Pontos de Chamada e de Sustentação dos Caboclos

Portão da aldeia abriu, }
Para os caboclos passar. } bis
É hora, é hora, é hora, caboclo, }
É hora de trabalhar. } bis

(Domínio Público)

Ponto de Subida de Pai Oxalá

O meu Pai já vai, }
Ele vai prá Aruanda, } bis
A bênção, meu Pai, }
Proteção prá nossa Umbanda. } bis

(Domínio Público)

Ponto de Subida dos Caboclos

A sua mata é longe, ele vai embora,
ele vai beirando o rio azul,
Adeus Umbanda,
adeus caboclo, ele vai embora,
ele vai beirando o rio azul.

(Domínio Público)

8 — Fazer a bênção a todos, com oração

ORAÇÃO A OLORUM

Amado Senhor Deus! Hoje nos reunimos aqui para louvá-Lo, aclamá-Lo, adorá-Lo e reverenciá-Lo com todo o nosso amor e nossa fé em Vosso poder.

Acolha-nos neste momento em Vosso amor divino e envolva-nos em Vosso manto de luz viva, vivificando nossa alma imortal e inflamando em nosso íntimo a Vossa centelha viva que anima o nosso espírito.

Pai amado, misericordioso e amoroso, nós Vos amamos por serdes amoroso conosco e Vos louvamos por serdes nosso Divino Criador, o nosso Pai Eterno.

Faça de cada um de nós os Vossos templos vivos, Pai Amado e misericordioso! Purifique-nos das impurezas, adquiridas por nós quando caminhamos pelos desvios que nos afastaram do Senhor, Pai Amado! Colha as chagas de nossa alma, ferida quando caminhávamos na ausência do Vosso amor e nos perdemos nos sombrios labirintos dos nossos desejos profanos! Fortaleça nosso espírito, cansado e esgotado, por termos nos afastado da Vossa luz viva, Senhor nosso! Envolva-nos com Vossas luzes vivas, purifique e regenere nossa alma, nosso corpo, nosso espírito e nossa mente, fortalecendo-nos no Vosso amparo divino!

Conduza-nos para dentro dos Vossos mistérios sagrados e unja a nossa alma imortal com Vossos dons divinos e eternos. Transborde em nosso íntimo e torne-nos uma extensão consciente do Vosso poder para que, assim, transbordando-o em todos os nossos sentidos, sejamos acolhidos no seio dos Vossos mistérios sagrados, Senhor nosso! Adentre conosco no seio dos Vossos mistérios e no âmago deles, manifeste-nos, como mistérios Vossos, Senhor nosso!

Conceda-nos a honra e a satisfação de senti-Lo em nossa alma, em nosso espírito e em nosso corpo, para que nessa Vossa trindade, possamos glorificá-Lo no seio dos Vossos mistérios sagrados! Que Vós, que sois o espírito dos espíritos, santifique o nosso espírito, para que santificados pelo Senhor manifestemos o Vosso poder, Senhor nosso! Conceda-nos a honra excelsa de manifestá-Lo a partir do nosso amor e da nossa fé, para glorificá-Lo e louvá-Lo, Pai Amado e misericordioso!

Que Vós, que sois a luz viva da vida, jorre de nossa alma imortal, para que assim, animados pelo Senhor, o exaltemos no seio dos Vossos mistérios sagrados, Senhor nosso Deus! Deixe-nos senti-Lo, Pai Amado e misericordioso!

Amém!

Mestre Rubens Saraceni

9 — Realizar a exaltação de Deus, por meio de seus Mistérios Sagrados

As Sete Luzes Do Nosso Divino Criador Olorum

A exaltação de Deus no seio dos Seus Mistérios Sagrados deverá ser ministrada por um mestre mago ou pelo dirigente espiritual da Tenda de Umbanda.

"Sagrado Senhor nosso Deus, acolha-nos neste momento em Vosso luminoso seio para que, unidos a Vós, possamos manifestá-Lo, exaltando-O e glorificando-O através dos Senhores dos Vossos Sagrados Mistérios.

Acolha-nos e envolva-nos em Vossas luzes vivas, vivificando-nos e curando-nos de todas as chagas, de todas as nossas doenças físicas e de todas as nossas deformações morais e conscienciais, senhores nossos!

Livre-nos de nossos pensamentos e sentimentos negativos e desperte em nosso íntimo os nobres e virtuosos sentimentos de amor à vida, à criação e ao nosso Divino Criador, para que assim, animados pelas Vossas luzes vivas, nos tornemos manifestadores Dele na vida dos nossos semelhantes.

Luzes vivas do nosso Divino Criador, envolvam-nos e iluminem toda a escuridão de nossas vidas, apartando de nós todas as tentações que têm nos afastado da luz do Sagrado Criador.

Luzes vivas do nosso Divino Criador, curem-nos de todas as nossas doenças, iluminem todos os nossos caminhos, abram-nos todas as passagens para dias melhores, mais alegres, mais fartos em graças Divinas e mais luminosos na nossa jornada eterna.

Luzes Divinas do nosso Divino Criador, envolvam neste momento todos os espíritos sofredores que aqui se encontram e cure-os conosco, livrando-os dos seus sofrimentos, despertando no íntimo deles a paz, a esperança e a fé em nosso Divino Criador!

Luzes vivas do nosso Divino Criador, envolvam todos os espíritos obsessores que aqui se encontram e anulem no íntimo deles as causas de suas obsessões, livrando-os das amarras do ódio e das garras da vingança para que assim, libertos dos seus tormentos, irmanem-se conosco no nosso louvor a Deus em Vosso seio, senhores nossos!

Luzes vivas do nosso Divino Criador, derramem-se sobre os nossos lares, purificando-os de todas as vibrações de ódio, de tristeza e de desamor, para que assim, com eles purificados, neles nos sintamos em paz e plenos no Vosso amor para conosco, os Vossos filhos do nosso Divino Criador!

Luzes vivas do nosso Divino Criador, iluminem em nosso íntimo, em nosso espírito e em nossa vida, as sombras da miséria e do egoísmo, para que assim, fartos em vossas luzes vivas, tenhamos a fartura em nosso íntimo, em nosso espírito e em nosso Divino Criador!

Luzes vivas do nosso Divino Criador, iluminem a alma e o espírito dos que nos odeiam, para que assim, iluminados, eles nos vejam como seus irmãos e filhos do nosso Divino Criador!

Luzes vivas do nosso Divino Criador, iluminem com vossas luzes vivas todos os portais sombrios abertos por nós e os que foram abertos contra nós, para que assim, todos os que vivem e sofrem do outro lado deles, vejam em nós os templos vivos onde vive e se manifesta o nosso Divino Criador!

Luzes vivas do nosso Divino Criador, instalem-se em nosso íntimo e tornem-nos os seus portais luminosos através dos quais passarão e serão encaminhados para os Vossos domínios luminosos, todos os espíritos escurecidos na ausência da luz do nosso Divino Criador!

Luzes vivas do nosso Divino Criador, envolvam e iluminem todas as situações e as magias negativas, feitas contra nós, para que assim, iluminados, todos os seres envolvidos nos tormentos delas, possam ser despertados para a vida e libertados das fúrias da morte que habitam no íntimo de todos os que se afastaram da luz viva do nosso Divino Criador!

Luzes vivas do nosso Divino Criador, iluminem com Vossas luzes, todas as amarras do nosso espírito e da nossa vida, para que assim, desamarrados e iluminados, possamos criar laços de amor com todos os nossos irmãos, todos nós, filhos do nosso Divino Criador!

Luzes vivas do nosso Divino Criador, acolham nossos clamores e transmutem todos os nossos gemidos de dor em alegres sorrisos de amor pela vida e pelo nosso Divino Criador!

Luzes vivas do nosso Divino Criador, neste momento Vos pedimos que transbordem de nosso íntimo, como puras vibrações de amor por tudo o que é do nosso Divino Criador!

Amém!!!"

'Mestre Rubens Saraceni'

A seguir, o ministrante, envolto pelas sete luzes vivas do nosso Divino Criador, começa a falar às pessoas presentes no Culto das Setes Luzes e desencadeia uma sequência de determinações mágicas beneficiadoras dos presentes, dos seus lares e dos seus familiares.

Também deve, com as mãos espalmadas para a assistência, solicitar de Deus e de suas Sete Luzes Vivas, que curem os doentes, que gerem empregos e prosperidade aos desempregados, que harmonizem os casais, pais e filhos, irmãos e ex-amigos, envolvendo a tudo e a todos que fazem parte de suas vidas. Que curem todos os espíritos sofredores presentes na reunião, em seus lares ou ligados a eles por laços cármicos.

Pedir que cortem, diluam e desfaçam todas as magias negras, vodus, amarrações, necromancias, encantamentos e bruxedos, pragas e maldições que vêm atormentando as pessoas presentes no culto.

A seguir, recomendar a todos que abram seus corações, abençoem a tudo e a todos em nome de Deus e das suas Sete Luzes Vivas.

Orientar a todos que respirem fundo três vezes, que agradeçam a Deus e às suas Sete Luzes Vivas, que abram os olhos e voltem a se sentar.

10 — Culto familiar para Pai Olorum

O culto deverá ser explicado pelo(a) dirigente e constar de folheto, distribuído a todos, assim como a meditação e exercício para fazer em casa.

CULTO FAMILIAR A PAI OLORUM

Material para o ritual

Estender uma toalha branca, com franja de renda dourada, sobre uma mesa. Enfeitar com vasos de louça branca ou vidro transparente, com flores brancas. Firmar uma vela branca no centro da mesa, sobre um prato de louça branca. Cobrir o prato com farinha de trigo ou grãos de trigo em volta da vela, açúcar e mel por cima da farinha. Ladear a vela branca com velas nas cores azul, verde, rosa, lilás, amarela, vermelha e violeta, cada uma em um pires branco, também cobertos com trigo, açúcar e mel.

Ritual

• Todos devem sentar-se à volta da mesa e quem estiver conduzindo o ritual deve fazer uma pequena explanação:

Devemos cultuar Olorum, o nosso Divino Criador, com todo o nosso amor, nossa fé, nossa reverência e nossa gratidão, porque Ele nos gerou e nos deu vida. Ele animou-nos com Seu sopro divino e tem nos sustentado, desde que, num ato de generosidade, dotou-nos com uma consciência, com o livre-arbítrio e deu a cada um de nós um destino a ser cumprido, antes de retornarmos a Ele e Nele nos reintegrarmos como mais um de Seus mistérios. Ele nos gerou e gerou o meio onde devemos cumprir nosso destino. Logo, o culto a Ele pode ser realizado em todos os lugares, porque tudo o que existe provém Dele e está Nele.

• Todos se ajoelham, em atitude de reverência, respeito, dedicação, fé e amor. O condutor do culto deve fazer esta oração evocatória:

Evocação

Olorum, Senhor nosso Deus e nosso Divino Criador, nós Vos saudamos e Vos louvamos neste momento de nossa vida e de nosso destino. Envolva-nos, Pai, com Vosso poder e ilumine-nos com Vossa Luz Viva. Vós que a tudo gerais e que estais em tudo o que gerou e estais em nós, gerações Vossas, fortalecei a nossa alma imortal e resplandecei nosso espírito humano, livrando o nosso íntimo, a nossa mente e a nossa consciência das vibrações nocivas e contrárias ao destino que reservastes para cada um de nós, Vossos filhos e razão da Vossa existência exterior. Afastai do nosso destino os maus pensamentos, os desvirtuados sentimentos e as ações contrárias aos Vossos desígnios para nossas vidas.

Amado Olorum! Que os Vossos sete mistérios vivos se manifestem nestas sete velas firmadas ao redor da Vossa vela branca. Que eles, Vossos manifestadores divinos e Vossos exteriorizadores, se assentem à nossa volta e nos cubram com Vossas luzes vivas e divinas, nos envolvam em Vossas vibrações originais e afastem da nossa vida e do nosso destino tudo o que for contrário aos Vossos desígnios para conosco. Que eles nos inundem com Vossos eflúvios de amor e de fé, de sabedoria e de tolerância, de resignação e de compreensão. Só assim, amorosos e compreensivos quanto à nossa vida e ao nosso destino, cumpriremos os Vossos desígnios para conosco e os manifestaremos através da nossa consciência, da nossa mente, dos nossos pensamentos, dos nossos atos e das nossas palavras. Que esta nossa casa seja a Vossa casa e que nela os Vossos sete mistérios se assentem, fazendo dela a Vossa morada humana, pois só assim, abençoados pela Vossa presença viva e sagrada e pela presença viva e divina dos Vossos sete mistérios vivos, aqui nesta casa não haverá doenças incuráveis, fomes insaciáveis e discórdias insolúveis. Só assim os maus e os males não encontrarão abrigo na nossa morada, que é a Vossa morada e a morada dos Vossos mistérios vivos e divinos, os Sagrados Senhores orixás.

Bênçãos! Bênçãos! Bênçãos! Senhor da nossa vida e do nosso destino! Salve! Salve! Salve! Senhores da nossa vida e do nosso destino! Paz e Luz, amado Olorum! Amém!

11 — Meditação e exercício para fazer em casa

PAI OLORUM

Preparação

Acenda uma vela branca, consagre-a a Deus e ao seu anjo da guarda e coloque um copo de água ao lado. Peça a Pai Olorum que equilibre seus pensamentos, para que sua fé seja fortalecida e sua vida seja mais feliz e cheia de bênçãos.

Coloque uma música tranquila, do tipo *new age* e sente-se confortavelmente num local onde ninguém vá incomodá-lo(a). Enquanto ouve a música, retome em sua mente com bastante sinceridade o que você tem pensado, o que fez de certo e o que fez de errado e coloque na balança da Lei Divina, procurando sempre se melhorar. Preste atenção em sua respiração e sinta o ar entrando e saindo de seus pulmões. Inspire profundamente e solte o ar, até sentir que está mais descontraído(a). Repita por 3 vezes essa inspiração profunda e passe a respirar tranquilamente.

Contraia os ombros e solte suavemente. Isso fará com que você perceba pontos de tensão em seu corpo e facilitará a soltura dos músculos tensos. Repita por 3 vezes esse contrair e soltar.

Contraia as mãos e solte-as suavemente por 3 vezes. Prestando atenção em seus pés, contraia-os levantando os dedões e soltando-os, também por 3 vezes.

Agora que você aprendeu a relaxar partes de seu corpo, deixe-se apenas escutar a música, relaxando por inteiro.

Exercício de Visualização na Vibração de Pai Olorum

Agora que você está relaxado(a), ouvindo a música, visualize sete bolas de luz bem diante de seus olhos. Imagine que elas possuem as cores branca, rosa, verde, vermelha, azulão, violeta e azul-claro e são irradiantes.

Desloque-as para o alto de sua cabeça e mentalize que essas sete luzes, brilhantes como sóis derramam sobre sua cabeça cascatas de luzes, que refrescam você por fora e por dentro, preenchendo-o(a) com os mesmos brilhos.

Visualize que esses brilhos continuam descendo por fora e por dentro de você até que todo seu corpo esteja tão brilhante como as bolas de luzes acima de sua cabeça.

Enquanto essas luzes o(a) preenchem, você começa a se sentir leve, sereno(a), capaz de encontrar soluções, receber orientações e apoio de algum enviado divino, um guia ou mesmo de seu anjo da guarda, para despertar seus próprios recursos internos para vencer os obstáculos de sua vida. Peça a essas luzes que o(a) inundam, que despertem esperança e pacifiquem seus pensamentos e sentimentos. Agora é o momento de, com sua própria forma de se expressar, conversar com Pai Olorum e se religar ao que é mais confortante para seu coração e seu espírito. Essas luzes saturam-no(a) de tal forma, que se expandem por todo o recinto onde você está. Concentre-se nelas para que elas impregnem o ambiente. E a partir de você as luzes se expandam para cada cômodo de sua casa, até que envolvam todo o perímetro da residência e também as pessoas que nela habitam. Quando a música estiver terminando, comece a mexer as mãos e remexa-se no lugar onde está sentado(a). Abra os olhos e mexa-se, levante-se e caminhe apreciando o bem-estar do exercício. Volte às suas atividades.

12 — Canto de ligação com o próximo encontro

Fazer um canto de ligação com o próximo trabalho, que poderá ser de Atendimento individual com os Guias, de Doutrina Umbandista, Culto Coletivo, Consagração ou outro.

13 — Encerramento

O dirigente da casa faz uma prece de encerramento dos trabalhos, em agradecimento. Exemplo:

ORAÇÃO DE AGRADECIMENTO

Agradecemos com todo o amor e respeito ao nosso Divino Criador Olorum, a Pai Oxalá, aos Guias e Protetores que se dignaram vir se comunicar conosco, trazendo equilíbrio ao nosso corpo e ao nosso espírito, bênçãos e ensinamentos. Rogamos que nos auxiliem a pôr em prática as instruções e orientações recebidas e façam com que, ao nos retirarmos, cada um de nós sinta-se fortificado na prática do bem, na fé e no amor ao próximo e despertos para a vida superior.

Desejamos igualmente, que estas instruções sejam proveitosas aos espíritos sofredores, ignorantes e viciosos que tenham assistido a esta reunião, para os quais imploramos a misericórdia de Deus.

Pedimos, ó Pai Amado, que nos sustente nas Vossas Sete Luzes Divinas e que cada um receba Vossas graças conforme seu merecimento.

Amém!!!

CULTO RELIGIOSO A PAI OXALÁ

1 — Seguir os itens C.4.1

FOLHETO

A FÉ

"Quem tiver a fé do tamanho de um
grão de mostarda, removerá montanhas."

Jesus Cristo

A Fé é o atributo principal de nosso amado Pai Oxalá. A Fé não se ensina, ela é buscada ou fortalecida no íntimo de cada um. Não é fanatismo e não é apenas um sentimento; é um estado mental consciente e racional; é o reconhecimento do ser como criatura divina; é o elo do ser com o Divino Criador. Nosso amado Pai Oxalá é, em si mesmo, essa qualidade Divina da Fé.

A Fé, na Umbanda, é um estado de espírito, pelo qual são realizadas as sessões de atendimento às pessoas necessitadas de auxílio espiritual e de orientação religiosa e doutrinária. É sinônimo de trabalho em prol do próximo. A fé é a consciência das faculdades que trazemos adormecidas em nosso íntimo, que precisam germinar e crescer. Ela é a principal via evolutiva, pela qual trazemos o céu para a Terra, sem precisar aguardar a morte do corpo físico, para chegarmos até Deus. Temos Ele vivo, vibrante, atuante e gratificante em nós mesmos.

A Fé se fundamenta em três pilares essenciais, que fortalecem o ser para que tenha bom êxito naquilo que quer, precisa ou pelo qual luta: crença, confiança e certeza. Na Fé não existem dúvidas; ou se crê ou não se crê. A crença é de foro íntimo de quem a tem e, se a temos, ela assegura o bom êxito dos nossos empreendimentos. Se confiamos em Deus, positivamente e com otimismo, atraímos as forças criadoras do Universo. Com a sólida certeza de que Deus existe e está presente em nossas vidas, magnetizamos essa condição de certeza e, quando nos entregamos a uma tarefa, ela será coroada de êxito.

A sintonia com o Altíssimo, pela Fé, gera um campo magnético de proteção, força interior, paz e equilíbrio, fazendo com que a força mental e espiritual se manifeste e se realize. Essa sintonia necessita de corações limpos, simples, corajosos e repletos de fé no Divino Criador Olorum. As montanhas que a Fé remove são as dificuldades, as resistências, a vaidade, o egoísmo, o orgulho e a má vontade.

Os mecanismos da Fé são ativados a partir do íntimo de cada um ou de seu exterior. Ela se fundamenta em atitudes para conosco e para com nossos semelhantes e se expressa em modificações das coisas à nossa volta. É o simples, ou grande, mistério do "eu sou, eu posso, eu faço"; é o despertar da força e do poder dos semideuses que somos, uma vez que fomos criados à imagem e semelhança de nosso Pai-Mãe Absoluto. Temos partes da Essência Divina latentes, adormecidas, e, à medida em que as despertamos e desenvolvemos, as coisas acontecem a partir de nós, abençoadas pelo Criador.

Salve Nosso Pai Oxalá!

2 — Abrir uma oferenda ou uma mandala para Pai Oxalá

OFERENDA

Pode ser arrumada na lateral do Congá ou na frente do altar.

Pai Oxalá é oferendado com velas brancas, frutas de polpa branca (coco verde, pêra, etc.), mel, vinho branco e flores brancas (rosas, palmas, crisântemos, cravos, angélicas, etc.).

Colocar um pano branco quadrado e, sobre ele, 1 prato de louça branca virgem, com canjica branca cozida e algodão sobre a canjica; um copo com água mineral e fitas brancas (3 a 7) ao redor do prato.

Firmar 7 velas brancas ao redor e colocar vasos com flores brancas.

Mandalas

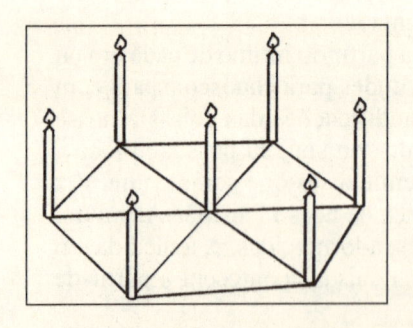

7 velas brancas (1 central e 6 nos polos).

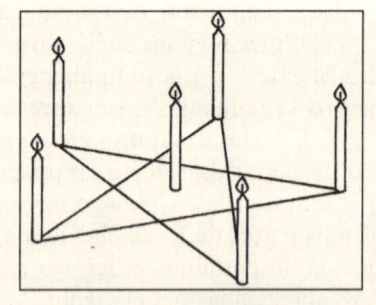

6 velas brancas (1 central e 5 nas pontas da estrela).

3 — Seguir os três primeiros itens de C.4.2

4 — Explanação sobre Pai Oxalá e a doutrina:

Irmãos de fé, na Umbanda, Oxalá é o orixá mais alto da escala hierárquica e tem como exemplo o próprio Divino Mestre — Jesus. Pai Oxalá é a própria Umbanda e nos pontos riscados é representado por uma estrela de cinco pontas ou Pentagrama. Ele é a luz que equilibra a todos nós e atua no Ritual de Umbanda como o maior dos orixás, pois está em tudo e em todas as outras divindades, com sua propriedade magnetizadora e desmagnetizadora. Seu poder não tem lugar para se manifestar, pois todos os lugares são seus. Pai Oxalá é o regente de nosso planeta e comanda a Linha da Fé, na Umbanda, onde os Sete Caminhos pertencem a ele. Ele é a força que congrega as pessoas em um único ideal.

O campo preferencial de atuação de Pai Oxalá é a religiosidade dos seres, aos quais ele envia o tempo todo suas vibrações estimuladoras da fé individual e suas irradiações geradoras de sentimentos de religiosidade. Fé! Eis o que melhor define o orixá Oxalá. O nosso amado Pai da Umbanda é o orixá irradiador da fé em nível planetário e multidimensional. Ele é a própria Umbanda.

As qualidades de Pai Oxalá são, todas elas, mistérios da Fé. Nada ou ninguém deixa de ser alcançado por suas irradiações estimuladoras. Esse alcance ultrapassa o culto dos orixás, pois a religiosidade é comum a todos os seres pensantes. A Fé é uma qualidade Divina, pois tudo tem de ter por princípio a fé em Deus e na sua Divindade Criadora e geradora. Oxalá é Luz, Vida e Fé.

O que pensamos e fazemos importa muito a Pai Oxalá, pois a ele todos teremos de prestar contas à Lei; ele é a própria Lei em execução. Oxalá é respeitado por todos como o principal orixá, pois sem a Fé não existiria a religião e a crença em Deus. Na Fé o ser sempre buscará Deus e, quanto mais puro for o nosso ideal, mais próximos estaremos de Pai Oxalá. A maior qualidade desse Pai é a simplicidade e o que ele mais exige de nós é a humildade. A melhor forma de nos apresentarmos diante dele, portanto, é pelo desenvolvimento da bondade, simplicidade, pureza e humildade.

Jesus Cristo é um Trono da Fé de nível intermediário dentro da hierarquia de Oxalá, pois além de servir Oxalá com Fé e Amor, Cristo Jesus é um Trono Celestial Cristalino que vibra tanto a Fé quanto o Amor, na mesma intensidade. Todas as divindades irradiam a Fé, mas os Tronos da hierarquia de Oxalá irradiam-na o tempo todo.

Os atributos de Oxalá são cristalinos, pois é através da essência cristalina que suas irradiações nos chegam, imantando-nos e despertando em nosso íntimo os virtuosos sentimentos de fé. Oxalá é a fé abrasadora, é o Pai amoroso que fortalece nosso íntimo e nos conduz ao encontro do Divino Criador. As atribuições de Oxalá são as de não deixar um só ser sem o amparo religioso dos mistérios da Fé. Mas nem sempre o ser absorve suas irradiações, quando está com a mente voltada para o materialismo desenfreado dos espíritos encarnados. É uma pena que seja assim, porque os próprios seres se afastam da luminosa e cristalina irradiação do divino Oxalá. Como força cristalina ou do Tempo, Pai Oxalá atua através do Ar, um dos elementos fundamentais para a vida.

Falar sobre o **assunto doutrinário do dia**, que poderá ser escolhido entre os folhetos constantes dos anexos ou a critério do(a) dirigente.

5 — Meditação e respiração

Neste momento, todos os presentes no Culto podem permanecer sentados, com as mãos sobre as pernas, com as palmas voltadas para cima. O(a) dirigente poderá pedir para que todos elevem seus pensamentos ao Divino Criador e respirem profundamente, aspirando o ar pelo nariz e soltando-o pela boca, para receber a energia cristalina de Pai Oxalá.

Este exercício deve durar de 5 a 10 minutos. Após o término, chamar todos os presentes à realidade do culto, perguntando se estão se sentindo bem.

6 — Cantar pontos de chamada e de sustentação do orixá Oxalá

Hino a Oxalá

Vou caminhando nas estradas desta vida
E me protegem Sete Luzes de orixás,
Filhos de Umbanda minha fé é o que me guia, } bis
Nos caminhos de Aruanda, sob a paz de Oxalá }

Oxalá é paz, Oxalá é o rei,
Divino Pai, Divina força que me encanta, }
Nos caminhos de Aruanda } bis
Sua Luz é minha Lei. }

Oxalá é paz, Oxalá é o rei,
Divino Pai, Divina força que me encanta, }
Nos caminhos de Aruanda } bis
Sua Luz é minha Lei. }

(Lurdes Vieira, para Domínio Público)

7 — Incorporação

Chamar a Entidade Oxalá da(o) dirigente, que dará a bênção a todos. Solicitar aos fiéis que façam seus pedidos, compatíveis com aquilo que é possível de ser alcançado.

Chamar a linha de trabalhos dos **caboclos Pena Branca**, que atuam na irradiação de Pai Oxalá.

CABOCLOS PENA BRANCA

Os caboclos são regidos pelo mistério Oxóssi, mas trabalham na irradiação de todos os orixás. São espíritos que se consagram aos mistérios dos orixás e servem à sua direita, com um nome simbólico que identifica a "Falange" na qual eles trabalham.

Os caboclos Pena Branca que incorporam nas giras de Umbanda, não são o Pena Branca (Maior), hierarca da Falange, sustentador do mistério "Pena Branca", pois este não incorpora, mas comanda mentalmente e sustenta todos os membros de sua hierarquia. Existem milhares de espíritos que trabalham com o nome simbólico "Pena Branca".

Pena simboliza o saber, a doutrina, as matas de Pai Oxóssi, orixá masculino do Trono do Conhecimento. Branco significa a pureza, a verdade, os cristais de Pai Oxalá, orixá masculino do Trono da Fé.

Um caboclo Pena Branca é um espírito sustentado pelo orixá Oxóssi, atuando sob a irradiação do orixá Oxalá. Suas atribuições são as de velar pela pureza da doutrina do Ritual de Umbanda Sagrada, cuidar da pureza da Fé, do Amor, do Conhecimento, dos procedimentos, etc.

Os caboclos que respondem pelo nome simbólico "Pena Branca" são serenos, calmos, doutrinadores da Fé e da religiosidade, despertando o saber e estimulando a Fé.

Ponto do Caboclo Pena Branca

Oi lá de cima me mandaram um aviso,
Me perguntaram se esse couro não batia,
Eu disse bate, sim senhor, }
Na fé de Deus e da Virgem Maria. } bis
Ele é o rei, não pede licença,
Na sua aldeia ele tem ordem de chegar,
Ele é o rei das águas claras, }
Seu Pena Branca que chegou prá trabalhar. } bis

(Domínio Público)

8 — Cantar ponto para subida de Pai Oxalá e dos Caboclos

9 — Fazer a bênção a todos, com oração

ORAÇÃO A OXALÁ

Amado Pai Oxalá, nós vos reverenciamos, com respeito e amor! Rogamos a Vós, Amado Pai, que nos conduza com Vossa Fé e derrame Vossas bênçãos sobre esta casa, para que possamos nos fortalecer cada vez mais e vibrarmos em sintonia com nosso Divino Criador. Livrai-nos, Pai Amado, dos obstáculos interpostos em nossos caminhos, para que eles não obstruam a nossa fé, nem causem discórdias, raivas, mágoas e ódios. Ajudai-nos, Divino Oxalá, a desenvolvermos a paciência, a perseverança, o perdão, a caridade, a fé, a esperança e o amor ao próximo.

Permita-nos encontrarmos sempre na casa de Deus a Luz necessária, para que não fraquejemos diante das perturbações. Possibilita-nos encontrarmos em nossa religiosidade e crença a paz, a felicidade e o caminho em direção ao Pai Eterno.

Faça-nos, Pai Querido, centros emissores de energias de combate às forças do mal que assolam nosso planeta Terra, que está sob Vossa guarda. Dai-nos, amado Pai, a oportunidade de lutarmos, com nosso amor, pela regeneração deste planeta, nossa morada, que está sendo destruído pela ganância, pela intolerância, pela falta de amor e de solidariedade, pela fome, pelas guerras de todos os tipos e pela falta de fé e de religiosidade. Dai-nos a oportunidade, amado Pai, de, em nossos trabalhos, formarmos uma única corrente vibratória, um único som, uma única energia de combate à essa onda maligna que impregna o astral desta Terra.

Podemos ser poucos; mas, permita que à nossa força, que à nossa corrente, se juntem as outras forças e correntes que estão sendo emitidas nos demais templos e, todas elas, unidas, sirvam de bálsamo aos nossos irmãos enfermos, famintos e miseráveis e também àqueles que desencarnam sem nenhuma consciência da espiritualidade.

Amado Pai Oxalá! Que vossos braços sempre abertos possam amparar e acolher a eles e a nós!

Amém!

10 — Cantar hinos e pontos

11 — Culto familiar para Pai Oxalá

O culto deverá ser explicado pelo(a) dirigente e constar de folheto, distribuído a todos, assim como a meditação e exercício para fazer em casa.

CULTO FAMILIAR A PAI OXALÁ

Dia da semana de melhor vibração

Domingo

Material para o ritual

3 velas brancas, em pires ou castiçais, incenso de lótus (eleva as vibrações) ou sândalo (equilibra e purifica), 1 jarra com água, pétalas de rosa branca e folhas de tapete de Oxalá, alfazema ou sálvia. Opcional: 1 cristal de quartzo transparente. Tudo isso deverá estar sobre uma mesa, ou altar, coberto com toalha branca.

Se for possível, todos devem ficar ajoelhados e com música suave no ambiente.

Ritual

• Acender as velas, ladeadas com as pétalas, ervas e jarra com água. Acender o incenso.

Se usar nomes ou fotos de pessoas, colocá-los sob os suportes das velas.

• Fazer as orações (escolher entre as orações apresentadas neste trabalho ou outras), com as pessoas ajoelhadas, com muito respeito, dedicação, fé e amor.

• Evocar. A evocação será feita por quem estiver conduzindo o ritual:

Evocação

Amado Pai Oxalá, nós Vos evocamos e vos pedimos o fortalecimento de nossa fé e o despertar de nossa religiosidade.

Fazei com que busquemos, cada vez mais, os bons ensinamentos, sentimentos e atitudes que nos elevem e nos conduzam à Luz do nosso Divino Criador.

Pedimos, Divino Pai Oxalá, a força, a coragem, a resignação e inspiração para que só pratiquemos o bem. Sabemos como é difícil seguir a Vossa Senda, pois temos consciência das nossas fraquezas e das nossas imperfeições. Entretanto, Sagrado Pai, nós nos esforçamos para sermos dignos de Vossa bênção e de Vosso perdão.

Impeça-nos, Pai, de sucumbimos diante de provas elementares e regredirmos praticando atitudes impensadas. Capacite-nos com a necessária humildade e compreensão para ajudarmos nossos irmãos infelizes. Pedimos força, coragem, paz, amparo, saúde física e espiritual e o luzir de nossos espíritos com a capacidade de amar e perdoar.

Sagrado Pai, livra-nos da submissão aos espíritos viciosos, embusteiros e obsessivos.

Que cada um de nós se sinta fortalecido e ungido das Vossas graças, agora e durante toda a nossa passagem terrena. Que a maldade não tenha forças e poder sobre nós e que qualquer ação levantada contra nós encontre a Vossa presença e se quebre em choque com as obras de luz.

Sagrado Pai Oxalá, fortaleça-nos e proteja-nos com vosso escudo invisível do poder de Deus, mantendo-nos unidos.

Salve Oxalá, Luz da nossa Fé e regente da eternidade dos que vivem na Fé em Olorum!

Amém!

(Após a queima das velas, as pessoas beneficiadas poderão tomar da água fluidificada e fazer banhos, do pescoço para baixo, com as flores e ervas).

13 — Meditação e exercício para fazer em casa

PAI OXALÁ

Preparação

Acenda uma vela branca, consagre-a a Deus, a Pai Oxalá e ao seu anjo da guarda e coloque um copo de água ao lado. Peça a Pai Oxalá que equilibre seus pensamentos, para que sua fé seja fortalecida e sua vida seja mais feliz e cheia de bênçãos.

Coloque uma música tranquila, do tipo *new age* e sente-se confortavelmente num local onde ninguém vá incomodá-lo(a). Enquanto ouve a música, retome em sua mente com bastante sinceridade o que você tem pensado, o que fez de certo e o que fez de errado e coloque na balança da Lei Divina, procurando sempre se melhorar. Preste atenção em sua respiração e sinta o ar entrando e saindo de seus pulmões. Inspire profundamente e solte o ar, até sentir que está mais descontraído(a). Repita por 3 vezes essa inspiração profunda e passe a respirar tranquilamente.

Contraia os ombros e solte suavemente. Isso fará com que você perceba pontos de tensão em seu corpo e facilitará a soltura dos músculos tensos. Repita por 3 vezes esse contrair e soltar. Contraia as mãos e solte-as suavemente por 3 vezes. Prestando atenção em seus pés, contraia-os levantando os dedões e soltando-os, também por 3 vezes.

Agora que você aprendeu a relaxar partes de seu corpo, deixe-se apenas escutar a música, relaxando por inteiro.

Exercício de visualização na vibração de Pai Oxalá

Agora que você está relaxado(a), ouvindo a música, visualize uma bola de luz bem diante de seus olhos. Imagine que ela possui a cor branca e irradiante.

Desloque-a para o alto de sua cabeça e mentalize que essa bola brilhante como um sol derrama sobre sua cabeça um chuveiro de luz, que refresca você por fora e por dentro, preenchendo-o(a) com o mesmo brilho.

Visualize que esse brilho continua descendo por fora e por dentro de você até que todo seu corpo esteja tão brilhante como a bola de luz acima de sua cabeça.

Enquanto essa luz te preenche, você começa a se sentir leve, sereno(a), capaz de encontrar soluções, receber orientações e apoio de algum enviado divino, um guia ou mesmo de seu anjo da guarda, para despertar seus próprios recursos internos para vencer os obstáculos de sua vida.

Peça a essa luz que o(a) inunda, que desperte esperança e pacifique seus pensamentos e sentimentos. Agora é o momento de, com sua própria forma de se expressar, conversar com Pai Oxalá e se religar ao que é mais confortante para seu coração e seu espírito.

Essa luz satura-o(a) de tal forma, que se expande por todo o recinto onde está. Concentre-se nela para que ela impregne o ambiente. E a partir de você a luz se expanda para cada cômodo de sua casa, até que envolva todo o perímetro da residência e também as pessoas que nela habitam.

Quando a música estiver terminando, comece a mexer as mãos e remexa-se no lugar onde está sentado(a). Abra os olhos e mexa-se, levante-se e caminhe apreciando o bem-estar do exercício. Volte às suas atividades.

14 — Canto de ligação com o próximo encontro

Fazer um canto de ligação com o próximo trabalho, que poderá ser de Atendimento individual com os Guias, de Doutrina Umbandista, Culto Coletivo, Consagração ou outro.

De braços abertos Pai Oxalá nos espera,
Pro encontro que vem, com alegria sincera,
Até nossa volta, com a fé renovada,
De braços abertos, Pai Oxalá nos aguarda.

De braços abertos, aceite o abraço do irmão,
E a quem precisar, ajude e estenda a mão.
Até nossa volta, com a fé renovada,
De braços abertos, Pai Oxalá nos aguarda.

(Lurdes Vieira, para Domínio Público)

15 — Encerramento

O dirigente da casa faz uma prece de encerramento dos trabalhos, em agradecimento. Exemplo:

ORAÇÃO DE AGRADECIMENTO

Agradecemos com todo o amor e respeito ao nosso Divino Criador Olorum, a Pai Oxalá, aos Guias e Protetores que se dignaram vir se comunicar conosco, trazendo equilíbrio ao nosso corpo e ao nosso espírito, bênçãos e ensinamentos. Rogamos que nos auxiliem a pôr em prática as instruções que nos deram e façam com que, ao nos retirarmos, cada um de nós sinta-se fortificado na prática do bem, na fé e no amor ao próximo e despertos para a vida superior.

Desejamos igualmente, que estas instruções sejam proveitosas aos espíritos sofredores, ignorantes e viciosos que tenham assistido a esta reunião, para os quais imploramos a misericórdia de Deus.

Pedimos, ó Pai Amado, que nos sustente nas Suas Sete Luzes Divinas e que cada um receba suas graças conforme seu merecimento.

Amém!!!

Obs.: Os pontos cantados e as preces ficam a critério do(a) dirigente.

CULTO RELIGIOSO À MÃE LOGUNÃ

1 — Seguir os itens C.4.1

FOLHETO

RELIGIOSIDADE

"É na eternidade do Tempo e na infinitude de Deus
que todas as evoluções acontecem.
Rubens Saraceni

Religiosidade é a vivência equilibrada da fé, em todos os momentos de nossa vida. A Religião é a viga mestra da estrutura que direciona os seres e os congrega em torno de Divindades acolhedoras, amorosas e irradiadoras das qualidades divinas de Deus Pai. A orixá Logunã (Tempo) rege, juntamente com Oxalá, a Linha da Fé, na qual atua como ordenadora do caos religioso, fluindo a religiosidade dos seres, em sua caminhada evolutiva.

O Tempo é a chave do mistério da Fé, regido por nossa amada Mãe Logunã, porque é na eternidade do Tempo e na infinitude de Deus que todas as evoluções acontecem. Na casa de Deus, encontramos a luz necessária para nos auxiliar a superarmos os obstáculos, sem fraquejar diante das perturbações.

O ser humano é um ser religioso por natureza e, quando está em perfeita sintonia com a Fé, acredita ser verdadeiro filho de Deus e supera todas as barreiras interpostas em seu caminho. Na ausência de uma religião, tende a sentir-se vazio, desmotivado e fragilizado, muitas vezes entregando-se ao vício que o deprecia.

Religiosidade significa vivenciar os princípios Divinos que regem a criação. A verdadeira religiosidade é o cultivo da Fé em Deus, amor à Sua Criação Divina, respeito com as criaturas e um sentimento de fraternidade com os semelhantes, não importando raça, cor ou religião.

Religiosidade é um estado de espírito que dá força ao ser para suportar as agruras da vida. É um aperfeiçoamento interno dos pensamentos, sentimentos, condutas pessoais, expectativas, posturas sociais e religiosas. É prática diária de vida. É servir a Deus. É estarmos com nosso íntimo ligado a Ele. É seguirmos um caminho de aperfeiçoamento próprio, de vitória sobre nós mesmos.

Mãe Logunã alimenta a alma de seus filhos com sua densa e cósmica irradiação de Fé e nutre-se com as vibrações de religiosidade que eles lhe devolvem, sempre que estão trilhando o caminho reto da Fé, ladeados pelo amor e pela Justiça Divina. Mas, ela vira no tempo e atua com rigor cósmico sobre o espírito que desvirtuar sua fé e religiosidade para ocultar seus desequilíbrios emocionais, suas ambições e desejos mórbidos, esgotando suas energias. Ela é, por excelência, a mãe religiosa divina que esgota os conhecimentos que enfraquecem a Fé e a religiosidade dos seres humanos. Também é a mãe rigorosa que esgota os falsos e degenerados religiosos que transformam as coisas da Fé em artigos mercantilistas.

Salve nossa amada Mãe Logunã! Salve Tempo! Tempo yê!

2 — Abrir uma firmeza ou uma mandala para Mãe Logunã

PARA A FIRMEZA

Mãe Logunã é oferendada e firmada fora do Templo. Deve-se sair no tempo, que pode ser o espaço ao redor do centro, firmando para ela uma vela branca e outra preta, ao lado de um bambu, com uma cabaça amarrada, com uma fita branca e outra preta. Colocar água na cabaça e acender as velas.

A Mandala

1 vela branca, no centro, 1 vela azul-escuro à esquerda e uma vela branca à direita.

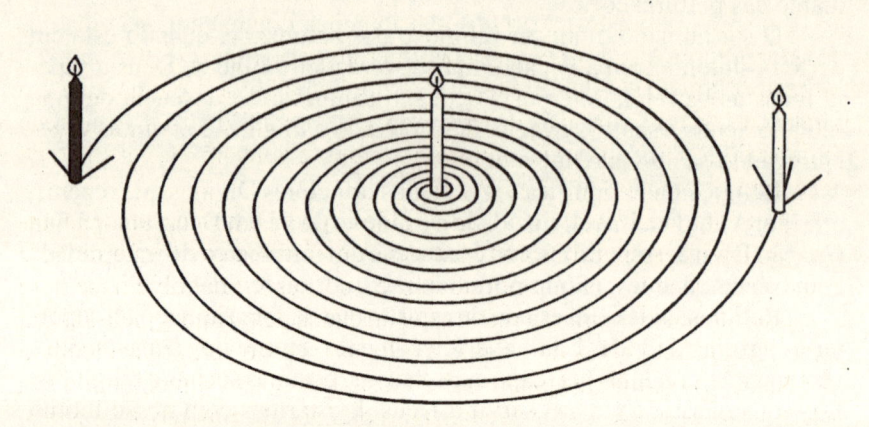

3 — Seguir os dois primeiros itens de C.4.2

4 — Explanação sobre Mãe Logunã e sobre a doutrina

"Logunã é a orixá regente do Tempo e seu campo preferencial de atuação é o religioso. Mãe Logunã, tal como Oxalá, atua pela Fé e está em tudo, em todos os seres e em todos os lugares. Ela é em si mesma a religiosidade dos seres e é ordenadora do caos religioso.

Tempo é a cronologia Divina, é o meio onde tudo se realiza, pois nada fica fora dele. É a espiral sem fim que gira em duplo sentido e um de seus atributos é a Lei do Carma. O giro no sentido horário cria uma ação positiva e ordenadora; o giro anti-horário é esgotador, divisor, desmagnetizador.

Na Umbanda, Logunã atua religiosamente na vida de seus fiéis e sempre gira para a direita, ordenando sua religiosidade.

Muitos confundem Logunã com Iansã e outros as unem numa só divindade, surgindo Logunã-Iansã, senhora do tempo, dos raios e das tempestades. Cada uma tem sua própria função na criação divina, que não são opostas, mas são distintos e atuam em níveis e campos vibratórios distintos:

— A Divina Mãe Logunã atua exclusivamente no campo religioso, na religiosidade dos seres.

— A nossa amada mãe Iansã, atua em todos os campos, na ordenação, aplicando a Lei em um campo mais amplo, pois envolve todos os sentidos que direcionam os seres em evolução, conduzindo uns para o sentido da Fé, outros para o da Justiça, da Geração, etc.

Mãe Logunã e Pai Oxalá dão suporte a todas as manifestações da fé e amparam todos os sacerdotes virtuosos e guiados pelos princípios divinos estimuladores da evolução religiosa dos seres.

Em suas qualidades, atributos e atribuições Logunã atua na vida dos seres por intermédio das treze orixás intermediários que, se têm em seu elemento original sua identificação, têm no elemento de Logunã, que é o cristal, seu segundo campo de ação. Como aplicadoras do mistério que rege sua linha de forças primárias, entram no tempo e aplicam-no por meio de seu segundo elemento que é o cristal.

Enquanto Pai Oxalá é irradiante, Mãe Logunã é absorvente. Ela alimenta a alma de seus filhos com sua densa e cósmica irradiação de Fé e nutre-se com as vibrações de religiosidade que eles lhe devolvem, sempre que estão trilhando o caminho reto da Fé, ladeados pelo Amor e pela Justiça Divina. Logunã é a orixá do Tempo e atua na vida do ser, ora acelerando a sua busca da Fé, ora afastando-o das coisas religiosas, direcionando sua evolução para outros sentidos da vida, tais como: conhecimento, lei, justiça, amor, geração ou evolução do saber.

Quando ela vira no tempo, atua com rigor cósmico sobre o espírito que desvirtuou sua fé e transformou sua religiosidade, ocultando seus desequilíbrios emocionais, suas ambições e desejos mórbidos. Logunã é a regente cósmica da linha da Fé e o Tempo é o vazio cósmico onde são retidos todos os espíritos que atentam contra os princípios divinos que sustentam a religiosidade na vida dos seres. Mãe Logunã atua sobre os descrentes, blasfemadores, mercadores, fanáticos e enganadores da boa fé alheia, desmagnetizando o mental desvirtuado, anulando suas faculdades, paralisando seu emocional e esvaziando-o em todos os sentimentos capitais.

Quando Logunã vira no tempo, seja contra um filho seu direto ou contra um filho indireto (aqueles que têm coroa regida por outros orixás), sua vida entra em parafuso e só deixará de rodar quando esgotar tudo de desregrado e desvirtuoso que nela existia.

Sacerdotes desvirtuados e pervertidos em sua religiosidade são esgotados e esvaziados em suas energias, no outro lado da vida, e Mãe Logunã é a executora cósmica, com seu polo absorvente. O Tempo é o vazio cósmico onde são retidos todos os espíritos que atentam contra os princípios divinos que sustentam a religiosidade na vida dos seres.

Mãe Logunã é o rigor Divino para com os filhos que voltaram as costas para nosso Amado Pai Olorum.

Falar sobre o **assunto doutrinário do dia**, que poderá ser escolhido a critério do(a) dirigente.

5 — Meditação e respiração

Pedir, àqueles que puderem, que cubram suas cabeças com panos brancos. Todos deverão estender as mãos para o alto, a fim de absorver as irradiações cristalinas de Amor e Fé que Mãe Logunã estará enviando para nos abençoar. Pedir, também, que respirem profundamente, sempre com os pensamentos elevados, para receber a energia cristalina de Mãe Logunã, solicitando aos fiéis que façam seus pedidos, com Fé, Amor e respeito.

Este exercício deve durar de 5 a 10 minutos. Ao término, chamar todos os presentes à realidade do culto.

6 — Pontos de chamada e de sustentação da orixá Logunã

O tempo virou, lá no fim do horizonte, }
Veio um lindo clarão, é Logunã quem chegou. } bis

Ela vem com sua espada, }
Acompanhada das guerreiras, } bis
Vem fazer cumprir, Logunã, }
As leis de Oxalá. }

(Rozilene Marques)

É no giro de Mamãe Logunã, }
Que o ritmo da vida vai girar. } bis

Deixa girar, tempo girou }
E Mãe Logunã nossa fé equilibrou. } bis

(Lurdes Vieira, para Domínio Público)

7 — Incorporação

Chamar a orixá Logunã da(o) dirigente, que dará a bênção a todos e, a seguir, chamar as mães Logunãs dos demais médiuns da casa.

Ponto de Subida de Mãe Logunã
Segura, que seu ponto é firme, }
Segura, que ela vai girar. } bis

Adeus, adeus, na Aruanda ela foi girar, }
Filho de Umbanda não chore } bis
Ela foi e torna a voltar. }

(Domínio Público)

Chamar a linha de trabalhos dos Boiadeiros, que é regida por Mãe Logunã. O Boiadeiro Chefe poderá falar aos fiéis.

BOIADEIROS

Os boiadeiros são espíritos hiperativos e brincalhões que atuam como refreadores do baixo-astral, aguerridos demandadores e rigorosos com os espíritos trevosos. Eles atuam nas sete linhas de Umbanda.

Muitos espíritos que hoje se manifestam como caboclos boiadeiros já trabalharam sob a irradiação do mistério Exu, que é mais um dos graus evolutivos da Umbanda. Mas, muitos boiadeiros nunca foram Exus e atuam nas linhas cósmicas dos sagrados orixás, regidos por Pai Ogum e Mãe Logunã. Seus campos de ação são os caminhos (Ogum) e o tempo ou as Campinas (Logunã). O laço e o chicote são suas armas espirituais, são mistérios, usados como refreadores das investidas das hostes sóbrias de espíritos do baixo-astral.

Jetuá, boiadeiros!

Pontos de Boiadeiros
A menina do sobrado }
mandou me chamar, pra seu criado,}
Eu mandei dizer a ela }
que estou vaquejando o meu gado. } bis

Mas eu sou boiadeiro, }
amansador de burro bravo, }
Mas eu sou boiadeiro }
e gosto de um samba rasgado. } bis

(Domínio Público)

Boiada boa, boiada de São Vicente,
boiada boa, boiada de São Vicente,
No meio de tanto boi }
Não achei um boi doente. } bis

(Domínio Público)

Sua boiada quem lhe deu foi Oxalá, }
O seu chicote tem as ordens de Ogum, }
Seu laço forte foi presente de Logunã, }
Gira firme e laça os bois, arrebanhando de um em um.} bis

Ê boi, ê, ô, ô, ô, ah, ah! }
Ê boi, ê, ô, ô, ô, ah, ah! }
Sua boiada é comandada por Logunã, }
O seu rebanho segue as leis de Oxalá! } bis

(Lurdes Vieira, para Domínio Público)

Ponto de Subida de Boiadeiros
Olha, pega o cavalo, pega o estribo,
Monta na garupa,
Boiadeiro vai embora,
Ê, tá na hora, ê, tá na hora. } bis

(Domínio Público)

8 — Fazer a bênção a todos

ORAÇÃO À AMADA MÃE LOGUNÃ, SENHORA DO TEMPO

Amada e Divina mãe Logunã! Aceite o despertar consciente de nossa religiosidade e de nossa fé no Divino Criador Olorum e beneficie-nos com vossa ação positiva e ordenadora, atuando em nossas mentes, ideias, criações e religiosidade.

Livre-nos, ó Mãe, de fanatismos e excessos emocionais, ordenando e direcionando positivamente nossa religiosidade, para que jamais desvirtuemos nossa Fé.

Pedimos que nos receba em vosso amor e nos ampare em todos os sentidos, durante esta nossa jornada evolucionista no plano material, e que nos livre das tentações, cobrindo-nos com vosso véu cristalino da Fé em Olorum conduzindo-nos pelo caminho reto, que leva todos os vossos filhos na direção da Luz do nosso Pai Eterno.

Mãe benevolente, que nos auxilia em nossa caminhada, para obtermos o nosso progresso, tende piedade dos vossos filhos que estão iludidos e desconhecem a verdadeira Fé. Tende piedade daqueles que se deixam abater em cada provação pela qual têm de passar.

Mãe Logunã, que vossa luz ilumine a nossa Umbanda, nos abençoando e nos trazendo Fé, humildade e união, para que possamos trabalhar em prol da caridade e assim sermos merecedores do vosso amparo. Nós, filhos de Umbanda, pedimos a vós que clareie a nossa Fé, fortalecendo-a para que não nos enganemos com falsas verdades.

Pedimos o vosso perdão, Mãe Logunã, se falhamos em nossa missão, deixando o egoísmo e a vaidade tomar conta de nós, esquecendo o nosso próximo e nosso bondoso Deus Supremo. Traga-nos, Mãe Logunã, a vossa bênção para termos segurança e coragem para seguirmos sem desistir, quando os momentos se tornarem difíceis. Que possamos continuar nossa luta sem perder a Fé e sermos conduzidos pela vossa luz que nos levará ao encontro de Deus.

Apresentamo-nos a vós e solicitamos vosso amparo e vossa guia luminosa para nos conduzir tanto nos campos luminosos quanto nos campos escuros, sempre iluminados por vossa luz cristalina e amparados por nossa Fé no nosso Divino Criador. Proteja-nos com vossa luz e com vossa força mágica, dando-nos o amparo necessário para cessar as atuações de forças malignas sobre nós.

Alimente nossa alma, Mãe Divina, com vossa energia e irradiação de fé, nutrindo-nos com vibrações de religiosidade, para que trilhemos os caminhos retos do Amor, da Justiça Divina e da Fé, para acelerarmos nossa evolução.

Salve, Mãe Divina da Fé!. Salve amada Mãe Logunã que nos traz o tempo da Fé!" Olha o Tempo, Minha Mãe!"

9 — Cantar hinos e pontos

10 — Culto familiar para Mãe Logunã

Deverá ser explicado pelo(a) dirigente e constar de folheto.

CULTO FAMILIAR PARA MÃE LOGUNÃ

Dia da semana de melhor vibração

Domingo. Em casa, o culto familiar deve ser feito no tempo (quintal ou jardim), com as pessoas ajoelhadas, com muito respeito, dedicação, Fé e Amor e com a cabeça coberta com um pano branco. Se quiserem, poderão segurar uma vela azul-escuro, acesa, na mão direita.

Material para o ritual

1 vela branca, 1 preta e 1 roxa, em pires ou castiçais, incenso de lótus (eleva as vibrações) ou sândalo (equilibra e purifica), 1 jarra com água, licor de aniz, 1coco maduro, 1 maracujá, 1 coco verde, pétalas de rosas amarelas e folhas de eucalipto. Opcional: 1 cristal de quartzo fume e 1 cristal de quartzo transparente.Tudo isso, sobre uma mesa, ou altar, coberto com toalha branca.

Ritual

• Acender as velas, ladeadas com as pétalas, ervas e jarra com água. Acender o incenso. Se usar nomes ou fotos de pessoas, colocá-los sob os suportes das velas.

• Partir o coco maduro e colher sua água. Depositar a água dentro de uma das partes do coco e acrescentar licor de anis. Ao lado do coco, colocar o maracujá partido ao meio.

• Fazer as orações, com as pessoas ajoelhadas, com muito respeito, dedicação, Fé e Amor.

• Evocar. A evocação será feita por quem estiver conduzindo o ritual:

Evocação

Amada Mãe Logunã! Estamos postados diante de vós, para pedir vossas bênçãos e sustentação para as nossas manifestações de Fé, livrando-nos das tentações, esgotando nosso excesso de emotividade e irradiando sobre nós vossa luz cristalina. Imploramos a vós, amada Mãe, vosso amparo divino e proteção cósmica, para nos isolar e nos proteger dos eguns que vivem soltos no tempo, porque foram e estão sendo libertados por tenebrosos magos negros. Livre-nos das ações desses magos negros e conduza-nos nos caminhos de Luz do nosso Divino Pai. Beneficie-nos, Mãe Querida, com vosso giro cósmico positivo e ordenador, com vossa capacidade de acelerar nossa jornada evolutiva no plano da matéria, dinamizando nossos processos cármicos, regidos pela Lei (Ogum) e coordenados pela Justiça (Xangô).

Conduza-nos, Divina Mãe, com vossa luz cristalina, nos campos luminosos e nos campos escuros, livrando-nos de perseguições e beneficiando-nos com vossa proteção.

Saravá Logunã!!! Salve Tempo! Tempo! Tempo Yê1

(Após a queima das velas, as pessoas beneficiadas poderão tomar da água fluidificada e fazer banhos, do pescoço para baixo, com as flores e ervas).

11 — Meditação e exercício para fazer em casa

MÃE LOGUNÃ

Preparação

Acenda uma vela azul-escuro e consagre-a a Deus e a Mãe Logunã, pedindo-lhe que equilibre seus pensamentos, para que sua fé e religiosidade sejam fortalecidas, que sua vida seja mais positiva, mais feliz, cheia de bênçãos, comunhão e proteção.

Coloque uma música tranquila, do tipo *new age*, e sente-se confortavelmente, num local onde ninguém vá incomodá-lo(a). Enquanto ouve a música, retome em sua mente, com bastante sinceridade, como foi o seu dia, analisando o que você pensou, o que fez de certo ou de errado, procurando sempre melhorar.

Preste atenção em sua respiração e sinta o ar entrando e saindo de seus pulmões. Inspire profundamente e solte, até sentir que está mais descontraído(a). Repita por 3 vezes essa inspiração profunda e passe a respirar tranquilamente.

Observe seu corpo e descontraia qualquer ponto de tensão, contraindo e descontraindo a região na qual sentir alguma musculatura tensa, por 3 vezes, para que o relaxamento do corpo todo aconteça.

Exercício de visualização na vibração de Mãe Logunã

Agora que está relaxado ouvindo a música, visualize o céu no início da noite com um azul-marinho e as estrelas piscando. Uma espiral de luz prateada se destaca diante de seus olhos; desloque-a para dentro de sua testa e visualize a luz prateada dessa espiral se derramando dentro de você, girando e inundando-o(a), harmonizando você por dentro e por fora, preenchendo-o(a) com o mesmo brilho, sempre girando e se espalhando.

Mentalize essa espiral subindo para sua cabeça e se posicionando acima dela, irradiando sobre você sua luz prateada, envolvendo-o(a) por fora e por dentro, até que todo o seu corpo esteja tão brilhante como essa espiral luminosa. Enquanto essa luz o(a) preenche, você começa a se sentir leve, sereno(a), capaz de vencer desafios, protegido(a), harmonizado(a), e capaz de acessar seus próprios recursos internos, para diluir energias negativas, mágoas e afastar forças negativas que o(a) estejam atacando.

Peça a essa luz que o(a) inunda que desperte todas as defesas de que você necessita e pacifique seus pensamentos e sentimentos.

Agora é o momento de conversar com Mãe Logunã e se religar à fonte Temporal da Fé na Criação Divina, para fortalecer sua caminhada e cristalizar em seu espírito a religiosidade positiva, a comunhão com a luz e a proteção contra forças negativas que estejam impedindo seu crescimento e equilíbrio nesse sentido.

Essa luz satura-o(a) de tal forma, que se expande por todo o recinto onde está. Concentre-se nela para que ela impregne e sature o ambiente e, a partir de você, se expanda para cada cômodo de sua casa, até envolver todo o perímetro da residência e as pessoas que nela habitam.

Quando a música estiver terminando, comece a mexer as mãos e remexa-se no lugar onde está sentado. Abra os olhos e mexa-se, levante-se e caminhe apreciando o bem-estar do exercício.

Volte às suas atividades.

12 — Cantar hino de ligação com o próximo encontro

13 — Encerramento

O dirigente da casa faz uma prece de encerramento dos trabalhos, em agradecimento.

Divino Criador Olorum!

Com reverência, amor e respeito, nós Vos agradecemos, assim como à nossa Amada Mãe Logunã, pelas bênçãos hoje recebidas e pela presença dos Guias e Protetores que se dignaram vir se comunicar conosco, trazendo seus ensinamentos e nos iluminando com Vossas luzes e lhes rogamos que nos auxiliem a pôr em prática as instruções recebidas. Fazei com que cada um de nós sinta-se fortificado em sua religiosidade e Fé e no Amor ao próximo.

Pedimos, ó Pai Amado, que nos sustente nas Vossas Sete Luzes Divinas e que estas instruções de hoje tenham sido proveitosas também para aqueles necessitados, que no plano espiritual tenham assistido a esta reunião, para os quais imploramos a misericórdia de Deus. Que cada um receba Vossas graças conforme seu merecimento.

Amém!!!

Obs.: Os pontos cantados e as preces ficam a critério do(a) dirigente.

CULTO RELIGIOSO À MAMÃE OXUM

1 — Seguir os itens C.4.1

Folheto

O AMOR

"Ainda que eu falasse a língua dos homens, e que eu falasse.
a língua dos Anjos, sem o Amor, eu nada seria".

Jesus

O Amor é um sentimento abstrato, inato a cada pessoa, que se expressa com maior ou menor intensidade, conforme o grau de evolução e merecimento daquele que o manifesta. Não há como comprá-lo ou fingir que o temos. É o Amor que nos leva ao desenvolvimento das mais nobres virtudes humanas: a compreensão, a tolerância, a paciência, o entendimento do sentido de união e fraternidade, a doação sem condicionamentos, dentre outras.

Estamos permanentemente recebendo a emanação do Amor Divino, pela própria Graça da Vida e, por isso, deveríamos saber amar a tudo e a todos, como o Mestre Jesus nos amou e procurou ensinar, quando de Sua passagem por nosso mundo.

Na Coroa Divina do Criador Olorum, o Amor é a principal qualidade e atributo da orixá Oxum. Quanto mais manifestarmos, interna e externamente, o sentimento real de Amor, mais receberemos o amparo e a irradiação divina de Mamãe Oxum, que atuará em nós e a partir de nós, tornando-nos seus semeadores. Ela nos conduzirá e isso será um dos vários começos da nossa gratificante via evolutiva até Pai Olorum.

O Amor é uma conquista pessoal, como o amor por outra pessoa, pela religião, etc. É vencer egos, conceitos e preconceitos, e, por se tratar do entendimento de cada um, não pode ser tomado como parâmetro coletivo. Uma vez conquistado, nenhuma outra pessoa conseguirá tirar-nos ou fazer-nos perder esse sentimento. Mas, para que isto se fortifique e se intensifique em nós, devemos sempre estar em afinidade e sintonia com Mamãe Oxum. Essa sintonia irradia uma camada vibracional, que estruturará em nós sentimentos puros, determinação, paz interior, equilíbrio e, principalmente, a vontade de amar e de conceder esse Amor ao próximo. Fortalecerá o mental e a espiritualidade de cada um, criando à nossa volta um campo protetor, como um escudo, e fazendo com que o Amor se manifeste e se realize, com muita intensidade na vida das pessoas, gerando a fraternidade.

    Caso algum ser esteja em desarmonia com o Amor, será paralisado em sua evolução e reconduzido ao caminho correto, e quando estiver novamente de acordo com a Vontade Suprema e Divina, será estimulado mais e mais a seguir sua jornada rumo ao encontro do Amor maior.

    O amor sempre esteve presente em nossas vidas, mesmo que nunca tenhamos percebido. Voltemo-nos de frente para a Mãe Oxum e recebamos, a partir de hoje, toda a sua irradiação de Amor e comecemos amar a toda a criação, a nossa família, as pessoas que fazem parte de nossa vida, os lugares que frequentamos e, principalmente, a nossa Religião que é a Divina e Sagrada Umbanda, caminho evolutivo por várias realidades de Deus na Sua Criação.

    Amada seja a nossa Mamãe Oxum! Salve Mamãe Oxum!

2 — Abrir uma oferenda ou uma mandala para Mamãe Oxum

A oferenda pode ser arrumada na lateral do Congá ou na frente do altar.

PARA A OFERENDA

Velas brancas, rosas e azul-claro. Rosas brancas, amarelas, champanhe, vermelhas, cor-de-rosa. Champanhe e licor de cereja, melão, pêssego e maçã. Fitas coloridas.

Colocar um tecido branco ou rosa e, sobre ele, no centro, um prato pequeno de louça, com uma vela branca. Arrumar ao redor uma ou todas as frutas descritas, os copos com champanhe ou licor, as rosas e as fitas coloridas. Também podem ser colocados um copo com água mineral ou água colhida em uma cachoeira e um pote com mel.

Firmar ao redor 7 velas brancas, 7 azul-claro e 7 cor-de-rosa, intercaladas.

MANDALA

1 vela branca central, 4 velas rosa nos pontos cardeais e 4 velas azul-claro nos pontos colaterais.

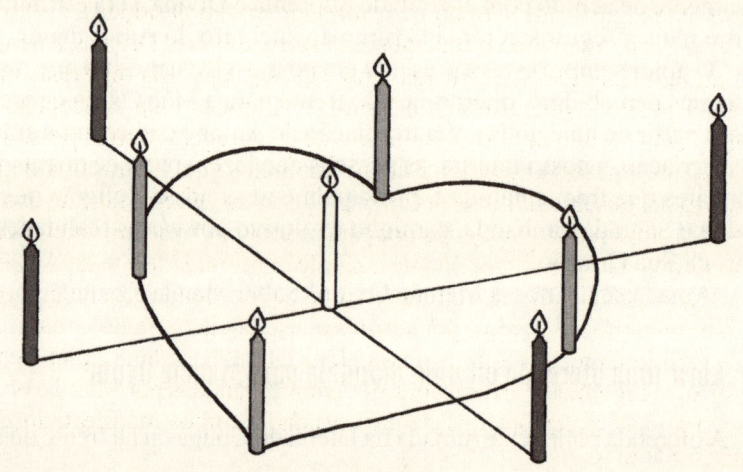

3 — Seguir os dois primeiros itens de C.4.2

4 — Explanação sobre Mamãe Oxum e a doutrina

Amados irmãos no Criador, realizaremos hoje um culto à orixá Oxum, assentada na Coroa Divina de Pai Olorum, de onde irradia o Amor Divino e a concepção da vida em todos os sentidos.

Mamãe Oxum é considerada a Mãe do Amor, da concepção, da afetividade, do carinho e da comunhão. É por ela que flui o Amor de Pai Olorum. Além de orixá do Amor e da concepção, ela agrega e dá início às coisas na vida dos seres. É Oxum quem mostra a importância na vida nos seres, de todas as uniões e agregações que acontecem no Universo, do micro ao macrocosmo, através da irradiação de sua essência mineral. Até a agregação dos átomos e dos astros depende do seu fator.

A energia de Mamãe Oxum está presente em todos os seres e em toda a Criação. Essa irradiação desencadeia um fluxo que, caso o ser esteja vibrando positivamente no Amor, no retorno ele receberá uma vibração positiva maior ainda, fortalecendo-o cada vez mais e expandindo o campo por onde ele flui essa irradiação. Mas, se o ser vibra irradiações negativas do Amor, ele recebe no retorno um fluxo de energias que o deixam apático e desinteressado em qualquer tipo de união.

Mamãe Oxum, com seu magnetismo positivo, estimula as uniões, as agregações universais e o Amor em toda sua amplitude. Sua essência energética mineral torna todos os seres irradiadores dessa energia e, junto com Pai Oxumaré, gera vibrações, magnetismos e irradiações planetárias que atuam sobre os seres e em toda a Criação Divina, estimulando-os ou paralisando-os no sentido das agregações universais. Os termos positivo e negativo não significam bem ou mal, mas somente polaridades.

Mãe Oxum manipula e transporta as sete essências Divinas e nenhum ser, criatura ou energia fica sem sua vibração essencial. Ela rege duas linhas de ação: a positiva, que estimula o Amor, nas uniões e na concepção, e a negativa, que anula o desejo de se unir e de se agregar a outras pessoas.

Quando o fator agregador é absorvido pelos seres, satura-os de uma energia divina que desperta os sentimentos de união, agregação e de concepção. Todos, ao serem estimulados por esta irradiação, buscam concretizá-la, unindo-se aos seus pares semelhantes, dando continuidade à vida. A energia mineral (qualidade de Oxum) é fundamental na fertilidade e na fecundidade.

Nós, espíritos humanos, por sermos consciências geradas e manifestadas por Deus, quando atingimos nossa plena e total harmonia e pleno e total equilíbrio, recebemos as irradiações de Amor emanadas por Mamãe Oxum, assim como as emanações dos demais orixás, e somos manifestadores do Setenário Sagrado.

Mamãe Oxum simboliza e representa o Amor que gera, concebe, cria e inova as perspectivas na vida dos seres. Seu magnetismo vai unindo seres afins. Oxum é o Amor ao próprio amor, o Amor à Fé, o Amor ao Conhecimento, o Amor à Justiça e ao equilíbrio, o Amor à Lei e à ordem, o Amor à Evolução e à Transmutação e o Amor à Geração e à Vida, que enobrece também todos os fatores e qualidades descritas antes, estimulando-os também nos seres e criaturas. Está em todas as outras qualidades de Deus e em todos os sentimentos, em todos os seres, em todas as criaturas e em todas as espécies.

Esse fator agregador une ideias, religiosidade, e a partir dessas uniões é que tudo é renovado na vida dos seres ou na Natureza. Esse Amor Divino é harmonia.

As cachoeiras são os pontos de força naturais de Mamãe Oxum.

Falar sobre o assunto doutrinário do dia, que poderá ser escolhido a critério do(a) dirigente.

5 — Meditação e respiração

Nesse momento, todos os presentes no culto podem permanecer sentados, com as mãos sobre as pernas, com as palmas voltadas para cima. O(a) dirigente poderá pedir para que todos elevem seus pensamentos ao Divino Criador e respirem profundamente, aspirando o ar pelo nariz e soltando-o pela boca, para receber e energia mineral conceptiva de Mamãe Oxum. Poderá pedir que se sintonizem com a Mãe do Amor, para que todos sintam a vibração das ondas que virão junto com cada ciclo de respiração.
O exercício deve durar de 5 a 10 minutos.

6 — Cantar pontos de chamada e de sustentação da orixá Oxum

Minha mãe é Oxum, aieiê, ieiê, ô, }
Minha mãe é Oxum, aieiê, ah! } bis — refrão

Quando ela chega, }
ilumina o congá }
E traz flores de Aruanda, } bis
pra seus filhos perfumar }

Refrão

Quando ela dança, }
distribui o seu tesouro, }
seu amor de doce Mãe } bis
e sua luz feita de ouro. }

Refrão

(Lurdes Vieira, para Domínio Público)

Rezem, rezem para Oxum,
Rezem, rezem para Oxum.

Afastai de nós o mal,
Afastai de nós a dor.

Aiê, aiê, Oxum
Aiê, aiê, Oxum

Traga vosso perdão
Traga vossa grande Luz

(Míriam Christino)

Estava sentado lá no alto da pedreira,
Olhando a cachoeira, as matas e o mar,
Iemanjá estava arrumando seu vestido,
Xangô lhe deu um grito, Oxum vai levantar.

Ai, iê, iêu, Oxum vai levantar,
Ai, iê, iêu, Oxum vai levantar.
Na mata virgem, Oxóssi assobiou, } bis

Ai, iê, iêu, Oxum já levantou,
Ai, iê, iêu, Oxum já levantou.

(Pai José Valdevino da Silva)

7 — Incorporação

Quando estiverem cantando o Ponto de Chamada, o(a) dirigente do Templo deverá incorporar a entidade Oxum, que dará a bênção a todos os presentes no culto.

Nesse momento, todos os presentes no Culto deverão elevar seus pensamentos e fazer os seus pedidos, lembrando de seus familiares, de sua residência, de seu local de trabalho, sempre de acordo com o que for do merecimento de cada um e compatível com aquilo que é possível de ser alcançado, pedindo perdão pelos erros cometidos.

Ponto de Subida de Mamãe Oxum
Oxum já me ajudou, Oxum já me saravou } bis

Filho de pemba, porque tanto chora? }
É Mamãe Oxum, Oxum, que já vai embora. } bis

(Domínio Público)

8 — Chamar a linha de trabalho das Crianças

A Linha das Crianças na Umbanda

Essa é uma linha fechada em seus mistérios. É regida por Pai Oxumaré, orixá da renovação da vida nas dimensões naturais.

Pai Oxalá, Mãe Iemanjá, Mamãe Oxum, etc. fornecem espíritos na forma de crianças, para atuar nas linhas de força dos elementos: ar, fogo, água, terra, etc.

Essas "crianças" têm as características do elemento em que atuam, sendo caladas se são da terra, facilmente irritáveis se são do fogo, alegres e expansivas sob a influência do ar, carinhosas e melodiosas no falar, se são da linha de Oxum ou Iemanjá e assim por diante.

Um ser elemental é puro e não tem os defeitos característicos dos humanos, mas possuem uma grande força ativa, que pode ser colocada a serviço da humanidade, pois muitas dessas entidades são muito antigas e com muito mais poder do que imaginamos. São conselheiros e curadores do que pode ser tratado com seu elemento ativo e trabalham com irradiações muito fortes e puras na sua origem.

Quando incorporadas em seus médiuns, não gostam de desmanchar demandas, nem de fazer desobsessões. Preferem as consultas, durante as quais vão trabalhando o consulente com seu elemento de ação, modificando e equilibrando sua vibração e regenerando os pontos de entrada de energia nos seus corpos materiais.

O orixá das "crianças" ou "Erês" é um Guardião de um Ponto de Força do Reino Elemental e atua sobre toda a humanidade, sem distinção de credo religioso.

Pontos de Chamada e de Sustentação da Linha das Crianças

Tem criança brincando, com um doce na mão,
É riso, é festa, de Cosme e Damião.

Doum, Doum Doum, alegria da criançada,
Doum, Doum, Doum, tem festa na Ibejada.

(Míriam Christino)

Ponto de Subida das Crianças

Vai, vai, vai Doum, vai, vai Cosme e Damião,
Vai com Oxalá, lá no jardim colher as rosas,
Pra Mamãe Iemanjá.
Vai que onda vai, vai que a onda vem,
Vai que onda vai e a lua vai também.

(Míriam Christino)

9 — Fazer a bênção a todos

ORAÇÃO À MAMÃE OXUM

"Ó, meu Deus, amo-Vos porque sois
infinitamente amável. Inflamai o meu amor!"

Amada Mãe Oxum, que rege e guarda o sagrado mistério do Amor Divino! Nós clamamos a vós, neste momento, para que nos envolva em vossas irradiações do Amor e nos conduza ao interior de vosso Mistério Divino. Ouça e atenda, amada Mãe, nosso clamor e invocações e venha em nosso auxílio, beneficiando-nos, com o afastamento do negativismo que tem paralisado nossa evolução, fazendo-nos perder a Fé, o Amor e a Esperança Divina.

Sagrada Mãe do Amor, livre-nos da aflição, da passividade, da angústia, da miséria, da fome, da doença, da solidão, da apatia, da ignorância e da maldade. Anule em nosso intimo e em nossos instintos inferiores todas as vibrações e sentimentos negativos de maldade, inveja, falta de amor, angústia, inferioridade, agressividade, descaso. Desperte em nós o Amor Divino, para que sejamos prósperos, fraternos, amorosos, generosos, com tudo e com todos que nos cercam e que compartilham a nossa vida e destino.

Atue, Divina Mãe, em todos os nossos inimigos encarnados e desencarnados, envolvendo-os em vossas vibrações de Amor, positivando seus pensamentos, sentimentos, projeção verbal, visual e mental, livrando-os da vingança, da traição, da inveja e do ódio. Anule as más influências espirituais que os têm dominado e que foram usadas contra nós. Renove a esperança e a expectativa de cada um, de um dia poder trilhar o caminho da Luz.

Harmonize os casais, os pais e filhos, irmãos e ex-amigos, envolvendo a tudo e a todos que fazem parte de suas vidas. Gere Amor aos abandonados, aos aflitos e carentes, aos desesperados, aos que só pensam em guerras, aos petrificados de coração, aos injustos e aos intolerantes, renovando-os com sentimentos positivos, que atraiam o Amor Divino em suas vidas e em suas caminhadas.

Mamãe Oxum, cubra-nos com vossa bênção e permita que, na mansidão dos vossos caminhos coloridos com ouro, consigamos o Amor Divino que a Senhora irradia de vosso coração. Mamãe Oxum, amparenos em vossos braços, como fez com Oxalá, o Rei da nossa Religião. Ó Mãe Divina, nós clamamos com todo o nosso Amor e pedimos vossa proteção, vossa Luz, vossa Concepção e vosso Amor Sagrado, para nós e para todos os aflitos do mundo.

Envolva-nos, Mãe Querida, na irradiação do vosso Amor por nós, filhos encarnados na matéria, e liberte das trevas da ignorância todos os vossos filhos ligados a nós pelos laços invisíveis da vida. Mantenha sempre acesa a chama do Amor em cada um de nós, Mãe Amada, para que nunca mais vibremos sentimentos negativos.

Ó, Mãe querida, dilua todos os cordões que nos ligam a seres inferiores e renove os nossos sentimentos, vibrações e pensamentos, conduzindo-nos aos planos superiores, onde existe o verdadeiro e o mais puro Amor de Deus para toda a Criação.

Ora Yê-Yê-Ô, Mamãe Oxum!

10 — Cantar hinos e pontos

11 — Culto familiar para Mamãe Oxum

O culto deverá ser explicado pelo(a) dirigente e constar de folheto, distribuído a todos.

CULTO FAMILIAR A MAMÃE OXUM

Dia da semana de melhor vibração
Sábado

Materiais para o ritual

Quatro velas rosas firmadas em pires, um jarro de água, pétalas de rosas cor-de-rosa e ao lado de cada vela uma rosa branca. Ao lado do jarro de água, três pedras de quartzo-rosa. Colocar o material em cima do altar ou em uma mesa (que estará voltada para as pessoas presentes no culto), tudo em cima de uma toalha branca.

Procedimento:

• Acender as velas em forma de cruz e colocar ao lado de cada vela acesa uma rosa branca,. Rodeando a cruz de velas, distribua as pétalas de rosa cor-de-rosa. Coloque o jarro de água e fotos ou nomes de pessoas dentro da cruz de velas.

• Quem estiver conduzindo o ritual, neste momento deve pedir que todos os presentes ajoelhem e fiquem em posição (mental) de respeito. Então ele faz a oração (pode ser a apresentada neste trabalho ou outra), pedindo à Mamãe Oxum que irradie as vibrações do Amor sobre a água e sobre as flores que lá estão.

Evocação

Amada Mãe Oxum, nós vos evocamos e pedimos que as vossas divinas vibrações purifiquem nossos lares, nossos familiares, nossos amigos e nossos inimigos, auxiliando-nos, a partir de agora, em nossas caminhadas terrenas, para que possamos um dia alcançar e trilhar os caminhos luminosos que irão nos conduzir a Deus.

Envolvei-nos em vossas irradiações e vibrações, afastando para sempre de nossas vidas os tormentos da falta de Amor e de União. Dai-nos o Amor Divino para que possamos atravessar todas as atribulações de nossa vida com Fé, Amor e resignação.

Forme ao nosso redor uma proteção de luz para que possamos viver neste local em paz e harmonia, protegidos pelo Seu Sagrado e Divino Amor.

Atraia, ó Divina Mãe, para cada um de nossos inimigos, energias e vibrações positivas de Amor e Caridade para com o próximo, renovando-os em todas os seus caminhos e conduzindo-os ao luminoso Caminho de Deus. Harmonizai nossa família, aproximando os casais, os pais, filhos e irmãos. Abençoai nossos amigos e ex-amigos, envolvendo-os com vosso manto de Amor e misericórdia. Sagrada Mãe do Amor de Deus, dai-nos a vossa bênção e proteção! Amém!

(O condutor do ritual poderá pedir a todos que reflitam sobre suas falhas e pecados, peçam o perdão Divino e mentalizem o que estão necessitando, pedindo segundo o merecimento de cada um. Após a queima das velas, as pessoas poderão tomar da água energizada e fazer banhos com as pétalas das rosas, sempre jogando a água do banho do pescoço para baixo).

12 — Meditação para fazer em casa (2.11)

MAMÃE OXUM

Preparação
Peça licença a Deus, ao Pai Oxalá e à Mamãe Oxum, e a bênção a cada um deles. Mentalize um aro de luz e de proteção à sua volta, pedindo que o seu dia seja proveitoso e que você consiga fazer tudo o que for preciso e ajudar a todos os que necessitarem do seu amparo. Acenda uma vela rosa e consagre-a a Deus e a Mamãe Oxum, colocando um copo de água ao lado. Peça a ela que equilibre seus sentimentos, que seu coração seja mais amoroso, sua vida mais feliz, cheia de bênçãos e prosperidade.

Coloque uma música tranquila, do tipo *new age*, e sente-se confortavelmente, num local onde ninguém vá incomodá-lo(a). Enquanto ouve a música, preste atenção em sua respiração e sinta o ar entrando e saindo de seus pulmões. Relembre como foi o seu dia, tendo bastante sinceridade. Analise o que você pensou, o que fez de certo ou de errado e coloque na balança da Lei Divina, prometendo sempre se melhorar.

Inspire profundamente, solte o ar, até sentir que está mais descontraído(a). Repita por 3 vezes essa inspiração profunda e passe a respirar tranquilamente. Contraia os ombros e solte suavemente por 3 vezes. Isso fará você perceber pontos de tensão em seu corpo e facilitará a soltura dos músculos.

Exercício de visualização na vibração de Mãe Oxum

Agora que está relaxado ouvindo a música, visualize um coração de luz bem adiante de seus olhos. Imagine que ele possui a cor rosa e irradiante. Desloque-o para dentro de seu peito e mentalize que a luz rosa que esse coração derrama dentro de você torna-se um chuveiro de luz, que refresca você por dentro e por fora, preenchendo-o(a) com o mesmo brilho.

Visualize esse brilho continuando a envolvê-lo(a) por fora e por dentro, até que todo seu corpo esteja tão brilhante como o coração de luz em seu peito.

Enquanto essa luz rosa o(a) preenche você começa a se sentir leve, sereno(a), capaz de encontrar soluções, resolver desarmonias, acabar com desentendimentos e despertar seus próprios recursos internos para vencer os obstáculos de sua vida.

Peça a essa luz que o(a) inunda que desperte Amor e pacifique seus pensamentos e sentimentos. Agora é o momento de conversar com a Mãe Oxum e se religar à Fonte de Amor da Criação Divina; pedir para encontrar um Amor e ser abençoado com mais Amor em seus caminhos, em todos os sentidos, diluir mágoas e inimizades.

Essa luz satura-o(a) de tal forma que se expande por todo o recinto onde está. Concentre-se nela, para que ela impregne e sature o ambiente e, a partir de você, se expanda para cada cômodo de sua casa, até que envolva todo o perímetro da residência e as pessoas que nela habitam. Quando a música estiver terminando, comece a mexer as mãos e remexa-se no lugar onde está sentado(a). Abra os olhos e mexa-se, levante e caminhe, apreciando o bem-estar do exercício. Volte às suas atividades e viva o seu dia normalmente. Antes de deitar, agradeça a todos os orixás a oportunidade de ter conseguido suas conquistas e aprendizados, peça perdão por suas falhas e que eles lhe protejam durante o sono, procurando melhorar cada vez mais no dia seguinte.

13 — Canto de ligação com o próximo encontro

14 — Encerramento

Amado Criador Olorum, nós Vos agradecemos pela Divina Graça a nós concedida nos trabalhos de hoje, com a atuação de nossas Mães Oxum e das demais entidades que nos atenderam em nossas aflições.

Pedimos humildemente que tenhamos um pouco do Seu Amor Divino, Pai Amado, e que nunca mais esqueçamos de ter esse mesmo Amor pela criação, pelas criaturas, pelos seres humanos e por tudo o que o Senhor nos concedeu.

Mamãe Oxum, neste momento agradecemos pela luz recebida e pelo seu Amor, que nos inundou e nos fez sentir que ele tudo pode e tudo supera. Tenha a certeza de que sairemos deste culto mais limpos e mais puros e que a lição foi de proveito para toda a nossa vida. Pedimos, ó Mãe Amada, que nos ajude a sustentar esses ensinamentos e a aplicá-los em nosso dia a dia.

Agradecemos também a todos os que se propuseram, em nome do Amor, a estar aqui neste dia e nos deram a palavra amiga, tanto do lado material quanto do lado espiritual. Agradecemos aos amados guias, protetores e mentores, que trouxeram espíritos sofredores, viciados, vingativos e desejamos que esses espíritos também tenham recebido a bênção divina da Mamãe Oxum, a lhes amparar e a lhes mostrar o caminho evolutivo do Amor de Deus.

Que o Vosso Amor se espalhe pelos nossos sete caminhos, abrindo todas as portas, todas as passagens, todos os campos à nossa frente, e que eles não se fechem enquanto tivermos Fé no Amor Divino. Que o Vosso Trono do Amor Divino, Mamãe Oxum, nos cure dos males de desamor e também cure os nossos familiares e as pessoas, espíritos e criaturas que não puderam chegar até aqui, mas que estão ligados a nós pelos fios invisíveis do destino.

Pedimos que Deus Pai dê a bênção a todos e luz em seus caminhos e vos agradecemos, agradecemos e agradecemos! Amém!

Obs.: Os pontos cantados e as preces ficam a critério do(a) dirigente.

CULTO RELIGIOSO AO PAI OXUMARÉ

1 — Seguir os itens C.4.1.

Folheto

A RENOVAÇÃO

"Uma Luz celeste raiará no templo da alma e será revelada a outros como o brilho refulgente de uma lâmpada."
E.A. White

Renovar significa tornar novo, modificar, recomeçar, brotar. A renovação dos seres é o campo preferencial do orixá Oxumaré, que é representado pelo Sagrado Arco-Íris. Pai Oxumaré é a renovação contínua, em todos os sentidos da vida de um ser. É também a renovação das religiões, que faz com que, de tempos em tempos, sejam criadas novas formas de cultuar as Sagradas Divindades de Deus, mais de acordo com cada época e cultura.

Renovação é aperfeiçoamento constante e, para isso, não podemos cultivar tristezas nem mágoas. O que importa é, principalmente, a renovação do nosso íntimo, com disciplina, trabalho e consciência tranquila, para nos conectarmos com Deus e divinizarmos o nosso espírito.

Aperfeiçoamo-nos a cada dia, curando os nossos defeitos, aprimorando as nossas ações e purificando os nossos sentimentos e emoções. Para que aconteçam as renovações, Pai Oxumaré atua lenta e sutilmente na vida dos seres, diluindo sentimentos, atitudes e uniões desequilibradas, direcionando-os, até que descarreguem os acúmulos de energias negativas, reequilibrando-os.

Muitos veem a religião como escape, achando que ela os livrará de dificuldades e provações, mas não fazem nenhum esforço para mudar radicalmente suas vidas. Olham apenas as desvantagens e provações presentes e esquecem as realidades eternas. Temos o poder de escolha e o que queremos ser depende de nós. Ninguém está isento de dificuldades, mas quem recebe a palavra de Deus no coração e renova seu íntimo, seus sentimentos e suas atitudes, quando vem a aflição, não se torna inquieto, sem confiança e nem desanimado.

Encontramos Deus na alegria da Natureza, no canto, na música, na dança, na fartura do alimento comum, no Amor aos semelhantes, na bênção do ancião, no sorriso da criança, no Amor do casal feliz ou no trabalho diário. Pai Oxumaré é o Divino Trono da Renovação da vida, a Divindade Unigênita de Deus, o orixá que tanto dilui as causas dos desequilíbrios quanto gera de si as condições ideais, para que tudo seja renovado, já em equilíbrio e harmonia.

A nós, umbandistas, cabe-nos purificar nosso íntimo, renovar a religiosidade e a Fé nos Sagrados orixás, lidando simultaneamente com o nosso meio, sem nos dissociarmos de nada ou de ninguém à nossa volta. É importante que alcancemos os dons das virtudes e da harmonia e que assumamos as nossas responsabilidades para com a vida, tornando-nos auxiliares do nosso Divino Criador. Deus quer que cada alma seja um centro emanador das Suas Luzes Divinas.

Salve Nosso Divino Pai Oxumaré!

2 — Abrir oferenda ou mandala para Pai Oxumaré

Na lateral do Congá ou na frente do altar.

Oferenda

Oxumaré é oferendado com 8 velas (1 branca, 1 azul-claro, 1 verde, 1 dourada, 1 vermelha, 1 roxa, 1 rosa, 1 marrom terroso), melão, champanhe rosê, fitas coloridas e flores diversas e multicoloridas.

Colocar no centro um melão aberto em uma das pontas e derramar dentro dele um pouco de champanhe rosê; o restante deve ser deixado na garrafa, dentro do círculo de velas coloridas.

Acender a vela branca no meio e circulá-la com as sete velas coloridas, guardando um espaço de 30 cm entre o centro e o círculo de velas coloridas. Colocar as fitas coloridas esticadas, entre as velas. Circundar as velas com flores diversas, multicoloridas.

Mandala para Relacionamentos e Prosperidade

8 velas azuis, nos polos, intercaladas com 2 antúrios e galhos de tango. No centro, meio melão com vinho rosê e mel (ou glicose de milho) dentro. Deixar a garrafa e o vidro de mel ao lado do melão.

3 — Seguir os dois primeiros itens C.4.2

4 — Explanação sobre Pai Oxumaré e a doutrina

Pai Oxumaré é um dos orixás mais conhecidos, e no entanto é o mais desconhecido dos orixás dentro da Umbanda, pois os médiuns só cultuam a orixá Oxum, que na linha do Amor ou da Concepção forma com ele a segunda linha de Umbanda. O Divino Trono da Renovação da Vida é a divindade unigênita de Deus que é em si mesmo o orixá que tanto dilui as causas dos desequilíbrios quanto gera de si as condições ideais para que tudo seja renovado, já em equilíbrio e harmonia. Ele desfaz o que perdeu sua condição ideal de existência e deve ser diluído para ser reagregado em novas condições.

Pai Oxumaré é um orixá temporal, cósmico, ativo e sua atuação é alternada, pois dilui todas as agregações que perderam suas condições ideais ou estabilidade natural e seu fator renovador renova um meio ambiente, uma agregação, uma energia, um elemento e até os sentimentos íntimos dos seres.

Oxumaré é o orixá que rege a sexualidade e seu campo preferencial de atuação é o da renovação dos seres, em todos os aspectos. O aspecto positivo de Oxumaré, que nos chega pelas lendas dos orixás, é que ele simboliza a renovação. Isto é verdadeiro. E o aspecto mais negativo é que ele é andrógino, ou parte macho e parte fêmea. Isto não é verdade. Uma divindade planetária não tem qualidades bissexuais. Logo, desrespeitaram uma divindade que humanizou algumas de suas qualidades, atributos e atribuições somente para acelerar nossa evolução e nos conduzir pelo caminho reto.

Oxumaré, tal como revela a lenda dos orixás, é a renovação contínua, em todos os aspectos e em todos os sentidos da vida de um ser. É identificado com Dã, a Serpente do Arco-Íris, pois irradia as sete cores que caracterizam as sete irradiações divinas que dão origem às Sete Linhas de Umbanda. E ele atua nas sete irradiações como elemento renovador. Oxumaré é a renovação do Amor na vida dos seres. E onde o Amor cedeu lugar à paixão, ou foi substituído pelo ciúme, cessa a irradiação de Oxum e inicia-se a dele, que é diluidora tanto da paixão como do ciúme.

Na linha da fé, se alguém não está evoluindo em uma religião ou doutrina, ele atua no emocional do ser, anulando em seu íntimo a atração que ele sentia por aquela religião, conduzindo-o a outra, cuja doutrina o auxiliará a evoluir no caminho reto. Esse Pai dilui conhecimentos ultrapassados sobre Deus e Suas Divindades, como na Umbanda, e renova o entendimento e a interpretação sobre elas, ou seja, dilui conceitos nada religiosos e os renova, devolvendo os orixás aos domínios de Deus e renovando-os na mente e nos corações dos fiéis.

Oxumaré renova o Amor e a sexualidade na vida dos seres, os conceitos, teorias e fundamentos, os juízos, as ordenações, as doutrinas religiosas e até o reencarne.

Oxumaré é o diluidor dos acúmulos de energias minerais, tanto na Natureza quanto nos seres, tornando-as sutis e conduzindo-as para o alto ou para o mental. Os seres com desequilíbrios perdem toda a capacidade mental e só se guiam por suas necessidades emocionais ou instintivas, que neste caso são negativas e obsessivas. A atuação de Pai Oxumaré é lenta e sutil e ocorre pelo emocional, ao qual ele envia estímulos cristalinos que vão diluindo as pesadas energias minerais.

Assim como dilui uma religiosidade que está atrasando a evolução de uma pessoa, encaminhando-a para outra religião, Oxumaré faz o mesmo com o ser que desenvolveu uma negatividade sexual que o está paralisando e sobrecarregando. Após descarregá-lo e redirecioná-lo o conduz a uma nova união, para que retome sua evolução equilibrada e na linha reta.

Renovação, eis a palavra-chave que bem define o divino Oxumaré que, em seu aspecto negativo, tem um mistério chamado por nós de 'Sete Cobras' ou 'Sete Caminhos Tortuosos', que é por onde transitam todos os seres que saíram do caminho reto e entraram nos desvios da vida, que sempre conduzem aos caminhos da morte.

Falar sobre o **assunto doutrinário do dia**, que poderá ser escolhido a critério do(a) dirigente.

5 — Exercícios de respiração

Neste momento, todos os presentes no Culto podem permanecer sentados, com as mãos sobre as pernas, com as palmas voltadas para cima. O(a) dirigente poderá pedir para que todos elevem seus pensamentos no Divino Criador, mentalizem um lindo arco-íris e respirem profundamente, várias vezes, aspirando o ar pelo nariz e soltando-o pela boca, para receber e sentir energia cristalina de Pai Oxumaré.

Este exercício deve durar de 5 a 10 minutos. Após o término, chamar todos os presentes à realidade do culto, perguntando se todos estão se sentindo bem.

6 — Cantar pontos de chamada e de sustentação do orixá Oxumaré

O arco-íris tem sete cores,
Sete esplendores que a gente vê.
É a morada de Oxumaré,
Sobre as pedreiras e as cachoeiras.

Em cima no arco-íris,
Aceite as preces que eu faço
E lá no meio do espaço
Se ouve sempre uma voz,
Chamando Oxumaré,
Que vai em nome da Umbanda,
Pedir ao rei de Aruanda
As bênçãos pra todos nós.
(Domínio Público)

O arco-íris anunciou
A renovação divina,
Foi Pai Oxumaré que abençoou, }
Com sua luz colorida cristalina. } bis

São sete cores, }
Seres Divinos, }
Sete esplendores, } bis
Celestes mimos. }
(Lurdes Vieira, para Domínio Público)

7 — Incorporação

Chamar o orixá Oxumaré da(o) dirigente, que dará a bênção a todos. Solicitar aos fiéis que façam seus pedidos, compatíveis com aquilo que é possível de ser alcançado.

Chamar a linha de trabalhos dos caboclos do Arco-Íris, que atua na irradiação de Pai Oxumaré.

CABOCLOS DO ARCO-ÍRIS

Já vimos que os caboclos são regidos pelo mistério Oxóssi, mas trabalham na irradiação de todos os orixás. São espíritos que se consagram aos mistérios dos orixás e servem à sua direita, com um nome simbólico que identifica a "Falange" na qual eles trabalham.

Os caboclos do Arco-Íris que incorporam nas giras de Umbanda, não são o hierarca da Falange, sustentador do mistério "Arco-Íris", pois este não incorpora, mas comanda mentalmente e sustenta todos os membros de sua hierarquia. Existem milhares de espíritos que trabalham com o nome simbólico "Arco-Íris".

Um caboclo "Arco-Íris" é um espírito sustentado pelo orixá Oxóssi, atuando sob a irradiação do orixá Oxumaré. Todo caboclo Arco-Íris é um renovador, pois é por meio desse mistério que ele se manifesta no ritual de Umbanda Sagrada.

Os caboclos que respondem pelo nome simbólico "Arco-Íris" estão representados nas sete cores e renovam e sintetizam os sete sentidos da vida: Fé, Amor, Conhecimento, Justiça, Lei, Evolução e Criação.

8 — Cantar pontos de chamada e de sustentação dos caboclos Arco-Íris

Os caboclos da tribo do Arco-Íris,
Que irradiam sete luzes no cocar,
Esses caboclos que vêm lá de Aruanda }
Vão chegar prá trabalhar }
No terreiro de Umbanda. } bis

Pisa, caboclo, }
Pisa aqui, pisa ligeiro, }
Vem trazer seu arco-íris }
Pra brilhar neste terreiro } bis (refrão)

Os caboclos da tribo do arco-íris,
Que irradiam sete luzes no cocar,
Esses caboclos que vieram de Aruanda }
Chegaram prá trabalhar }
No terreiro de Umbanda. } bis

Refrão

(Lurdes Vieira, para Domínio Público)

Ponto de Subida de Pai Oxumaré

Vai pro fim do arco-íris,
Onde tem uma linda cachoeira,
Que desliza suas águas,
Em uma linda pedreira.

Rufam os tambores e os sinos a tocar,
É chegada a hora, Oxumaré vai nos deixar. } bis

(Maurício Baptista)

Ponto de Subida dos Caboclos

Caboclo pega a sua flecha, }
pega o seu bodoque, o galo já cantou } bis
O galo já cantou na Aruanda, }
Oxalá lhe chama para a sua banda. } bis

(Domínio Público)

9 — Fazer a bênção a todos

ORAÇÃO A PAI OXUMARÉ

Amado Pai Oxumaré, Rogamos a vós, Pai irradiante das sete cores das Luzes Divinas, que nos abençoe com as gotas luminosas e preciosas de Vosso Arco-Íris Sagrado.

Pedimos a vós, Divino Pai, a diluição de todos os infortúnios e obstáculos que estejam impedindo nossa felicidade, saúde e prosperidade e a renovação de nossa vida em todos os seus aspectos, em equilíbrio e harmonia.

Dê-nos o vosso amparo em nossa caminhada evolutiva, Divino Pai, afastando qualquer ser negativo que esteja impedindo a expansão do Amor em nossas vidas e amplie nossos sentimentos de fraternidade, irmandade e harmonia.

Renove, amado Pai, nossas energias, sentimentos, meio ambiente, casas e tudo mais que carecer de renovação. Renove nossa religiosidade, Amor, fundamentos, juízos, ordenações, saber e criação, para que possamos acelerar nossa evolução rumo ao Divino Criador.

Crie, Divino Pai, laços fortes de satisfação, segurança, confiança, união, maturidade e Amor aos nossos semelhantes e à Natureza que nos sustenta. Que em nossos corações não haja lugar para revolta, ódio, inveja ou paixão, mas que prevaleça o Amor e o Respeito por todas as criações de Deus e pela Natureza que nos sustenta vivos e que cria as condições para a continuidade da existência do espírito, através de seus pontos de força.

Divino Pai Oxumaré, faça com que nossa Fé, Respeito e Amor por nosso Divino Criador, Olorum e pelos Sagrados orixás, se renove a cada dia, com maior intensidade, tornando-nos equilibradores e renovadores de nossas vidas e das vidas de nossos irmãos.

Amado Pai, não permita que sejamos luzes perdidas nas trevas, mas, sim, luzes vivas emanadas do Divino Criador e a Seu serviço, integrados ao Seu Divino Corpo, a partir de nossos corações e mentes! Que possamos ser "faróis" a guiar os nossos irmãos, necessitados de ajuda em sua jornada evolutiva, para que encontrem o melhor caminho, o caminho da renovação da Fé, do Amor, do conhecimento, da Justiça, da Lei, da Evolução e da Geração, do Divino Criador.

Arroboboi, Pai Oxumaré!

10 — Cantar hinos e pontos

11 — Culto familiar para Pai Oxumaré

O culto deverá ser explicado pelo(a) dirigente e constar de folheto, distribuído a todos.

CULTO FAMILIAR A PAI OXUMARÉ

Dia da semana de melhor vibração
Sábado

Material para o ritual

3 velas azul claro, em pires ou castiçais, incenso de lavanda (harmonia e paz), 1 jarra com água, pétalas de flores variadas e folhas de louro. Opcional: 1 pedra opala.

Tudo isso deverá estar sobre uma mesa, ou altar, coberto com toalha branca ou azul claro. Se for possível, colocar música suave no ambiente.

Ritual

• Acender as velas, ladeadas com as pétalas, ervas e jarra com água. Acender o incenso. Se usar nomes ou fotos de pessoas, colocá-los sob os suportes das velas.

• Fazer as orações (se quiser, escolher entre as orações apresentadas neste trabalho), em conjunto, com as pessoas ajoelhadas, com muito respeito, dedicação, Fé e Amor.

• Evocar. A evocação será feita por quem estiver conduzindo o ritual.

Evocação

Amado Divino Criador! Clamamos a Vós e pedimos a graça de evocarmos o Vosso mistério gerador da Renovação, Pai Oxumaré.

Amado Pai Oxumaré, Senhor da Renovação Divina! Nós, familiares e amigos aqui reunidos, Vos evocamos e pedimos que nos cure, com vossa luz cristalina colorida, dos males e doenças que nos afligem, assim como a todas as pessoas, espíritos e criaturas ligados a nós pelos fios invisíveis do destino. Envolva-nos em Vossa irradiação e, se for de nosso merecimento, dilua os negativismos à nossa volta e afaste de nossas vidas os tormentos da falta de Amor, da falta de Fé, da passividade, da angústia, da solidão, da apatia e da maldade.

Divino Pai da Renovação, permita que Vossos guerreiros do Arco-Íris venham em nosso auxílio, beneficiando nossa evolução. Conceda-nos a renovação de nossos sentimentos e emoções, para que sejamos prósperos, fraternos, amorosos e generosos, com todos que nos cercam. Renove nossos lares, familiares, amigos e inimigos, formando ao nosso redor uma proteção de luz, com Vosso arco-íris sagrado, para que possamos ficar em Paz e resguardados por Vós. Sagrado Pai Oxumaré, senhor da Renovação Divina, dê-nos a Vossa bênção e proteção e afastai de nós os desequilíbrios e as más formações mentais e emocionais!

Salve o Divino Pai Oxumaré! Amém!

(Após a queima das velas, as pessoas beneficiadas poderão tomar da água fluidificada, comer as frutas e fazer banhos, do pescoço para baixo, com as flores e ervas).

12 — Meditação para fazer em casa

PAI OXUMARÉ

Preparação: Acenda uma vela azul-celeste e consagre-a a Deus e a Pai Oxumaré, pedindo que renove seus pensamentos e sentimentos para que você se sinta fortalecido(a), para que sua vida seja mais positiva, mais feliz, cheia de bênçãos e proteção.

Coloque uma música tranquila, do tipo *new age*, e sente-se confortavelmente, em um local onde ninguém vá incomodá-lo. Enquanto ouve a música, preste atenção em sua respiração, sinta o ar entrando e saindo de seus pulmões e retome em sua mente, com muita sinceridade, como foi o seu dia. Analise o que você pensou, o que fez de certo e o que fez de errado e coloque na balança da Lei Divina, procurando sempre se melhorar.

Inspire profundamente e solte até sentir estar mais descontraído. Repita por 3 vezes essa inspiração profunda e passe a respirar tranquilamente.

Observe seu corpo e descontraia qualquer ponto de tensão, contraindo e descontraindo a região que sentir alguma musculatura tensa por 3 vezes para que o relaxamento do corpo todo aconteça.

Exercício de visualização na vibração de Pai Oxumaré

Agora que está relaxado, ouvindo a música, visualize um rio caudaloso, azul, luminoso, diante de seus olhos. Esse rio se transforma em um lindo arco-íris e projeta em sua cabeça as sete cores desse arco divino.

Primeiro, desce a luz vermelha, preenchendo-o(a) todo(a) com essa cor. Depois vem a luz laranja e também preenche-o da cabeça aos pés. Depois vem a luz amarela, a luz verde, a luz azul-turquesa, a luz azul-escuro e, finalmente, a luz violeta, cada uma em sua vez, também preenchendo o seu corpo de luz.

Mentalize que esse arco-íris acima de sua cabeça, irradiando sobre você suas 7 luzes, envolve-o por fora e por dentro até que todo seu corpo esteja tão brilhante que predominará uma das cores. Enquanto essas luzes o(a) preenchem, você começa a se sentir leve, sereno(a), capaz de vencer desafios, protegido e renovado, capaz de acessar seus próprios recursos internos, para diluir energias negativas e mágoas, encontrar novas possibilidades, novos interesses e novos caminhos para seguir. Peça a essa luz que te inunda que desperte todas as defesas que você necessita e pacifique seus pensamentos e sentimentos.

Agora é o momento de conversar com Pai Oxumaré e se religar à fonte Renovadora da Criação Divina, para fortalecer sua caminhada, e se apaixonar por novas possibilidades em sua vida, a cura e a comunhão com a luz e a proteção contra forças negativas, que rapidamente serão transmutadas. Essa luz satura-o(a) de tal forma que se expande por todo o recinto onde está. Concentre-se nela para que ela impregne o ambiente. E, a partir de você, a luz que satura o ambiente acaba se expandindo por todos os cômodos de sua casa, até envolver todo o espaço da residência e as pessoas que nela habitam.

Quando a música estiver terminando, comece a mexer as mãos e remexa-se no lugar onde está sentado(a). Abra os olhos e mexa-se, levante-se e caminhe apreciando o bem-estar do exercício. Volte às suas atividades.

13 — Canto de ligação com o próximo encontro

14 — Encerramento

O dirigente da casa faz uma prece de encerramento dos trabalhos, em agradecimento.

Amado Criador Olorum, nós Vos agradecemos pela Divina Graça a nós concedida nos trabalhos de hoje, com a atuação de nossas Pais Oxumarés e das demais entidades que nos atenderam em nossas aflições. Pedimos humildemente que sempre nos presenteie com um pouco das sete cores de Vossa Luz Renovadora Divina, Pai Amado, e que nunca mais tenhamos sentimentos de ciúmes e atitudes de traição, desrespeito e vícios. Pai Oxumaré, rogamos a Vossa proteção, para que nunca deixemos de ter Amor pela criação, pelas criaturas, pelos seres humanos e por tudo o que o Senhor nos concedeu. Nós Vos agradecemos pela luz recebida, que nos inundou, diluindo os negativismos, renovando-nos e afastando os seres trevosos de nossas vidas. Tenha a certeza de que sairemos deste culto mais limpos e mais puros e que a lição foi de proveito para toda a nossa vida. Pedimos, ó Pai Amado, que nos ajude a sustentar esses ensinamentos e a aplicá-los em nosso dia a dia.

Agradecemos também a todos os que se propuseram, em nome do Amor, a estar aqui neste dia e nos deram a palavra amiga, tanto do lado material quanto do lado espiritual. Agradecemos aos amados guias, protetores e mentores, que trouxeram espíritos sofredores, viciados, vingativos e desejamos que esses espíritos também tenham recebido a bênção divina de Pai Oxumaré, diluindo seus desequilíbrios, amparando-os e mostrando-lhes o caminho evolutivo de renovação da Fé e do Amor de Deus.

Que a Luz de Vosso Arco-Íris Sagrado se espalhe pelos nossos sete caminhos, abrindo todas as portas, todas as passagens, todos os campos à nossa frente, e que eles não se fechem enquanto tivermos Fé no Seu Amor Divino. Amado Pai, cure-nos dos males do desamor, assim como aos nossos familiares e as pessoas, espíritos e criaturas que não puderam chegar até aqui, mas que estão ligadas a nós pelos fios invisíveis do destino.

Pedimos que Deus Pai dê a bênção a todos e luz em seus caminhos e Vos agradecemos, agradecemos e agradecemos! Amém!

Obs.: Os pontos cantados e as preces ficam a critério do(a) dirigente.

CULTO RELIGIOSO A PAI OXÓSSI

1 — Seguir os itens IV — C.4, 4.1

FOLHETO

O CONHECIMENTO

"Deus não impôs aos ignorantes a obrigação de aprender, sem antes ter tomado dos que sabem o juramento de ensinar."

O conhecimento é um dos alicerces básicos para continuarmos ou começarmos a nossa evolução, seja material, espiritual ou em qualquer realidade divina. Nós o adquirimos com os fatos que acontecem em nossa vida, segundo o nosso merecimento e o nosso grau de evolução. Com sabedoria ou com sofrimento aprendemos a usá-lo de maneira correta e, quanto mais aptos estivermos e mais o tenhamos adquirido, mais e mais conhecimentos vão se abrindo para nós e, assim, sucessivamente.

Olorum, conhece a todos os seres e criaturas da Sua Criação e se manifesta no Conhecimento, por intermédio do orixá Oxóssi. Com ele aprendemos que a Criação Divina se estende a todos os seres, a todas as criaturas e a todas as realidades de Deus e adquirimos o respeito por tudo. Somos uma criação do "Sopro Divino", que nos gerou e nos exteriorizou segundo a Sua imagem e semelhança, com raciocínio e discernimento, para adquirirmos consciência por meio desse conhecimento e podermos evoluir.

Muitas vezes, sentimos um vazio dentro de nós e nada do que procuramos adianta para preenchê-lo. Mas, se nos deparamos com uma Religião completa em si mesma, como é a Umbanda, se nosso interesse é despertado e começamos a estudá-la profundamente, abre-se para nós um leque tão grande de conhecimento acerca de toda a Criação, que em pouco tempo estaremos incorporados a essa nova realidade e aquele vazio será preenchido.

Mas, se usarmos esse conhecimento para o lado errado das coisas, seremos paralisados em nossa evolução e, até que não transmutemos o que foi aprendido, não estaremos liberados pelas Divindades para aprender novas coisas.

O conhecimento-amor é uma conquista que buscamos exteriormente, mas temos de nos voltar para dentro de nós à procura da verdade. Ele pertence a cada pessoa, cada um o percebe de um modo e ele não pode ser tomado como parâmetro coletivo. Da mesma forma, ninguém conseguirá tirar ou fazer com que o percamos.Quando estivermos aptos a receber e a manifestar conhecimento, passaremos a ter diretamente e a todo o momento o amparo e a irradiação divina de Pai Oxóssi, que estará atuando em nós e a partir de nós, tornando-nos seus semeadores e, assim, seremos conduzidos a um dos vários começos das vias evolutivas até Deus.

O conhecimento sempre esteve e está presente em nossas vidas, ainda que nunca tenhamos percebido isso. Voltemo-nos de frente para Pai Oxóssi, para, a partir de hoje, recebermos a sua irradiação divina.

Amado seja nosso Pai Oxóssi! Salve Oxóssi!

2 — Abrir uma oferenda ou uma mandala para Pai Oxóssi

A oferenda pode ser arrumada na lateral do Congá ou na frente do altar.

OFERENDA

Pai Oxóssi é oferendado com:

7 velas brancas e 7 velas verdes, frutas variadas, vinho, cerveja branca, flores diversas (flores do campo), e garapa (de cana-de-açúcar).

Colocar um pano quadrado branco ou verde e, sobre ele, as essências de rosa e um recipiente com garapa. Ao redor, colocar fitas verdes e brancas (no máximo sete de cada). Colocar também um copo com água mineral ou de cachoeira ou rio. Firmar as sete velas brancas e as sete verdes intercaladas ao redor da oferenda.

A Mandala

9 velas (1 central verde e 8 brancas nos polos).

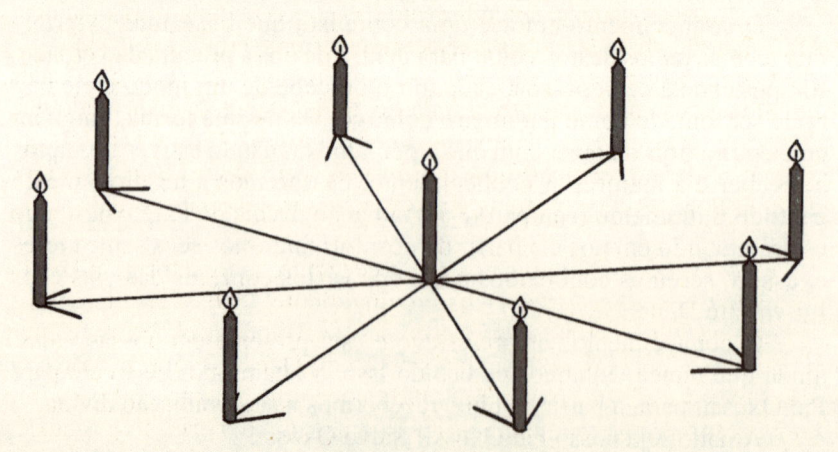

3 — Seguir os três primeiros itens C.4.2

4 — Explanação sobre Pai Oxóssi e a doutrina

Amados irmãos no Criador, realizaremos hoje um culto ao divino orixá Oxóssi. O Divino Criador, Olorum, em Sua qualidade do Conhecimento, em todos os sentidos, se manifesta, se exterioriza para a Sua Criação pelo orixá Oxóssi, que é sua divindade unigênita. Pai Oxóssi é em si mesmo o conhecimento Divino que ensina todas as pessoas a se conhecerem, por intermédio do nosso Divino Criador. É o orixá que irradia essa qualidade o tempo todo e é em si mesmo a onisciência de Deus. O orixá Oxóssi é o mistério Doutrinador por excelência e faz com que busquemos a compreensão e a fixação do saber.

Oxo significa caçador. Ossi significa noturno. Logo, Oxóssi é o caçador noturno. É o orixá caçador que caça e busca o conhecimento, que leva as pessoas ao saber ordenado e sem desvirtuamento das doutrinas divinas. Ele é o orixá que traz o alimento da Fé e do saber religioso, tanto para os espíritos menos iluminados quanto para os iluminados.

Quando Oxóssi atira sua flecha, ele não erra o alvo e traz na ponta dela o conhecimento doutrinário necessário para não haver estagnação e paralisação mental das pessoas. Oxóssi irradia duas linhas de ação: uma estimula o ser a buscar o conhecimento e a outra a usar o que já sabe em benefício das pessoas, da coletividade. Ele vibra o conhecimento para os seres regidos por esse mistério.

Quando uma pessoa não está desvirtuando um conhecimento adquirido e o transmite sabiamente para outros, Oxóssi irradia sobre ela, que adquire um raciocínio hábil, expandido suas faculdades, aguçando o seu raciocínio, fazendo com que busque o entendimento das coisas de uma forma racional, usando sempre o bom senso para discernir o certo do errado.

Citamos como exemplo, o fato de que quanto mais sabemos racionalmente acerca das coisas Divinas da Fé, mais respeito vamos tendo pela Criação e mais Fé em Deus. Com o passar dos tempos, ela estará cristalizada pelo conhecimento racional sobre a própria origem Divina e passaremos a encontrar Deus em nós mesmos e nos outros seres e criaturas da Criação Divina.

Oxóssi está na Fé, pois nos esclarece sobre a nossa origem Divina e nos ensina a conhecermos Deus racionalmente. Oxóssi está no Amor, pois nos estimula a conhecermos as coisas do Amor, aprendermos a amar o próximo e a nós mesmos, por intermédio do Deus Criador de tudo e de todos. Oxóssi está na Justiça, pois busca o conhecimento correto sobre a Justiça Divina, que põe em equilíbrio e harmonia a criação e todos os seres e criaturas. Oxóssi está na Lei, pois ela sem seu conhecimento reto e ordenador seria a desordem, o caos total. Basta sairmos do conhecimento reto da Lei para sermos "cortados e anulados" por ela, que irá nos reconduzir novamente ao conhecimento Divino correto e racional, para retomarmos nossa evolução. Oxóssi está na Evolução, pois se estivermos paralisados nela, ele nos direciona e conduz ao correto conhecimento, para que retomemos a direção do nosso aprendizado e evolução. Oxóssi está na Geração pois, a partir do mental das pessoas, atua na abertura e na geração de novos conceitos, caminhos e buscas para o conhecimento correto de Deus e de Sua Criação.

Oxóssi é a Divindade que tem o grau de Guardião dos mistérios da Natureza. É vegetal, de magnetismo irradiante e guardião dos segredos medicinais das folhas. A irradiação de Oxóssi é uma vibração curadora, pois atua no mental dos seres, saturando-os com sua essência e energia vegetal, curando as doenças emocionais e os desequilíbrios energéticos que se expressam no corpo material. Muitas vezes, as doenças não são diagnosticados por exames laboratoriais de rotina, por terem um fundo emocional e de desequilíbrio energético, que surgem a partir da aceitação dos conceitos errôneos, paralisadores da evolução na vida das pessoas.

Enfim, Oxóssi é o doutrinador natural que esclarece os seres e, a partir do conhecimento divino, vai religando-os a Deus e a toda a Sua Criação. Por ser o Conhecimento que está em tudo e em todos, é tido como a Divindade que aguça o raciocínio e esclarece e expande as faculdades mentais, ligadas ao aprendizado dos ensinamentos, principalmente do religioso, estimulando-os a buscar Deus sem fanatismo ou emotividade, mas com conhecimento racional e fé.

Falar sobre o **assunto doutrinário do dia**, que poderá ser escolhido a critério do(a) dirigente.

5 — Meditação e Respiração

Neste momento, todos os presentes no culto podem permanecer sentados, com as mãos sobre as pernas, com as palmas voltadas para cima, fazendo exercício de respiração profunda. Aspirar o ar pelo nariz e soltá-lo pela boca, sempre com os pensamentos elevados, para receber a energia e a vibração curadora de Pai Oxóssi. Perguntar se todos estão sentindo a vibração e as ondas expansoras de Oxóssi, que vêm junto com cada ciclo de respiração. Este exercício deve durar de 5 a 10 minutos.

6 — Cantar pontos de chamada e de sustentação do orixá Oxóssi

Flecha, flecha de ouro
É de Oxóssi, nosso orixá amigo,
Flecha, flecha de ouro
É de Oxóssi, nosso orixá amigo.

No seu reino
Tem grandes florestas,
Com sua força
Nos defende com suas flechas.

Zambi do Seu Reino abençoou
E deu a ele o comando dos caboclos
E no céu linda estrela brilhou,
Iluminando Oxóssi caçador

(Domínio Público)

7 — Incorporação

Chamar a entidade Oxóssi da(o) dirigente, que dará a bênção a todos. Neste momento, todos os presentes no culto deverão elevar seus pensamentos e fazer seus pedidos, compatíveis com aquilo que é possível de ser alcançado, lembrando sempre de seus familiares, de suas residências, de seus locais de trabalho. Poderão, também, pedir perdão pelos seus erros, sabendo sempre que serão atendidos de acordo com o merecimento de cada um.

CHAMAR A LINHA DE TRABALHOS DOS CABOCLOS DE OXÓSSI

Há caboclos(as) de todos os orixás, mas as linhas de trabalho dos nossos queridos caboclos e caboclas no ritual de Umbanda Sagrada são sustentadas pelo mistério orixá Oxóssi.

Os caboclos e caboclas são doutrinadores de nossa Fé, Amor, Conhecimento, Justiça, Lei, Evolução e Geração. São trabalhadores dos mistérios à direita dos Sagrados orixás. Sua linha é forte, pois são aguerridos, persistentes e movimentam essências dos Tronos de Deus.

Os caboclos e caboclos de Oxóssi trabalham com velas verdes e manipulam outros elementos naturais, como ervas, sementes, frutos, raízes, flores, pedras, essências, fitas, penas, pembas, etc. Suas formas plasmadas e sua vestimenta simbólica são iguais ao hierarca da falange. São persistentes, amorosos, simples, humildes e vibram quando seu "médium" trabalha corretamente com seu corpo físico e espiritual, entregando-se à evolução íntima constante e com conduta moral elevada.

Mas, se o "médium" não contribui e não quer "evoluir", muitas vezes bloqueando a sua comunicação, e ainda com "atos" soberbos e de vaidade, negando-se a "crescer" e julgando-se o "perfeito", fica difícil sua incorporação "completa".

Ponto de Chamada e de sustentação dos caboclos

O inimigo soltou a cobra coral
O inimigo soltou a cobra coral
Mas ele não sabia
Que pros caboclos
Ela não faz mal.

(Domínio Público)

Ponto de Subida de Pai Oxóssi
O meu Pai já vai, }
Ele vai prá Aruanda, } bis

A bênção, meu Pai, }
Proteção pra nossa Umbanda. } bis

(Domínio Público)

Ponto de Subida dos Caboclos
A sua mata é longe, ele vai embora
Ele vai beirando o rio azul,
Adeus Umbanda, adeus caboclo, ele vai embora
Ele vai beirando o rio azul.

(Domínio Público)

8 — Fazer a bênção a todos

ORAÇÃO A PAI OXÓSSI

Amado Pai Oxóssi!

A Vós, que sois o regente do Sagrado Mistério do Conhecimento Divino, no qual saciamos a nossa sede do saber e do conhecer, clamamos neste momento, para que nos envolva em vossas irradiações e nos conduza ao interior desse Vosso Mistério Divino. Ouça nosso clamor, ó Pai Amado, atenda as nossas invocações e venha em nosso auxílio e benefício, afastando de nossas vidas todo o negativismo e ignorância que têm paralisado nossa evolução, nos fazendo perder a Fé, o Amor e a Esperança.

Dê-nos, Pai Querido, o conhecimento necessário, para que nunca fiquemos desempregados, nunca falte o necessário a nós e a nossos dependentes e para que sempre saibamos atravessar com sabedoria e Fé todas as provocações de nossas vidas.

Afaste de nós os vícios que enegrecem nosso espírito e nos ligam às sombras e à escuridão da ignorância e da falta de raciocínio lógico. Atue em nossos sentidos e caminhos, direcionando-nos para o conhecimento da Verdade Divina. Propicie-nos os meios e os conhecimentos necessários para termos discernimento e mudarmos nossa vida para melhor, superando as dificuldades, melhorando nossas expectativas para o futuro e anulando em nossa mente os pensamentos e sentimentos negativos que nos conduzem às trevas da ignorância, escurecendo e atormentando nossa alma imortal e eterna.

Atue em nossos inimigos encarnados e desencarnados, envolvendo-os em Vossas vibrações Divinas, diluidoras dos pensamentos, sentimentos, projeção verbal, visual e mental negativos, da vingança, da traição, da inveja, do ódio, e anule tudo isso no íntimo deles. Livre-os, ó Pai, das más influências espirituais que nos têm dominado, direcionando-as para a esperança da salvação Divina. Permita, Pai Oxóssi, que sejam libertados das trevas da ignorância todos os Vossos filhos ligados a nós pelos laços invisíveis da vida.

Pedimos, ó Pai, que anule em nós os sentimentos que distorcem nossa consciência e apagam nossa Luz Divina; que dilua os cordões que nos ligam a seres inferiores; que renove os nossos pensamentos, conduzindo-nos aos planos superiores, ao luminoso Caminho de Deus. Mantenha sempre acesa e ampliada em nós a chama do Conhecimento e que ele se expanda, se direcione e se espalhe por todos os nossos caminhos, abrindo todas as portas, passagens e campos à nossa frente.

Afaste para sempre de nossas vidas, Pai Divino, os tormentos da ignorância, da falta de Conhecimento e Fé, a passividade, a angústia, a miséria, a fome, a doença, a solidão, a apatia e a maldade. Anule em nosso íntimo e em nossos instintos inferiores todas as vibrações e sentimentos negativos e nos dê o raciocínio Divino, para que sejamos prósperos, fraternos, amorosos e generosos, com tudo e com todos que nos cercam e compartilham a nossa vida e destino. Ilumine nossas mentes, para que tenhamos a Fé necessária, para buscar em nossa origem o Divino Criador e entendê-lo a partir de nós mesmos, tendo o conhecimento e o respeito necessários a tudo e a todos da Criação.

Salve nosso Pai Oxóssi! Okê, Arô!

9 — Cantar hinos e pontos

10 — Culto familiar para Pai Oxóssi

O culto deverá ser explicado pelo(a) dirigente e constar de folheto, distribuído a todos.

CULTO FAMILIAR A OXÓSSI

"Um tolo de boca fechada é mais sábio que um sábio falastrão."
Ditado popular

Dia da semana de melhor vibração

Quinta-feira

Material para o ritual

Quatro velas verdes firmadas em um pires, um jarro de água, flores, e ao lado de cada vela uma flor. Ao lado do jarro de água, três (ou mais) pedras de quartzo-verde. Colocar o material em cima do altar ou em uma mesa, sobre uma toalha branca.

Ritual

• Acender as velas em forma de cruz, colocar ao lado de cada vela acesa uma flor, rodear a cruz de velas com flores, e colocar dentro da cruz de velas o jarro de água, fotos ou nomes de pessoas.

• Quem estiver conduzindo o ritual, neste momento deve pedir que todos os presentes ajoelhem e fiquem em posição (mental) de respeito. Então ele faz a oração (pode ser a apresentada neste trabalho ou outra).

• O condutor do culto pedirá a Pai Oxóssi que irradie suas vibrações do conhecimento sobre a água, sobre as flores, sobre os presentes ao culto, etc.

Evocação

Amado Divino Criador! Clamamos a Vós e pedimos a graça de evocarmos o vosso mistério gerador do Conhecimento, Pai Oxóssi. Amado Pai Oxóssi, Senhor do Conhecimento Divino!

Pai Oxóssi! Nós, familiares e amigos aqui reunidos, vos evocamos e pedimos que nos cure dos males e doenças que nos afligem, assim como a todas as pessoas, espíritos e criaturas que aqui não puderam chegar, mas estão ligadas a nós pelos fios invisíveis do destino. Clamamos para envolver-nos em vossa irradiação e, se for de nosso merecimento, sejam cortados e purificados os negativismos à nossa volta e afastados de nossas vidas os tormentos da ignorância, falta de conhecimento, falta de Fé, de passividade, de angústia, de solidão, de apatia e de maldade.

Divino Pai do Conhecimento, permita que Vossos guerreiros da luz venham em nosso auxílio, beneficiando nossa evolução. Conceda-nos o raciocínio Divino para que sejamos prósperos, fraternos, amorosos e generosos, com todos que nos cercam. Purifique nossos lares, familiares, amigos e inimigos, formando ao nosso redor uma proteção de luz, para que possamos ficar em paz e protegidos por vossa sagrada irradiação.

Rogamos a Vós, para que sempre tenhamos um trabalho digno e que nunca nos falte, pelo menos, o básico para a nossa sobrevivência e a de nossos dependentes.

Sagrado Senhor Oxóssi, Senhor do conhecimento Divino, dê-nos a vossa bênção e proteção, e afastai de nós a ignorância! Salve Oxóssi, sapiência Divina na Criação de Deus!

Amém!

(Após a queima das velas, as pessoas beneficiadas poderão tomar da água fluidificada, comer as frutas e fazer banhos, do pescoço para baixo, com as flores).

11 — Meditação para fazer em casa (2.11)

PAI OXÓSSI

Preparação

Acenda uma vela verde e consagre-a a Deus e a Pai Oxóssi, pondo um copo de água ao lado, com um raminho de arruda ou alecrim. Peça que equilibre seus pensamentos, para que sua mente seja mais lúcida, sua vida mais feliz e cheia de bênçãos e prosperidade.

Coloque uma música tranquila, do tipo *new age* e sente-se confortavelmente, em um local onde ninguém vá incomodá-lo(a). Enquanto ouve a música, preste atenção em sua respiração e sinta o ar entrando e saindo de seus pulmões. Inspire profundamente e solte, até sentir-se mais descontraído(a). Repita por 3 vezes essa inspiração profunda e passe a respirar tranquilamente.

Observe seu corpo e descontraia qualquer ponto de tensão, contraindo e descontraindo a região com musculatura tensa por 3 vezes, para que o relaxamento do corpo todo aconteça.

Exercício de visualização na vibração de Pai Oxóssi

Agora que está relaxado ouvindo a música, visualize um triângulo de luz bem adiante de seus olhos. Imagine que ele possui a cor verde irradiante.

Desloque-o para dentro de sua testa e visualize que a luz verde que esse triângulo derrama dentro de você torna-se um chuveiro de luz, que refresca você por dentro e por fora preenchendo-o com o mesmo brilho.

Visualize que esse triângulo sobe para sua cabeça e acaba se posicionando acima dela irradiando sobre você sua luz verde envolvendo-o por dentro e por fora até que todo seu corpo esteja tão brilhante como o triângulo de luz.

Enquanto essa luz verde lhe preenche você começa a se sentir leve, sereno, lúcido, capaz de eliminar dúvidas, buscar e aprender com seus próprios recursos internos para vencer os obstáculos de sua vida.

Peça a essa luz que lhe inunda que desperte o conhecimento que necessita e pacifique seus pensamentos e sentimentos.

Agora é o momento de conversar com Pai Oxóssi e se religar à Fonte de Conhecimento da Criação Divina para fortalecer sua caminhada, obter cura, encontrar um emprego e atrair prosperidade.

Essa luz satura-o de tal forma que se expande por todo o recinto onde está. Concentre-se nela para que ela impregne o ambiente. E, a partir de você, a luz que satura o ambiente acaba expandindo também para cada cômodo de sua casa até que envolve todo o perímetro da residência e as pessoas que nela habitam.

Quando a música estiver terminando comece a mexer as mãos e remexa-se no lugar onde está sentado. Abra os olhos e mexa-se, levante-se e caminhe apreciando o bem-estar do exercício. Volte às suas atividades.

12 — Canto de ligação com o próximo encontro

13 — Encerramento

O dirigente da casa faz uma prece de encerramento dos trabalhos, em agradecimento.

"Amado Divino Criador, neste momento agradecemos a Luz do Vosso conhecimento, trazida pelo querido Pai Oxóssi, que nos inundou e nos fez sentir que basta conhecermos Vossos ensinamentos, para respeitarmos toda a Criação Divina.

Estamos saindo deste culto mais limpos e mais puros e com a certeza de que a lição ensinada é de proveito para toda a nossa vida e para melhorarmos as nossas atitudes com os semelhantes. Pedimos que Pai Oxóssi nos ensine e ajude a sustentar seus ensinamentos em nossa mente, para que seja mais proveitosa esta bênção recebida, e que coloquemos este aprendizado em prática a partir de hoje mesmo, em nosso dia a dia.

Agradecemos também a todos que se propuseram em nome de Pai Oxóssi a estar aqui neste dia de hoje e que trouxeram a palavra amiga, tanto do lado material quanto do lado espiritual.

Agradecemos aos amados guias, protetores e mentores, que permitiram a presença de espíritos sofredores, viciados, vingativos, para aprender, e esperamos que esses espíritos tenham tido a bênção divina de Pai Oxóssi a lhes amparar e a lhes mostrar o caminho evolutivo do Conhecimento de Deus. Que Deus Pai dê a bênção a todos e luz em seus caminhos, amém!"

Obs.: Os pontos cantados e as preces ficam a critério do(a) dirigente.

CULTO RELIGIOSO À MÃE OBÁ

1 — Seguir os itens C.4.1

FOLHETO

A VERDADE

"A verdade vos libertará."
Jesus Cristo

Verdade é o princípio real, certo, correto, autêntico, sincero. A verdade absoluta só está contida no Divino Criador, Olorum, mas, Sua qualidade concentradora, associada à verdade, está na Divindade Planetária, que é a nossa amada Mãe Obá, regente feminina da Linha do Conhecimento.

Nossa percepção da verdade tornar-se-á mais límpida e nosso desejo de pureza de coração mais sublime e mais santo, se preenchermos nosso espírito com pensamentos elevados e puros e meditarmos sobre o Amor e misericórdia divinos. O conhecimento da Verdade depende mais da simplicidade, da pureza de propósito de uma fé sincera e confiante, do que da capacidade intelectual.

Não há melhor agente de purificação do que a chama da Verdade Espiritual. Quem a conhece e a ela se dedica será purificado das manchas da personalidade. Só o que é verdadeiro tem em si mesmo uma densidade e uma resistência própria que o eterniza no tempo e na mente dos seres.

O conhecimento da Verdade é dado àquele que vive na força da Fé, que domina o eu pessoal, as ilusões e as impressões dos sentidos. O ignorante e o descrente não acham sequer o começo do caminho que conduz à Paz.

Mãe Obá pune com rigor os sarcásticos, os sátiros que brincam com as coisas sagradas e é implacável com os que colocam as divindades no mesmo nível chulo no qual eles perderam suas consciências, bom senso e evolução. Ela é a divindade que paralisa os seres que se desvirtuaram porque adquiriram conhecimentos viciados, distorcidos ou falsos.

A atuação dessa Mãe é discreta, pois ela é tão silenciosa quanto a terra, seu elemento, e quem está sendo paralisado nem percebe que está passando por uma descarga emocional muito intensa. Mas, algum tempo depois, já começa a mudar alguns de seus conceitos errôneos ou abandona a linha de raciocínio desvirtuado e viciado que o estava direcionando.

O saber ou conhecimento perfeito em si mesmo é o coroamento de todas as ações. Ele nos livra da confusão, das dúvidas, da má compreensão e dos erros.

Tudo o que existe no grande Todo que é Deus, forma uma só vida. Quem atingiu esse conhecimento e sabedoria, entra na Paz Suprema, na quietude de Mãe Obá.

Akirô Obá Yê!

Eu saúdo o seu conhecimento, Senhora da Terra! Ou Eu saúdo a terra, Senhora do Conhecimento!

2 — Abrir uma oferenda ou uma mandala para Mãe Obá.

A oferenda pode ser arrumada na lateral do Congá ou na frente do altar.

Oferenda

Mãe Obá pode ser oferendada com 3 velas magenta, 3 verde-escuro, 3 brancas, 3 terrosas ou marrom, 1 coco verde, vinho licoroso tinto (em taças ou cálices), água com hortelã macerada, mel ou açúcar, pétalas de flores do campo e folhas de hortelã ou de amendoeira e 1 vaso com terra.

Abrir o coco verde em uma de suas pontas e derramar o mel na água do interior dele. Colocar metade dele, dentro da terra do vaso. Colocar as demais oferendas ao redor do vaso. Tudo isso deverá estar sobre um pano magenta ou marrom terroso. Circundar com as velas.

A Mandala

7 velas magenta (nos polos centrais) e 6 brancas (nos polos externos)

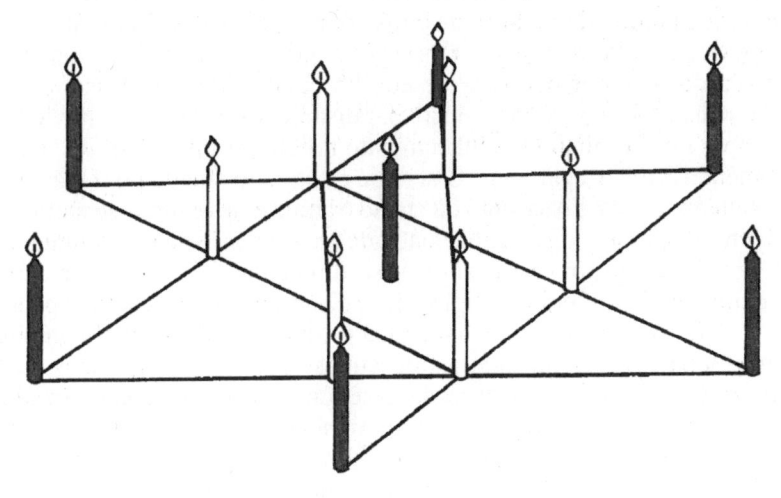

3 — Seguir os três primeiros itens de C.4.2

4 — Explanação sobre Mãe Obá e a doutrina

Mãe Obá é uma divindade gerada em Deus na sua qualidade concentradora, que dá consistência e firmeza a tudo o que cria. Ela é o elemento terra que dá sustentação e germina em seu ventre terroso todas as sementes do conhecimento.

Nossa amada Mãe Obá atua como concentradora do raciocínio dos seres e atua sobre a vida de todos os que dão mau uso ao dom do raciocínio e aos conhecimentos que adquiriram. Ela é a qualidade divina que esgota os seres cujo raciocínio se desvirtuou, gerando falsos conceitos religiosos paralisadores da evolução e desequilibradores da Fé.

Com seu poderoso magnetismo telúrico e vegetal, Mãe Obá absorve as energias irradiadas pelos pensamentos dos seres que estão dando mau uso aos seus conhecimentos, para descarregá-los em si mesmos, assim que desencarnarem, quando receberão terríveis choques mentais que chegam a levar alguns ao estado de demência.

Seu polo magnético é tão atrativo quanto o planeta Terra. Como orixá Cósmico, ela atua sempre que é preciso acelerar a paralisação de um ser que, com seus conhecimentos, está prejudicando muitas pessoas e atrapalhando suas evoluções, pois as está induzindo, por conceitos errôneos, a seguir uma direção contrária à que a Lei Maior lhes reservou.

Mãe Obá é circunspecta, de caráter firme e reto, de poucas palavras e de uma profundidade única nas suas vibrações retificadoras do raciocínio dos seres. Ela é interpretada como a mestra rigorosa, inflexível e irredutível nos seus pontos de vista (conceitos sobre a verdade). Ela é absorvedora, corretiva e não se peja se tiver de esgotar toda a capacidade de raciocínio de um ser que se emocionou e se desequilibrou mentalmente. O campo em que Mãe Obá mais atua é o religioso, paralisando os excessos cometidos pelas pessoas que dominam o conhecimento religioso, aquietando-os, antes que cometam erros irreparáveis. O ser que está sendo atuado por Obá começa a desinteressar-se pelo assunto que tanto o atraía antes e torna-se meio apático, alguns até perdendo sua capacidade de raciocinar. Nada ou ninguém deixa de ser alcançado por suas irradiações estimuladoras. Esse alcance ultrapassa o culto dos orixás, pois a religiosidade é comum a todos os seres pensantes.

Nos pontos riscados, Mãe Obá é representada simbolicamente por uma folha vegetal, na qual a fotossíntese acontece. Mas, seus atributos são telúricos, pois é através da essência telúrica que suas irradiações nos chegam, imantando-nos e despertando em nosso íntimo os virtuosos sentimentos.

As atribuições de Mãe Obá são as de não deixar um só ser sem o seu amparo, sustentação e fixação, desde que merecedor. Mas, nem sempre o ser absorve suas irradiações, quando está com a mente voltada para o materialismo desenfreado dos espíritos encarnados.

Falar sobre o assunto doutrinário escolhido.

5 — Meditação e Respiração

Pedir para que todos façam exercícios respiratórios, sempre com os pensamentos elevados, para receber a energia telúrica de Mãe Obá, com as palmas das mãos voltadas para baixo.

6 — Cantar Pontos de Chamada e de sustentação da orixá Obá

Olha aquele passarinho,
Construiu seu ninho lá no reino de Obá,
Como sua mãe, com muito carinho,
Concentrando a terra, construiu seu lar.

Hoje ele é mestre do conhecimento
E com sabedoria pode me ensinar,
Pra que eu também construa o meu ninho, }
Na terra sagrada de mamãe Obá. } bis

(Roberto da Costa)

Eu vi a onda de Mamãe Obá,
Que na serra refletia,
Ela cruzava os rios e as matas
E na terra se expandia.

Ela é rainha da sabedoria,
Minha Mãe Obá, me dê sabedoria.
Ela é rainha do conhecimento,
Minha Mãe Obá, me dê conhecimento.

(Roberto da Costa)

Ela concentra na terra, ela se expande no ar,
Fonte da sabedoria, ó Mãe Divina Obá! } bis

Da linha do conhecimento, reluziu seu saber,
Oh! Mãe, rainha da terra, faz o seu filho crescer. } bis

(Roberto da Costa)

Que luz tão linda clareou a mata, }
Iluminou e estremeceu a serra? } bis

Foi Mãe Obá, vibrando sua espada, }
Semeando força, fecundando a terra.} bis

Mamãe Obá, Akirô-Yê!
Mãe do Conhecimento,
Mãe Celeste do Saber!
Seiva Divina, que nos alimenta,
Akirô, Obá, Akirô-Yê!

(Lurdes Vieira, para Domínio Público)

7 — Incorporação (2.6, 2.7)

Chamar a Entidade Obá da(o) dirigente, que dará a bênção a todos. Solicitar aos fiéis que façam seus pedidos, compatíveis com aquilo que é possível de ser alcançado.

Chamar a linha de trabalhos dos caboclos Treme Terra, que raramente se manifesta, e que é regida por uma orixá Obá intermediária, que forma seu triângulo de forças com nosso amado Pai Obaluaiê e nossa amada Mãe Nanã Buruquê.

Esses caboclos são firmes, aguerridos, resolutos nas ações, racionalistas e circunspectos. São precisos nos seus conselhos e não são de muita conversa, quando sentem que os conhecimentos que trazem não estão sendo assimilados por seus médiuns e pelos consulentes.

As naturezas telúrica, vegetal e aquática tornam esses guias espirituais em entidades "rompantes" e rigorosas. São doutrinadores e primam pela verdade divina.

Cantar Pontos de Chamada e de Sustentação dos Caboclos.

Deu um tremor na mata, }
Eu vi a terra tremer. } bis

Chegou seu Treme-Terra
Ele chegou para vencer,
Chegou seu Treme-Terra
Ele chegou e vem vencer.

(Marilda de Aguiar)

Ponto de Subida de Mãe Obá

Segura, que seu ponto é firme, }
Segura, que ela vai girar. } bis
Adeus, adeus, pra Aruanda ela vai girar, }
Filho de Umbanda não chore, }
Ela vai e torna a voltar. } bis

(Domínio Público)

Ponto de Subida dos Caboclos

Caboclo, pega a sua flecha, }
pega o seu bodoque, o galo já cantou.} bis
O galo já cantou na Aruanda, }
Oxalá lhe chama para sua banda.} bis

(Domínio Público)

8 — Fazer a bênção a todos

PRECE À NOSSA MÃE OBÁ

Salve nossa amada e querida Mãe Obá, Senhora Mãe Terra!
Diante da vossa bondade e da vossa luz, nós vos reverenciamos, Querida Mãe.
Pedimos, Senhora Mãe, que nos acumule de conhecimentos e nos torne irradiantes, diante da vossa presença, do vosso Amor e da vossa misericórdia.
Vós que sois Mãe, telúrica por natureza, ampare-nos, sustente-nos, guie-nos, conduza-nos e envolva-nos em todos os sentidos, carnais e espirituais.

Traga-nos, ó Mãe, luz radiante onde houver a escuridão pela falta de Fé. Traga-nos, querida Mãe, a capacidade mental de entendimento das coisas visíveis. Proteja-nos com vossa ajuda justa e verdadeira.

Paralise, ó Mãe Divina, o que estiver desvirtuado em nosso caminho, transformando-o em conhecimento puro. Faça de nós, ó Mãe, vossos eternos filhos encantados, do plano de Deus, purificando os possíveis desvios de nossa personalidade.

Querida Mãe Obá, que vossa natureza vegetal, vossas flores, frutos e todo o vosso néctar e mel sejam um remédio para as nossas vidas, absorvendo as energias negativas e transformando-as em positivas. Libere vossas essências e radiações energizadoras, Querida Mãe, para a cura, cicatrização, higienização, purificação e potencialização de nossa mente, de nossos familiares, de nossas casas e ambientes de trabalho, mantendo as vibrações virtuosas e elevadas.

Estimule-nos, ó Divina Mãe, na busca do conhecimento interior da Verdade e da Fé. Afaste de nós toda a ironia, vícios e conceitos desvirtuados. Livre-nos de falsas verdades religiosas e de darmos mau uso ao raciocínio e ao conhecimento.

Ative, ó Mãe, com seu gesto seguro, nossa religiosidade. Paralise e perdoe os excessos por nós cometidos. Aquiete-nos, Mãe querida, sustente-nos, conduza-nos, leve-nos em vossos braços firmes e seguros, para que nunca sejamos induzidos a seguir uma direção contrária à Lei Maior.

Ó Mãe, vós que sois a seiva viva onde as sementes germinam, abençoe o nosso pão de cada dia, fruto da vossa terra generosa, e faça com que ele nunca falte em nossas mesas.

Abençoe os quatro cantos da Terra, com vosso santo e Divino Amor e faça de nós eternos aprendizes e sementes vivas da vossa Verdade e do vosso infinito Conhecimento.

Salve, salve, querida Mãe Obá!
Akirô Obá Yê!

9 — Cantar hinos e pontos

10 — Culto familiar para Mãe Obá

O culto deverá ser explicado pelo(a) dirigente e constar de folheto, distribuído a todos.

CULTO FAMILIAR A MÃE OBÁ

Dia da semana de melhor vibração
Terça-feira

Material para o ritual

Velas magenta, verde-escuro, brancas, terrosas ou marrom, em pires ou castiçais, 1 coco verde, vinho licoroso tinto, água com hortelã macerada (em taças ou cálices), mel ou açúcar, incenso de coco (prosperidade e bem estar), 1 jarra com água, pétalas de flores do campo e folhas de hortelã ou de amendoeira. 1 vaso com terra.

Tudo isso deverá estar sobre uma mesa, ou altar, coberto com toalha magenta ou terrosa. Abrir o coco verde em uma de suas pontas e derramar o mel na água do interior no coco. Colocar metade do coco, dentro da terra do vaso.

Se possível, colocar música suave no ambiente.

Ritual

• Acender as velas, ladeadas com as pétalas, ervas e jarra com água. Acender o incenso. Se usar nomes ou fotos de pessoas, colocá-los sob os suportes das velas.

• Fazer orações em conjunto, com as pessoas ajoelhadas, com muito Respeito, Dedicação, Fé e Amor.

• Derramar, três vezes, um pouco de água em frente ao local do culto, vocalizando suavemente a saudação mântrica: "Akirô-Obá-yê!" (Eu saúdo o seu Conhecimento, Senhora da Terra!).

• Evocar. A evocação será feita por quem estiver conduzindo o ritual, de forma silenciosa e discreta:

Evocação

Amada Mãe Obá, nós vos evocamos e vos pedimos amparo, proteção espiritual e ajuda justa. Não nos deixe sucumbir na escuridão da ignorância e da falta de Fé.

Amplie, ó Mãe, nosso conhecimento e capacidade mental, paralisando tudo o que estiver desvirtuado em nosso caminho, transformando-o em conhecimento puro e verdadeiro.

Purifique-nos, ó Mãe, dos possíveis desvios de nossa personalidade. Ajude-nos a ter resistência mental e uma linha de raciocínio clara e verdadeira. Livre-nos de demência, de confusões, dúvidas, erros e má compreensão das coisas.

Ative nossa capacidade de reflexão, meditação e aprendizagem corretas, com concentração, firmeza de propósitos, consistência e sustentação, para darmos bom uso aos nossos conhecimentos.

Querida Mãe Obá, que sua natureza vegetal, suas flores, seus frutos e todo o seu néctar e mel sejam um remédio para as nossas vidas. Ó Mãe, vós que sois a seiva viva onde as sementes germinam, abençoe o nosso pão de cada dia, fruto da vossa terra generosa, e faça com que ele nunca falte em nossas mesas. Abençoe nossos familiares, principalmente as crianças e os idosos, para que nunca lhes falte o vosso divino amparo. Amém!

Após a queima das velas, as pessoas beneficiadas poderão tomar da água fluidificada e fazer banhos, do pescoço para baixo, com as flores e ervas.

11 — Meditação para fazer em casa

MÃE OBÁ

Preparação

Acenda uma vela magenta, consagre-a a Deus e a Mãe Obá, pedindo que equilibre seus pensamentos e sentimentos para fortalecê-lo(a), para que sua vida seja mais positiva e feliz, cheia de bênçãos e proteção e para que você encontre a verdade e o conhecimento.

Coloque uma música tranquila do tipo *new age*, sente-se confortavelmente num local onde ninguém vá incomodá-lo(a). Enquanto ouve a música, preste atenção em sua respiração e sinta o ar entrando e saindo de seus pulmões. Inspire profundamente e solte, até sentir-se mais descontraído(a). Repita por 3 vezes essa inspiração profunda e passe a respirar tranquilamente.

Observe seu corpo e descontraia qualquer ponto de tensão, contraindo e descontraindo a região tensa por 3 vezes, para que o relaxamento do corpo todo aconteça.

Exercício de visualização na vibração de Mãe Obá

Agora que está relaxado ouvindo a música, visualize uma rosa carmim que irradia uma luz magenta intensa diante de seus olhos. Essa flor se torna uma esfera de luz carmesim.

Mentalize que essa bola de luz acima de sua cabeça irradiando sobre você, o(a) envolve por fora e por dentro, até que todo seu corpo esteja tão brilhante quanto ela.

Enquanto essa luz o(a) preenche você começa a se sentir leve, sereno(a), concentrado(a), capaz de vencer desafios e de acessar seus próprios recursos internos, para entender e buscar a verdade, para discernir e obter as respostas que busca.

Peça a essa luz que o(a) inunda que desperte todas as respostas que você necessita e pacifique seus pensamentos e sentimentos.

Agora é o momento de conversar com Mãe Obá e se religar à Fonte Concentradora de todo o conhecimento da Criação Divina, para fortalecer sua caminhada e revelar a verdade em sua vida, a cura e o conhecimento para obter a comunhão com a luz e a proteção contra forças negativas que rapidamente serão transmutadas.

Essa luz satura-o(a) de tal forma que se expande por todo o recinto onde está. Concentre-se nela para que ela impregne o ambiente e, a partir de você, sature o ambiente se expandindo também para cada cômodo de sua casa, até envolver todo o espaço da residência e as pessoas que nela habitam.

Quando a música estiver terminando, comece a mexer as mãos e remexa-se no lugar onde está sentado(a). Abra os olhos e mexa-se, levante-se e caminhe apreciando o bem estar do exercício.

Volte às suas atividades.

12 — Canto de ligação com o próximo encontro

Fazer um canto de ligação com o próximo trabalho, que poderá ser de Atendimento individual com os Guias, de Doutrina Umbandista, Culto Coletivo ou outro.

13 — Encerramento

O dirigente da casa faz uma prece de encerramento dos trabalhos, em agradecimento.

Divino Pai Olorum, nós Vos agradecemos pela graça que nos concedestes hoje, de termos trabalhado em Vossa santa paz. Nós Vos louvamos e somos gratos, por Vossa infinita misericórdia e pelo Vosso Amor por nós, Vossos filhos.

Agradecemos, também, à nossa amada Mãe Obá, Senhora do Conhecimento, orixá da Verdade, por tudo de bom que nos ofereceu neste dia. Agradecemos a todos os nossos queridos Pais e Mães orixás, Guias e Protetores que aqui se manifestaram, pelo bom andamento do trabalho e pelas bênçãos recebidas.

Pedimos à querida Mãe Obá que, ao retornarmos para os nossos lares, lá encontremos tudo sobre a Paz e serenidade de seu domínio. Vós que sois mestra do Conhecimento e da Verdade, dê-nos a Vossa bênção, assim como a todos os nossos irmãos desencarnados que também compareceram a este encontro de hoje.

Nós Vos saudamos, querida Mãe!
Salve a nossa Mãe Obá!
Akirô-Obá-Yê!

Obs.: Os pontos cantados e as preces ficam a critério do(a) dirigente.

CULTO RELIGIOSO A PAI XANGÔ

1 — Seguir os itens C.4.1

FOLHETO

JUSTIÇA E EQUILÍBRIO

"Semeai para vós em justiça, ceifai segundo a misericórdia..."
Jer. 4:3; Osé. 10:12

A Justiça é a virtude de dar a cada um aquilo que é de seu merecimento. Deus é justo e gera tudo com equilíbrio. No sentido da Justiça, todos nós temos os mecanismos mentais necessários para desenvolvermos condutas equilibradas e adquirirmos posturas pessoais sensatas e racionais, anulando nossa emotividade e nosso instintivismo primitivo. Para isso, somos dotados do livre-arbítrio, quando encarnamos.

A qualidade da Justiça Divina, equilibradora, é manifestada pelo orixá Xangô, que purifica nossos sentimentos com sua irradiação incandescente, abrasadora e consumidora das emotividades. Xangô é a força coesiva que dá sustentação a tudo. Ele está na Natureza como o próprio equilíbrio, tanto na estrutura de um átomo quanto no Universo e em tudo que nele existe.

Quem absorve a qualidade de Pai Xangô, torna-se racional, ajuizado, ótimo equilibrador do seu meio e dos que vivem à sua volta. A escolha racional nos leva ao equilíbrio da alma, pelo conhecimento da Lei que nos rege e nos diz o que é certo e o que é errado na vida. Essa Lei não é cega nem falível, pois se ensinarmos errado, seremos colhidos por ela, que exige muito de quem conhece os mistérios da razão. Mas, se trilharmos no equilíbrio da Lei, iremos adquirir uma Fé inquebrantável no que fazemos e no que falamos e nada será feito ou dito em vão; tudo terá sua razão de ser. É isso que faz com que aqueles que já adquiriram o seu equilíbrio e se tornaram conhecedores da Lei sacrifiquem-se em benefício dos semelhantes, sem nada esperar em troca. Tudo se resume em servir à sua família, ao seu círculo familiar, à sua comunidade, tanto civil quanto religiosa, a servir a Deus.

Quanto às pessoas instintivas, não desenvolveram os sensos de Justiça e a vida delas se resume a uma permanente busca de satisfação pessoal, mesmo que à custa dos semelhantes. Uma pessoa instintiva costuma procurar essa satisfação em todos os sentidos da vida e tudo tem de ser para ela e por ela, senão se sentirá preterida ou injustiçada e torna-se intolerante e mesquinha.

A emotividade não suporta nenhum tipo de contrariedade, levando-nos a ver qualquer ação refreadora como ofensa pessoal, por isso deve ser contida pelo sentido equilibrador da Justiça. Assim, não nos tornamos pessoas que se sentem injustiçadas pelos semelhantes, inferiorizadas, abandonadas, traídas e menosprezadas. Nossa emotividade e nosso instintivismo primitivo devem ser transmutados lentamente em senso, em razão e equilíbrio, senão nos tornamos egoístas, possessivos, vingativos, intransigentes e intolerantes com nossos semelhantes e conosco.

Quando alguém se torna um equilibrador de seus semelhantes é porque descobriu o sentido da vida.

Que Pai Xangô nos equilibre a todos!

Salve Nosso Pai Xangô!

2 — Abrir uma oferenda ou uma mandala para Pai Xangô

A oferenda pode ser arrumada na lateral do Congá ou na frente do altar.

PARA A OFERENDA

Pai Xangô pode ser oferendado com 7 velas brancas e 7 velas marrons, cerveja preta e diversos cravos vermelhos.

Sobre um pano quadrado branco e outro vermelho, sobrepostos, colocar uma gamela com cerveja preta dentro. Arrumar os cravos vermelhos dentro da gamela com cerveja, em pé e bem agrupados. Ao redor, polvilhar com canela e noz-moscada e colocar fitas vermelhas e brancas (no máximo sete de cada). Firmar as sete velas brancas e as sete velas marrons, intercaladas ao redor da oferenda.

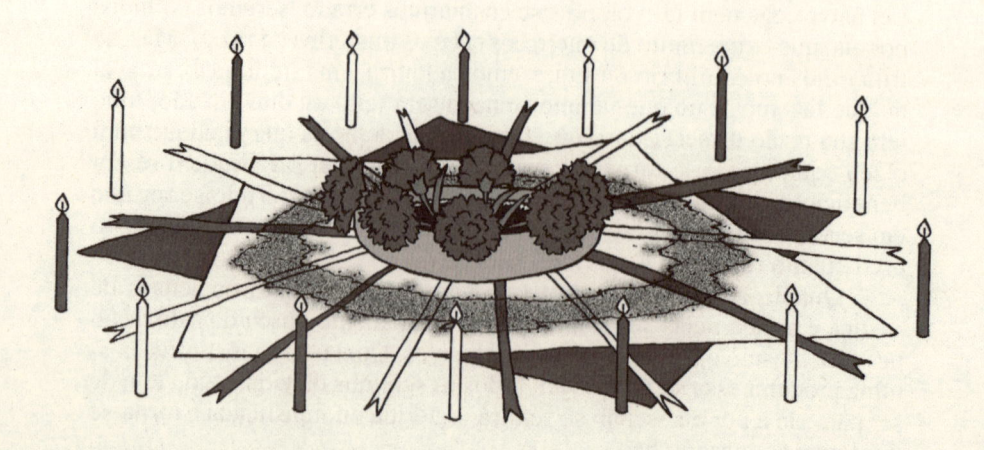

A Mandala
7 velas vermelhas (1 central e seis nos polos).

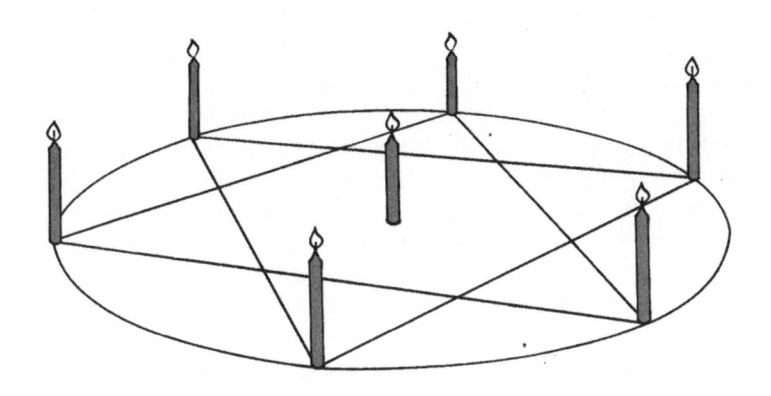

3 — Seguir os três primeiros itens C.4.2

4 — Explanação sobre Pai Xangô e a doutrina

Pai Xangô é o orixá da Justiça e seu campo de atuação preferencial é a razão, despertando nos seres o senso de equilíbrio e equidade, pois só conscientizado e despertado para os reais valores da vida a evolução se processa num fluir contínuo.

A irradiação da Justiça Divina é uma onda viva que nasce em Deus e alcança tudo e todos. Xangô é o polo positivo dessa onda, que equilibra tudo, desde a gênese das coisas até o sentimento dos seres. Ele é irradiação contínua e chega a todos, não deixa nada nem ninguém sem o amparo da Justiça Divina. Ele gera e irradia a chama da Justiça Divina, que aquece o racional dos seres e abrasa os sentimentos íntimos relacionados com as coisas da Justiça e da Razão. Xangô atua através do mental e vela pela harmonia e pelo equilíbrio na evolução. Pai Xangô é abrasador, é a chama universal, é o raio solar gerador de vida, gera o equilíbrio da Justiça; é racionalista e aquecedor dos sentimentos equilibrados.

É fundamental para a nossa evolução o desenvolvimento do senso de Justiça, da Razão, do Equilíbrio, do Juízo e de posturas sensatas, deixando de lado a emotividade e o instinto.

Pessoas instintivistas, no campo profissional, buscam os cargos de destaque, de chefia e melhor remunerados, pois sua satisfação pessoal não aceita nada que seja subalterno. No campo religioso, querem estar acima de todos e, se é um assistente, quer toda a atenção para si, não se importando com mais ninguém. No campo familiar, tem de ser o dono da família e não aceita ser contrariado por ninguém. No campo amoroso, não se importam com os sentimentos alheios, pois os seus é que devem ser satisfeitos. No campo pessoal, querem ser o centro das atenções, querem ser bajulados e não aceitam nenhum tipo de crítica ou advertência.

Quanto às pessoas emotivas, no campo profissional, são inseguras, imaturas e depressivas e, não raramente, sentem-se perseguidas, humilhadas ou desprezadas pelos colegas, pois suas emotividades as impedem de desenvolverem relacionamentos fraternos. Os únicos que elas conseguem desenvolver são relacionamentos com envolvimentos pessoais e, caso as pessoas relacionadas com elas não lhes deem a devida atenção, logo são evitadas ou repelidas porque passam a ser vistas como traidores, desleais etc.

No campo amoroso, as pessoas emotivas são dependentes do seu par, ciumentas, possessivas e apassionam de tal forma os seus relacionamentos que se tornam sufocantes ou inconvenientes. No campo familiar, as pessoas emotivas são focos de desequilíbrio e, não raro, tornam a vida em família um tormento, já que ou são o foco de atenção de todos os outros membros ou tratam a todos como seus adversários.

Em casos mais graves, a emotividade e o instinto se fazem presentes e tornam difíceis os relacionamentos humanos, já que os mecanismos mentais foram avariados e a noção dos sensos é turvada, e as pessoas adquirem hábitos, expectativas e posturas desequilibradas.

É preciso trilhar a linha de equilíbrio e receber a irradiação ígnea de Pai Xangô, sempre disposto a nos ouvir, esclarecer e amparar, caso nossos apelos sejam justos e nossa conduta nos faça merecedores desse amparo.

Falar sobre o assunto doutrinário escolhido.

5 — Meditação e Respiração

Pedir para que todos façam exercícios respiratórios, sempre com os pensamentos elevados, para receber a energia ígnea de Pai Xangô, com as mãos sobre as pernas e com as palmas voltadas para cima.

6 — Cantar pontos de chamada e de sustentação do orixá Xangô

Se o corisco de ouro é de meu Pai Xangô } bis
O corisco de ouro o céu clareou } bis

Xangô, lá na pedreira é o rei, }
Xangô sua Justiça é Lei. } bis (refrão)

Se o machado de ouro é de meu Pai Xangô } bis
O machado de ouro a demanda quebrou. } bis

Refrão
Se a coroa de ouro é de meu Pai Xangô, } bis
A coroa de ouro iluminou. } bis

Refrão

(Lurdes Vieira, para Domínio Público)

Trovejou lá no céu e o mundo balanceou, } bis
Ó Cristo, o mundo balanceou, } bis
Só não balanceou a coroa de Xangô. } bis

(Domínio Público)

7 — Incorporação

Chamar a Entidade Xangô da(o) dirigente, que dará a bênção a todos. Solicitar aos fiéis que façam seus pedidos, compatíveis com aquilo que é possível de ser alcançado.

Chamar a linha de trabalhos dos **caboclos do Fogo**, que atuam na irradiação de Pai Xangô.

A linha dos caboclos do Fogo é toda formada por "magos do fogo", adoradores de "Agni", na Índia ou de Tupã, no Brasil. Agni e o Trono da Justiça Divina são a mesma divindade planetária, adaptada a dois povos, duas culturas e duas formas de adoração.

Os **caboclos do Fogo** são irradiadores de energia ígnea, justos, ajuizados e de procedimentos retos. São justiceiros, judiciosos, aparando as imperfeições e estimulando o senso de justiça e equilíbrio. São evocados para devolver o equilíbrio e a razão aos seres e aos procedimentos desequilibrados e emocionados. Sua presença é solicitada para clamar pela Justiça Divina, pela paz, harmonia, equilíbrio mental e emocional, racional e até por nossa saúde, que necessita de equilíbrio vibratório também no corpo físico.

Cantar Pontos de Chamada e de Sustentação dos caboclos
Oi toca fogo na mata, chama, chama que eles vêm } bis

Assobia, assobia, ele assobiou,
Cadê o caboclo do fogo que ainda não chegou? } bis

(Domínio Público)

Caboclo índio eu sou um peregrino,
Caramuru eu sou filho dele,

Oi haja força na terra e no mar,
Prepare o terreiro que eu quero trabalhar.

(Domínio Público)

Cantar Ponto de Subida de Pai Xangô e dos Caboclos
Xangô, é chegada a hora, }
Xangô, ele vai embora. } bis

O leão na pedreira roncou, }
Xangô vai embora }
A Aruanda lhe chamou. } bis

(Domínio Público)

8 — Fazer a bênção a todos

ORAÇÃO A PAI XANGÔ

Amado Pai Xangô, Justiça Divina do Criador Olorum!

Rogamos a Vós, Querido Pai, que nos irradie e nos envolva com Vossos fluidos energéticos ígneos, equilibrando-nos e harmonizando-nos em todos os sentidos. Traga força e Luz em nossos caminhos, para que nelas vivamos e as usemos em benefício de nossos semelhantes, com Justiça e Amor.

Aqueça-nos, ó Pai Divino, com Vosso calor sagrado, expandindo nosso campo de ação e estimulando em nós sentimentos nobres, para que nos tornemos luzes calorosas, ajuizadas e sensatas do nosso Divino Criador.

Estimule em nós, Pai Xangô, o aquecimento de nossos corações, para que vibremos sentimentos justos, sábios e equilibrados, livrando-nos das trevas, para que sempre sirvamos à Luz e à Lei Divina.

Acolha-nos em Vossa Luz, dando-nos sabedoria, conhecimento e oportunidade, para eliminarmos as pedras e os espinhos que por ventura encontremos em nossa caminhada. Traga-nos força e proteção, para que nossos caminhos sejam abertos e sem tropeços e nossos pensamentos e sentimentos íntimos sejam abençoados e amparados pela Lei.

Vós que sois o Juiz da Lei Divina, Pai Amado, anule as magias negativas dirigidas contra nós, pesando-as em Vossa balança e purificando os pecadores em vossa chama sagrada, de acordo com o merecimento de cada um.

Ajoelhamos diante de Vós, Justiça Divina da Lei Maior, e pedimos por nós, por nossos familiares e amigos e por todos os seres ligados a nós pelos cordões invisíveis da vida.

Estenda a Vossa Luz, ó Pai Xangô, a todos aqueles que caminham na escuridão dos instintos e emoções negativas da matéria ou do espírito, para que eles tenham a oportunidade de descobrir Vosso calor, equilíbrio e Justiça Divina.

Livre-nos, Pai, da escravização às emoções e aos instintos, refreando e transmutando nossos sentimentos e atitudes negativos, para que nos tornemos amorosos, fraternos, bondosos, benevolentes e tolerantes com os nossos semelhantes.

Abençoe-nos, Pai da Justiça Divina!

Kaô Kabecilê, amado Pai Xangô!

9 — Cantar hinos e pontos

10 — Culto familiar para Pai Xangô

O culto deverá ser explicado pelo(a) dirigente e constar de folheto, distribuído a todos.

CULTO FAMILIAR A PAI XANGÔ

Dia da semana de melhor vibração

Quarta-feira

Material para o ritual

3 velas vermelhas, em pires ou castiçais, incenso de mirra, 1 jarra com água, cravos vermelhos e folhas de alecrim. Opcional: 1 pedra do sol ou pirita.

Tudo isso sobre uma mesa, ou altar, coberto com toalha vermelha ou branca.

Se for possível, colocar música suave no ambiente.

Ritual

• Acender as velas, ladeando as flores, ervas e jarra com água. Acender o incenso. Se usar nomes ou fotos de pessoas, colocá-los sob os suportes das velas.

• Fazer as orações (escolher entre as orações apresentadas neste trabalho ou outras) em conjunto, com as pessoas ajoelhadas, com muito respeito, dedicação, Fé e Amor.

• Evocar. A evocação será feita por quem estiver conduzindo o ritual:

Evocação

Amado Pai Xangô, diante da Vossa bondade e da Vossa luz, nós Vos reverenciamos e Vos evocamos, para pedir o Vosso amparo, para que possamos ter o entendimento da Lei do Equilíbrio Divino. Pai da Justiça e da razão, ajude-nos em nossa caminhada, com o calor de Vossa chama sagrada, para que tenhamos equilíbrio em nossas almas, harmonia e juízo em nossos sentimentos e atitudes. Pedimos, querido Pai, que nos acumule de equilíbrio e nos torne irradiantes da Justiça do Vosso Amor e da Vossa misericórdia.

Propicie-nos, Pai justo, a aquisição de uma fé inquebrantável, para sermos equilibradores de nossos semelhantes, servirmos à família, à comunidade civil e religiosa e, principalmente a Deus. Ajude-nos a agir sempre com razão, harmonia e justiça, servindo a Luz e sendo por ela amparados. Limpe nossos caminhos, ó Pai, para que nele não encontremos obstáculos impedindo nossa evolução. Vós que sois Pai, ígneo por natureza, aqueça-nos, ampare-nos, sustente-nos, guie-nos, conduza-nos e envolva-nos em todos os sentidos, carnais e espirituais.

Traga-nos, ó Pai, luz radiante onde houver a escuridão pela falta de fé, capacidade equilibradora da razão e do entendimento das coisas visíveis. Proteja-nos com Vossa ajuda justa e verdadeira. Afaste para sempre de nossas vidas, Pai Divino, os tormentos de seres e energias trevosos, consumindo com Vosso fogo trabalhos de magia negra ativados contra nós.

Anule em nosso intimo e em nossos instintos todas as vibrações e sentimentos negativos e nos dê o equilíbrio da Justiça Divina, para que sejamos prósperos, fraternos, amorosos e generosos, com tudo e com todos que nos cercam e compartilham a nossa vida e destino. Fazei com que busquemos, cada vez mais, os bons ensinamentos, sentimentos e atitudes que nos elevem e nos conduzam à Luz do nosso Divino Criador. Amém!

(Após a queima das velas, as pessoas beneficiadas poderão tomar da água fluidificada e fazer banhos, do pescoço para baixo, com as flores e ervas).

11 — Meditação para fazer em casa

Todos os dias, quando estiver em seu leito para descansar, retome em sua mente como foi o seu dia, tendo bastante sinceridade. Analise o que você pensou, o que fez de certo e o que fez de errado e coloque na balança da Lei Divina, procurando sempre se melhorar.

PAI XANGÔ

Preparação

Acenda uma vela vermelha ou marrom e consagre-a a Deus e a Pai Xangô, pedindo que equilibre seus pensamentos e emoções para que sua mente seja mais positiva, sua vida mais feliz, cheia de bênçãos, proteção e prosperidade e sua mente seja mais racional e justa.

Coloque uma música tranquila do tipo *new age* e sente-se confortavelmente num local onde ninguém vá incomodá-lo(a). Enquanto ouve a música, preste atenção em sua respiração e sinta o ar entrando e saindo de seus pulmões.

Inspire profundamente e solte, até sentir-se mais descontraído(a). Repita por 3 vezes essa inspiração profunda e passe a respirar tranquilamente. Observe seu corpo e descontraia qualquer ponto de tensão, contraindo e descontraindo a região tensa por 3 vezes, para que o relaxamento do corpo todo aconteça.

Exercício de visualização na vibração de Pai Xangô

Agora que está relaxado(a) ouvindo a música, visualize uma estrela de seis pontas de luz vermelha como fogo, diante de seus olhos. Desloque-a para dentro da região de seu estômago e mentalize que a luz vermelha, que essa estrela derrama dentro de você, torna-se um chuveiro de fogo, que o(a) ativa por dentro e por fora, preenchendo-o(a) com o mesmo brilho e calor.

Visualize que essa estrela sobe para sua cabeça e acaba se posicionando acima dela, irradiando sobre você sua luz ígnea, envolvendo-o(a) por fora e por dentro, até que todo seu corpo esteja tão brilhante como a estrela de fogo.

Enquanto esse fogo o(a) preenche, você começa a se sentir leve, sereno(a), forte, equilibrado(a), capaz de vencer desafios, protegido(a) e imune às investidas de energias negativas e capaz de acessar seus próprios recursos internos, para vencer os obstáculos de sua vida. Peça a essa luz que o(a) inunda que desperte todas as defesas que você necessita e pacifique seus pensamentos e sentimentos.

Agora é o momento de conversar com Pai Xangô e se religar à Fonte da Razão e da Justiça Divina da Criação, para fortalecer sua caminhada e vencer alguma demanda ou processo legal.

Essa luz satura-o(a) de tal forma que se expande por todo o recinto onde está. Concentre-se nela, para que ela impregne o ambiente, a partir de você, expandindo-se para cada cômodo de sua casa, até envolver todo o espaço da residência e as pessoas que nela habitam. Quando a música estiver terminando comece a mexer as mãos e remexa-se no lugar onde está sentado. Abra os olhos e mexa-se, levante-se e caminhe apreciando o bem-estar do exercício. Volte às suas atividades.

12 — Canto de ligação com o próximo encontro (2.12)

13 — Encerramento

O dirigente da casa faz uma prece de encerramento dos trabalhos, em agradecimento.

Oração de agradecimento

Agradecemos com todo o amor e respeito ao nosso Divino Criador Olorum, a Pai Xangô, aos Guias e Protetores que se dignaram vir se comunicar conosco e lhes rogamos que nos auxiliem a por em prática as instruções que nos deram sobre a Justiça Divina e façam com que, ao nos retirarmos, cada um de nós sinta-se fortificado na prática do bem e no amor ao próximo.

Desejamos igualmente, que estas instruções sejam proveitosas aos espíritos sofredores, ignorantes e viciosos que tenham assistido a esta reunião, para os quais imploramos a misericórdia de Deus.

Pedimos, ó Pai Amado, que nos sustente nas Suas Sete Luzes Divinas e que cada um receba Suas graças conforme seu merecimento.

Amém!!!

Obs.: Os pontos cantados e as preces ficam a critério do(a) dirigente.

CULTO RELIGIOSO À MÃE ORO INÁ

1 — Seguir os itens IV — C.4.1

Folheto

A PURIFICAÇÃO

"Não há no mundo outro agente de purificação igual à chama da Verdade Espiritual. Quem a conhece, quem a ela se dedica, será purificado."

Bhagavad Gitã

Purificar é limpar desembaraços, é desimpregnar um ser, física e Espiritualmente. A Divindade cujo mistério é o Fogo e a Justiça Divina, que purificam os excessos emocionais dos seres desequilibrados, desvirtuados e viciados, é Mãe Oro Iná. Os vícios emocionais tornam os seres insensíveis à dor alheia. Os desequilíbrios mentais transformam-nos em tormentos para seus semelhantes.

Mãe Oro Iná é o Fogo Divino da purificação das ilusões humanas. É o fogo consumidor das paixões humanas, é o raio rubro, o braseiro que queima. As energias incandescentes e flamejantes tanto consomem os vícios quanto estimulam os sentimentos de Justiça.

O fogo é um elemento temido. Mãe Oro Iná, no panteão hindu, era conhecida como a deusa Kali, divindade evitada e temida por todos os que desconheciam seu mistério. O fogo de Oro Iná consome as energias dos seres apaixonados, emocionados, fanatizados ou desequilibrados, reduzindo a chama interior de cada um (sua energia ígnea) a níveis baixíssimos, apatizando-os, paralisando-os e anulando seus vícios emocionais e desequilíbrios mentais, sufocando-os.

Mãe Oro Iná, como irradiadora da chama cósmica e purificadora da Justiça Divina, atua sobre os seres movidos por paixões avassaladoras e os incandesce até que comecem a consumir a si próprios. Nos desequilíbrios mentais, Mãe Oro Iná retira toda a energia ígnea do corpo energético do ser e ele se resfria de imediato.

Oro Iná rege o fogo cósmico da purificação dos meio-ambientes religiosos, das casas, do íntimo dos seres e das injustiças, incandescendo os seres negativados. Oro Iná é em si o fogo cósmico que está em tudo o que existe, mas diluído.

Oro Iná propaga-se cosmicamente e suas fagulhas ígneas começam a imantar tudo o que está desequilibrado, até que se forme uma condensação magnética ígnea. Aí surgem labaredas cósmicas que consomem os desequilíbrios, anulando sua causa e paralisando quem estava desequilibrado. Esse fogo purificador de Oro Iná tem o poder de purificar, de consumir tudo onde se condensou, e, em certos casos, fica apenas um vazio cósmico onde ele atuou.

Salve Mãe Oro Iná, o Fogo Divino!

2 — Abrir uma oferenda ou uma mandala para Mãe Oro Iná

A oferenda pode ser arrumada na lateral do Congá ou na frente do altar.

OFERENDA

Oro Iná pode ser oferendada com 7 velas laranja, licor de menta, noz-moscada, frutas cítricas (laranja, tangerina), caquis e 7 rosas vermelhas. Acrescentar 1 vidro de mel e água.

Colocar um pano branco e um pano laranja quadrado e, sobre eles, 1 gamela com as frutas cítricas. Polvilhar noz-moscada ralada ao redor da gamela. Fazer um círculo com os copos, colocando em cada um deles 1 cm de mel, água até o meio e uma rosa com o cabo curto.

Firmar as 7 velas laranja ao redor, acompanhando cada copo.

A Mandala

7 velas laranja (1 central e seis nos polos).

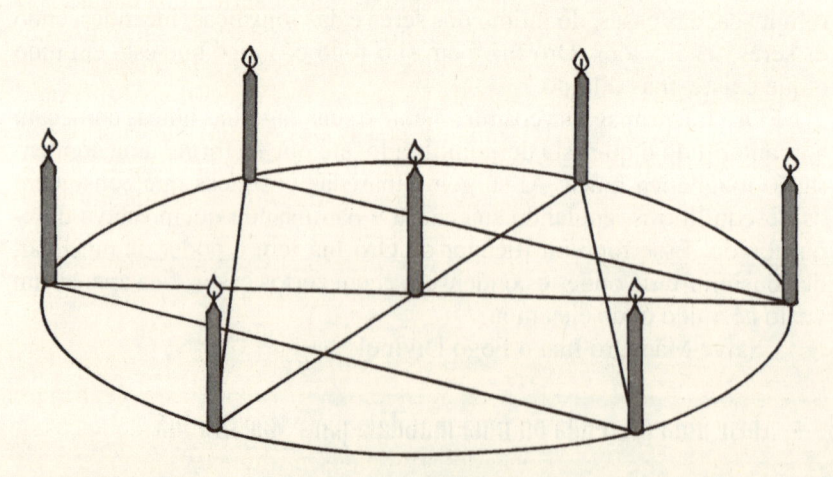

3 — Seguir os três primeiros itens de C.4.2

4 — Explanação sobre Mãe Oro Iná e a doutrina

Mãe Oro Iná é a regente cósmica do Fogo e da Justiça Divina, que purifica os excessos emocionais dos seres desequilibrados, desvirtuados e viciados. Ela é uma divindade de natureza justiceira. Mãe Oro Iná é o fogo das paixões humanas, é ativa e atrai; torna o ser rubro, é a serpente rubra da paixão e o braseiro que queima.

Oro Iná é fogo puro, está em tudo o que existe, mas diluído, e suas irradiações cósmicas absorvem o ar, elemento com o qual se energiza e se irradia. Como o ar é seu segundo elemento, que a alimenta e energiza — e é o elemento da linha da Lei — ela é uma divindade que aplica a justiça como agente ativa da Lei e consome os vícios emocionais e os desequilíbrios mentais dos seres. A Justiça não anula a Lei, mas dota-a de recursos legais (jurídicos) para que possa agir com mais desenvoltura. E a Lei não anula a Justiça, mas dota-a com recursos para que possa se impor onde injustiças estejam sendo cometidas. Fogo e ar — Justiça e Lei — são elementos que se complementam e duas Linhas de Umbanda indissociáveis. Oro Iná, justiceira, polariza com Ogum, aplicador dos princípios da Lei Maior.

Quando evocamos Ogum para atuar em nosso favor e nos defender das investidas dos seres desequilibrados, suas hierarquias luminosas ativam seus pares opostos, ativos e cósmicos da irradiação da Justiça Divina, cujos magnetismos esgotam os desequilíbrios e as injustiças do irracionalismo. A Justiça Divina é o fogo que purifica e a divindade cósmica ígnea purificadora é Mãe Oro Iná.

O fogo de Mãe Oro Iná, consumidor dos vícios e dos negativismos, é temidíssimo pelos seres que habitam as faixas vibratórias negativas, pois ela se alimenta das energias negativas que eles geram e irradiam. Esse fogo consome as energias dos seres apaixonados, emocionados, fanatizados ou desequilibrados, reduzindo a chama interior de cada um (sua energia ígnea) a níveis baixíssimos, apatizando-os, paralisando-os e anulando seus vícios emocionais e desequilíbrios mentais, sufocando-os. Além de purificar os vícios e os desequilíbrios, ela purifica também os ambientes religiosos (templos) e residenciais (moradas) e o íntimo dos seres (sentimentos).

Os vícios emocionais tornam os seres insensíveis à dor alheia. Os desequilíbrios mentais os transformam em tormentos para seus semelhantes. Oro Iná, como todos os orixás, possui aspectos positivos e negativos. Os positivos entram em nossa vida acelerando nossa evolução. Os negativos paralisam-na. Para essa Mãe atuar em nossas vidas, depende apenas que nos tornemos irracionais apaixonados e desequilibrados.

O fogo consumidor gerado por Olorum está espalhado por toda a Sua criação e, onde surgir um desequilíbrio, o próprio magnetismo negativo do ser desequilibrado já começa a atrair, condensar e acumular esse fogo consumidor que, quando atingir seu ponto de incandescência consumista, o esgotará e o anulará.

Falar sobre o assunto doutrinário escolhido.

5 — Meditação e Respiração

Pedir para que todos façam exercícios respiratórios, sempre com os pensamentos elevados, para receber a energia ígnea de Mãe Oro Iná, com as mãos sobre as pernas e com as palmas voltadas para cima.

6 — Cantar pontos de chamada e de sustentação da orixá Oro Iná

Quando o Sol clareia a terra,
Vem pra nos iluminar,
Vem com seu fogo divino,
Vem pra nos purificar.

E clareou o céu, clareou o ar,
Clareou a terra, clareou o mar.

Auê, chama divina, é minha Mãe Oro Iná. } bis

(Roberto da Costa)

Divina Mãe Oro Iná,
Mãe Kaly, venha nos ajudar,
Iluminando nossos caminhos,
Purificando nosso congá.

Ó mãe do fogo, nos aqueça em seu calor, }
Fogo Sagrado, nos sustente em seu Amor. } bis

(Lurdes Vieira)

Brilhou, brilhou, lá do oriente vem a luz, }
Chama Divina, me ilumina, me conduz. } bis (refrão)

Brilhou na terra e movimentou o ar, }
Chama divina, sustenta meu caminhar. } bis

(refrão)

Raio laranja de poder consumidor, }
Me abençoe e alivie a minha dor. } bis

(refrão)

Ó Mãe Divina, abençoe este congá }
E aos seus filhos, salve Mãe Oro Iná! } bis

Kaly-yê, Kaly-yá, salve Mãe Oro Iná! } bis

(Roberto da Costa)

Clareou o meu terreiro eu fui lá pra ver quem é,
Vi a rainha do fogo, era minha mãe de fé.

Os seus raios aqueciam, cintilavam no congá,
Era uma chama dourada, espalhada pelo ar.

Ô Oro Iná, alivie a minha dor, }
Ô Oro Iná, estou cantando em seu louvor. } bis

(Roberto da Costa)

7 — Incorporação

Chamar a Entidade Oro Iná da(o) dirigente, que dará a bênção a todos. Solicitar aos fiéis que façam seus pedidos, compatíveis com aquilo que é possível de ser alcançado.

Chamar a linha de trabalho dos **caboclos do Fogo**, que atuam na irradiação de Mãe Oro Iná.

A linha dos **caboclos do Fogo** é toda formada por "magos do fogo", adoradores de "Agni", na Índia ou de Tupã, no Brasil. Agni e o Trono da Justiça Divina são a mesma divindade planetária, adaptada a dois povos, duas culturas e duas formas de adoração.

Os **caboclos do Fogo** são irradiadores de energia ígnea, justos, ajuizados e de procedimentos retos. São justiceiros, judiciosos, aparando as imperfeições e estimulando o senso de Justiça e Equilíbrio. São evocados para devolver o equilíbrio e a razão aos seres e aos procedimentos desequilibrados e emocionados. Sua presença é solicitada para clamar pela Justiça Divina, pela paz, harmonia, equilíbrio mental e emocional, racional e até por nossa saúde, que necessita de equilíbrio vibratório também no corpo físico.

Cantar Pontos de Chamada e de Sustentação dos Caboclos

Oi toca fogo na mata, chama, chama que eles vêm } bis
Assobia, assobia, ele assobiou,
Cadê o caboclo do fogo que ainda não chegou? } bis

(Domínio Público)

Ponto de Subida de Mãe Oro Iná e dos Caboclos

Oro Iná vai embora, ê, ê, }
Oro Iná vai embora, ê, á, }
Oro Iná vai embora, }
Logo no romper da aurora. } bis

(Domínio Público)

8 — Fazer a bênção a todos

ORAÇÃO À MÃE ORO INÁ

Salve Senhora do Fogo Divino! Salve, salve, Querida Mãe!

Nós vos saudamos, Senhora Kaliê-yê e vos pedimos que nos irradie e nos envolva com vossos fluidos energéticos ígneos, equilibrando-nos e harmonizando-nos em todos os sentidos. Traga-nos força e Luz em nossos caminhos, para que nela vivamos e a usemos em benefício de nossos semelhantes, com Justiça e Amor. Purifique-nos, ó Mãe Divina, com vosso fogo sagrado, expandindo nosso campo de ação e estimulando em nós sentimentos nobres, para que nos tornemos luzes calorosas, ajuizadas e sensatas do nosso Divino Criador. Estimule em nós o aquecimento de nossos corações, para que vibremos sentimentos justos, sábios e equilibrados, livrando-nos das trevas, para que sempre sirvamos à Luz e à Lei Divina.

Purifique com vosso fogo sagrado os nossos excessos emocionais, beneficiando-nos conforme as nossas necessidades. Anule em nós, Mãe Oro Iná, os sentimentos negativos, os vícios, as falhas, os erros e as paixões abrasadoras e não deixe que eles desequilibrem nossas vidas. Dê-nos, Mãe ígnea, o vosso amparo, para que possamos ter o entendimento da Lei do Equilíbrio Divino. Mãe da Justiça e da Razão, ajude-nos em nossa caminhada, com o vosso fogo sagrado, para que tenhamos equilíbrio em nossas almas, harmonia e juízo em nossos sentimentos e atitudes. Pedimos, Querida Mãe, que nos torne irradiantes da Justiça do vosso Amor e da vossa misericórdia.

Propicie-nos a aquisição de uma Fé inquebrantável, para sermos equilibradores de nossos semelhantes, servirmos à família, à comunidade civil e religiosa e, principalmente a Deus. Ajude-nos a agir sempre com Razão, Equilíbrio e Justiça, servindo a Luz e sendo por ela amparados. Limpe nossos caminhos, ó Mãe, para que nele não encontremos empecilhos impedindo nossa evolução. Vós que sois Mãe ígnea por natureza, aqueça-nos, ampare-nos, sustente-nos, guie-nos, conduza-nos e envolva-nos em todos os sentidos, carnais e espirituais. Queime, ó Mãe, com vossos poderes divinos, tudo o que está em desequilíbrio com a vossa Lei, anulando os negativismos de todos os presentes neste Templo e de todos os seus familiares, recolhendo as projeções mentais negativas, os espíritos malignos, cortando as injustiças e as magias negras.

Proteja-nos das catástrofes climáticas e faça com que tenhamos consciência dos perigos das queimadas irresponsáveis e dos desequilíbrios ambientais. Paralise, ó Mãe querida, e queime em nós, as doenças espirituais e emocionais, estimulando em nós o fogo vivo da religiosidade e da esperança em melhores dias.

Cure com vosso fogo sagrado as feridas que trazemos desta vida e de vidas passadas. Passe em nós vossa espada flamejante, eliminando tudo aquilo que atrapalha o nosso desenvolvimento físico e espiritual. Flua em nós, vossos filhos, a energia ígnea, para que, através do vosso fogo, saibamos transmitir a vossa luz e o vosso calor aos nossos irmãos menos favorecidos. Traga-nos paz, harmonia, prosperidade e saúde.

Ó Mãe querida, não deixe que nos desvirtuemos da vossa proteção. Proteja-nos para que sejamos sempre merecedores do vosso calor sagrado, aquecendo-nos na Luz e no Amor de nosso Pai Olorum! Amém!

A vossa bênção, Mãe Kaliê-yê, Senhora do Fogo Divino!

9. Cantar hinos e pontos (2.9)

10 — Culto familiar para Mãe Oro Iná (2.10)

Explicado pelo(a) dirigente e constante de folheto.

CULTO FAMILIAR A MÃE ORO INÁ

Dia da semana de melhor vibração
Quinta-feira
Material para o ritual
3 velas laranja, em pires ou castiçais, incenso de sete ervas (proteção e purificação), 1 jarra com água, pétalas de rosas vermelhas e folhas de alecrim e arruda.

Tudo isso deverá estar sobre uma mesa, ou altar, coberto com toalha branca ou laranja. Se possível, colocar música suave no ambiente.

Ritual
• Acender as velas, ladeadas com as pétalas, ervas e jarra com água. Acender o incenso. Se usar nomes ou fotos de pessoas, colocá-los sob os suportes das velas.

• Fazer as orações (escolher entre as orações apresentadas neste trabalho ou outras) em conjunto, com as pessoas ajoelhadas, com muito respeito, dedicação, fé e amor.

• Evocar. A evocação será feita por quem estiver conduzindo o ritual:
Evocação
Amada Mãe Oro Iná, diante da vossa luz e bondade, nós vos reverenciamos e evocamos, pedindo vosso amparo, para que possamos ter o entendimento da Lei do Equilíbrio Divino. Pedimos, querida Mãe da Justiça e da Razão, que nos acumule de equilíbrio e nos torne irradiantes da Justiça do vosso Amor e da vossa misericórdia.

Propicie-nos, Mãe justa, a aquisição de uma Fé inquebrantável, para sermos equilibradores de nossos semelhantes, servirmos aos semelhantes e, principalmente a Deus. Ajude-nos a agir sempre com razão, equilíbrio e Justiça, servindo a Luz e sendo por ela amparados. Aqueça-nos, ampare-nos, sustente-nos, guie-nos, conduza-nos e envolva-nos em todos os sentidos, carnais e espirituais.

Traga-nos, ó Mãe, luz radiante onde houver a escuridão pela falta de Fé, capacidade equilibradora da razão e do entendimento das coisas visíveis, onde houver desequilíbrio e desarmonia. Proteja-nos com vossa ajuda justa e verdadeira. Afaste para sempre de nossas vidas os tormentos de seres e energias trevosos, consumindo com vosso fogo os trabalhos de magia negra ativados contra nós e anulando as atuações de eguns.

Purifique em nosso íntimo e em nossos instintos inferiores todas as vibrações e sentimentos negativos e nos dê o equilíbrio da Justiça Divina, para que sejamos prósperos, fraternos, amorosos e generosos, com tudo e com todos que nos cercam e compartilham a nossa vida e destino. Fazei com que busquemos, cada vez mais, os bons ensinamentos, sentimentos e atitudes que nos elevem e nos conduzam à Luz do nosso Divino Criador. Amém!

Após a queima das velas, as pessoas beneficiadas poderão tomar da água fluidificada, comer as frutas e fazer banhos, do pescoço para baixo, com as flores e ervas.

11 — Meditação para fazer em casa

MÃE ORO INÁ

Preparação
Acenda uma vela laranja e consagre-a a Deus e a Mãe Oro Iná, pedindo que equilibre seus pensamentos e sentimentos para fortalecê-lo(a), para que fique sereno(a) e sua vida seja mais positiva, mais feliz, equilibrada, cheia de bênçãos e proteção.

Coloque uma música tranquila do tipo "*new age*", sente-se confortavelmente num local onde ninguém vá incomodá-lo(a) e, enquanto ouve a música, preste atenção em sua respiração e sinta o ar entrando e saindo de seus pulmões.

Inspire profundamente e solte, até sentir-se mais descontraído(a). Repita por 3 vezes essa inspiração profunda e passe a respirar tranquilamente.

Observe seu corpo e descontraia qualquer ponto de tensão, contraindo e descontraindo a região com musculatura tensa, por 3 vezes, para que o relaxamento do corpo todo aconteça.

Exercício de visualização na vibração de Mãe Oro Iná

Agora que está relaxado ouvindo a música, visualize um sol laranja, incandescente que irradia uma luz dourada intensa diante de seus olhos. Mentalize que esse sol dourado acima de sua cabeça, irradia luz sobre você e que a luz o(a) envolve por fora e por dentro, até que todo seu corpo esteja tão dourado como ele.

Enquanto essa luz o(a) preenche, você começa a se sentir leve, sereno(a), equilibrado(a), purificado(a), capaz de vencer desafios, protegido(a) e imune às investidas de energias negativas e capaz de acessar seus próprios recursos internos, para vencer os obstáculos de sua vida.

Peça a essa luz que o(a) inunda que desperte todas as defesas que você necessita e pacifique seus pensamentos e sentimentos.

Agora é o momento de conversar com Mãe Oro Iná e se religar à Fonte Purificadora da Justiça na Criação Divina, para fortalecer sua caminhada e dar objetividade à sua vida, cura e proteção contra forças negativas e vencer alguma demanda ou processo legal.

Essa luz satura-o(a) de tal forma que se expande por todo o recinto onde está. Concentre-se nela, para que ela impregne o ambiente, e, a partir de você, a luz se expanda para cada cômodo de sua casa, até envolver todo o espaço da residência e as pessoas que nela habitam.

Quando a música estiver terminando, comece a mexer as mãos e remexa-se no lugar onde está sentado. Abra os olhos e mexa-se, levante-se e caminhe apreciando o bem-estar do exercício. Volte às suas atividades.

12 — Canto de ligação com o próximo encontro

13 — Encerramento

O dirigente da casa faz uma prece de encerramento dos trabalhos, em agradecimento.

Agradecemos, com todo o Amor e Respeito, ao Divino Criador Olorum, Deus Pai-Mãe todo-poderoso, à Mãe Oro Iná, aos Guias e Protetores que se dignaram a vir se comunicar conosco e lhes rogamos que nos auxiliem a por em prática as instruções que recebemos sobre a Justiça Divina. Pedimos que, ao nos retirarmos, cada um de nós sinta-se purificado em seu íntimo, para vibrarmos apenas sentimentos equilibrados e atitudes equilibradoras de nossos semelhantes. Que saiamos fortificados, para a prática do bem e do Amor ao próximo.

Desejamos igualmente, que estas instruções sejam proveitosas aos espíritos sofredores, ignorantes e viciosos que tenham assistido a esta reunião, para os quais imploramos a misericórdia de Deus.

Pedimos, ó Pai Amado, que nos sustente nas Suas Sete Luzes Divinas e que cada um receba Suas graças conforme seu merecimento.

Amém!!!

Obs.: Os pontos cantados e as preces ficam a critério do(a) dirigente.

CULTO RELIGIOSO A PAI OGUM

1 — Seguir os itens IV — C.4, 4.1

Folheto

A LEI E A ORDEM

"Deus é a Lei e a Lei nos guia."

Tudo é regido por uma Lei imutável, a Lei do Criador, a ordem das coisas em todos os planos da vida e em todos os níveis conscienciais. Nas esferas superiores da Luz, há lei, ordem e harmonia e essa Lei dá os parâmetros, para o nosso equilíbrio, evolução e vida no meio que nos acolhe. Lei é ordem das coisas em todos os planos da vida e em todos os níveis conscienciais e a Lei Divina é a Lei Maior, que rege tudo e a todos conduz, na sua senda evolutiva. A Lei da Umbanda é essa Lei de Deus, justa e poderosa. As outras leis estão dentro dela: carma, reencarnação, causa e efeito, afinidades.

A Lei Maior é o campo de atuação de Pai Ogum, que ordena os procedimentos, os processos e as normas ditados pelo Divino Criador, anulando tudo o que estiver em desacordo com ela. Essa força que ordena tudo e todos está presente tanto na estrutura de um átomo como na estrutura do Universo. É a Lei Divina em ação.

No estágio humano, nossa vida precisa ter sentidos a guiá-la, para adquirirmos equilíbrio, fortalecimento de nossa crença, firmeza nos princípios que nos regem e no sentimento de Amor pelo Criador e por Sua criação. Nossa Lei não é dualista, ela não diz que "podemos fazer o bem com a direita e o mal com a esquerda". Só podemos fazer o bem.

Muitos direcionam a maior parte de seu potencial humano na busca da satisfação mundana (materialista) e se esquecem que a vida tem sentidos superiores, êxtases verdadeiros. É preciso desenvolvermos a consciência e o virtuosismo, para sermos conduzidos de volta ao Todo, em um estágio superior de evolução. Virtuosismo é colocarmo-nos em equilíbrio perante as Leis que regem toda a criação, vivenciando Deus em nós mesmos, com Fé, Amor, Razão, Lei, Equilíbrio, Conhecimento, Sabedoria e Preservação. Virtuosismo é desenvolvermos os nossos dons, para nos tornarmos auxiliares diretos da Lei Maior, no socorro aos semelhantes, cumprindo nossas obrigações para com Deus e Sua Lei.

Os seres desequilibrados ou desregrados perecem diante da Lei Maior, que age por intermédio de Pai Ogum. Desequilibrados são os espíritos que se desvirtuaram ou se viciaram emocionalmente, anulando sua razão e capacidade de raciocínio. Como ninguém se desequilibra por si mesmo, atrás de um desequilibrado estão outros. No momento da morte, o espírito desvirtuado automaticamente é atraído para as esferas cósmicas negativas, desprovidas de luz (trevas). Aí, sofre alterações em seu corpo espiritual, tornando-se irreconhecível, com aparência desumana.

As trevas aparentam ser um inferno, mas é o melhor que a Lei pode fazer pelos desequilibrados e desregrados, pois seus magnetismos negativos não permitem sua condução para a luz, pois nela não se sustentariam. Um ser humano só sai da prisão das trevas se clamar, de coração e arrependido, pela ajuda de Deus. Isto é a Lei. E Pai Ogum é a divindade que aplica a Lei Maior em tudo e a todos; ele é o comandante das milícias celestes, sempre vigilante e marcial, pronto a agir, anulando tudo o que for oposto a ela.

Salve nosso Pai Ogum!

2 — Abrir uma oferenda ou uma mandala para Pai Ogum.

Arrumar a oferenda na lateral do Congá ou na frente do altar.

OFERENDA

Ogum pode ser oferendado com 3 velas azulão, 3 vermelhas e 1 branca; cerveja, flores vermelhas e 7 inhames cozidos e cortados ao meio. Passar mel em 7 metades dos inhames e dendê nas outras 7.

Colocar panos quadrados, sobrepostos (branco, azul e vermelho) e, sobre eles, um prato de louça branca, com os inhames. Arrumar ao redor do prato os 7 copos de cerveja e os cravos vermelhos. Firmar as velas em volta.

A Mandala

8 velas vermelhas, ao redor. No triângulo central: 1 vela azul-escuro, no topo, 1 vermelha à direita e 1 branca à esquerda.

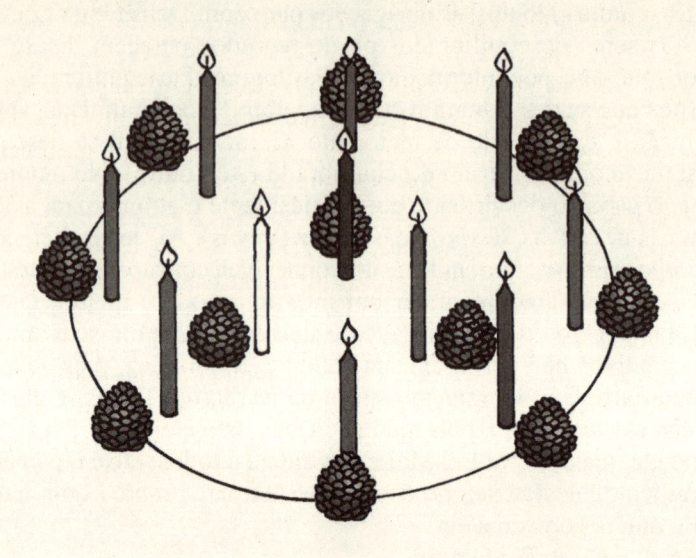

No círculo: 8 velas cobre e 8 espadas de fio de cobre. No eixo central: 1 vela branca sobre pedra de granada e 2 velas vermelhas (Norte e Sul).

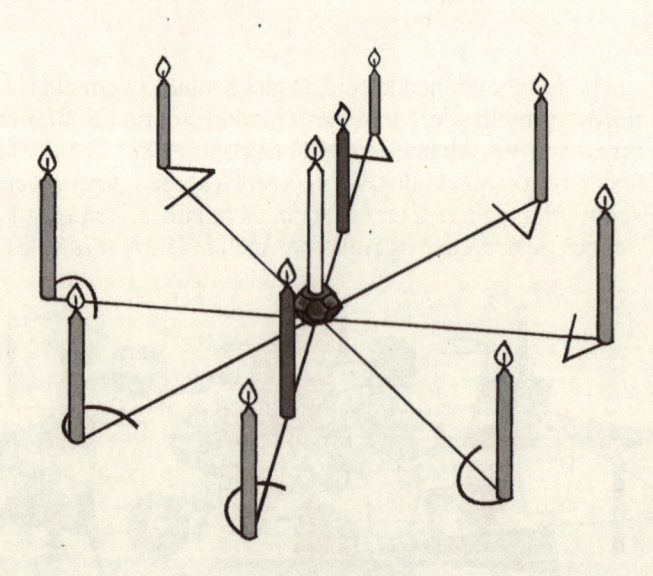

3 — Seguir os três primeiros itens de C.4.2

4 — Explanação sobre Pai Ogum e a doutrina

Pai Ogum Maior é sinônimo de Lei Maior, Ordenação Divina e retidão, porque é gerado na qualidade eólica, ordenadora, do Divino Criador. Como ordenação divina, age apenas como energia, tanto atrativa como repulsiva, ordenando desde a estrutura de um átomo até a estrutura do Universo.

Seu campo de atuação é a linha divisória entre a razão, a emoção e a ordenação dos processos e procedimentos. É o senhor do movimento, o senhor dos caminhos e das estradas, o senhor que quebra as demandas, que arrebenta as amarras e nos liberta. Ele faz nossa vida se movimentar e, como bom ordenador, coloca as nossas prioridades à frente, na hora certa. Ele é a divindade que aplica a Lei Maior, é o regente das milícias celestes, guardiãs dos procedimentos dos seres em todos os sentidos. É a divindade que aplica a Lei Maior. Ele ordena a Fé, o Amor, o Conhecimento, a Justiça, a Evolução e a Geração. Por isso, está em todas as outras qualidades divinas.

OGUM É CHAMADO DE "SENHOR DAS DEMANDAS"

É o guardião do ponto de força que mantém o equilíbrio entre o que está no alto e o que está embaixo, o positivo e o negativo, a Luz e as Trevas, a paz e as discórdias. Tudo no mundo gira em torno do equilíbrio entre Luz e Trevas, Bem e Mal, positivo e negativo, alto e baixo, direita e esquerda, etc.

Se uma pessoa assume uma forma contemplativa de vida, está se colocando como mero observador do desenrolar do dia a dia da humanidade. Como não é possível nem aconselhável assumir tal postura, o melhor a fazer é procurar Ogum como nosso guia de viagem na senda da Luz. Ele sempre nos avisará quando sairmos da linha de equilíbrio que divide Luz e Trevas.

OGUM É O SENHOR DOS CAMINHOS — DAS DIREÇÕES

Os caminhos são o ponto de forças, os santuários naturais de Pai Ogum. Por caminhos devemos entender as vias evolutivas, a evolução dos espíritos. Pai Ogum é o vigilante do caminho daqueles que empreenderam sua caminhada pela senda da Luz, mas, vigia tanto os caminhos para cima como para baixo. Ele é como um escudo protetor e luta para não deixar cair quem ele está protegendo. Se procurarmos Ogum como nosso guia de viagem na senda da Luz, ele sempre nos avisará quando sairmos da linha de equilíbrio que divide Luz e Trevas. Quando auxiliamos, temos Ogum atrás para nos guardar, porém, quando odiamos, temos Ogum à nossa frente para nos bloquear.

Ogum também é um Executor do Carma

Pai Ogum vigia a execução dos carmas e tem sob suas ordens tanto a Luz como as Trevas. Como guardião do ponto de força do equilíbrio, comanda as entidades atuantes no nosso plano como agentes cármicos, ou seja, os Exus de Lei da Umbanda.

Ogum é um Guardião do Ponto de Força da Lei

Nessa função, Ogum abrange a todos e tudo o que alguém fizer envolvendo magia ou ocultismo será anotado por ele, para posterior julgamento junto ao Senhor da Lei, que é Deus.

Ogum é um Aplicador Religioso da Lei Maior

Basta sairmos do caminho reto, para sermos tolhidos pelas suas irradiações retas e cortantes. Suas irradiações retas são simbolizadas por suas "Sete Lanças"; as cortantes são simbolizadas pelas "Sete Espadas" e sua proteção legal é simbolizada pelos seus "Sete Escudos".

Quando a Lei quer recompensar, é Ogum quem dá, mas, quando quer cobrar, é seu lado negativo quem executa. Quando caminhamos rumo à Luz, Ogum está à nossa direita; quando rumamos para as trevas, ele apenas inverte sua posição, mas não o lado. Portanto, ele estará à nossa esquerda, anotando sentimentos e atitudes condenáveis.

Falar sobre o assunto doutrinário escolhido.

5 — Meditação e Respiração

Pedir para que todos façam exercícios respiratórios, sempre com os pensamentos elevados, para receber a energia eólica de Pai Ogum, com as mãos sobre as pernas e com as palmas voltadas para cima.

6 — Cantar pontos de chamada e de sustentação do orixá Ogum

Eu tenho 7 espadas pra me defender, }
Eu tenho Ogum em minha companhia, } bis

Ogum é meu pai, Ogum é meu guia, }
Ogum vai baixar, na fé de Deus e da Virgem Maria.} bis

(Domínio Público)

Quem está de ronda é São Jorge, deixa São Jorge rondar, }
São Jorge é guerreiro, que manda na terra, que manda no mar }
Mas São Jorge é valente, que manda na terra, que manda no mar} bis

Saravá, meu pai, saravá meu pai, }
Girar é bom, girar é bom, girar é bom, é bom girar. } bis

(Domínio Público)

7 — Incorporação

Chamar a Entidade Ogum da(o) dirigente, que dará a bênção a todos. Solicitar aos fiéis que façam seus pedidos, compatíveis com aquilo que é possível de ser alcançado.

REZA A PAI OGUM

Nesta casa de guerreiro, Ogum, vim de longe pra rezar, Ogum,
Rogo a Deus pelos doentes, Ogum, na fé de Obatalá, Ogum.
Ó Deus salve a casa Santa, Ogum, os presentes e os ausentes, Ogum,
Salve nossa esperança, Ogum, salve velhos e crianças, Ogum.

Preto-Velho ensinou, Ogum, na cartilha de Aruanda, Ogum,
E Ogum não se esqueceu, Ogum, como vencer a demanda, Ogum.
A tristeza foi embora, Ogum, na espada de um guerreiro, Ogum,
E a luz do romper da aurora, Ogum, vai brilhar neste terreiro, Ogum.
Ogum, Ogum! Ogum, Ogum!

Chamar a linha de trabalhos dos **caboclos Peito de Aço**, que atuam na irradiação de Pai Ogum.

Os **caboclos Peito de Aço** são aplicadores naturais da Lei e ordenadores da evolução dos seres. São caboclos demandadores, no trabalho de choque com o baixo-astral.

Agem com inflexibilidade, rigidez e firmeza e são avessos às condutas liberais.

Cantar Pontos de Chamada e de Sustentação dos Caboclos

Ele é de Ogum, de Ogum ele é, }
Peito de aço é caboclo, faz sua gira com fé. } bis

(Domínio Público)

Aqui nesta aldeia tem um caboclo que ele é real, }
Ele não mora longe, mora aqui mesmo neste cazuá. } bis

(Domínio Público)

Ponto de Subida de Pai Ogum

Mandei selar seu cavalo, para Ogum viajar, } bis
Vai pra casa de Nossa Senhora da Glória, }
Ele vai, mas torna a voltar. } bis

(Domínio Público)

Adeus, senhor Ogum, adeus.
A sua banda lhe chama, ele vai ao ló, ele vai ao ló,
Pega a pemba, deixa a pemba,
Na praia praiana, onde brilha o sol, onde brilha o sol.

(Domínio Público)

Ponto de Subida dos Caboclos
A sua mata é longe, eles já vão embora,
e vão beirando o rio azul.
Adeus umbanda, adeus caboclo, eles já vão embora,
E vão beirando o rio azul.

(Domínio Público)

8 — Fazer a bênção a todos (2.8)

ORAÇÃO A OGUM

Amado Pai Ogum!
Senhor dos Caminhos, das Demandas e Aplicador da Lei Maior:
Estamos aqui, diante de vós, suplicando pela vossa misericórdia, querido Pai, e pedindo que dê ordenação às nossas vidas, de acordo com os ditames da Lei Maior, de nosso Divino Criador, Olorum. Deixe que elas sejam levadas por vossa onda ordenadora, Pai Ogum Maior, para que possamos, em corpo e em espírito, trilhar as vias evolutivas do alto, em concordância com as esferas de Luz.
Lembre-se sempre, Pai Divino, de orientar-nos, para que possamos dar sentido às nossas vidas, perdoarmos a nós mesmos e aos nossos semelhantes, libertarmos os nossos corações das angústias e das mágoas, termos firmeza nos princípios de luz que nos regem e no Amor ao Criador e a tudo que Ele criou. Que nós também possamos, de alguma forma, orientar aqueles irmãos mais necessitados do que nós, ajudando-os a clarear os obscurecimentos e as dificuldades de seus caminhos.
Senhor do movimento e da ordenação divina, Senhor dos caminhos e das estradas, quebre as demandas e arrebente as amarras que tenham sido colocadas contra nós, tornando nossa senda menos difícil de ser seguida. Ilumine nossas vidas, dê-nos o vosso amparo e nos liberte da ação da ignorância e dos sentimentos e atitudes negativos.
Conduza-nos, Pai Guerreiro, para que acreditemos e confiemos que iremos sempre em frente, amparados pela ação de vossa espada e

por vosso escudo defensor, protegendo-nos contra as forças destrutivas e contra os choques das trevas.

Livre-nos, amado Pai, de fazermos o mal e proteja-nos com vossa luz, para que só façamos o bem àqueles que nos rodeiam. Dê-nos equilíbrio em nossa caminhada evolutiva e fortalecimento de nossa crença, para que caminhemos resolutamente pela senda da Luz. Desvie de nós os sentimentos condenáveis, como a inveja, o ódio, a vingança, o orgulho, o egoísmo e a vaidade.

Amado Pai, faça nossa vida se movimentar e, como bom ordenador, organize as nossas prioridades, cada uma no momento certo, dando-nos a certeza de que estamos sendo atendidos e amparados na medida de nossos merecimentos.

Amém!

Leve-nos ao encontro com o divino, na hora mágica da concretização daquilo de que mais necessitamos.

9 — Cantar hinos e pontos

10 — Culto familiar para Pai Ogum

O culto deverá ser explicado pelo(a) dirigente e constar de folheto, distribuído a todos.

CULTO FAMILIAR A PAI OGUM

Dia da semana de melhor vibração
Quinta-feira

Material para o ritual

3 velas (1 branca, 1 vermelha e 1 azulão), em pires ou castiçais, incenso de cravo (para coragem, autoconfiança e aceitação de si mesmo), 1 jarra com água, pétalas de cravo vermelho e espadas de São Jorge. Tudo isso deverá estar sobre uma mesa, ou altar, coberto com toalha branca ou vermelha. Se for possível, colocar música suave no ambiente.

Ritual

• Acender as velas, ladeadas com as pétalas, ervas e jarra com água. Acender o incenso. Se usar nomes ou fotos de pessoas, colocá-los sob os suportes das velas.

• Fazer as orações (escolher entre as orações apresentadas neste trabalho ou outra) em conjunto, com as pessoas ajoelhadas, com muito respeito, dedicação, fé e amor. Evocar. A evocação será feita por quem estiver conduzindo o ritual:

Evocação

Amado Pai Ogum, nós vos evocamos e vos pedimos bênçãos e proteção; que vossa espada corte todos os males que por ventura estiverem em nossas vidasz, todos os trabalhos de magia negra, as doenças físicas, os cordões energéticos negativos, os eguns, os quiumbas e os portais negativos abertos contra nós, estejam eles onde estiverem. Pedimos, também, que corte a inveja, os ódios ocultos ou não, e que nos direcione para a evolução, equilibrando nossos mentais, trazendo saúde e abrindo nossos caminhos para a prosperidade material e espiritual.

Divino Guerreiro, pedimos vossa proteção para nossos corpos físicos e espirituais, para que nossos inimigos nos olhem mas não nos vejam. Rogamos que vossa armadura de aço, vossa espada e vossa lança nos livrem dos perigos da Terra e do astral. Que vós, Pai Misericordioso, seja sempre para nós o guia que nos impulsiona pelos caminhos da Lei, da Honestidade, do Trabalho, da Verdade e da Fé. Pai Ogum, assim como conduzes milhares de espíritos na ordem, pedimos que conduza também a nós. Rogamos a vós que retire as travas dos nossos caminhos, as deficiências de nossas personalidades e de nossas almas.

Pedimos ajuda para que enxerguemos nossos defeitos, para que consigamos uma reforma interna e nos tornemos dignos diante do Pai Eterno. Ajude-nos, Pai Ogum, a reconhecermos nossos erros e dê-nos força para repará-los. Pedimos que os espíritos necessitados que aqui estão em busca de um caminho sejam direcionados conforme a lei e a justiça divina e que vossas falanges luminosas sempre nos protejam e nos auxiliem em nossas aflições.

Amém!

Após a queima das velas, as pessoas beneficiadas poderão tomar da água fluidificada e fazer banhos, do pescoço para baixo, com as flores e ervas.

11 — Meditação para fazer em casa

PAI OGUM

Preparação

Acenda uma vela azul-escuro, consagre-a a Deus e a Pai Ogum, pondo ao lado uma espada-de-são-jorge (planta), se tiver. Peça a Pai

Ogum que ordene e direcione seus pensamentos, para que sua mente seja mais positiva, sua vida seja mais feliz, cheia de bênçãos, proteção e prosperidade.

Coloque uma música tranquila do tipo *new age* e sente-se confortavelmente, em um local onde ninguém vá incomodá-lo(a) e, enquanto ouve a música, preste atenção em sua respiração e sinta o ar entrando e saindo de seus pulmões.

Inspire profundamente, solte até sentir que está mais descontraído(a). Repita por 3 vezes essa inspiração profunda e passe a respirar tranquilamente.

Observe seu corpo e descontraia qualquer ponto de tensão, contraindo e descontraindo a região com musculatura tensa, por 3 vezes, para que aconteça o relaxamento do corpo todo.

Exercício de visualização na vibração de Pai Ogum

Agora que está relaxado(a), ouvindo a música, visualize uma estrela de cinco pontas, de uma luz azul bem intensa, diante de seus olhos. Desloque-a para dentro de sua testa e mentalize que a luz azul que essa estrela derrama dentro de você torna-se um chuveiro de estrelas de luz, que refresca e ordena você por dentro e por fora preenchendo-o com o mesmo brilho. Visualize que essa estrela sobe para sua cabeça e acaba se posicionando acima dela, irradiando sua luz azul, envolvendo-o por fora e por dentro, até que todo seu corpo esteja tão brilhante como a estrela de luz.

Enquanto essa luz azul lhe preenche, você começa a se sentir leve, sereno(a), forte, capaz de vencer desafios, protegido(a) e imune às investidas de energias negativas, de inveja, e capaz de acessar seus próprios recursos internos para vencer os obstáculos de sua vida. Peça a essa luz que o(a) inunda que desperte todas as defesas que você necessita e pacifique seus pensamentos e sentimentos. Agora é o momento de conversar com Pai Ogum e se religar à Fonte da Lei Divina da Criação, para fortalecer sua caminhada e vencer alguma demanda.

Essa luz satura-o(a) de tal forma que se expande por todo o recinto onde está. Concentre-se nela, para que ela impregne o ambiente, e, a partir de você, se expanda para cada cômodo de sua casa, até envolver todo o espaço da residência e as pessoas que nela habitam.

Quando a música estiver terminando, comece a mexer as mãos e remexa-se no lugar onde está sentado(a). Abra os olhos e mexa-se, levante-se e caminhe apreciando o bem-estar do exercício.

Volte às suas atividades.

12 — Canto de ligação com o próximo encontro

13 — Encerramento

O(a) dirigente da casa faz uma prece de encerramento dos trabalhos, em agradecimento.

ORAÇÃO DE AGRADECIMENTO

Divino Criador Olorum! Neste momento em que a dor nos faz elevar o pensamento a Vós e nosso coração pulsa a vida que o Senhor generosamente nos concedeu, agradecemos o rumo que gentilmente nos indicastes, a segurança e o conforto de poder pedir e encontrar respostas a tudo o que em justa medida nos tendes outorgado, de acordo com a Lei Maior.

Agradecemos por termos recebido a graça de comungar com vossa divindade eólica ordenadora, nosso amado Pai Ogum.

Sabemos agora que nada do que acontece está alheio à Vossa vontade e entendemos que a profissão de Fé é uma disciplina constante que é testada por Vós nos momentos decisivos de nossas vidas.

Dê-nos, ó Divino Pai, a capacidade de olharmos para os nossos semelhantes e os vermos com a mesma ótica com que o Senhor nos vê, em Vosso infinito Amor.

Amado Senhor da Luz, sempre que os fatos marcantes da vida mexem em nossas estruturas é que vemos o quanto nos fortalece a Fé, a confiança, o crer e o Amor a Vós, nosso Pai, que movimenta nossa vontade e nos assiste na árdua caminhada aqui na Terra. Que possamos louvá-Lo sempre, amado e generoso Pai da Vida, da Luz e da Esperança, na certeza de que hoje, amanhã e sempre, a Vossa luz nos mostrará o caminho a seguir, sob a ordem do nosso Pai Ogum.

Sabendo que somente Vós, amado Criador, conheceis a forma com que cada um de nós assimila o Vosso ensinamento, pedimos-lhe que vossa sabedoria nos acorde para a vida, fonte de Luz, Saber, Amor, Justiça e Ordem, assim como a todos os espíritos aos quais foi permitida a presença nesta vossa casa sagrada.

Amém!

Obs.: Os pontos cantados e as preces ficam a critério do(a) dirigente.

CULTO RELIGIOSO À MÃE IANSÃ

1 — Seguir os itens IV - C. 4.1

FOLHETO

DIRECIONAMENTO

"As preces direcionadas a Olorum nos são ouvidas
e nos colocam em sintonia direta com as
divindades encarregadas de executar Sua vontade."

Direção é a arte ou efeito de dirigir, de dar direção, de conduzir com ordenação. O direcionamento é uma das qualidades de Deus, presente e ativo em tudo o que Ele gera e cria, tanto animado quanto inanimado. Mãe Iansã é em si mesma essa qualidade do Divino Criador, ela é o próprio sentido de direção da Lei. É a aplicadora da Lei e ordenadora dos seres emocionados, esgotando seus desequilíbrios e vícios, direcionando-os e abrindo-lhes novos campos, por onde evoluirão de forma menos emocional.

Mãe Iansã é extremamente ativa, é movimentadora e aplicadora da Lei nos campos da Justiça. Assim que o ser é purificado de seus vícios, Iansã entra em sua vida redirecionando-o e conduzindo-o a um outro campo, no qual retomará sua evolução. Uma de suas atribuições é colher os seres fora-da-Lei e, com um de seus magnetismos, alterar todo o seu emocional desvirtuado, seu mental e consciência desordenados, para só então redirecioná-los, facilitando sua caminhada pela linha reta da evolução.

As energias irradiadas por Iansã densificam o mental, diminuindo seu magnetismo, e estimulam o emocional, acelerando suas vibrações. Com isso, o ser se torna mais emotivo e facilmente redirecionado.

Mãe Iansã é a Divindade da Lei cuja natureza é eólica, daí ser chamada de Senhora dos Ventos e das Tempestades. Ela é o vendaval que desaba e a ventania que faz tudo balançar. Ela é o próprio sentido de direção da Lei; é um mistério que só entra na vida de um ser, caso a direção que este esteja dando à sua evolução e à sua religiosidade não siga a linha reta traçada pela Lei Maior. Ela é o ar que areja nosso emocional e nos proporciona um novo sentido da vida e uma nova direção ou meio de vida, renovando a Fé na mente e no coração dos seres.

A essa Mãe Divina podemos pedir nosso encaminhamento correto no encontro de novos empreendimentos, conhecimentos, religião, processos, novas condições de vida, nos vários campos. Que nossa Mãe Iansã sempre nos proporcione a correta adaptação aos meios onde vivermos.

Eparrei, Iansã, nossa Mãe!

2 — Abrir uma oferenda ou uma mandala para Mãe Iansã

A oferenda pode ser arrumada na lateral do Congá ou na frente do altar.

OFERENDA

Colocar um pano amarelo, redondo, com um abacaxi no centro. Ao redor, arrumar flores amarelas, 7 cálices de licor de menta e 7 velas amarelas. Acendê-las após as explicações sobre nossa Mãe Iansã, reverenciando-a.

MANDALA PARA SAÚDE

Palmas amarelas, com folhas de samambaia. 13 velas amarelas, 1 no centro e 12 ao redor das flores.

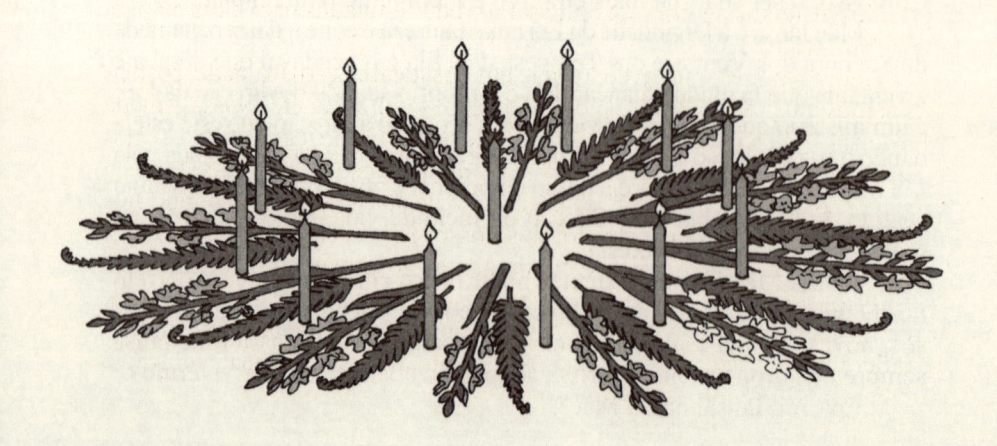

3 — Seguir os dois primeiros itens de C.4.2

4 — Explanação sobre Mãe Iansã e a doutrina

Caros irmãos, nossa Amada Mãe Iansã é a senhora dos ventos; portanto, imaginem uma ventania se direcionando para todos os lados, ora para um, ora para outro lado. Essa energia nós não vemos, mas a sentimos, pois a todo instante também nos direcionamos de um lado para outro.

Nossa mãe Iansã é dona do direcionamento. Ela só entra em nossas vidas, como direcionadora da Lei, caso a direção que estejamos dando à nossa evolução e religiosidade não siga a linha correta traçada pela Lei Maior (Ogum). Quando não é possível reconduzir o ser à linha reta da evolução, uma das Iansãs intermediárias cósmicas, que atuam em seus aspectos negativos, paralisa o ser e o retém em um dos campos de esgotamento mental, emocional e energético, até que ele tenha sido esgotado de seu negativismo e tenha descarregado todo o seu emocional desvirtuado e viciado.

A Senhora das Energias Puras Eólicas, nos traz a vida porque sem o ar não viveríamos. Ela nos dá direcionamento, pois sem ele seríamos como um carro sem motorista. Quando ficamos sem saber o que fazer, que rumo tomar, não devemos sentir vergonha de pedir à nossa amada Mãe Iansã, um direcionamento na vida, principalmente em negócios difíceis de serem resolvidos, nos relacionamentos sentimentais, e em tudo que precisar de um encaminhamento correto.

Como Guardiã de um dos Mistérios de Deus, ela anula as injustiças e dilui os acúmulos emocionais. Como Divindade Cósmica, ela tem como atribuição atrair magneticamente os espíritos negativos, recolhê-los em seus domínios e retê-los, até que esgotem seus negativismos, para só devolvê-los às faixas neutras, de onde serão redirecionados para a luz ou para a reencarnação.

Como magnetismo aéreo, reflete em nós idealização, lealdade, sustentação, movimentação, circulação, ordenação, segurança, etc. Nossa Amada Mãe Iansã, eólica por excelência, irradia-se no fogo e no tempo e fixa-se nos cristais, no mineral e na terra. Dilui-se na água e absorve no vegetal. Basta errarmos, para que ela nos envolva em uma de suas espirais, impondo-nos um giro completo e transformador dos nossos sentimentos viciados.

A energia básica eólica é fundamental ao arejamento mental e ao equilíbrio emocional das pessoas. Se absorvemos muito dessa energia, tornamo-nos emotivos e "aéreos", mas se absorvemos pouco, aí nos tornamos densos e bitolados. Ela areja nossa mente, direciona nossa evolução e fortalece nosso sentimento virtuoso.

Iansã é o vendaval que derruba e a ventania que faz tudo balançar. Iansã é a Lei atuando no sentido de direcionar os seres que se desequilibram. É a novidade que renova a Lei na mente e no coração humano; é a busca de melhores condições de vida para os seres.

Falar sobre o assunto doutrinário escolhido para o dia.

5 — Exercícios de respiração

Pedir para que todos elevem seus pensamentos e façam exercícios respiratórios, para receber a energia eólica de Mãe Iansã. Solicitar aos fiéis que façam seus pedidos, compatíveis com aquilo que é possível de ser alcançado.

6 — Cantar pontos da orixá Iansã

Ela é uma moça bonita, ela é dona do seu jacutá,
Êh parrei, êh parrei, êh parrei,
Ó Mamãe de Aruanda, segura essa banda,
Que eu quero ver,
Ô Iansã.

(Domínio Público)

Balança as folhas do seu bambuzal, }
Balança as folhas no seu vendaval. } bis

Balança as folhas, pra Oxóssi lá nas matas,
Mãe Iansã venta e comanda,
Pra nos dar a direção,
Balança as folhas, carregando muitas almas, }
Com Ogum vence demanda, } bis
Com Xangô faz o trovão. }

(Lurdes Vieira, para Domínio Público)

7 — Incorporação

Chamar a orixá Iansã da(o) dirigente, que dará a bênção a todos e, a seguir, chamar as mães Iansãs dos demais médiuns da casa.

Cantar Ponto para Subida de Mãe Iansã

Segura, que seu ponto é firme.......

Chamar a **linha de trabalhos dos Baianos**, que é regida por Mãe Iansã. O Baiano Chefe poderá falar aos fiéis.

A Linha dos Baianos

"...Se um espírito missionário iniciou a corrente dos "baianos", é porque na Terra ele havia sido um Babalorixá baiano e continuou a sê-lo no plano espiritual.

Ele havia sido um baiano cultuador dos orixás e continuou a sua missão em espírito, iniciando um dos mistérios da religião umbandista, pois só um mistério agrega sob sua égide e sua irradiação tantos espíritos, com muitos deles só plasmando uma vestimenta baiana e adotando um modo de comunicação peculiar...

São espíritos alegres, brincalhões, descontraídos... são muito conselheiros, orientadores, aguerridos e chegados à macumba (dança ritual), durante a qual trabalham, enquanto giram com seus passos próprios." (Rubens Saraceni, *Umbanda Sagrada* — Madras Editora).

Cantar Pontos de Baianos e Baianas

Baiano bom, baiano bom, }
Baiano bom é que sabe trabalhar. } bis
Baiano bom é que sobe no coqueiro }
Tira a água desse coco } bis
E deixa o coco no lugar. }

(Domínio Público)

Ponto para Quebra de Demandas

Vamos baianada pisar no catimbó, }
Amarrar os inimigos, na pontinha do cipó. } bis

Quebra a cabaça, espalha a semente, }
Manda os inimigos que não gostam da gente. } bis

Pega a peneira, sacode o fubá. }
Manda os inimigos pro lado de lá. } bis

(Domínio Público)

Cantar Pontos para Subida dos Baianos

O coqueiro do norte está balançando } bis
A Bahia está lhe chamando } bis

(Domínio Público) *

Quando o coco cai, o coqueiro chora,
Adeus minha gente, os baianos vão embora.

(Domínio Público)

8 — Fazer a bênção a todos

ORAÇÃO À AMADA MÃE IANSÃ

Amado Criador, pedimos Vossa permissão para ofertar nossa fé à uma de Vossas dádivas divinas, que é nossa Mãe Iansã.

Querida e amada Mãe Iansã, estamos aqui, diante de Vós, para aclamá-la e receber vossas energias, para que não nos percamos nos caminhos de nossa evolução. Diante de vós, pedimos que nos envolva com vossas vibrações divinas e nos direcione nas nossas vidas, tirando-nos dos desvirtuados caminhos pelos quais até hoje andamos.

Ó Mãe Divina, reluza vossa luz viva sobre nossos sete campos internos e sobre nossos sete campos externos, para que assim, imantados por vós, possamos ter o que tanto procuramos, que é a Paz para resolver nossos problemas e direcionamento diante das grandes dificuldades de nossas vidas.

Amada Mãe, nós vos evocamos e vos pedimos bênçãos e proteção; que vossa espada corte todos os males que por ventura estiverem em nossas vidas, todos os trabalhos de magia negra, as doenças físicas, os cordões energéticos negativos, os eguns, os quiumbas e os portais negativos abertos contra nós, estejam eles onde estiverem. Pedimos, também, que corte a inveja, os ódios ocultos ou não, e que nos direcione para a evolução, equilibrando nossos mentais, trazendo saúde e abrindo nossos caminhos para a prosperidade material e espiritual.

Querida Mãe Iansã, dai-nos forças e sustentação, tirando as cobras, que tanto invadem vossos bambuzais quanto os nossos caminhos. Auxiliai-nos nas nossas vidas, direcionando-nos para os caminhos certos, por onde possamos ir ao encontro do nosso Divino Criador.

Na certeza de Vosso amparo e confiante em vós, agradecemos Vossa misericórdia e tão grande magnitude. Amém!

Salve nossa amada Mãe Iansã! Eparrei, Eparrei, Eparrei!

9 — Cantar hinos e pontos

10 — Culto Familiar para Mãe Iansã

O culto deverá ser explicado pelo(a) dirigente e constar de folheto, distribuído a todos.

CULTO FAMILIAR PARA MÃE IANSÃ

Dia da semana de melhor vibração
Quarta-feira

Material para o ritual

3 velas amarelas, em pires ou castiçais, incenso de cânfora (calmante e limpeza), 1 jarra com água, pétalas de rosa amarela e folhas de bambu e espadas-de-santa-bárbara. Opcional: 1 cristal de quartzo transparente.

Tudo isso deverá estar sobre uma mesa, ou altar, coberto com toalha branca.

Se possível, colocar música suave no ambiente.

Em casa, o ritual deve ser feito com as pessoas ajoelhadas, com muito Respeito, Dedicação, Fé e Amor.

Ritual

• Acender as velas, ladeadas com as pétalas, ervas e jarra com água. Acender o incenso. Se usar nomes ou fotos de pessoas, colocá-los sob os suportes das velas.

• Fazer as orações (escolher entre as orações apresentadas neste trabalho) em conjunto, com as pessoas ajoelhadas, com muito Respeito, Dedicação, Fé e Amor.

• Evocar. A evocação será feita por quem estiver conduzindo o ritual:

Evocação

Amada Mãe Iansã, nós vos evocamos e pedimos o fortalecimento de nossas atitudes positivas no cotidiano, direcionadas de acordo com a ordem, arejando-nos com vossos ventos. Fazei com que busquemos, cada vez mais, os bons ensinamentos, sentimentos e atitudes que nos elevem e nos conduzam à Luz do nosso Divino Criador e não nos deixe cair em vícios e desequilíbrios.

Pedimos, Divina Mãe, que nos direcione e abra nossos campos materiais e espirituais, e que tenhamos coragem, resignação e inspiração, para que só pratiquemos o bem. Impeça-nos, Mãe, de sucumbimos diante de provas elementares e regredirmos praticando atitudes impensadas. Capacitai-nos com o direcionamento necessário para facilitar nossa caminhada pela linha reta da evolução.

Senhora dos Ventos, nós vos pedimos força e coragem, para nosso desenvolvimento espiritual. Sagrada Mãe, livrai-nos da submissão aos espíritos viciosos, embusteiros e obsessivos e da atuação de eguns. Que cada um de nós se sinta fortalecido e ungido das vossas graças, agora e durante toda a nossa passagem terrena.

Que a maldade não tenha forças e poder sobre nós e que qualquer ação levantada contra nós encontre a vossa presença e se quebre em choque com as vossas energias direcionadoras da ordem. Amada Mãe, defenda-nos com vossa espada de luz, fortaleça-nos e proteja-nos sempre. Amém!

Após a queima das velas, as pessoas beneficiadas poderão tomar da água fluidificada e fazer banhos, do pescoço para baixo, com as flores e ervas.

11 — Meditação para fazer em casa

MÃE IANSÃ

Preparação
Acenda uma vela amarela e consagre-a a Deus e a Mãe Iansã Coloque uma espada de Santa Bárbara do lado, se puder, pedindo-lhe que ordene e direcione seus pensamentos e sentimentos para seu fortalecimento, para que sua vida seja mais positiva, feliz, direcionada e ordenada, cheia de bênçãos e proteção.

Coloque uma música tranquila, do tipo *new age*, e sente-se confortavelmente, em um local onde ninguém vá incomodá-lo. Enquanto ouve a música, preste atenção em sua respiração, sinta o ar entrando e saindo de seus pulmões e retome em sua mente, com muita sinceridade, como foi o seu dia. Analise o que você pensou, o que fez de certo e o que fez de errado e coloque na balança da Lei Divina, procurando sempre se melhorar.

Inspire profundamente e solte até sentir estar mais descontraído. Repita por 3 vezes essa inspiração profunda e passe a respirar tranquilamente.

Observe seu corpo e descontraia qualquer ponto de tensão, contraindo e descontraindo a região que sentir alguma musculatura tensa por 3 vezes para que o relaxamento do corpo todo aconteça.

Exercício de visualização na vibração de Mãe Iansã

Agora que está relaxado(a) ouvindo a música, visualize uma rosa amarela irradiando uma luz amarela intensa diante de seus olhos. Essa flor se torna uma esfera de luz. Mentalize essa bola de luz acima de sua cabeça, irradiando a luz sobre você, envolve-o(a) por fora e por dentro, até que todo seu corpo esteja tão brilhante quanto ela.

Enquanto essa luz o(a) preenche, você começa a se sentir leve, sereno(a), focado(a), forte, capaz de vencer desafios, protegido(a) e imune às investidas de energias negativas de inveja, capaz de acessar seus próprios recursos internos, para vencer os obstáculos de sua vida. Peça a essa luz que o(a) inunda que desperte todas as defesas que você necessita e que pacifique seus pensamentos e sentimentos.

Agora é o momento de conversar com Mãe Iansã e se religar à Fonte Direcionadora da Lei da Criação Divina, para fortalecer sua caminhada, dar objetividade à sua vida, cura e proteção contra forças negativas que rapidamente serão cortadas.

Essa luz satura-o(a) de tal forma que se expande por todo o recinto onde está. Concentre-se nela para que ela impregne o ambiente. E, a partir de você, a luz que satura o ambiente acaba se expandindo por todos os cômodos de sua casa, até envolver todo o espaço da residência e as pessoas que nela habitam.

Quando a música estiver terminando, comece a mexer as mãos e remexa-se no lugar onde está sentado(a). Abra os olhos e mexa-se, levante-se e caminhe apreciando o bem-estar do exercício.

Volte às suas atividades.

12 — Ligação com o próximo encontro (2.12)

13 — Encerramento

O dirigente da casa faz uma prece de encerramento dos trabalhos, em agradecimento.

Oração de Agradecimento

Agradecemos com todo o Amor e Respeito ao nosso Divino Criador Olorum, a Mãe Iansã, aos Guias e Protetores que se dignaram a vir se comunicar conosco e lhes rogamos que nos auxiliem a colocar em prática as instruções que nos deram. Façam com que, ao nos retirarmos, cada um de nós saia fortificado para a prática do Bem e do Amor ao próximo.

Desejamos igualmente, que estas instruções sejam proveitosas aos espíritos sofredores, ignorantes e viciosos que tenham assistido a esta reunião, para os quais imploramos a misericórdia de Deus.

Pedimos, ó Pai Amado, que nos sustente nas Vossas Sete Luzes Divinas e que cada um receba suas graças conforme seu merecimento.

Amém!!!

Obs.: Os pontos cantados e as preces ficam a critério do(a) dirigente.

CULTO RELIGIOSO AO PAI OBALUAIÊ

1 — Seguir os itens de C.4.1

Folheto

EVOLUÇÃO

"Evolução é a razão básica da existência do ser. Existimos para evoluir".
Mestre Rubens Saraceni

Evoluir significa crescer, aprimorar, lapidar, transformar, crescer mentalmente, passar de um estágio a outro, ascender em uma linha de vida de forma contínua e estável. Significa uma renovação contínua do ser, uma reposição constante de valores, deixando para trás conhecimentos ultrapassados, hábitos e costumes inadequados, atitudes e posturas velhas e decadentes. Significa procurar continuamente o movimento e a estabilidade em nossas vidas.

Pai Obaluaiê é o orixá que desperta em cada um de nós a vontade irresistível de seguir adiante, de alcançar um nível de vida superior, para chegar mais perto de Deus. Ele é o orixá do bem-estar, da busca de melhores dias, de melhores condições de vida, de sabedoria e de razão.

A evolução costuma ser representada por uma espiral ascendente de progresso, por onde todos nós caminhamos. Podemos, por vezes, ficar parados em algum lugar dessa espiral, o que significa uma perda de tempo precioso. Podemos até escorregar para trás — perda ainda maior de tempo e trabalho- mas, continuamos sempre. Não há como escapar ao processo evolutivo.

A evolução é uma situação pessoal. Ninguém evolui no lugar do outro ou pelo outro. E o mais importante é que ninguém evolui de forma isolada; ninguém evolui sozinho. O próprio Universo é um fantástico entrelaçamento de forças e formas.

Todos nós temos em nosso interior um potencial de incrível poder transformador e, junto da evolução pessoal, devemos desenvolver ações amorosas e engrandecedoras, apoiadas no sentimento do verdadeiro perdão. Precisamos eliminar os bloqueios que atrapalham nossa evolução, dedicando diariamente alguns minutos para perdoar as pessoas que, de alguma forma, nos ofenderam, prejudicaram, rejeitaram, odiaram, abandonaram, traíram, ridicularizaram, humilharam, amedrontaram, iludiram ou causaram dificuldades.

É necessário perdoar, especialmente, aqueles que nos provocaram, até que perdêssemos a paciência e reagíssemos violentamente, sentindo, depois, vergonha, remorso e culpa. Sabemos que, por várias vezes, fomos responsáveis pelas agressões recebidas, pois confiamos em pessoas negativas e permitimos que elas descarregassem sobre nós o seu mau caráter. Outras vezes, suportamos maus-tratos e humilhações, perdendo tempo e energia na inútil tentativa de conseguir um bom relacionamento com elas.

Devemos, também, pedir perdão a todas as pessoas a quem, de alguma forma, consciente ou inconscientemente, ofendemos, injuriamos, prejudicamos ou desagradamos. Só assim poderemos estar livres da necessidade compulsiva de sofrer e conviver com indivíduos e ambientes doentios.

Vamos, a partir de agora, sob o amparo de nosso pai Obaluaiê, iniciar uma nova etapa de nossas vidas, em companhia de pessoas amigas, sadias e competentes, compartilhando sentimentos nobres, enquanto trabalhamos pelo progresso e evolução de todos.

Salve Pai Obaluaiê, orixá do perdão, da cura, das passagens e de todas as transformações!

Atotô, meu Pai!

2 — Abrir uma oferenda ou uma mandala para Pai Obaluaiê.

A oferenda pode ser arrumada na lateral do Congá ou na frente do altar. Após o trabalho, ou no dia seguinte, entregar no cruzeiro do cemitério.

OFERENDA

Obaluaiê pode ser oferendado com 7 velas brancas, 7 copos de água potável, coco fatiado, coberto com mel, pipocas, vinho rosê licoroso e flores brancas (rosas, palmas, crisântemos, cravos, angélicas, etc.).

Sobre um pano branco quadrado, depositar um prato branco, com pipocas, sem sal, cobertas com mel e coco fatiado. Ao redor do prato, arrumar as flores e a água. Na frente ou ao lado da oferenda, firmar as sete velas brancas, formando uma cruz.

A Mandala

9 velas (1 violeta central e 8 brancas nos polos).

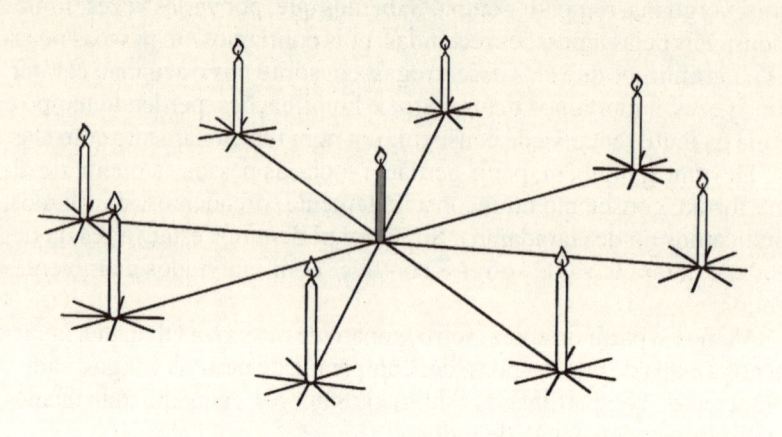

3 — Seguir os três primeiros itens de C.4.2

4 — Explanação sobre Pai Obaluaiê e sobre a doutrina

Obaluaiê é o orixá que atua na evolução dos seres. Pai Olorum, que tudo cria e tudo gera, criou as qualidades de estabilidade e evolução. Sem estabilidade nada se sustenta e sem transmutação tudo fica parado. A estabilidade proporciona o meio ideal para os seres viverem e na mobilidade são gerados os recursos para que eles evoluam.

Pai Obaluaiê é a divindade que representa essa qualidade dupla, pois tanto sustenta cada coisa no seu lugar como conduz cada uma a ele. Ele está no próprio Universo, na sustentação dos astros e no movimento da mecânica celeste. Sua irradiação, aceleradora da vida, dos níveis e dos processos genéticos, desperta nos seres a vontade de seguir em frente e evoluir.

Obaluaiê é o Pai que, juntamente com Mãe Nanã, sinaliza as passagens de um estágio de evolução a outro. Ambos são orixás terra-água; têm magnetismo misto, pois na terra está a estabilidade e na água a mobilidade.

Enquanto Mãe Nanã decanta os espíritos que irão reencarnar, Pai Obaluaiê estabelece o cordão energético que une o espírito ao corpo (feto) e reduz o corpo plasmático do espírito, até que fique do tamanho do corpo carnal alojado no útero materno.

Pai Obaluaiê é o 'Senhor das Passagens' de um plano a outro, de uma dimensão a outra, do espírito para a carne e vice-versa. É o orixá da cura, do bem-estar e da busca de melhores condições de vida.

Na Umbanda, esse Pai é evocado como senhor das almas, dos meios aceleradores de sua evolução. Quando um ser natural de Obaluaiê baixa num médium e gira no Templo, todos sentem uma serenidade e um bem-estar imenso, pois ele traz em si a estabilidade, a calmaria e a vontade de avançar, de ir para mais perto de Deus.

Esse Pai rege a linha das almas ou corrente dos Pretos-Velhos, que traz a natureza medicinal de Obaluaiê, orixá curador. Muitos têm sido curados, após clamarem por sua interseção. Os Pretos-Velhos nos transmitem paz, confiança, esperança e bem-estar.

Os pontos de forças regidos por Pai Obaluaiê, no acima, são os cemitérios ou campos santos, lugares sagrados para os povos de todas as culturas. São os pontos de transição do espírito, quando deixa a matéria e passa para o plano espiritual.

Falar sobre o assunto doutrinário escolhido.

5 — Meditação e respiração

Pedir para que todos façam exercícios respiratórios, sempre com os pensamentos elevados, para receber a energia telúrica de Pai Obaluaiê, com as mãos sobre as pernas e com as palmas voltadas para cima.

6 — Cantar pontos de chamada e de sustentação do orixá Obaluaiê

Quem vê um velho no caminho, pede a benção.} bis

Bênção de Deus, bênção de Deus, }
bênção de Deus, Obaluaiê, bênção de Deus. } bis

(Domínio Público)

Andei, andei, meu Pai, pra conhecer, }
A minha vida, Pai, foi padecer. } bis

Abra a porta, Pai, venha me ver,
Sou seu filho, Obaluaiê.
Abra a porta, Pai, venha nos ver,
São seus filhos, Obaluaiê.

(Marilda de Aguiar)

7 — Incorporação

Chamar a Entidade Obaluaiê da(o) dirigente, que dará a bênção a todos. Solicitar aos fiéis que façam seus pedidos, compatíveis com aquilo que é possível de ser alcançado.

Chamar a linha de trabalhos dos **Pretos-Velhos**, que atua na irradiação de Pai Obaluaiê, pois captam direto dele as irradiações, tornando-se também irradiadores delas, que estabilizam e transmutam a vida de quem os consulta.

Os Pretos-Velhos

Preto-Velho, no ritual de Umbanda Sagrada, é um grau manifestador de um Mistério Divino. Nem todo Preto-Velho é preto ou velho. A forma como os Pretos-Velhos incorporam, curvados, expressa a qualidade telúrica de Pai Obaluaiê. O peso que parecem carregar não é fruto do cansaço, da idade avançada ou velhice, mas é a ação da qualidade estabilizadora, terra, desse orixá.

Essas entidades manifestam-se sob a aparência de negros escravos, trazendo-nos o exemplo de humildade e simplicidade da alma. São espíritos elevadíssimos, com vasto campo de atuação, encontrados nas Sete Linhas de Umbanda, pois trabalham a Evolução nos sete sentidos da vida dos seres.

Trazem sempre palavras de Fé, de esperança, de consolo e de perseverança, com sua sabedoria, paciência, paz e serenidade.

Cantar pontos de chamada e de sustentação dos Pretos-Velhos

Cruzou com povo de Congo, é Congo, é Congo, aruê, }
Cruzou com povo de congo, agora que eu quero ver. } bis

(Domínio Público)

E lá no céu eu vi uma estrela correndo,
Lá nas pedreiras eu vi pedra rolar,
Eu vi Iansã sentada lá na areia,
Mamãe sereia começou cantarolar.

E no seu canto ela sempre dizia
Que só queria ter asas pra voar,
Pra ir ao céu buscar a estrela que brilha,
Pros Pretos-Velhos enfeitarem o seu congá.

(Domínio Público)

Ponto de Subida de Pai Obaluaiê

Obaluaiê, meu Pai, vai pra Aruanda, }
Obaluaiê, meu Pai, deixa saudade. } bis
Eu vou ficar com a minha devoção, }
Em Obaluaiê, com Amor no coração. } bis

(Domínio Público)

Cantar Ponto de subida dos Pretos-Velhos
Adeus, adeus, boa viagem,
Os Pretos-Velhos vão embora, boa viagem,
Eles vão com Deus, boa viagem,
Com Jesus e Nossa Senhora.

(Domínio Público)

8 — Fazer a bênção a todos

ORAÇÃO A PAI OBALUAIÊ

Amado Pai Obaluaiê, Senhor da Evolução!

Nós vos rogamos, querido Pai, que derrame vossa luz sobre nossas vidas, para que possamos organizá-las, de tal modo que os entraves nelas não se instalem. Pedimos a vós, Pai Divino, a estabilização das nossas qualidades positivas e a mobilidade transformadora de tudo o que necessitamos para acelerar a nossa evolução interior em todos os sentidos.

Permita-nos, Pai, abrir as portas para o sucesso e bem-aventurança, com o desenvolvimento da nossa razão, pois ela nos aproxima do Criador. Ajude-nos a fazermos dos nossos corpos físicos caminhos de desenvolvimento, para que, após deixá-los, nossos espíritos possam se libertar e alçar voos rumo ao Criador Olorum.

Ilumine nossas mentes e corações, para que usemos nossas reencarnações com sabedoria, ativando cada vez mais nossos sentidos e dons, amando e respeitando nosso Criador. Faça com que multipliquemos os dons da Fé, do perdão, da tolerância, da paciência, da compaixão e da solidariedade. Permita, também, quebrarmos as barreiras que nos induzem às más tendências, ao egoísmo, ao orgulho e à vaidade, adquiridos no decorrer de nossas várias encarnações.

Ajude-nos nesta árdua caminhada, que exige a colocação frente a frente com nossa realidade, reconhecendo os erros e defeitos, aceitando-nos como somos e sabendo que viemos a este mundo para nos melhorar sempre, para que um dia possamos conhecer o mundo divino.

Livre-nos da atuação de seres espirituais ainda desvirtuados e presos à ilusão, que se comprazem no mal, na luxúria, no vício e nas paixões desenfreadas. Faça-nos seres equilibrados em nossas emoções e sentimentos, com controle sobre nossas ações. Que jamais sejamos escravos de qualquer parte negativa que possa nos envolver no ódio, no orgulho, na inveja, no egoísmo, no ciúme e na incerteza de nossa personalidade.

Divino Criador, Olorum! Nós vos agradecemos por todas as graças recebidas no trabalho de hoje. Faça com que desenvolvamos em nossa caminhada, Pai Divino, a simplicidade, a humildade e a sabedoria, ensinadas pelos vossos Pretos-Velhos!

Amém!

9 — Cantar hinos e pontos

10 — Culto familiar para Pai Obaluaiê

O culto deverá ser explicado pelo(a) dirigente e constar de folheto, distribuído a todos.

CULTO FAMILIAR A PAI OBALUAIÊ

Dia da semana de melhor vibração
Segunda-feira

Material para o ritual

3 velas brancas, em pires ou castiçais, incenso de violeta (para saúde física, altruísmo, compreensão e desenvolvimento dos poderes psíquicos), 1 jarra com água, pétalas de crisântemo branco e folhas de sálvia. Tudo isso deverá estar sobre uma mesa, ou altar, coberto com toalha branca.

Se possível, colocar música suave no ambiente.

Ritual

• Acender as velas, ladeadas com as pétalas, ervas e jarra com água. Acender o incenso. Se usar nomes ou fotos de pessoas, colocá-los sob os suportes das velas.
• Fazer as orações (escolher entre as orações apresentadas neste trabalho ou outra) em conjunto, com as pessoas ajoelhadas, com muito Respeito, Dedicação, Fé e Amor.
• Evocar. A evocação será feita por quem estiver conduzindo o ritual:

Evocação

Amado Pai Obaluaiê, nós vos evocamos e vos pedimos a bênção e a irradiação de vossa luz sobre os presentes a este ritual. Faça com que busquemos, cada vez mais, os bons ensinamentos, sentimentos e atitudes que nos elevem e nos conduzam à Luz do nosso Divino Criador.

Impeça-nos, Pai, de sucumbimos diante de provas elementares e regredirmos praticando atitudes impensadas. Capacite-nos com a necessária humildade e compreensão para ajudarmos nossos irmãos infelizes. Clamamos a vós, querido Pai, que nos inunde com vosso poder evolutivo, para que nossos passos sejam sempre em direção à Luz Divina.

Pedimos força, coragem, paz, amparo, saúde física e espiritual e o luzir de nossos espíritos com a capacidade de amar e perdoar. Que a maldade não tenha forças e poder sobre nós e que qualquer ação levantada contra nós encontre a vossa presença e se quebre em choque com as obras de luz.

Sagrado Pai, livre-nos da submissão aos espíritos viciosos, embusteiros e obsessivos. Que a prosperidade, a saúde, a felicidade e a alegria de viver imperem em nossas jornadas e nas jornadas de nossos amigos e familiares que aqui não puderam estar no dia de hoje.

Que cada um de nós se sinta fortalecido e ungido das vossas graças, agora e durante toda a nossa passagem terrena.

Amém!

Após a queima das velas, as pessoas beneficiadas poderão tomar da água fluidificada e fazer banhos, do pescoço para baixo, com as flores e ervas.

11 — Meditação para fazer em casa

PAI OBALUAIÊ

Preparação

Acenda uma vela violeta e consagre-a a Deus e a Pai Obaluaiê, pedindo-lhe que equilibre seus pensamentos e emoções, para que sua mente seja mais positiva, cure seu corpo para que se sinta mais forte, sua vida seja mais feliz, serena, cheia de bênçãos, humildade e sabedoria.

Coloque uma música tranquila do tipo *new age* e sente-se confortavelmente em um local onde ninguém vá incomodá-lo(a). Enquanto ouve a música, preste atenção em sua respiração e sinta o ar entrando e saindo de seus pulmões. Inspire profundamente e solte o ar, até sentir-se mais descontraído(a). Repita por 3 vezes essa inspiração profunda e passe a respirar tranquilamente.

Observe seu corpo e descontraia qualquer ponto de tensão contraindo e descontraindo a região tensa por 3 vezes, para que o relaxamento do corpo todo aconteça.

Exercício de visualização na vibração de Pai Obaluaiê

Agora que está relaxado(a) ouvindo a música, visualize uma luminosa cruz violácea diante de seus olhos. Desloque-a para dentro de seu peito e mentalize que a luz violeta, que essa cruz derrama dentro de você, inunda-o(a) e harmoniza-o(a), por dentro e por fora, preenchendo-o(a) com o mesmo brilho.

Visualize essa cruz subindo para sua cabeça e se posicionando acima dela, irradiando sobre você sua luz violácea, envolvendo-o(a) por fora e por dentro, até que todo seu corpo esteja tão brilhante como a cruz luminosa.

Enquanto essa luz o(a) preenche você começa a se sentir leve, sereno(a), controlado(a), capaz de transmutar desafios, protegido(a) e imune às investidas de energias negativas. Sente-se capaz de acessar seus próprios recursos internos, para entender os obstáculos como lição a aprender e ter sabedoria para promover transformações em sua vida. Peça a essa luz que o(a) inunda que desperte todas as defesas que necessita, que purifique e transmute qualquer aspecto negativo de seus pensamentos e sentimentos e cure qualquer doença de seu corpo. Agora é o momento de conversar com Pai Obaluaiê e se religar à Fonte de Evolução da Criação Divina, para fortalecer sua caminhada e despertar sua mente para a humildade e cura de alguma doença.

Essa luz satura-o(a) de tal forma que se expande por todo o recinto onde está. Concentre-se nela para que ela impregne o ambiente e, a partir de você, ela se expanda também para cada cômodo de sua casa, até envolver todo o espaço da residência e as pessoas que nela habitam.

Quando a música estiver terminando comece a mexer as mãos e remexa-se no lugar onde está sentado(a). Abra os olhos e mexa-se, levante-se e caminhe apreciando o bem-estar do exercício. Volte às suas atividades.

Transforme sua casa num lugar renovado, dando espaço para o novo: limpe, arrume, dê para alguém as coisas que você não usou no último ano e livre-se de coisas quebradas, remendadas, coladas ou desbotadas. Enfeite a casa com plantas e flores, pois além de embelezarem, elas absorvem energias negativas, transformando-as em positivas.

12 — Canto de ligação com o próximo encontro

13 — Encerramento

O dirigente da casa faz uma prece de encerramento dos trabalhos, em agradecimento.

Oração de Agradecimento

Agradecemos com todo o Amor e Respeito ao nosso Divino Criador Olorum, a Pai Obaluaiê, aos Guias e Protetores que se dignaram a vir se comunicar conosco e lhes rogamos que nos auxiliem a colocar em prática as instruções que nos deram. Façam com que ao nos retirarmos, cada um de nós saia fortificado para a prática do Bem e do Amor ao próximo.

Desejamos igualmente, que estas instruções sejam proveitosas aos espíritos sofredores, ignorantes e viciosos que tenham assistido a esta reunião, para os quais imploramos a misericórdia de Deus.

Pedimos, ó Pai Amado, que nos sustente nas Suas Sete Luzes Divinas e que cada um receba suas graças conforme seu merecimento.

Amém!!!

Obs.: Os pontos cantados e as preces ficam a critério do(a) dirigente.

CULTO RELIGIOSO À MÃE NANÃ

5 — Seguir os itens IV - C.4, 4.1

FOLHETO

MATURIDADE (RAZÃO E SABEDORIA)

"A Sabedoria nos acomoda e revela os mistérios ocultos e sagrados".
Mestre Rubens Saraceni

Na Idade Madura, o ser, ao tornar-se mais racional, começa a ter uma "luz interior" alimentada por sólidos princípios que o guiam. Essa "luz interior" é que, logo após o desencarne, irá distinguir um ser livre de outro preso aos instintos e impulsos.

A divindade que acompanha nosso fim na carne, assim como nossa entrada, em espírito, no mundo astral, é Mãe Nanã. Nessa porta de passagem, ela atua sobre o nosso carma, conduzindo esta transição com calma e serenidade. Mãe Nanã Buruquê é a maleabilidade e a decantação, é a calma absoluta, que se movimenta lenta e cadenciadamente. Essa calma absorvente de Mãe Nanã, exige silêncio; descarrega e magnetiza o campo vibratório das pessoas, que se modificam, passando a agir com mais ponderação, equilíbrio e maturidade.

Mas, maturidade não é sinônimo de idade e idade não é sinônimo de sapiência nem de maturidade. Maturidade é sabedoria, é o desenvolvimento e o compartilhamento de virtudes, é o uso da razão, com simplicidade, harmonia, equilíbrio, Amor e Fé.

O ser mais racional, guiado por princípios virtuosos, tem uma luz que se reflete em sua aura, dando-lhe um aspecto luminoso, sóbrio e estável, pois resiste aos contratempos que porventura surjam em sua vida. Essa luz se expande a partir de seu íntimo e fortalece sua aura. O ser racional, em sua velhice, é o pai e a mãe preocupado(a) com o bem estar de seus filhos e netos, que sabe se mostrar agradável aos jovens, por ser extrovertido, sem se tornar frívolo.

O magnetismo do ser racional, positivo ou virtuoso, fará com que ele seja atraído mais facilmente para as esferas positivas de luz, quando do desencarne, pois estará sem grandes débitos em sua vida terrena, a incomodá-lo em espírito.

Os seres maduros têm sua religiosidade fundamentada em princípios abrangentes e consegue sublimar-se muito rapidamente após o desencarne. Desliga-se do plano material e busca seus afins nas esferas de luz.

Já nos seres presos aos impulsos, sem maturidade, sua luz é exterior e varia conforme seu estado de espírito. O ser imaturo, quando atinge a velhice, começa a sofrer muito, por não possuir energias humanas para alimentar seu corpo emocional e acaba tornando-se apático, desinteressado, implicante, etc. Sua luz vai se exaurindo com o advento da velhice, em um processo oposto ao dos seres maduros.

A luz de um ser é a sublimação de seu espírito humano, que irá se conduzir segundo os princípios divinos que regem toda a criação. É por isso que se diz que sábios são aqueles que evoluíram tanto, em todos os sentidos, que compreenderam que Criador e Criação são inseparáveis; um sem o outro não seriam possíveis. A partir daí, amam o todo e preservam a todos.

2 — Abrir uma oferenda ou uma mandala para Mãe Nanã

Na lateral ou na frente do altar.

Para a Oferenda

Velas branca, lilás e rosa; calda de ameixa ou figo; uva, ameixa, melão e figo. Manjericão roxo e sálvia.

Mãe Nanã pode ser oferendada com 2 velas brancas, 2 cor-de-rosa e 3 lilases, 1 copo de água potável, calda de ameixa, figo, melão, uva moscatel e flores roxinhas (crisântemos e violetas).

Sobre um pano quadrado lilás, depositar, no centro, um prato grande com as frutas e um pratinho com a calda. Ao redor dos pratos, arrumar as flores e a água. Em volta da oferenda, firmar as sete velas.

A Mandala

1 vela branca central e 4 lilases nos polos.

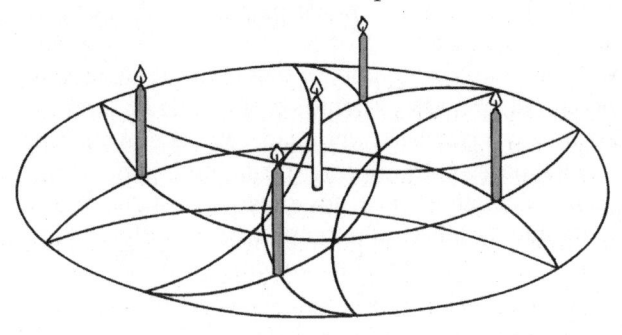

3 — Seguir os três primeiros itens de C.4.2

4 — Explanação sobre Mãe Nanã e a doutrina

A orixá Nanã rege sobre a maturidade e seu campo preferencial de atuação é o racional dos seres, que, se emocionados, sofrem sua atuação, aquietando-se e chegando até a ter suas evoluções paralisadas. Ela age decantando-os de seus vícios e desequilíbrios mentais e preparando-os para uma nova vida, mais equilibrada.

De todos os orixás, Nanã é quem tem um dos mistérios mais fechados, pois seu lado negativo é habitado por entidades com um poder enorme e como orixá é fechada às pesquisas de sua força ativa. Ela desfaz os excessos e decanta, ou enterra, os vícios.

Ela é a maleabilidade e a decantação, pois é uma orixá água-terra. É cósmica, dual e atua por atração magnética sobre os seres cuja evolução está paralisada e o emocional desequilibrado. Ela desparalisa o ser, decanta-o de todo negativismo, afixa-o no seu barro, deixando-o pronto para a atuação de Obaluaiê, que o colocará numa nova senda evolutiva. Ela é a divindade ou o mistério de Deus que atua sobre todos os espíritos que vão reencarnar, pois decanta todos os seus sentimentos, mágoas e conceitos e os adormece, para que Obaluaiê reduza-os ao tamanho de feto no útero da mãe que os reconduzirá à luz da carne. Mãe Nanã envolve o espírito que irá reencarnar, em uma irradiação que dilui todos os acúmulos energéticos, assim como adormece sua memória, preparando-o para uma nova vida na carne, na qual não se lembrará de nada do que já vivenciou. Por isso, ela é associada à velhice, que é quando a pessoa começa a se esquecer de muitas coisas da sua vida carnal. Ela atua na memória dos seres, adormece os conhecimentos do espírito, para que eles não interfiram com o destino traçado para a encarnação.

Como orixá, sua manifestação é pelos movimentos lentos e cadenciados, porque traz em si uma energia e magnetismo muito forte.

Nanã é uma guardiã que tem seu ponto de força natural, nos lagos, mangues, rios caudalosos e nos deltas e estuários dos rios. Seu campo de ação está localizado nos lagos; tudo ali traz uma calma, uma tranquilidade que não é encontrada nos outros pontos de força da Natureza.

No lado místico, Nanã é a divindade que acompanha nosso fim na carne, assim como nossa entrada, em espírito, no mundo astral. Nessa porta de passagem, Nanã, atua sobre nosso carma, conduzindo esta situação com calma, para que o espírito não tome conhecimento da sua transição de um plano vibratório a outro. Nanã é também guardiã do ponto de força da Natureza que absorve as irradiações negativas que se acumulam no espaço, criadas pelas mentes humanas nos momentos de angústia, dor ou ódio.

Nanã Buruquê é dual porque manifesta duas qualidades ao mesmo tempo. Uma vai dando maleabilidade, desfazendo o que está paralisado ou retificado, a outra vai decantando tudo e todos os seus vícios, desequilíbrios e negativismos. Ela desfaz os excessos e decanta ou enterra os vícios. Nanã Buruquê forma com Obaluaiê um par natural; são os orixás responsáveis pela evolução dos seres. Se Obaluaiê é estabilidade e evolução, Nanã é a maleabilidade e a decantação que polariza com ele e, ambos, dão origem à irradiação da Evolução.

Ela atua também na linha da vida, que no início tem Oxum, estimulando a sexualidade feminina, no meio tem Iemanjá, estimulando a maternidade e no fim tem Nanã, paralisando a sexualidade e a geração de filhos, quando se instala a menopausa.

Nanã, é um dos orixás mais respeitados no ritual de Umbanda, por se mostrar como uma vovó amorosa, sempre paciente com nossas imperfeições como espíritos encarnados tentando trilhar a senda da luz.

Os santuários naturais, pontos de força regidos por nossa Mãe Nanã Buruquê (os lagos), têm seu próprio campo magnético absorvente poderosíssimo, que varia de sete a setenta e sete metros, a partir das margens. Ali reina a calma absoluta, característica que é própria de Nanã, que se movimenta lenta e cadenciadamente, porque traz em si uma energia e um magnetismo muito fortes.

Nanã Buruquê é a maleabilidade e a decantação e atua por atração magnética sobre os seres com evolução paralisada e emocional desequilibrado. Essa calma absorvente exige silêncio e descarrega e magnetiza o campo vibratório das pessoas, que se modificam, passando a agir com mais ponderação e equilíbrio. Ela desfaz os excessos, decanta o negativismo e os vícios e os afixa no seu barro.

Nanã, quando vibra à esquerda, no seu lado negativo, é a guardiã do ponto de força das águas estagnadas. A ação negativa das águas paradas pode tirar o equilíbrio de uma pessoa, de uma só vez, provocando desequilíbrio e doenças espirituais, ao atuarem através dos líquidos do corpo humano. O seu ponto de força, quando orientado para nos auxiliar, é absorvente, mas, quando voltado contra nós, é destrutivo, desarmonizador e desequilibrador.

Nanã é também a guardiã dos deltas e estuários, locais em que os rios são absorvidos pelo mar. Ela é a Guardiã do ponto de força da Natureza que absorve as irradiações negativas, tanto as que são trazidas pelas correntes magnéticas ao redor da litosfera quanto as forças negativas criadas pelas mentes humanas. Esses pontos são como para-raios, que descarregam todas as irradiações captadas.

Falar sobre o assunto doutrinário escolhido.

5 — Meditação e Respiração

Pedir para que todos façam exercícios respiratórios, sempre com os pensamentos elevados, para receber a energia aquático-telúrica de Mãe Nanã, com as mãos sobre as pernas e com as palmas voltadas para baixo.

6 — Cantar Pontos de Chamada e de sustentação da orixá Nanã

Aos pés de Nanã eu vou rezar }
E levo flores do jardim de Oxalá. } bis

Deusa tão bonita, de tanto saber,
Bordou o seu vestido com a luz do amanhecer.
E nas águas cristalinas o sol também brilha,
É Nanã quem comanda essa força que ilumina.

Saluba, Nanã, Nanã Buruquê, }
Proteja minha vida, não me deixe sofrer. } bis

(Domínio Público)

Nas águas de Nanã Buruquê, }
vou me banhar, vou me benzer. } bis
Eu vou rezar pelos filhos de Umbanda,
Pra Mãe Nanã, que é vovó lá na Aruanda,
Eu vou pedir pelos filhos do Congá, }
Pra vovó de Aruanda nos abençoar. } bis

Lá no seu reino tem lua de prata, Nanã,
Lá no seu reino tem raios de sol,
Tem o silêncio da calma da noite, Nanã }
E tem a luz do explendor da manhã. } bis

(Lurdes Vieira, para Domínio Público)

7 — Incorporação

Chamar a Entidade Nanã da(o) dirigente, que dará a bênção a todos. Solicitar aos fiéis que façam seus pedidos, compatíveis com aquilo que é possível de ser alcançado.

Chamar a linha de trabalhos das **caboclas da Água**, na irradiação de Mãe Nanã.

As linhas de trabalhos das Sereias são regidas por Iemanjá, Oxum e Nanã. As Ondinas, ou antigas sereias, são mais velhas e regidas por Nana Buruquê. As encantadas elementais aquáticas são regidas por Oxum. As sereias verdadeiras são seres naturais regidos por Iemanjá.

Todas as entidades dessas três linhas de Umbanda podem incorporar com cantos de Iemanjá, de Oxum e de Nanã.

As entidades regidas por Nanã, que se manifestam pelo dom da incorporação oracular, são grandes conselheiras e nos conduzem a uma calma interior que somente seu ponto de força na Natureza (lagos) nos transmite.

Cantar Pontos das Caboclas da Água

Caboclas das águas calmas, }
Das lagoas de Nanã, }
Tranquilizam nossas almas, }
Com o perfume das manhãs. } bis

Ondinas do lago vêm, Ondinas do lago vão,
No balanço dos seus cantos
Trazem paz, saber, razão,
Ondinas do lago vêm, Ondinas do lago vão,
No balanço dos seus cantos
Trazem luz e proteção.

(Daisy Saraceni e Lurdes Vieira)

Cabocla, caboclinha da água,
Cabocla da beira do mar,
Cabocla proteja seus filhos, }
Com seu banho de sal. } bis

Cabocla da água,
Da água e da lua de prata,
Cabocla de Umbanda,
Cabocla da beira do mar,
Vem lá de Aruanda, }
Caboclinha Indayá. } bis

(Lurdes Vieira, para Domínio Público)

Ponto de Subida de Mãe Nanã

Mãe Nanã já vai, }
Ela vai prá Aruanda, } bis
A benção, mamãe, }
Proteção prá nossa Umbanda. } bis

(Domínio Público)

Ponto de Subida das Caboclas da Água

A sua mata é longe
Elas vão embora,
E vão beirando o rio azul,
Adeus Umbanda, adeus caboclas,
elas vão embora,
Oi vão beirando o rio azul.

(Domínio Público)

8 — Fazer a bênção a todos

ORAÇÃO À MÃE NANÃ

Salve nossa amada e querida Mãe Nana!
Senhora Mãe da Evolução e da Maturidade!

Diante da vossa bondade e da vossa luz, nós vos reverenciamos, Querida Mãe. Pedimos, Senhora Mãe, que nos acumule de bênçãos e nos torne irradiantes, diante da vossa presença, do vosso Amor e da vossa misericórdia.

Vós que sois Mãe, aquático-telúrica por natureza, ampare-nos, sustente-nos, guie-nos, conduza-nos e envolva-nos em todos os sentidos, carnais e espirituais.

Traga-nos, ó Mãe, luz radiante onde houver a escuridão pela falta de Fé. Traga-nos, Querida Mãe, a capacidade mental de entendimento das coisas visíveis. Proteja-nos com vossa ajuda sábia e equilibrada.

Paralise, ó Mãe Divina, o que estiver desvirtuado em nosso caminho, transformando-o em saber puro. Faça de nós, ó Mãe, seus eternos filhos encantados, do plano de Deus, desfazendo os possíveis desvios de nossa personalidade, decantando tudo o que estiver desvirtuado.

Querida Mãe Nanã, que vossa natureza maleável e decantadora seja um remédio para as nossas vidas, absorvendo as energias negativas e transformando-as em positivas, decantando nossas mágoas, para dinamizar nossa evolução. Libere vossas radiações, Querida Mãe, para a cura das feridas de nossa alma, de nossos familiares, de nossas casas e ambientes de trabalho, mantendo as vibrações virtuosas e elevadas.

Estimule-nos, ó Divina Mãe, na busca do crescimento interior, da maturidade, da sabedoria e da Fé. Afaste de nós os vícios, as emotividades ligadas aos instintos e impulsos, e os desequilíbrios.

Ative, ó Mãe, com seu gesto seguro, nossa religiosidade. Paralise e perdoe os excessos por nós cometidos. Aquiete-nos, Mãe Querida, sustente-nos, conduza-nos, leve-nos em vossos braços firmes e seguros, para que nunca sejamos induzidos a seguir uma direção contrária à Lei Maior.

Ó Mãe, vós que sois a Mãe madura, equilibrada, livre do emocionalismo que permeia nossas vidas terrenas, abençoe os vossos filhos, abençõe os quatro cantos da Terra, com vosso santo e Divino amor e faça de nós eternos aprendizes, despindo-nos de toda a emotividade impulsiva e instintiva, para que nosso espírito possa evoluir rumo à Luz do Divino Criador.

Saluba Nanã Buruquê!

9 — Cantar hinos e pontos

10 — Culto familiar para Mãe Nanã

O culto deverá ser explicado pelo(a) dirigente e constar de folheto, distribuído a todos.

CULTO FAMILIAR A MÃE NANÃ

Dia da semana de melhor vibração
Segunda-feira

Material para o ritual

3 velas lilás, em pires ou castiçais, incenso de camomila (para saúde, tranquilidade e disciplina), 1 jarra com água, pétalas de crisântemo lilás, manjericão roxo ou sálvia.

Tudo isso deverá estar sobre uma mesa, ou altar, coberto com toalha branca.

Se possível, colocar música suave no ambiente.

Ritual

• Acender as velas, ladeadas com as pétalas, ervas e jarra com água. Acender o incenso. Se usar nomes ou fotos de pessoas, colocá-los sob os suportes das velas.

• Fazer as orações (escolher entre as orações apresentadas neste trabalho ou outra) em conjunto, com as pessoas ajoelhadas, com muito Respeito, Dedicação, Fé e Amor.

• Evocar. A evocação será feita por quem estiver conduzindo o ritual:

Evocação

Amada Mãe Nanã, nós vos evocamos e vos pedimos amparo, proteção espiritual e ajuda justa. Não nos deixai sucumbir na escuridão da ignorância e da falta de Fé. Derrame vossa luz sobre esta casa e sobre estes vossos filhos suplicantes, ó Mãe!

Paralise, Querida Mãe, tudo o que estiver desvirtuado em nosso caminho, transformando-o em saber, maturidade e crescimento puro e verdadeiro.

Livre-nos, ó Mãe, dos possíveis desvios de nossa personalidade, decantando vibrações e irradiações mentais negativas. Ajude-nos a ter resistência mental e uma linha de pensamento lúcida, sábia e verdadeira. Livre-nos de demência, de confusões, dúvidas, erros e má compreensão das coisas.

Querida Mãe Nanã, que vossa natureza maleável e decantadora seja um remédio para as nossas vidas, absorvendo as energias negativas e transformando-as em positivas, decantando nossas mágoas, para que possamos dinamizar nossa evolução. Libere vossas radiações, Querida Mãe, para a cura das feridas de nossa alma. Cuide, Mãe, de nossos familiares e amigos, de nossas casas e de nossos ambientes de trabalho, mantendo as vibrações virtuosas e elevadas.

Estimule-nos, ó Divina Mãe, na busca do crescimento interior, da maturidade, da sabedoria e da Fé. Afaste de nós os vícios, as emotividades ligadas aos instintos e impulsos, e os desequilíbrios.

Abençoe nossos familiares, principalmente as crianças e os idosos, para que nunca lhes falte o vosso divino amparo. Amém!

(Após a queima das velas, as pessoas beneficiadas poderão tomar da água fluidificada e fazer banhos, do pescoço para baixo, com as flores e ervas.)

11 — Meditação para fazer em casa

Todos os dias, quando estiver em seu leito para descansar, retome em sua mente como foi o seu dia, tendo bastante sinceridade. Analise o que você pensou, o que fez de certo ou de errado e coloque na balança da Lei Divina, procurando sempre se melhorar.

MÃE NANÃ

Preparação

Acenda uma vela lilás e consagre-a a Deus e a Mãe Nanã. Peça-lhe decante e positive seus pensamentos e sentimentos e cure seu corpo, para sentir-se forte e sereno(a). Peça que sua vida seja mais positiva e mais feliz, equilibrada, cheia de bênçãos e proteção.

Coloque uma música tranquila do tipo *new age* e sente-se confortavelmente, em um local onde ninguém vá incomodá-lo(a). Enquanto ouve a música, preste atenção em sua respiração e sinta o ar entrando e saindo de seus pulmões.

Inspire profundamente e solte, até sentir-se mais descontraído(a). Repita por 3 vezes essa inspiração profunda e passe a respirar tranquilamente.

Observe seu corpo e descontraia qualquer ponto de tensão, contraindo e descontraindo a região com alguma musculatura tensa, por 3 vezes, para que o relaxamento do corpo todo aconteça.

Exercício de visualização na vibração de Mãe Nanã

Agora que está relaxado ouvindo a música, visualize uma lua branca que irradia uma luz perolada, um pouco branca um pouco lilás, diante de seus olhos.

Visualize essa lua acima de sua cabeça, irradiando sobre você. A luz envolve-o(a) por fora e por dentro, até que todo seu corpo esteja tão iluminado quanto ela.

Enquanto essa luz a(o) preenche você começa a se sentir leve, sereno(a), purificado(a), tranquilo(a) diante dos desafios, protegido(a) e imune às investidas de energias negativas, e capaz de acessar seus próprios recursos internos para vencer os obstáculos de sua vida com calma.

Peça a essa luz que o(a) inunda que desperte todas as defesas de que necessita, purifique e decante qualquer aspecto negativo de seus pensamentos e sentimentos e cure qualquer doença de seu corpo.

Agora é o momento de conversar com Mãe Nanã e se religar à Fonte Decantadora da Evolução na Criação Divina, para fortalecer sua caminhada e dar serenidade em sua vida, a cura e a proteção contra forças negativas, decantar e vencer alguma demanda ou processo legal.

Essa luz satura-o(a) de tal forma que se expande por todo o recinto onde está. Concentre-se nela, para que ela impregne o ambiente e, a partir de você, se expanda também para cada cômodo de sua casa, até envolver todo o espaço da residência e as pessoas que nela habitam.

Quando a música estiver terminando comece a mexer as mãos e remexa-se no lugar onde está sentado(a). Abra os olhos e mexa-se, levante-se e caminhe apreciando o bem-estar do exercício.

Volte às suas atividades.

12 — Canto de ligação com o próximo encontro

13 — Encerramento

O dirigente da casa faz uma prece de encerramento dos trabalhos, em agradecimento.

ORAÇÃO DE AGRADECIMENTO

Agradecemos com todo o Amor e Respeito ao nosso Divino Criador Olorum, a Mãe Nanã e aos Guias e Protetores que se comunicaram conosco. Rogamos a esses benfeitores que nos auxiliem a pôr em prática as instruções que nos deram e façam com que cada um de nós sinta-se fortificado na prática do Bem e no Amor ao próximo.

Desejamos igualmente, que estas instruções sejam proveitosas aos espíritos sofredores, ignorantes e viciosos que tenham assistido a esta reunião, para os quais imploramos a misericórdia de Deus.

Pedimos, ó Pai Amado, que nos sustente nas Suas Sete Luzes Divinas e que cada um receba Suas graças conforme seu merecimento.

Amém!!!

Obs.: Os pontos cantados e as preces ficam a critério do(a) dirigente.

CULTO RELIGIOSO À MÃE IEMANJÁ

1 — Seguir os itens C.4.1

Folheto

A VIDA

"Que a luz da vida os abençoe e ampare enquanto viverem no meio (carne), pois assim poderão amparar a muitos que estão à sua volta."
Mestre Rubens Saraceni

Vida é existência! Como somos seres espirituais, a vida é uma das vias de evolução do espírito, que é eterno - imortal.

A Mãe da Vida — criativa e geradora — é a Divindade Iemanjá, criada e gerada pelo Divino Criador, Olorum, para ser um princípio doador e amparador da vida. Ela atua com intensidade na geração dos seres, das criaturas e das espécies.

As características marcantes da Divina Mãe Iemanjá são o Amor maternal, a criatividade e a geração. Ela simboliza o amparo, a maternidade que envolve os seres, amparando-os e encaminhando-os diligentemente, protegendo-os até que tenham seus conscienciais despertados, estando aptos a se guiar.

A criatividade de Mãe Iemanjá torna os seres, criaturas e espécies capazes de se adaptarem às condições e meios mais adversos.

A geração irradia essa qualidade a tudo e a todos, concedendo-lhes a condição de se fundirem, para se multiplicar e se repetir.

Iemanjá é a amada Mãe da Vida, pois gera vida em si mesma e sustenta o nascimento. Ela é a água que vivifica os sentimentos e umidifica os seres, tornando-os fecundos na criatividade (vida). Ela rege o mar, que é um santuário natural, um altar aberto a todos. Por isso, é chamada "Rainha do Mar", para onde tudo é levado, para ser purificado e depois devolvido. Água é vida. Somos regidos pelas águas, pois tanto o nosso corpo como o nosso planeta são constituídos predominantemente por água.

A energia salina das Sete Águas Divinas de Mãe Iemanjá cura enfermidades do espírito, queima larvas astrais resistentes e irradia energias purificadoras para o nosso organismo. O mar é alimentador da vida e irradiador de energias que purificam o planeta e o mantém imantado.

Vida é espiritualidade e espiritualização e, portanto, imortalidade. A carne é apenas um meio para evoluirmos. A vida é a vivência das virtudes do espírito, na luz.

Salve Iemanjá, a Divina Mãe da Vida!

2 — Abrir uma oferenda ou mandala para Mãe Iemanjá

Arrumada na lateral do Congá ou na frente do altar.

PARA A OFERENDA

Iemanjá pode ser oferendada com 2 velas brancas, 2 velas cor-de-rosa e 3 azul-claro, arroz-doce, flores brancas (rosas e palmas), fitas brancas e azul-claro (de 3 a 7 de cada).

Sobre um pano azul-claro quadrado, depositar no centro um prato branco com arroz-doce. Ao redor do prato, arrumar as flores e as fitas. Em torno da oferenda, firmar as sete velas.

MANDALA

3 velas brancas (no eixo norte-sul), 4 velas azul-claro (NE- SE- SO- NO) e 1 vela azul-claro no sul (fora do eixo)

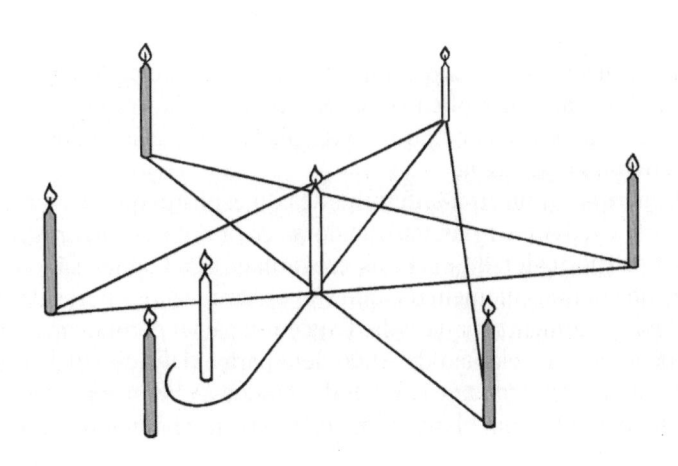

3 — Seguir os dois primeiros itens de C.4.2

4 — Explanação sobre Mãe Iemanjá e a doutrina

Iemanjá, nossa Mãe, Rainha do Mar, Senhora da Coroa estrelada, é a orixá Maior doadora da vida e dona do ponto de força da Natureza, o Mar, santuário aberto, onde tudo é levado para ser purificado e depois devolvido. Ela foi gerada na qualidade criativa e geradora do Criador Olorum e é a criatividade e a geração em si mesma.

Iemanjá rege sobre a geração e simboliza a maternidade, o amparo materno, a mãe propriamente dita. Iemanjá é a água que nos dá a vida, como uma força divina. O Planeta Terra é, na verdade, o planeta água, porque se constitui de três quartos de água. Nosso corpo é constituído por água em sua maior parte. Somos regidos pelas águas. Quando não há água, não há vida, e sem vida nada existe.

Iemanjá, a Guardiã do Ponto de Força da Natureza, o Mar, é a orixá que tem um dos maiores santuários. As pessoas que vivem onde há muita água são mais emotivas. Quem vive à beira-mar absorve uma irradiação marinha muito forte. Isso o torna mais saudável, menos suscetível a doenças do que quem vive distante do mar. A irradiação marinha, assim como a das matas, é purificadora do nosso organismo. Do mar saem irradiações energéticas salinas que purificam o planeta. Do mar também saem energias magnéticas que imantam o globo terrestre, ou o mantém imantado.

O mar é um santuário, um altar aberto a todos e regido por nossa Mãe Iemanjá, a Rainha do Mar, onde tudo é levado para ser purificado e depois devolvido. Iemanjá, nossa Mãe geradora, a Mãe da vida, é em si mesma a qualidade criativa e geradora de Olorum. Ela não é uma deusa, mas é um princípio criativo, doador da vida, que gera a criatividade e a irradia de forma neutra a tudo que vive, dando-lhes a capacidade de se adaptar às condições e meios mais adversos à vida. Também gera e irradia a qualidade genésica, concedendo a tudo e a todos a condição de se fundir com coisas ou seres afins para multiplicar-se e repetir-se. Somos regidos pelas águas, pois tanto o nosso corpo como o nosso planeta Terra são constituídos predominantemente por água.

A energia salina cura enfermidades do espírito, queima larvas astrais resistentes, irradia energias purificadoras para o nosso organismo. O mar é o melhor irradiador de energias cristalinas; suas águas são condutores naturais de energias elementais, que são concretizações puras de energia.

O mar é alimentador da vida. Esta é uma ação permanente. O homem não pode alterá-la e ela não depende dele para existir ou atuar. É um princípio divino e, como tal, age sobre tudo e todos. À beira-mar, sobre o mar e dentro do mar existe um plano etéreo da vida que é habitado por muito mais seres que na face da terra. A vida ali, atinge a casa das dezenas de bilhões de seres regidos pelo "princípio" Iemanjá.

O ponto de força do mar, e sua Guardiã, não querem ser vistos apenas como objetos para adoração mística. Querem não ser profanados por aqueles que trazem todos os vícios humanos em seu íntimo. Essas pessoas maculam o mar com aquilo que têm de pior. Por isso ele é tão fechado em seus mistérios maiores, revelando apenas seus mistérios menores e, assim mesmo, parcialmente. É uma forma de defesa de seus princípios sagrados.

Iemanjá é a Mãe da vida, e como tudo o que existe só há porque foi gerado, então, ela está na geração de tudo o que existe. Ela atua na geração dos seres, das criaturas e das espécies.

O Amor maternal é uma característica marcante dessa divindade, mas, se Iemanjá é uma mãe ciumenta dos seus filhos, também é uma Mãe que não perdoa o erro daqueles que vão até seu ponto de força na Natureza, o mar para fazer o mal. Olhem para o mar e começarão a descobrir os mistérios da Natureza. Descobrindo o seu encanto e magia, irão conhecer o outro lado da vida.

Ao mar, alimentador da vida, se dirigem milhares de espíritos após o desencarne, à procura de Paz. Lá encontram um campo vasto para viver em Paz. Simbolicamente, Mãe Iemanjá é representada com a estrela do mar, que é a estrela da geração (vida).

5 — Exercícios de meditação e respiração

Pedir para que todos façam exercícios respiratórios, sempre com os pensamentos elevados, para receber a energia aquática de Mãe Iemanjá, com as mãos sobre as pernas e com as palmas voltadas para cima.

6 — Cantar pontos de chamada e de sustentação da orixá Iemanjá

Mãe d'água, rainha das ondas, Sereia do Mar }
Mãe d'água, seu canto é bonito quando tem luar } bis

Ê Iemanjá, ê Iemanjá,
Rainha das ondas, sereia do mar } bis

É bonito o canto de Iemanjá,
Sempre faz o pescador chorar,
Quem escuta a Mãe d'água cantar
Vai com ela pro fundo do mar. } bis

(Domínio Público)

As rosas brancas, perfumadas, vêm beijar a fina areia, }
Iluminadas pelos raios de luar, }
Na clara espuma a sereia, com seu canto nos seduz }
E suas pérolas são lágrimas de luz. } bis

Divina Mãe, Iemanjá, que rosas brancas vem buscar, }
Seu canto é vida e gerou o imenso mar, }
Divina Mãe, Iemanjá, criou a vida nesse mar, }
Suas estrelas são presentes de Oxalá. } bis

(Lurdes Vieira, para Domínio Público)

7 — Incorporação

Chamar o orixá Iemanjá da(o) dirigente, que dará a bênção a todos. Solicitar aos fiéis que façam seus pedidos, compatíveis com aquilo que é possível de ser alcançado.

Chamar a(s) linha(s) de trabalhos na irradiação de Mãe Iemanjá — **Sereias e/ou Marinheiros**.

A Linha das Sereias

As Sereias e demais encantadas(os) aquáticas(os) são seres naturais, isto é, espíritos que nunca encarnaram, regidas por Iemanjá, Oxum e Nanã Buruquê. Elas têm um poder de limpeza, purificação e descarga de energias negativas superior a qualquer outra das linhas de trabalho de Umbanda Sagrada. Elas não falam, mas seu canto é um poderoso mantra aquático diluidor de energias negativas.

As Sereias verdadeiras são seres naturais regidas por Iemanjá. As Ondinas, ou antigas sereias, são mais velhas e são regidas por Nanã Buruquê. As encantadas elementais aquáticas são regidas por Oxum.

Essas três mães d'água regem o mistério sereia do Ritual de Umbanda Sagrada e todas podem incorporar com cantos de Iemanjá, de Oxum e de Nanã.

Para oferendar as Sereias, deve-se levar ao mar, aos lagos, ou às cachoeiras rosas brancas, velas brancas, azuis, amarelas e lilases; champanhe, frutas em calda e licores.

Cantar Pontos de Chamada e de Sustentação das Sereias

Eu fui na beira da praia, }
Pra ver o balanço do Mar, } bis

Eu vi um retrato na areia, }
Me lembrei da sereia, } bis
Comecei a chamar. }

Oh! Janaína, vem ver! }
Oh! Janaína, vem cá, }
Receber suas flores } bis
Que venho lhe ofertar. }

(Domínio Público)

Saia do mar, linda sereia,
Saia do mar, venha brincar na areia.
Saia do mar, sereia bela,
Saia do mar, venha brincar com ela.

(Domínio Público)

Cantar Ponto de Subida das Sereias
Ela vai beirando a areia,
Ela vai beirando o mar,
A sereia vai embora,
Se encontrar com Iemanjá.

(Domínio Público)

Quanto me dão para levar
Mãe Iemanjá para o fundo do mar?
Buquê de flores, laço de fita,
Mãe Iemanjá é uma moça bonita.

(Domínio Público)

A Linha dos Marinheiros

Os Marinheiros são espíritos do mar alegres e cordiais. Seus magnetismos aquáticos lhes dão a impressão de que o solo está se movendo sob seus pés, por isso eles imitam os marujos nos tombadilhos dos navios.

Os Marinheiros são espíritos de antigos piratas, marujos, guardas marinhos, pescadores e capitães do mar, regidos por Iemanjá e Oxalá, mas atuam também sob a irradiação dos demais orixás.

Pontos de Chamada e Sustentação da Linha dos Marinheiros
Seu Marinheiro do Mar, }
não deixai o barquinho afundar, } bis
Rema, remador... }
seu barco em alto mar. } bis

(Domínio Público)

Cantar Ponto de Subida dos Marinheiros
O navio apitou, o relógio marcou hora,
O navio apitou, o relógio marcou hora,
Adeus meu povo, adeus, marinheiro vai embora,
Adeus meu povo, adeus, marinheiro vai embora.

(Domínio Público)

8 — Fazer a bênção a todos

ORAÇÃO À MÃE IEMANJÁ

Ó Divina Mãe Geradora Aquática! Mãe da Vida! Ajoelhados diante de vós, pedimos bênçãos com as vossas Sete Águas Sagradas, para vivificar nossas vidas!

Acolha-nos, Mãe Geradora, na concha de vosso colo amoroso e seguro! Abrace-nos, conforte-nos e embale-nos, no vai e vem de vossas ondas e do vosso canto melodioso!

Envolva-nos com vossa Luz Divina, suprindo nossas carências de conforto e de Amor, dando-nos coragem e confiança para enfrentarmos as dificuldades da vida!

Purifique-nos, Amada Mãe, livrando-nos de emoções, sentimentos, pensamentos e atitudes negativos!

Imante-nos, Divina Mãe, com vossa capacidade criativa e geradora!

Cure nossos corpos e espíritos com vossas Águas Sagradas, que são vida!

Irradie sobre nós, Mãe Divina, vossas energias aquáticas, para a recomposição de nossa aura e para a imantação positiva de nossos locais de trabalho e de nossas moradas!

Presenteie-nos, Mãe Divina, com vossas Pérolas Sagradas, frutos do vosso Amor e das vossas lágrimas, guardados em vossas conchas!

Consagre-nos com vossas emanações, para que sejamos merecedores desse vosso tesouro e possamos transformar:

• As pérolas da fé, em redenção, religiosidade e congregação;
• As pérolas do amor, em doação e fraternidade;
• As pérolas do conhecimento, em sabedoria e simplicidade;
• As pérolas da justiça, em equilíbrio e proteção;
• As pérolas da Lei, em amparo e orientação;
• As pérolas da evolução, em razão, humildade e compaixão;
• As pérolas da criação, em vida compartilhada com nossos irmãos!

Faça de nossos corações, ó Mãe da Vida, conchas acolhedoras, portais mágicos geradores de benefícios para nossos semelhantes!

Transforme nossos corações, Mãe Amada, em arcas divinas, onde vossas pérolas encontrem as condições necessárias para serem por nós cultivadas!

Que essas pérolas se reproduzam em nós, e, cada vez mais, possamos reparti-las com os irmãos, encarnados ou não!

Que vosso Amor de Mãe Divina nos ampare, acolha, purifique, vivifique e ilumine sempre! Amém!

Salve a Divina Mãe Iemanjá, Mãe Geradora da Vida!

9 — Cantar hinos e pontos

10 — Culto Familiar para Mãe Iemanjá (2.10)

O culto deverá ser explicado pelo(a) dirigente e constar de folheto, distribuído a todos.

CULTO FAMILIAR

Dia da semana de melhor vibração
Sexta-feira

Material para o ritual

3 velas azul-claro ou 1 vela rosa, 1 azul-claro e 1 branca, em pires ou castiçais, incenso de flor-de-laranjeira (calmante), 1 jarra com água, pétalas de rosas brancas e folhas de erva-cidreira. Se quiser, pode colocar calda de pêssego, manjar, arroz-doce e melão. Opcional: 1 Pedra: Diamante, Zircão ou platina

Tudo isso deverá estar muito bem arrumado, sobre uma mesa, ou altar, coberto com toalha azul-claro ou branca. Se possível, colocar música suave no ambiente.

Ritual

• Colocar as frutas, doces e a jarra com água no centro da mesa.

• Acender as velas ao redor, ladeadas com as pétalas e ervas. Acender o incenso. Se usar nomes ou fotos de pessoas, colocá-los sob os suportes das velas.

• Fazer as orações (escolher entre as orações apresentadas neste trabalho ou outras) em conjunto, com as pessoas ajoelhadas, com muito respeito, dedicação, fé e amor.

• Evocar. A evocação será feita por quem estiver conduzindo o ritual:

Evocação

Mãe amada da luz viva azul e da geração pura, dê-nos a vossa bênção e proteção! Pedimos que vossas águas sagradas inundem nossos espíritos, amenizando nossas doenças da alma e do corpo físico.

Vós que sois a Mãe dos orixás, vele também por nossos entes queridos, de sangue ou não, trazendo proteção e saúde às nossas vidas. Envolva, ó Mãe, com vossas águas e vossa luz viva azul, o nosso mental, os nossos sete corpos internos e externos, limpando-nos energeticamente. Leve para o fundo do mar toda espécie de rancor, tristeza, ódio, seres malignos e tronos negativados, que porventura estiverem atuando contra nós, direta ou indiretamente. Busque os focos negativos em nossos lares, trabalho e demais ambientes do nosso dia a dia, tornando tudo luminoso e cheio de paz e harmonia.

Mãe Iemanjá, pedimos vossa ajuda, para que possamos absorver com maior intensidade os ensinamentos divinos, tornando-nos seres humanos melhores, mais pacientes. Pedimos a vós, Mãe Querida, dona das riquezas do mar, que nunca falte o pão de cada dia em nossa mesa e que nossas necessidades sempre sejam atendidas, conforme o merecimento de cada um.

Odoiá, Mamãe Iemanjá!

11 — Meditação para fazer em casa

Todos os dias, quando estiver em seu leito para descansar, retome em sua mente como foi o seu dia, tendo bastante sinceridade. Analise o que você pensou, o que fez de certo e o que fez de errado e coloque na balança da Lei Divina, procurando sempre se melhorar.

MÃE IEMANJÁ

Preparação

Acenda uma vela azul-claro e consagre-a a Deus e a Mãe Iemanjá, pedindo-lhe que equilibre seus pensamentos e emoções, para que sua vida seja mais positiva, feliz, cheia de bênçãos, comunhão, criatividade, amigos e família harmonizada.

Coloque uma música tranquila do tipo *new age* e sente-se confortavelmente em um local onde ninguém vá incomodá-lo(a). Enquanto ouve a música, preste atenção em sua respiração e perceba o ar entrando e saindo de seus pulmões.

Inspire profundamente e solte, até sentir-se mais descontraído(a). Repita por 3 vezes essa inspiração profunda e passe a respirar tranquilamente.

Observe seu corpo e descontraia qualquer ponto de tensão, contraindo e descontraindo a região tensa por 3 vezes, para que aconteça o relaxamento do corpo todo.

Exercício de visualização na vibração de Mãe Iemanjá

Agora que está relaxado(a) ouvindo a música, visualize uma estrela de luz azul-claro, translúcida, diante de seus olhos.

Desloque-a para dentro seu peito e mentalize que a luz azul-claro dessa estrela se derrama dentro de você, inundando-o(a) e harmonizando-o(a) por dentro e por fora, preenchendo-o(a) com o mesmo brilho.

Mentalize essa estrela subindo para sua cabeça e se posicionando acima dela, irradiando sobre você sua luz azul clarinha, envolvendo-o(a) por fora e por dentro, até que todo seu corpo esteja tão brilhante quanto ela.

Enquanto essa luz o(a) preenche, você começa a se sentir leve, sereno(a), capaz de vencer desafios, protegido(a), harmonizado(a), capaz de acessar seus próprios recursos internos, para diluir mágoas e reaproximar ou encontrar as pessoas do seu destino.

Peça a essa luz que o(a) inunda que desperte todas as defesas que você necessita e que pacifique seus pensamentos e sentimentos.

Agora é o momento de conversar com Mãe Iemanjá e se religar à Fonte de Vida da Criação Divina, para fortalecer sua caminhada e despertar sua mente para a criatividade, a comunhão e o entendimento das lições da vida em grupo.

Essa luz satura-o(a) de tal forma que se expande por todo o recinto onde está. Concentre-se nela para que ela impregne o ambiente e, a partir de você, ela se expanda para cada cômodo de sua casa, até envolver todo o espaço da residência e as pessoas que nela habitam.

Quando a música estiver terminando comece a mexer as mãos e remexa-se no lugar onde está sentado(a). Abra os olhos e mexa-se, levante-se e caminhe apreciando o bem-estar do exercício.

Volte às suas atividades.

12 — Ligação com o próximo encontro

>Mãe Iemanjá abençoou seus filhos,
>Mãe Iemanjá abençoou o congá,
>Mãe Iemanjá, a rainha das águas,
>Mamãe espera seu filho voltar.
>
>*(Domínio Público)*

13 — Encerramento

O dirigente da casa faz uma prece de encerramento dos trabalhos, em agradecimento.

Oração de Agradecimento

Agradecemos com todo o Amor e Respeito ao nosso Divino Criador Olorum, Deus Pai Todo-Poderoso, Mãe Iemanjá, aos Guias e Protetores que aqui estiveram se comunicando conosco e atendendo aos nossos pedidos de socorro. Agradecemos a oportunidade a nós concedida e pedimos força e amparo durante os dias que se seguem, até que possamos novamente estar aqui reunidos sob a orientação divina. Esperamos confiantes pelo próximo encontro, permanecendo na Fé e Verdade ensinadas por nosso Pai Olorum, por intermédio de suas divindades.

Agradecemos à Mãe Iemanjá por ter nos acolhido em seu ventre, trazendo-nos de volta à nossa vida cotidiana mais fortes, mais felizes e confiantes na sua eterna geração de Amor, de Fé, de Prosperidade e de Saúde.

Rogamos a todos que nos auxiliem a pôr em prática as instruções recebidas e façam com que, ao nos retirarmos, cada um de nós se sinta fortificado na prática do Bem e no Amor ao próximo, cultivando essa Luz e esse Amor recebidos de nossa amada Mãe das águas.

Amém!!!

Obs.: Os pontos cantados e as preces ficam a critério do(a) dirigente.

CULTO RELIGIOSO A PAI OMOLU

1 — Seguir os itens de C.4.1

Folheto

A MORTE

"A morte é um ato de vida."
Mestre Rubens Saraceni

Não fugiremos à Lei imutável de que há vida após a morte. A verdadeira vida eterna é a existência do espírito que, após um período no astral, reencarna, voltando ao corpo material muitas vezes, para ampliar a consciência do ser e continuar o seu aperfeiçoamento e crescimento, no caminho rumo ao Criador.

Esta vida é apenas um estágio, no qual devemos adquirir compreensão para evoluir. Com a morte, muda apenas a vibração, pois o plano de vida passa a ser o espiritual. Portanto, vida e morte constituem um único ciclo de vida, no qual o nascimento corresponde à entrada na vida material e a morte a entrada na vida espiritual.

Pai Omolu é o orixá, fiel depositário do nosso corpo, quando o espírito se desprende dele. Ele é o orixá da terra, que nos aguarda até que sejamos chamados pelo nosso Senhor, Olorum. O que normalmente chamamos de morte é uma dissolução progressiva do indivíduo, que, ao desencarnar, se defronta com uma zona de transição entre o mundo da matéria e o mundo astral, denominada túnel da triagem. Esse túnel escuro, possível de ser atravessado em frações de segundos, tem portas de entrada para o astral superior, que conduzem a zonas de repouso e regeneradoras, e portas de entrada para as zonas trevosas do astral inferior. Ao passar por esse túnel, bastam alguns segundos para que toda a vida do ser, suas ideias, seus preconceitos, seus comportamentos e suas crenças desenrolem-se como cenas de um filme. Essa aferição dará seu direcionamento ao local que habitará após o desencarne, de acordo com suas afinidades com princípios positivos luminosos ou negativos e viciados. Os vícios terrenos muitas vezes atrasam em milênios nossa caminhada evolutiva.

Pai Omolu, de seu ponto de forças no campo-santo (cemitério), coordena todas as almas, após o desencarne, de acordo com a Lei Maior, mantendo-as no cemitério ou encaminhando-as ao umbral (purgatório), onde também é o regente. O Senhor Omolu é o chefe de todos os executores da Lei dentro da Linha das Almas e é, ele mesmo, o verdadeiro executor dos seres que caíram, por vários motivos, e que têm de purgar os seus erros no astral inferior. Ele também recolhe os espíritos que, quando na carne, ofenderam o Criador, e que cairão nos planos sem retorno. Em todas as culturas o campo-santo é considerado um lugar sagrado, onde os corpos sem vida são devolvidos ao Criador Olorum. Os mortos merecem o nosso respeito e devem ser lembrados com amor, pois tais sentimentos os auxiliarão em sua caminhada evolutiva.

A obrigação de todos nós é cuidarmos da vida na carne, da melhor maneira possível, com a coragem de colocarmo-nos frente a frente com os nossos vícios, erros, desejos e anseios. É reconhecermos que somos imperfeitos e buscarmos sempre nossa melhora, envidando todos os esforços possíveis para vencermos a nós mesmos, mudarmos nossas atitudes em relação aos semelhantes e a nós, e caminharmos rumo ao Divino Criador.

Que Pai Omolu, o Sagrado Doador da Vida, nos resgate e encaminhe para a evolução!

2 — Abrir uma oferenda ou uma mandala para Pai Omolu

A oferenda pode ser arrumada na frente do altar. Após o trabalho, ou no dia seguinte, entregar no cruzeiro do cemitério.

PARA A OFERENDA

Omolu pode ser oferendado com 13 velas, sendo 5 brancas e 8 pretas, 1 copo com água potável, pipocas, coco fatiado, coberto com mel, vinho branco licoroso e crisântemos brancos ou roxos.

Sobre um pano branco quadrado, depositar uma vasilha rasa, grande e de barro, com terra dentro, colocar no meio um prato branco, com pipocas, sem sal, cobertas com coco fatiado e mel. Ao redor do prato, arrumar as flores e o vinho. No lado direito da oferenda, firmar as velas, intercaladas, formando uma cruz. No lado esquerdo, firmar um triângulo de forças, com 1 vela branca no norte, 1 preta no oeste e 1 vermelha no leste. Colocar o copo com água no meio.

A MANDALA

5 velas (1 branca central e 4 roxas nos polos).

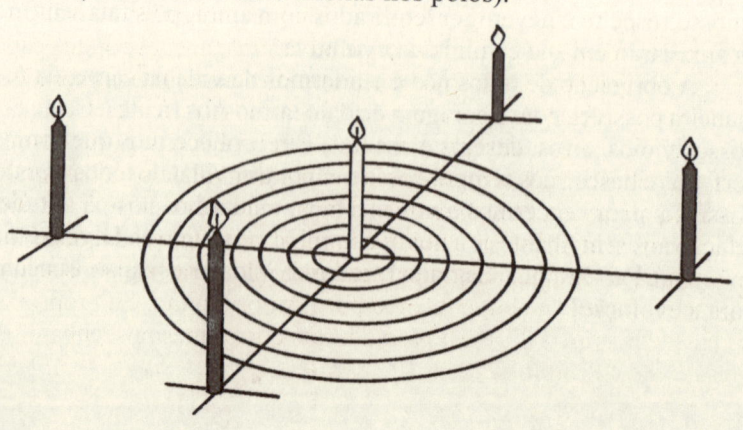

3 — Seguir os três primeiros itens C.4.2

4 — Explanação sobre Pai Omolu e a doutrina

Na Umbanda, Omolu é o orixá que tem o recurso de paralisar todo processo criativo ou gerativo que se desvirtuar, se degenerar, se desequilibrar, se emocionar e se negativar. Deus tanto gera como paralisa a criação que não mais atende aos seus desígnios, às suas vontades.

Pai Omolu nos paralisa nos atos geradores desvirtuados, das ideias, doutrinas, projetos, desejos, faculdades sexuais, princípios, leis, etc.

Os atributos de Omolu são telúricos, pois é através da essência telúrica que suas irradiações nos chegam, imantando-nos e despertando em nosso íntimo os virtuosos sentimentos de preservação de tudo que foi gerado pelo Divino Criador.

Pai Omolu, a terra geradora da vida, é uma divindade da terra. É o orixá que rege a morte, ou seja, o desencarne, o instante da passagem do plano material para o plano espiritual, conduzindo cada um ao seu devido lugar. Omolu é a energia que se condensa em torno do fio de prata, que une o espírito e o seu corpo físico, e o dissolve no momento do desencarne ou passagem de um plano para o outro. Essa energia que rompe o fio tanto pode parti-lo rapidamente (quando a morte é natural e fulminante) como pode ir se condensando em torno dele, envolvendo-o todo até alcançar o perispírito que já entrou em desarmonia vibratória (porque a passagem deve ser lenta), induzindo o ser a aceitar seu desencarne de forma passiva. Pai Omolu atua em todas as religiões, sendo em algumas denominado de "Anjo da Morte" e em outras divindade ou "Senhor dos Mortos".

É o Guardião dos Mortos e da Vida, pois paralisa todos que atentarem contra ela. É o Senhor das Almas, pois, se a Lei o ordenar, mantém os espíritos nos cemitérios após o desencarne. Ele guarda para Olorum os espíritos que, durante sua jornada terrena, fraquejaram e se entregaram à vivência de seus vícios emocionais. Mas, ele não pune ou castiga, apenas conduz cada um ao seu devido lugar logo após o desencarne. Em seu polo negativo, é o chefe de todos os executores da Lei dentro da Linha das Almas.

Omolu é o executor das almas que caíram e têm de purgar os seus erros no astral inferior, também conhecido como umbral. Esse orixá paralisa todo processo criativo ou gerativo que se negativar, se desvirtuar, se degenerar, se desequilibrar ou se emocionar. Ele recolhe o espírito daqueles que ofenderam ao Criador, quando na carne, e que irão para os planos sem retorno. Mas, em seu polo positivo, ele é o puro Amor Divino, é a própria caridade divina no amparo dos espíritos caídos, até que os mesmos tenham se curado e retornado ao caminho reto.

Podemos orar a Omolu para a cura de enfermidades. Ele atuará no nosso magnetismo, no nosso corpo energético, no nosso campo vibratório e no nosso corpo carnal, curando-nos ou possibilitando o encaminhamento ao médico que fará isso.

Toda a magia envolvendo os mortos está em seu reino, o ponto de forças dos cemitérios, no embaixo, já que, no alto são regidos por nosso pai Obaluaiê. Os povos de todas as culturas têm os seus campos santos, os cemitérios, como lugares sagrados, para onde são devolvidos os corpos já sem vida ao Doador da Vida e que não devem ser profanados. São os pontos de transição do espírito, quando deixa a matéria e passa para o plano espiritual."

Falar sobre o assunto doutrinário escolhido.

5 — Meditação e respiração

Pedir para que todos façam exercícios respiratórios, sempre com os pensamentos elevados, para receber a energia telúrica de Pai Omolu, com as mãos sobre as pernas e com as palmas voltadas para cima.

6 — Cantar pontos de chamada e de sustentação do orixá Omolu

Omolu, meu Pai, venha me valer, }
A minha vida, meu Pai, é padecer. } bis

Eu não tenho Pai, eu não tenho mãe,
O meu pai é o sol, minha mãe é lua,
Mas quem manda nesta terra }
É o mais velho, Omolu. } bis

(Domínio Público)

Cadê a chave do baú? }
Tá com o mestre Omolu. } bis

Seu Omolu, êh! }
Seu Omolu, ah! }
Seu Omolu, êh! }
Omolu é orixá. } bis

(Domínio Público)

7 — Incorporação

Chamar a entidade Omolu da(o) dirigente, que dará a bênção a todos. Solicitar aos fiéis que façam seus pedidos, compatíveis com aquilo que é possível de ser alcançado.

Chamar a linha de trabalhos dos **caboclos Africanos**, que atua na irradiação de Pai Omolu. Esses caboclos são ativos, secos, implacáveis e rigorosíssimos, com toda criatividade e geração desvirtuada ou contrária aos sete sentidos da vida.

Cantar Pontos de Chamada e de Sustentação dos Caboclos Africanos

Esse caboclo vem de longe, }
Firmar no sul, firmar no norte. }
Esse caboclo é africano, }
De pé no chão e braço forte. } bis

Ele é caboclo feiticeiro, }
Ele é o Caboclo Pisa Forte, }
Ele é caboclo quimbandeiro, }
Cura a vida e cura a morte. } bis

(Lurdes Vieira, para Domínio Público)

O galo bateu asas e cantou, }
A hora dos africanos chegou.} bis

Se esse galo não cantasse }
Muita gente não sabia }
Os africanos aqui chegaram }
Antes do romper do dia. } bis

(Domínio Público)

Ponto de Subida de Pai Omolu

A sineta do céu bateu, }
Oxalá já diz que é hora. } bis

Eu vou, eu vou, eu vou, }
Ficar com Deus e Nossa Senhora. } bis

(Domínio Público)

Cantar Ponto de Subida dos Caboclos

Caboclo vai, vai, vai embora,
Caboclo vai prá sua aldeia, vai,

> Os passarinhos estão cantando alegres,
> Lá na sua mata,
> Onde mora o seu Pai,
> Caboclo vai.
>
> (*Domínio Público*)

8 — Fazer a bênção a todos (2.8)

ORAÇÃO A PAI OMOLU

Amado Pai Omolu, nós vos reverenciamos, com Respeito e Amor. Rogamos a vós, amado Pai, que derrame vossas bênçãos sobre nós. Vós que fostes bem aventurado por Olorum, com o Ministério dos Anjos, para que todo aquele que o houvesse invocado não fosse atacado pelo contágio da peste, fazei com que nós, que o estamos invocando, fiquemos livres de toda peste do corpo e da alma.

Nós viemos até vós, Divino Pai, recorrer à vossa proteção, pedindo-vos com fé, para que sejamos poupados, permanecendo no gozo da saúde e para que tenhamos, no nosso fim na matéria, uma passagem sem longos padecimentos. Que, do outro lado da vida, possamos encontrar rapidamente nossa consciência e o amparo para a retomada de nosso caminho em direção à Luz.

Limpe-nos, Pai, das impurezas do corpo e do espírito e mantenha-nos sob vossa proteção, para que nunca fraquejemos, nos desvirtuemos, nos degeneremos, nos desequilibremos e nem tenhamos vícios, emoções e sentimentos negativos, em relação à criação e à geração.

Cubra-nos, Pai Omolu, com vossas irradiações telúricas, imantando-nos e despertando em nosso íntimo os virtuosos sentimentos de preservação de tudo que foi gerado pelo Divino Criador, para que jamais O ofendamos.

Amplie em nós, Pai Amado, a capacidade de perdoar e ter misericórdia por nossos irmãos necessitados.

Vós, que sois o puro Amor e a própria Caridade Divina no amparo dos espíritos caídos, até que os mesmos tenham se curado e retornado ao caminho reto, mantenha-nos sob vossa caridade e amparo, ó Pai, para que nunca nos desviemos do caminho da retidão e da evolução a Deus.

Atue, Amado Pai, no nosso magnetismo, no nosso corpo energético, no nosso campo vibratório e no nosso corpo carnal, curando-nos ou possibilitando-nos o encaminhamento à pessoa certa, ao profissional que nos aplicará o tratamento físico ou espiritual adequado às nossas necessidades.

Atotô, Pai Omolu!

9 — Cantar hinos e pontos

10 — Culto familiar para Pai Omolu

O culto deverá ser explicado pelo(a) dirigente e constar de folheto, distribuído a todos.

CULTO FAMILIAR A PAI OMOLU

Dia da semana de melhor vibração
Sexta-feira

Material para o ritual

3 velas roxas, em pires ou castiçais, incenso de violeta (para saúde física, altruísmo e compreensão), 1 jarra com água, pétalas de crisântemo roxo e galhos e folhas de cipreste.

Tudo isso deverá estar sobre uma mesa, ou altar, coberto com toalha branca.

Se possível, colocar música suave no ambiente.

Ritual

• Acender as velas, ladeadas com as pétalas, ervas e jarra com água. Acender o incenso. Se usar nomes ou fotos de pessoas, colocá-los sob os suportes das velas.

• Fazer as orações (escolher entre as orações apresentadas neste trabalho) em conjunto, com as pessoas ajoelhadas, com muito Respeito, Dedicação, Fé e Amor.

• Evocar. A evocação será feita por quem estiver conduzindo o ritual:

Evocação

Amado Pai Omolu, nós vos evocamos e vos pedimos o fortalecimento de nossa fé e o despertar de nossa religiosidade. Zelai, Pai Omolu, para que sejamos sempre amparadores da vida e dos seus sentidos.

Fazei com que busquemos, cada vez mais, os bons ensinamentos, sentimentos e atitudes que nos elevem e nos conduzam à Luz do nosso Divino Criador.

Pedimos, Divino Pai Omolu, força, a coragem, a resignação e inspiração para que só pratiquemos o bem. Sabemos como é difícil seguir a Vossa Senda, pois temos consciência das nossas fraquezas e das nossas imperfeições. Entretanto, Sagrado Pai, nós nos esforçamos para sermos dignos de vossa bênção e de vosso perdão.

Impeça-nos, Pai, de sucumbimos diante de provas elementares e regredirmos praticando atitudes impensadas. Capacite-nos com a necessária humildade e compreensão para ajudarmos nossos irmãos infelizes.

Pedimos força, coragem, paz, amparo, saúde física e espiritual e o luzir de nossos espíritos com a capacidade de amar e perdoar.

Sagrado Pai, livre-nos da submissão aos espíritos viciosos, embusteiros e obsessivos. Que cada um de nós se sinta fortalecido e ungido das vossas graças, agora e durante toda a nossa passagem terrena.

Que a maldade não tenha forças e poder sobre nós e que qualquer ação levantada contra nós encontre a vossa presença e se quebre em choque com as obras de luz.

Sagrado Pai Omolu, cure nossas almas feridas e nossos corpos doentes, fortaleça-nos e proteja-nos com vossos recursos do invisível poder de Deus.

Amém!

(Após a queima das velas, as pessoas beneficiadas poderão tomar da água fluidificada e fazer banhos, do pescoço para baixo, com as flores e ervas).

11 — Meditação para fazer em casa

Todos os dias, quando estiver em seu leito para descansar, retome em sua mente como foi o seu dia, tendo bastante sinceridade. Analise o que você pensou, o que fez de certo e o que fez de errado e coloque na balança da Lei Divina, procurando sempre se melhorar.

PAI OMOLU

Preparação

Acenda uma vela roxa e consagre-a a Deus e a Pai Omolu. Peça-lhe purifique e positive seus pensamentos e sentimentos, cure seu corpo, para sentir-se mais forte e sereno(a), para que sua vida seja mais feliz, estável, cheia de bênçãos e proteção.

Coloque uma música tranquila do tipo *new age* e sente-se confortavelmente, em um local onde ninguém vá incomodá-lo(a). Enquanto ouve a música preste atenção em sua respiração e sinta o ar entrando e saindo de seus pulmões.

Inspire profundamente e solte até sentir-se mais descontraído. Repita por 3 vezes essa inspiração profunda e passe a respirar tranquilamente.

Observe seu corpo e descontraia qualquer ponto de tensão, contraindo e descontraindo a região tensa, por 3 vezes, para que o relaxamento do corpo todo aconteça.

Exercício de visualização na vibração de Pai Omolu

Agora que está relaxado(a) ouvindo a música, visualize uma cruz que irradia uma luz violácea intensa diante de seus olhos. Mentalize essa cruz acima de sua cabeça irradiando sobre você. A luz violácea envolve-o(a) por fora e por dentro até que todo seu corpo esteja tão iluminado como ela. Enquanto essa luz o(a) preenche, você começa a se sentir leve, sereno(a), purificado(a), tranquilo(a) diante dos desafios, íntegro(a) e protegido(a) das investidas de energias negativas, e capaz de acessar seus próprios recursos internos para vencer os obstáculos de sua vida, com calma e estabilidade.

Peça a essa luz que o(a) inunda que desperte todas as defesas que necessita, purifique qualquer aspecto negativo de seus pensamentos e sentimentos e cure qualquer doença de seu corpo. Agora é o momento de conversar com Pai Omolu e se religar à Fonte Sustentadora da Vida na Criação Divina, para fortalecer sua caminhada e dar estabilidade em sua vida, a cura e a proteção contra forças negativas e vencer alguma demanda ou magia negra.

Essa luz satura-o(a) de tal forma que se expande por todo o recinto onde está. Concentre-se nela para que ela impregne o ambiente e, a partir de você, se expanda também para cada cômodo de sua casa, até que envolve todo o espaço da residência e as pessoas que nela habitam.

Quando a música estiver terminando, comece a mexer as mãos e remexa-se no lugar onde está sentado(a). Abra os olhos, mexa-se, levante-se e caminhe, apreciando o bem-estar do exercício.

Volte às suas atividades.

12 — Canto de ligação com o próximo encontro

13 — Encerramento

O dirigente da casa faz uma prece de encerramento dos trabalhos, em agradecimento.

ORAÇÃO DE AGRADECIMENTO

Agradecemos com todo o Amor e Respeito ao Nosso Divino Criador Olorum, a Pai Omolu, Guias e Protetores que se dignaram vir se comunicar conosco e lhes rogamos que nos auxiliem a pôr em prática as instruções que nos deram e façam que ao retirarmo-nos, cada um de nós sinta-se fortificado na prática do Bem e no Amor ao próximo.

Desejamos igualmente, que estas instruções sejam proveitosas aos espíritos sofredores, ignorantes e viciosos que tenham assistido a esta reunião, para os quais imploramos a misericórdia de Deus.

Pedimos, ó Pai Amado, que nos sustente nas Suas Sete Luzes Divinas e que cada um receba suas graças conforme seu merecimento.
Amém!!!

Obs.: Os pontos cantados e as preces ficam a critério do(a) dirigente.

CULTO RELIGIOSO AO SR. EXU

1 — Seguir os itens de C.4.1

Folheto

A VITALIDADE

Vitalidade é vigor, força vital, qualidade própria para preservar a vida. Exu é o mistério, o elemento mágico universal ou aberto a todos, é a divindade cósmica que gera e irradia o fator que vitaliza e ativa os seres, em todos os sentidos da vida. Quando alguém recebe a energia irradiada por Exu, sente-se vitalizado, forte, vigoroso e feliz. Mas, vigor sem estímulo não se torna ativo; Exu se complementa com a qualidade de Pombagira — o desejo, estímulo — e vice-versa. Exu tanto gera e irradia o fator vigor como o retira e absorve, atuando como paralisador ou esgotador de carmas grupais ou individuais, ativado pela Lei Maior. Quando um ser se desvirtua e se afasta da irradiação luminosa do orixá, automaticamente estará sob a irradiação punitiva de seu mistério Exu, que cuidará de punir os desequilíbrios, pois ele é agente cármico.

Os Exus não são os demônios e espíritos malignos ou imundos que algumas religiões pregam, tampouco são espíritos obsessores. Os espíritos trevosos ou obsessores que vivem no baixo-astral são conhecidos, pelos umbandistas como quiumbas — espíritos humanos que se encontram desajustados perante a Lei Divina e se deleitam na prática do mal, provocando os mais variados distúrbios morais e mentais nas pessoas, por ódios, vinganças ou prazer.

O baixo-astral é alimentado pelas más atitudes e maus pensamentos dos encarnados ou desencarnados, com sentimentos negativos de vícios, ódios, paixões, rancores, iras e vinganças, que fortalecem essa faixa vibracional. Cada mal praticado leva o ser cada vez mais para "baixo", provocando mais revoltas. Alguns caem tanto que perdem a consciência humana, transformando os seus corpos astrais em verdadeiras feras, lobos, cães, cobras, lagartos, etc. Há seres que chegam a transformar-se em ovóides, com total perda da consciência e ficam subjugados a outros trevosos.

Os Exus executam a Lei e o carma nas trevas, sob a determinação e responsabilidade de Ogum, esgotando os vícios humanos de maneira intensiva. Às vezes, um veneno é combatido com o próprio veneno, da mesma maneira que a picada de uma cobra venenosa. Assim, muitos vícios e desvios, são combatidos com eles mesmos, em uma espécie de tratamento de choque.

A vitalidade de Exu age principalmente no mental do ser, atuando no seu reequilíbrio emocional, fortalecendo seus corpos físico e energético, fazendo com que o ser saia da apatia, tornando-se capaz de tomar suas próprias decisões, estimulado a evoluir. Esse é um mecanismo usado para que os seres vivenciem suas atividades em vários campos: profissional, amoroso, sexual, intelectual, religioso, etc.

Exu é um elemento mágico, neutro, não tendo a livre iniciativa de autoativar-se; qualquer um pode recorrer a ele, evocá-lo, ativá-lo ou desativá-lo ritualmente. Portanto, se uma pessoa estiver sendo atuada por Exu, é porque alguém o ativou e direcionou contra ela — um desafeto ou a Lei Maior. Se foi um desafeto, a pessoa poderá recorrer a um médium para quebrar a atuação. Se foi a Lei Maior, a pessoa atuada só a desativará por meio de transformação e reforma íntima, com mudança de suas condutas pessoais, reformulação de seus princípios, reparação de seus erros, etc.

Tanto quem solicita a ativação de Exu como quem o ativa sofre o choque de retorno, que volta com a força reativa da Lei Maior, já com seus aspectos punitivos e executores de pessoas que fazem mau uso dos mistérios divinos e dos elementos mágicos universais, colocados à disposição de todos pela Lei Maior.

2 — Abrir uma oferenda ou uma mandala para Exu, no fundo do congá

OFERENDA

Exu pode ser oferendado com: Farofa de Mandioca crua e dendê, temperada com pimenta vermelha, em um alguidar, enfeitada com 21 pimentas dedo-de-moça; 1 garrafa de pinga e 7 copinhos; 7 charutos; 7 moedas; 7 fitas pretas e 7 fitas vermelhas; 8 punhais pequenos; 8 folhas de mamona; 8 cravos vermelhos; 1 pemba preta e 1 vermelha; 8 velas, metade preta, metade vermelha.

Riscar com pemba 8 garfos quadrados (um em cada cardeal, conforme desenho). Colocar no centro um pano vermelho quadrado e sobre ele um pano preto quadrado. No centro, depositar o alguidar com a farofa. Ao redor do alguidar, sobre o pano, arrumar as moedas, as pembas, os copos com pinga e a garrafa, com o restante de marafo. Os charutos poderão ser depositados nas quinas dos panos, com o lado aceso para fora. Colocar

1 folha de mamona sobre o eixo de cada garfo, intercaladas com 1 cravo vermelho. No centro de cada garfo colocar uma vela preta/vermelha.

Amarrar os punhais nas fitas, unidos em corrente, de modo que cada um fique sobre uma folha de mamona. Esse círculo deve ficar fora dos panos.

A Mandala (Próximo à Porteira)

Acender uma vela 1/2 preta 1/2 vermelha no centro da mandala e colocar ao lado uma garrafa de pinga, aberta. Colocar 7 velas pretas, nos garfos

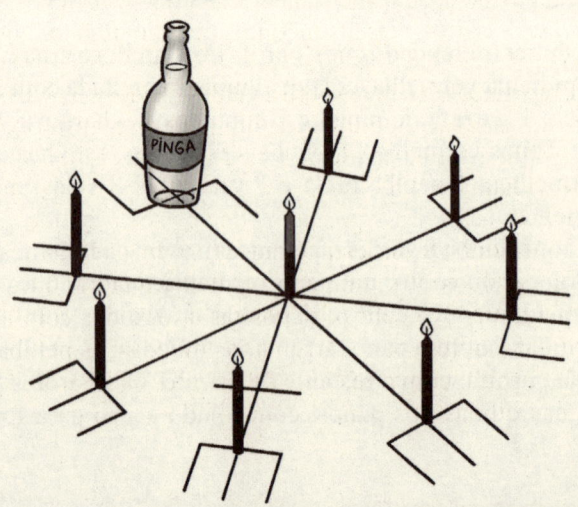

3 — Seguir os três primeiros itens de C.4.2

4 — Explanação sobre Exu e a doutrina

Os Exus são os mensageiros que respondem aos orixás aqui na Terra. São intermediários, pelos quais os orixás podem manifestar-se nas trevas. Exu é o guardião do lado negativo dos pontos de força da Natureza, não interfere no livre-arbítrio das pessoas e responde aos regentes de forças da Natureza — os orixás. Enquanto Mistério auxiliar do Mistério orixás, lida naturalmente com seus mistérios negativos e os ativa ou desativa, segundo as ações ou reações de quem é alcançado e atingido por eles (os aspectos negativos dos orixás). Um Exu não combate um mentor de luz, pois ambos atuam sob a mesma Lei.

Exu possui uma faixa vibratória e um grau magnético só seu, pelos quais flui, irradia, atua e manifesta-se na vida dos seres. Esse mistério não é maior nem menor, superior ou inferior aos outros mistérios da criação. Exu, enquanto Mistério da Criação, energia e magnetismo, Agente da Lei Maior, é vitalizador ou desvitalizador dos sentidos capitais de um ser e atua como transformador de sua vida.

Como elemento religioso, Exu atua como esgotador de carmas individuais e como vitalizador ou esgotador da religiosidade das pessoas.

Como elemento mágico, só é ativado ou desativado se devidamente pago, com oferendas rituais simbólicas.

Enquanto Linha de Esquerda na Umbanda, incorpora em seus médiuns e dá consultas gratuitas, aconselhando, orientando, defendendo, ajudando a superar suas dificuldades materiais ou espirituais, familiares, profissionais, etc., mas, sempre a partir de sua visão cósmica das situações, de seu senso e de seu entendimento pessoal de como deve proceder para atender a quem o solicitou. Os Exus que incorporam estão aprendendo a usar os instrumentos colocados à sua disposição e vão se aperfeiçoando e acelerando sua evolução. Eles tomam a defesa de seus médiuns quando algo ou alguém os está prejudicando.

No aspecto geral, Exu rege sobre a vitalidade dos seres e, no particular, sobre o vigor sexual. Ele é portador de um poderoso mistério, ligado à sexualidade masculina. Seu cetro de poder é de formato fálico, pois simboliza a vitalidade ou vigor.

Mas, se Exu transpira vigor por todos os seus sentidos, não vibra o fator estímulo, iniciativa, desejo e não tem livre iniciativa, expressando apenas os desejos alheios, seja de seus médiuns, seja dos que o evocam ou oferendam. Por não vibrar esse fator, não toma iniciativas próprias e polariza com pombagira, que emana o fator desejo, o qual, se juntando com o fator vitalidade, estimula os seres a tomar suas próprias iniciativas. Exu e Pombagira são indispensáveis um para o outro.

Exu é de natureza dual — intuitiva e emotiva; uma é movida por suas necessidades e outra por seus interesses, daí dizerem que ele tem duas cabeças. Por isso, ora está voltado para as suas necessidades, ora para as necessidades alheias.

Exu é o mais humano dos mistérios de Umbanda, porque reflete em si a natureza emotiva do seu médium, no qual ele se manifesta e incorpora.

Embora aparentemente seja punidor, na verdade ele atua como agente esgotador de negativismos ou criador de estímulos que ativam o emocional humano, induzindo o ser a mover-se em busca do "alto". É regido pelo mistério "Trono Neutro", que não é bom nem mau, e responde segundo é invocado. Através do seu fator vitalizador, ele tanto vitaliza como desvitaliza os mistérios dos orixás: amor, conhecimento, religiosidade, geração, equilíbrio, ordem e evolução.

5 — Incorporação

Chamar a Entidade Exu da(o) dirigente, que conduzirá o trabalho.

Cantar Pontos para Chamada e Sustentação de Exus

Auê na cangira e quimbanda
Espia, espia, quem vem lá?
É o supremo rei da quimbanda, }
Chefe dos chefes é o maioral. } bis

Todo o povo está lhe saravando, }
Papai da quimbanda mandou lhe chamar. } bis

(Domínio Público)

Balance a figueira, balance a figueira, }
Balance a figueira quero ver Exu cai. } bis

Cadê Seu .... que eu não vejo ele aqui? } bis

(Domínio Público)

Exu foi pro inferno com sapato de algodão } bis
O inferno pegou fogo, Exu voltou de pé no chão. } bis

(Domínio Público)

Cantar Ponto de Despedida de Exu
Exu já vai embora,
Não tropece no caminho,
Passe no quintal dos outros,
Mas não mexa com o vizinho.

(Domínio Público)

6 — Fazer a bênção a todos, com oração

ORAÇÃO AOS EXUS

Saravá a vossa banda!
Salve Senhores Exus, donos de encruzilhadas, cemitérios, caminhos, campos, matas, becos e lugares ocultos e perigosos do astral inferior! A vós que habitais o limiar entre as trevas e a luz, saudamos com respeito e devoção!

A vós, orixás executores e transformadores da Lei e da Justiça Divina, na escuridão da consciência dos humanos caídos e perdidos pelos caminhos negros da ignorância espiritual, nos dirigimos, pedindo que abram nossos caminhos, desatando os nós dos laços que amarram nossas vidas e impedem o desenrolar de nossas atividades diárias.

Tragam-nos sorte, crescimento e vitórias em nossa vida profissional e em nossos negócios! Ajudem-nos a manter a união de nossas famílias, o respeito, o equilíbrio e a força interior de cada um de nós! Anulem ciúmes, inveja, mau-olhado e feitiços, que porventura inimigos façam contra nós!

Afastem os obstáculos que possam nos fazer tropeçar ou escorregar, causando-nos quedas que manchem nossas almas com profundidade, a ponto de marcá-las por várias encarnações. Deem-nos força e vitalidade, para que consigamos eliminar esses obstáculos e recuperar nossa integridade espiritual.

Sejam nossos protetores de esquerda, servindo de escudo contra os ataques das vibrações negativas e seres trevosos que queiram nos atingir e destruir! Intuam-nos também, contra a atuação mental dos inimigos declarados ou ocultos, para que não caiamos em armadilhas perigosas que nos prejudiquem e enfraqueçam!

Nós vos pedimos, para que nos defendam da atuação dos obsessores, quiumbas e outros tipos de seres trevosos que tentem se aproximar de nós e sugar nossas energias e nossa vitalidade! Mantenham-nos harmoniosos e equilibrados com as forças dos Sagrados orixás de Luz, Vossos Senhores!

Ó sábios manipuladores da magia astral! Utilizem-na em benefício destes vossos devotos e protegidos, para obtenção daquilo que pretendemos, na Lei de Deus! Movimentem vossas forças e falanges, para a formação de energias favoráveis ao atendimento de nossos pedidos, com a presteza necessária e o merecimento reconhecido pela Justiça Divina.

Com o vosso poder, concedido pelos Senhores orixás de Luz, movimentando forças ocultas, sabemos que estaremos protegidos, amparados e fortes diante dos obstáculos, colocados em nossas vidas pela maldade alheia.

Agradecemos tudo o que fizerem por nós e pedimos, do Alto, grandes bênçãos e aumento cada vez maior da vossa Força e Luz, que se refletirá em vossos protegidos.

Laroiê Exu, Exu Omojubá, Saravá!

7 — Canto de ligação com o próximo encontro

Fazer um canto de ligação com o próximo trabalho, que poderá ser de Atendimento individual com os Guias, de Doutrina Umbandista ou Culto Coletivo.

8 — Encerramento

O dirigente da casa faz uma prece de encerramento dos trabalhos, em agradecimento. Exemplo:

ORAÇÃO DE AGRADECIMENTO

Agradecemos com todo o Amor e Respeito ao nosso Divino Criador Olorum, a Pai Oxalá e aos Exus que se dignaram vir se comunicar conosco. Rogamos que nos auxiliem a pôr em prática as instruções recebidas, fazendo com que, ao nos retirarmos, cada um saia fortificado para a prática do Bem e do Amor ao próximo.

Desejamos igualmente, que estas instruções sejam proveitosas aos espíritos sofredores, ignorantes e viciosos que tenham assistido a esta reunião, para os quais imploramos a misericórdia de Deus.

Pedimos, ó Pai Amado, que nos sustente nas Vossas Sete Luzes Divinas e que cada um receba suas graças conforme seu merecimento.

Amém!!!

CULTO RELIGIOSO A SRA. POMBAGIRA

1 — Seguir os itens IV — C.3, 3.1

Folheto

O ESTÍMULO

"Ela é Odara, ela é Pombagira,
Se eu pedir ela me dá."

Pombagira também é um Mistério colocado à disposição dos orixás para atuar como elemento mágico e agente cármico, nos limites estabelecidos pela Lei Maior.

Pombagira é a própria iniciativa em si. O desejo é um fator divino fundamental em nossas vidas, pois nós o absorvemos por todos os chacras.

O fator desejo, de Pombagira, combina com o fator vigor de Exu, ambos se completam e criam as condições para que a Umbanda tenha seus recursos mágicos e cármicos, para socorrer quem vem ao templo. Esses fatores, ao se completarem, criam em nossos sentidos as condições ideais para nos lançarmos na conquista de algo, pois despertam em nosso íntimo o desejo de realizar. Sem a atuação da Pombagira, desistiríamos daquilo que buscamos, assim que surgissem dificuldades em nossos caminhos.

O desejo só existe porque assim Deus quis e não se manifesta apenas pelo sexo, pois sentimos o desejo de aprender, de dormir, de viajar, de conversar, de nos divertir, de comer determinado alimento ou de vestir determinada roupa, etc.

A Senhora Pombagira é a pura vibração da sexualidade, mas na função de frear, de bloquear os impulsos sexuais femininos, procurando evitar que as mulheres caiam na tentação do desejo sexual mais instintivo, próximo ao dos animais — a luxúria e a volúpia. Seu Mistério principal é dar fluidez e expandir sentimentos e vontades que por si só são passivos.

Embora em seus trabalhos as pombagiras demonstrem alegria, vivacidade e liberdade de palavras e movimentos, elas não devem ser vistas como prostitutas desencarnadas, e sim como Entidades que lidam com a sexualidade das pessoas presentes para descarregar delas o acúmulo desse tipo de energia.

As Senhoras Pombagiras atendem aos nossos pedidos, desde que haja merecimento. Com o trabalho dessas maravilhosas Entidades e permissão dos Sagrados orixás a quem elas respondem, os caminhos são limpos, abertos e os pedidos realizados.

As pessoas devem ser muito atentas quanto ao que pedirem: apenas coisas justas, verdadeiras, que lhes tragam benefícios, mas não prejudiquem a ninguém, nem a lugar nenhum. Se forem feitos pedidos escusos, embora venham a se realizar, o prejuízo causado a outrem retornará a quem pediu, em dobro. É a Lei do Retorno. Caso os mistérios de Pombagira sejam ativados e usados indevidamente, perdem suas grandezas e tornam-se paixões devastadoras para quem deu mau uso a eles.

É preciso atenção, também, ao que prometerem à Entidade. Não assumam compromissos que não possam cumprir. Se o fizerem, cumpram-nos, senão ela virá cobrar, para ensinar a quem prometeu que aprenda a ter palavra, mostre-se honesto e digno de ter recebido a graça concedida.

2 — Abrir uma oferenda ou uma mandala para a Senhora Pombagira

A oferenda pode ser arrumada ao lado ou no fundo do congá.

Para a Oferenda

Colocar um pano vermelho, quadrado ou retangular, com taças de champanha rosê, mais a garrafa aberta no centro. Ao redor, arrumar rosas vermelhas, maços de cigarro (com alguns fora dos maços e dispostos sobre eles), batons vermelhos e/ou perfumes com embalagens vermelhas ou vermelhas e pretas; bijuterias ou joias em vermelho e dourado e 7 velas vermelhas. Acendê-las após as explicações sobre a Sra. Pombagira, saudando-a.

A Mandala

8 velas pretas, nos polos, 1 vela vermelha, no centro; 5 moedas de cobre, ao redor do centro; 8 moedas de cobre, nos eixos dos cardeais e colaterais; 13 rosas vermelhas, amarradas com laço bem apertado.

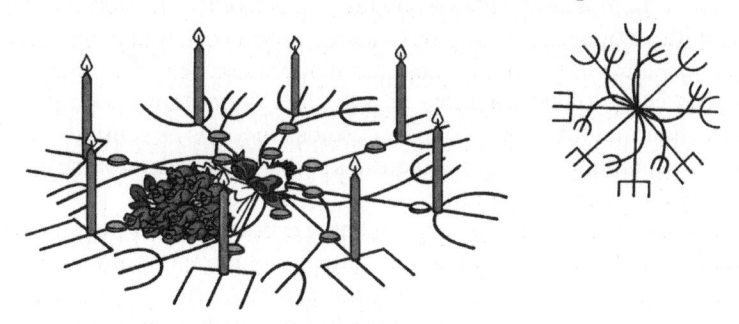

3 — Seguir os dois primeiros itens de C.4.2

4 — Fazer explanação sobre sra. Pombagira

O mistério Pombagira é regido por uma divindade cósmica feminina que tanto gera quanto irradia o desejo, atuando como elemento mágico e agente cármico, nos limites estabelecidos pela Lei Maior, à disposição dos orixás.

Como elemento religioso, ela atua como esgotadora de carmas individuais e como ativadora ou estimuladora das pessoas.

Como elemento mágico, só é ativada ou desativada se devidamente paga, com oferendas rituais simbólicas.

Enquanto Linha de Esquerda na Umbanda, incorpora em suas médiuns e dá consultas gratuitas, aconselhando, orientando, defendendo, ajudando a superar as dificuldades materiais ou espirituais, familiares, profissionais, etc., mas, sempre a partir de sua visão cósmica das situações, de seu senso e de seu entendimento pessoal de como deve proceder para atender a quem a solicitou. As Pombagiras que incorporam estão aprendendo a usar os instrumentos colocados à sua disposição e vão se aperfeiçoando e acelerando sua evolução. Elas tomam a defesa de seus médiuns quando algo ou alguém os está prejudicando.

No aspecto geral, Pombagira rege sobre o desejo dos seres e, no particular, sobre o desejo sexual. Ela é portadora de um poderoso mistério, ligado à sexualidade feminina. Mas, se Pombagira transpira desejo por todos os seus sentidos, não vibra o fator vitalidade, vigor, e os desejos não se concretizam. Por não vibrar esse fator, polariza com Exu, que emana o fator vitalidade, o qual, se juntando com o fator desejo, cria as condições para que as coisas aconteçam. Exu e Pombagira são indispensáveis um para o outro.

Pombagira possui uma faixa vibratória e um grau magnético só seu, pelos quais flui, irradia, atua e manifesta-se na vida dos seres. Esse mistério não é maior nem menor, superior ou inferior aos outros mistérios da criação. Pombagira, enquanto Mistério da Criação, energia e magnetismo, Agente da Lei Maior, é estimuladora ou desestimuladora dos sentidos capitais de um ser e atua como transformadora de sua vida. A Lei tanto pode ser ativada para auxiliar quanto para esgotar os desejos em todos os sentidos da vida da pessoa ou num único sentido, em que o ser está se excedendo e se desviando de sua evolução reta e contínua.

As Pombagiras atuam como agentes esgotadores de negativismos ou criadores de vontades que atuam no emocional humano, induzindo o ser a mover-se em busca do "alto". São regidas pelo mistério "Trono Neutro", que não é bom nem mau, e responde segundo é invocado. Por meio do seu fator vontade, elas tanto estimulam como desestimulam os mistérios dos orixás: amor, conhecimento, religiosidade, geração, equilíbrio, ordem e evolução.

5 — Incorporação

Chamar a orixá Pombagira da dirigente, que emanará sua energia a todos e, a seguir, chamará as Pombagiras das demais médiuns da casa, permitindo que elas dancem e descarreguem o ambiente e as pessoas.

Cantar Pontos de Chamada e de Sustentação da Orixá Pombagira

De vermelho e negro, vestindo à noite, os mistérios traz.
De colar de contas, brincos dourados, promessas faz.
Se é preciso ir você pode ir, faça o que quiser.

Mas cuidado amigo, ela é bonita, ela é mulher.} bis

E no canto da rua, zombando, zombando, zombando está.
Ela é moça bonita, oi girando, girando, girando vai.
Oi girando vai, olé, lê. Oi girando vai, olá, lá } bis

(Domínio Público)

Deu meia-noite, quando a lua se escondeu.
Lá, na encruzilhada, com a sua gargalhada,
Pombagira apareceu.
Ilaruê, ilaruê, ilaruê, }
Omogibá, omogibá, Exu Bará, } Bis
Ela é Odara, ela é Pombagira, }
Se eu pedir, ela me dá. }

(Domínio Público)

6 — Fazer a bênção a todos

ORAÇÃO A SRA. POMBAGIRA

Amado Criador, Pai Olorum, pedimos Vossa permissão para ofertar nossa fé a um de Vossos mistérios divinos, que é a Senhora Pombagira. Salve todas as Pombagiras! Saravá Senhoras Pombagiras!

À nossa boa e gloriosa amiga Pombagira, senhora do mistério do estímulo, do desejo, da vontade e das emoções, defensora e protetora das mulheres, rogamos e suplicamos neste momento de devoção, para que atenda aos nossos pedidos.

Rainha Pombagira! Pelos sete nós de sua saia, pelos senhores Exus, chefes de legião e executores da Lei Divina que acompanham seus passos, pelos sete guizos de sua roupa, pedimos que sua proteção e amparo estejam sempre presentes em nossos caminhos. Rogamos que esses caminhos sejam abertos e sua energia nos estimule em todos os sentidos, principalmente no setor sentimental, impedindo-nos de cair em tentações de luxúria e na fraqueza das paixões desenfreadas. Equilibre nossas emoções e nossas atitudes, para que não tenhamos excessos de vaidade, egoísmo, orgulho e desejos sobre o que é do próximo.

Defenda-nos e livre-nos de todas as más influências de encarnados e desencarnados, que queiram nos envolver em emoções, pensamentos e atos de baixas vibrações. Defenda-nos, ainda, para que não nos tornemos prisioneiros de desejos e sensações primitivos e obscuros, que alimentem seres trevosos em seus instintos torpes e negativados.

Ampare-nos para que jamais esqueçamos a exata função do sexo em nossas vidas: gerar vidas, proporcionar prazer e manter nosso equilíbrio emocional, para que os demais desejos fluam naturalmente e não como vícios.

Dê-nos a devida proteção, para que nunca cometamos erros, falhas e pecados em nome de Pombagiras, Exus e dos orixás, Divindades de Olorum.

Propicie-nos vontade inquebrantável, para que jamais abdiquemos da Fé e crença nos poderes dos Divinos orixás.

Estimule-nos e motive-nos, para buscarmos as qualidades que possam nos tornar fortes, capazes e certos da vitória, trilhando o caminho correto para que só recebamos graças e graças Suas, dos orixás e do Grande Pai Olorum. Amém!

Salve a Senhora Pombagira! Pombagira Omojubá! Pombagira Saravá! (3 vezes)

7 — Cantar pontos de despedida das Pombagiras

>Borboleta miudinha, vai voando devagar,
>Quem tem asas é que voa,
>Quem não tem que quer voar.

(Domínio Público)

8 — Ligação com o próximo encontro

9 — Encerramento

O dirigente da casa faz uma prece de encerramento dos trabalhos, em agradecimento.

Oração de Agradecimento

Agradecemos com todo o Amor e Respeito ao nosso Divino Criador Olorum, a Pai Oxalá e às Pombagiras que se dignaram vir se comunicar conosco. Rogamos que nos auxiliem a pôr em prática as instruções recebidas, fazendo com que, ao nos retirarmos, cada um saia fortificado para a prática do Bem e do Amor ao próximo.

Desejamos igualmente, que estas instruções sejam proveitosas aos espíritos sofredores, ignorantes e viciosos que tenham assistido a esta reunião, para os quais imploramos a misericórdia de Deus.

Pedimos, ó Pai Amado, que nos sustente nas Vossas Sete Luzes Divinas e que cada um receba Suas graças conforme seu merecimento.

Amém!!!

C.5 — CULTO RELIGIOSO COLETIVO

O Culto Religioso Coletivo objetiva a realização de uma cerimônia que tenha efeitos curadores e libertadores para um grande número de adeptos, desenvolva sua reflexão e sua religiosidade. Isso criará um novo padrão de pensamentos, positivos e inspiradores, que ajudarão a todos na superação de seus problemas pessoais, familiares e profissionais.

C.5.1 — INSTRUÇÕES GERAIS

Recepção

No dia de Culto Religioso Coletivo, não há necessidade de senhas. Os frequentadores deverão adentrar no Templo, até o horário de início do

Trabalho ou da lotação da capacidade do espaço, e permanecer em silêncio. Para a realização deste culto, somente as pessoas doentes e os idosos permanecerão sentados.

Folhetos e Textos

Os frequentadores terão as orientações de praxe, na entrada, e receberão textos ou folhetos referentes ao culto do dia, que poderão adquirir ou devolver no final do trabalho, em ordem e em silêncio, zelando-se para que o material não seja jogado fora ou deixado em qualquer lugar.

C.5.2 — A PRÁTICA DO CULTO COLETIVO

Cada casa tem sua forma de trabalho, seus próprios pontos e orações, que devem ser respeitados. Aqui iremos oferecer um exemplo de culto coletivo, como sugestão que poderá ser utilizada e também adaptada pelos componentes dos terreiros, procurando manter a coerência nos procedimentos.

• 2.1 — Abrir o trabalho, normalmente, com o Hino da Umbanda, canto de abertura, defumação, louvor a Pai Oxalá e às Sete Linhas, saudação à Esquerda, etc.

• 2.2 — Após a abertura de praxe, o(a) dirigente poderá ler e explicar o folheto do dia, explanar sobre a doutrina, sobre o orixá cultuado, orientar os fiéis sobre a importância de se ter uma religião e do cultivo da religiosidade. Se quiser, poderá indicar médiuns para essas tarefas.

(Os folhetos poderão ser os mesmos do Culto com Doutrina ou outros).

• 2.3 — O(a) dirigente lerá a Evocação — As Sete Luzes do Nosso Divino Criador Olorum — constante do exemplo no item C.5.3.3. Caso indique um dos médiuns para essa leitura, a seguir, o(a) dirigente desencadeará a sequência de determinações beneficiadoras dos presentes, dos seus lares e dos seus familiares. Essa evocação é a mesma para os cultos de todos os orixás.

• 2.4 — A separação entre o congá e os demais frequentadores será retirada e os mesmos entrarão no congá. Os médiuns formarão um círculo ao redor dos demais fiéis, que ficarão sustentados por essa corrente mediúnica.

• 2.5 — Todos deverão cantar hinos e a curimba cantará pontos de chamada e sustentação do orixá cultuado no dia.

• 2.6 — O(a) dirigente poderá incorporar o orixá cultuado, que dará a benção a todos.

• 2.7 — Um dos médiuns, designado anteriormente pelo(a) dirigente, fará uma oração ao orixá em terra. A oração poderá ser a mesma do culto com doutrina ou outra escolhida pelo(a) dirigente.

- 2.8 — Um dos médiuns, designado anteriormente pelo(a) dirigente, lerá o Culto das Sete Chamas Vivas do Divino Criador Olorum (o mesmo para todos os orixás), constante do item C.5.3.3.4, enquanto o(a) dirigente permanece incorporado, abençoando a todos os presentes.
- 2.9 — Cantar Pontos de chamada e sustentação da Linha de trabalho do orixá cultuado, cujas entidades serão incorporadas pelos médiuns da corrente.
- 2.10 — As entidades formadoras da corrente irradiam em conjunto e abençoam todos os fiéis.
- 2.11 — Enquanto a Linha de trabalho permanece sustentando a corrente, a curimba canta ponto para a subida do orixá.
- 2.12 — O dirigente poderá determinar que os frequentadores médiuns deem passagem às suas entidades.
- 2.13 — A curimba canta para a subida de todas as entidades.
- 2.14 — O dirigente faz uma oração final de agradecimento.
- 2.15 — A curimba faz um canto de ligação com o próximo encontro e de confraternização entre todos.
- 2.16 — Encerrar o trabalho.

C.5.3 — EXEMPLO DE CULTO COLETIVO — CULTO RELIGIOSO COLETIVO A PAI OBALUAIÊ

1 — Seguir os itens de C.5

FOLHETO

EVOLUÇÃO

"Evolução é a razão básica da existência do ser. Existimos para evoluir".
Mestre Rubens Saraceni

Evoluir significa crescer, aprimorar, lapidar, transformar, crescer mentalmente, passar de um estágio a outro, ascender em uma linha de vida de forma contínua e estável. Significa uma renovação contínua do ser, uma reposição constante de valores, deixando para trás conhecimentos ultrapassados, hábitos e costumes inadequados, atitudes e posturas velhas e decadentes. Significa procurar continuamente o movimento e a estabilidade em nossas vidas.

Pai Obaluaiê é o orixá que desperta em cada um de nós a vontade irresistível de seguir adiante, de alcançar um nível de vida superior, para chegar mais perto de Deus. Ele é o orixá do bem-estar, da busca de melhores dias, de melhores condições de vida, de sabedoria e de razão.

A evolução costuma ser representada por uma espiral ascendente de progresso, por onde todos nós caminhamos. Podemos, por vezes, ficar parados em algum lugar dessa espiral, o que significa uma perda de tempo precioso. Podemos até escorregar para trás — perda ainda maior de tempo e trabalho — mas, continuamos sempre. Não há como escapar ao processo evolutivo.

A evolução é uma situação pessoal. Ninguém evolui no lugar do outro ou pelo outro. E o mais importante é que ninguém evolui de forma isolada; ninguém evolui sozinho. O próprio Universo é um fantástico entrelaçamento de forças e formas.

Todos nós temos em nosso interior um potencial de incrível poder transformador e, junto da evolução pessoal, devemos desenvolver ações amorosas e engrandecedoras, apoiadas no sentimento do verdadeiro perdão. Precisamos eliminar os bloqueios que atrapalham nossa evolução, dedicando diariamente alguns minutos, para perdoar as pessoas que, de alguma forma, nos ofenderam, prejudicaram, rejeitaram, odiaram, abandonaram, traíram, ridicularizaram, humilharam, amedrontaram, iludiram ou causaram dificuldades.

É necessário perdoar, especialmente, aqueles que nos provocaram, até que perdêssemos a paciência e reagíssemos violentamente, sentindo, depois, vergonha, remorso e culpa. Sabemos que, por várias vezes, fomos responsáveis pelas agressões recebidas, pois confiamos em pessoas negativas e permitimos que elas descarregassem sobre nós o seu mau caráter. Outras vezes, suportamos maus-tratos e humilhações, perdendo tempo e energia na inútil tentativa de conseguir um bom relacionamento com elas.

Devemos, também, pedir perdão a todas as pessoas a quem, de alguma forma, consciente ou inconscientemente, ofendemos, injuriamos, prejudicamos ou desagradamos. Só assim poderemos estar livres da necessidade compulsiva de sofrer e conviver com indivíduos e ambientes doentios.

Vamos, a partir de agora, sob o amparo de nosso Pai Obaluaiê, iniciar uma nova etapa de nossas vidas, em companhia de pessoas amigas, sadias e competentes, compartilhando sentimentos nobres, enquanto trabalhamos pelo progresso e evolução de todos.

Salve Pai Obaluaiê, orixá do perdão, da cura, das passagens e de todas as transformações!

Atotô, meu Pai!

2 — Explanação sobre Pai Obaluaiê e sobre a doutrina
(Poderá ser a mesma do Culto com Doutrina)

Obaluaiê é o orixá que atua na evolução dos seres. "Pai Olorum, que tudo cria e tudo gera, criou as qualidades de estabilidade e evolução. Sem estabilidade nada se sustenta e sem transmutação tudo fica parado. A estabilidade proporciona o meio ideal para os seres viverem e na mobilidade são gerados os recursos para que eles evoluam.

Pai Obaluaiê é a divindade que representa essa qualidade dupla, pois tanto sustenta cada coisa no seu lugar como conduz cada uma a ele. Ele está no próprio Universo, na sustentação dos astros e no movimento da mecânica celeste. Sua irradiação, aceleradora da vida, dos níveis e dos processos genéticos, desperta nos seres a vontade de seguir em frente e evoluir.

Obaluaiê é o Pai que, juntamente com Mãe Nanã, sinaliza as passagens de um estágio de evolução a outro. Ambos são orixás terra-água; têm magnetismo misto, pois na terra está a estabilidade e na água a mobilidade.

Enquanto Mãe Nanã decanta os espíritos que irão reencarnar, Pai Obaluaiê estabelece o cordão energético que une o espírito ao corpo (feto) e reduz o corpo plasmático do espírito, até que fique do tamanho do corpo carnal alojado no útero materno.

Pai Obaluaiê é o "Senhor das Passagens" de um plano a outro, de uma dimensão a outra, do espírito para a carne e vice-versa. É o orixá da cura, do bem-estar e da busca de melhores condições de vida.

Na Umbanda, esse Pai é evocado como senhor das almas, dos meios aceleradores de sua evolução. Quando um ser natural de Obaluaiê baixa num médium e gira no Templo, todos sentem uma serenidade e um bem estar imenso, pois ele traz em si a estabilidade, a calmaria e a vontade de avançar, de ir para mais perto de Deus.

Esse Pai rege a linha das almas ou corrente dos Pretos-Velhos, que traz a natureza medicinal de Obaluaiê, orixá curador. Muitos têm sido curados, após clamarem por sua interseção. Os Pretos-Velhos nos transmitem paz, confiança, esperança e bem-estar.

Os pontos de forças regidos por Pai Obaluaiê, no acima, são os cemitérios ou campos santos, lugares sagrados para os povos de todas as culturas. São os pontos de transição do espírito, quando deixa a matéria e passa para o plano espiritual.

3 — Evocação "As Sete Luzes do Nosso Divino Criador Olorum"

AS SETE LUZES DO NOSSO DIVINO CRIADOR OLORUM

A exaltação de Deus no seio dos seus Mistérios Sagrados deverá ser ministrada por um mestre mago ou pelo dirigente espiritual da Tenda de Umbanda.

"Sagrado Senhor nosso Deus, acolha-nos neste momento em Vosso luminoso seio para que, unidos a Vós, possamos manifestá-Lo, exaltando-o e glorificando-o através dos Senhores dos Vossos Sagrados Mistérios.

Acolhei-nos e envolvei-nos em vossas luzes vivas, curando-nos de todas as chagas, de todas as nossas doenças físicas e de todas as nossas deformações morais e conscienciais, vivificando-nos!

Livrai-nos de nossos pensamentos e sentimentos negativos e despertai em nosso íntimo os nobres e virtuosos sentimentos de Amor à vida, à criação e ao nosso Divino Criador, para que assim, animados pelas Vossas luzes vivas, nos tornemos manifestadores Dele na vida dos nossos semelhantes.

Luzes vivas do nosso Divino Criador, envolvam-nos e iluminem toda a escuridão de nossa vida, apartando de nós todas as tentações que nos têm afastado da Luz do Sagrado Criador.

Luzes vivas do nosso Divino Criador, curem-nos de todas as nossas doenças, iluminem todos os nossos caminhos, abram-nos todas as passagens para dias melhores, mais alegres, mais fartos em graças Divinas e mais luminosos na nossa jornada eterna.

Luzes Divinas do nosso Criador, envolvam neste momento todos os espíritos sofredores que aqui se encontram e curem-nos conosco, livrando-os dos seus sofrimentos, despertando no íntimo deles a paz, a esperança e a verdadeira Fé!

Luzes vivas do nosso Divino Criador, envolvam todos os espíritos obsessores que aqui se encontram e anulem no íntimo deles as causas de suas obsessões, livrando-os das amarras do ódio e das garras da vingança para que assim, libertos dos seus tormentos, irmanem-se conosco no louvor a Deus em vosso seio!

Luzes vivas do nosso Divino Criador, derramem-se sobre os nossos lares, purificando-os de todas as vibrações de ódio, de tristeza e de desamor, para que assim, com eles purificados, neles nos sintamos em paz e plenos no Vosso Amor para conosco, os Vossos filhos!

Luzes vivas do nosso Divino Criador, iluminem em nosso íntimo, em nosso espírito e em nossa vida, as sombras da miséria e do egoísmo, para que assim, plenos em Vossas luzes vivas, tenhamos a fartura em nosso íntimo, em nosso espírito e em Vós, Divino Criador!

Luzes vivas do nosso Divino Criador, iluminem a alma e o espírito dos que nos odeiam, para que assim, iluminados, eles nos vejam como seus irmãos e filhos do mesmo Divino Criador!

Luzes vivas do nosso Divino Criador, iluminem todos os portais sombrios abertos por nós e os que foram abertos contra nós, para que assim, todos os que vivem e sofrem do outro lado deles, vejam em nós os templos vivos onde se manifesta o nosso Divino Criador!

Luzes vivas do nosso Divino Criador, instalem-se em nosso íntimo e tornem-nos os seus portais luminosos pelos quais passarão e serão encaminhados para os Vossos domínios luminosos todos os espíritos escurecidos na ausência da Vossa luz!

Luzes vivas do nosso Divino Criador, envolvam e iluminem todas as situações e as magias negativas, feitas contra nós, para que assim, iluminados, todos os seres envolvidos nos tormentos delas, possam ser despertados para a vida e libertados das fúrias da morte que habitam no íntimo de todos os que se afastaram da Vossa luz viva!

Luzes vivas do nosso Divino Criador, iluminem com Vossas luzes todas as amarras do nosso espírito e da nossa vida, para que assim, desamarrados e iluminados, possamos criar laços de Amor com todos os nossos irmãos, todos nós filhos do mesmo Criador!

Luzes vivas do nosso Divino Criador, acolham nossos clamores e transmutem todos os nossos gemidos de dor em alegres sorrisos de Amor pela vida e pelo nosso Divino Criador!

Luzes vivas do nosso Divino Criador, neste momento Vos pedimos que transbordem de nosso íntimo, como puras vibrações de Amor por tudo o que é do nosso Divino Criador!

Amém!!!"

"A seguir, o ministrante, envolto pelas sete luzes vivas do nosso Divino Criador, começa a falar às pessoas presentes no Culto das Setes Luzes e desencadeia uma sequência de determinações mágicas beneficiadoras dos presentes, dos seus lares e dos seus familiares.

Também deve, com as mãos espalmadas para a assistência, solicitar de Deus e de suas Sete Luzes Vivas, que curem os doentes, que gerem empregos e prosperidade aos desempregados, que harmonizem os casais, pais e filhos, irmãos e ex-amigos, envolvendo a tudo e a todos que fazem parte de suas vidas. Que curem todos os espíritos sofredores presentes na reunião, em seus lares ou ligados a eles por laços cármicos.

Pedir que cortem, diluam e desfaçam todas as magias negras, vodus, amarrações, necromancias, encantamentos e bruxedos, pragas e maldições que vêm atormentando as pessoas presentes no culto.

A seguir, recomendar a todos que abram seus corações, abençoem a tudo e a todos em nome de Deus e das suas Sete Luzes Vivas.

Orientar a todos que respirem fundo três vezes, que agradeçam a Deus e às suas Sete Luzes Vivas e que abram os olhos."

Mestre Rubens Saraceni

4 — Seguir os itens C.5.2 (2.4 e 2.5)

Cantar Pontos de Chamada e de Sustentação do Orixá Obaluaiê

Andei, andei, meu Pai, pra conhecer, }
A minha vida, Pai, foi padecer. } bis

Abre a porta, Pai, venha me ver,
Sou seu filho, Obaluaiê.
Abre a porta, Pai, venha nos ver,
São seus filhos, Obaluaiê.

(Marilda de Aguiar)

Obaluaiê, Atotô,
Obaluaiê, Atotô. } bis
Lá em frente do cruzeiro, entoar sua oração,
meu pai velho, me ensine e me dê sua bênção.

Obaluaiê, Atotô,
Obaluaiê, Atotô. } bis
Nesta vida de passagem, peço bênção, proteção,
busco generosidade, calma, fé, transformação.

Obaluaiê, Atotô,
Obaluaiê, Atotô. } bis
Lá no cruzeiro das almas, implorando seu perdão,
vou buscar a sua calma, pra acalmar meu coração.

Obaluaiê, Atotô,
Obaluaiê, Atotô. } bis
Vós que sois o pai da cura, do saber e da razão,
vem curar meu corpo e alma, com a luz da evolução.
Obaluaiê, Atotô,
Obaluaiê, Atotô. } bis

(Lurdes Vieira, para Domínio Público)

5 — Incorporação

Chamar a entidade Obaluaiê da(o) dirigente, que dará a bênção a todos. Solicitar aos fiéis que façam seus pedidos, compatíveis com aquilo que é possível de ser alcançado.

6 — Oração a Pai Obaluaiê

Canto de Obaluaiê

"No alto do cruzeiro tem uma grande cruz
no centro do cruzeiro brilha a grande luz,
de Obaluaiê, êêêê, de Obaluaiê, êê, meu Pai.

Seu campo é grande, meu Pai.
seu reino é o campo-santo, meu Pai.
Obaluaiê, êêêê, Obaluaiê, êê, meu Pai.

Sua luz é grande, meu Pai,
e conduz quem fica pra trás,
Obaluaiê, êêêê, Obaluaiê, êê, meu Pai.

Seu campo é a terra, meu Pai,
recebe quem vai pro seu reino,
Obaluaiê, êêêê, Obaluaiê, êê, meu Pai.

Sua cruz, seu cajado, meu pai,
amparam os que ficaram pra trás,
Obaluaiê, êêêê, Obaluaiê, êê, meu Pai.

nos conduz por seu reino, meu pai,
somos os que ainda estão para trás,
Obaluaiê, êêêê, Obaluaiê, êê, meu Pai.

Um dia no seu reino, meu Pai,
ilumine pra que eu encontre a paz,
Obaluaiê, êêêê, Obaluaiê, êê, meu Pai.

No cruzeiro almas oram, meu Pai
de joelhos pedem descanso e paz,
Obaluaiê, êêêê, Obaluaiê, êê, meu Pai.

O caminho eterno um dia vou trilhar
e em algum lugar eu vou lhe encontrar,
Obaluaiê, êêêê, Obaluaiê, êê, meu Pai.

Sua coroa é só luz, ó meu Pai,
pra iluminar os que ficaram pra trás,
Obaluaiê, êêêê, Obaluaiê, êê, meu Pai.

Seu cajado é firme, meu Pai,
pra amparar quem não mais quer ficar para trás,
Obaluaiê, êêêê, Obaluaiê, êê, meu Pai.

Seu corpo é só chagas, meu Pai,
simbolizam as almas que caem,
Obaluaiê, êêêê, Obaluaiê, êê, meu Pai.

Seu campo é eterno, meu Pai,
guarda pra Olorum os que ficaram para trás.
Obaluaiê, êêêê, Obaluaiê, êê, meu Pai."

(Pai Rubens Saraceni)

7 — Culto das Sete Chamas Vivas do Divino Criador Olorum

EVOCAÇÃO DE DEUS

"Amado Senhor Deus e nosso Divino Criador!

Nós clamamos ao Senhor neste momento e pedimos Vossa licença, para rogar que nos envie as Vossas Sete Chamas Sagradas, o Vosso Fogo Divino, Senhor Nosso!

Conceda-nos a graça de evocar esse Mistério Vosso e sermos ajudados pelos Vossos Divinos Tronos, os Guardiões e Regentes desse Vosso poder purificador, Amado Senhor Nosso!

Que os Vossos Sete Tronos, manifestadores desse Vosso Mistério Sagrado, ouçam nossos clamores, enviados a Vós, Senhor Nosso, e envolvam-nos nas Vossas Sete Chamas Vivas, Amado Deus!

Que o Senhor nos envolva em Vosso Fogo Divino e incandesça nossa alma, nosso espírito e nosso corpo, purificando-nos e consumindo, em nossas vidas, todas as nossas impurezas e imperfeições porque só assim, purificados e regenerados, manifestaremos, em nossos atos, pensamentos e sentimentos virtuosos, a Vós, Senhor Nosso!

Senhor, torne-nos resplandecentes nas Vossas Sete Chamas Vivas e Divinas e torne-nos labaredas fulgurantes no Vosso Amor, incandescendo nossos elevados sentimentos de Fé, Respeito, Amor, Adoração e Devoção pelo Senhor, Amado Criador! Amém!"

As Sete Chamas Vivas do Nosso Divino Criador

"Amados Senhores dos Tronos de Deus que regem e guardam os Sagrados Mistérios do Fogo Divino!

Em nome do nosso Divino Criador, nós clamamos neste momento que os Senhores nos envolvam em Vossas Sete Chamas Vivas e conduzam-nos ao interior desse Mistério Divino, purificando-nos e regenerando nossos espíritos, fortalecendo nossa alma e curando nosso corpo, Senhores Nossos!

Os Senhores, que manifestam de si próprios esse Mistério Sagrado, envolvam-nos na chama do Vosso Amor por nós, Vossos filhos encarnados, e através de nós libertem das trevas da ignorância todos os Vossos filhos espirituais ligados a nós através dos laços invisíveis da vida!

Que o Fogo Divino do Senhor Deus flua neste momento através das Vossas Sete Chamas Sagradas e purifique o íntimo e o exterior dos nossos inimigos, anulando neles todos os sentimentos negativos, vibrados contra nós por eles, amados Mistérios do nosso Divino Criador!

Que Vossas Sete Chamas Vivas e Divinas envolvam nossos lares, nossos familiares, nossos amigos e nossos inimigos, purifiquem-nos, reequilibrem-nos e libertem-nos das amarras que têm nos paralisado e têm impedido que nos aproximemos ainda mais do nosso Divino Criador!

Que Vossas Sete Chamas Vivas e Divinas envolvam todas as nossas forças espirituais e purifiquem-nas de todas as imantações negativas que têm impedido que se abram para nosso espírito imortal novos horizontes, mais luminosos e mais plenos das coisas de Deus!

Que Vossas Sete Chamas Vivas e Divinas se espalhem pelos nossos sete campos, pelas nossas sete passagens, pelas nossas sete portas e purifiquem os meios que temos para nos reconduzirmos e nos reaproximarmos do nosso Divino Criador!

Envolvam-nos, neste momento, Senhores Nossos!

Envolvam-nos e conduzam-nos ao interior do Fogo Divino, onde haveremos de nos purificar e de nos conscientizar de que somos pequenas chamas vivas do nosso Divino Criador!

Incandesçam-nos nas Vossas Chamas Vivas, para que, assim incandescidos, nos tornemos luzes flamejantes a iluminar o caminho a ser trilhado por todos os filhos amados de Deus!

Sete Chamas Vivas do nosso Divino Criador, envolvam todas as magias negativas já feitas por nós, nesta ou em outras vidas, e as feitas contra nós, nesta ou em outras vidas, e consumam todo o negativismo, os tormentos e o mal causados por elas, livrando a nós, os envolvidos nelas e por elas, libertando-nos das prisões conscienciais, energéticas e espirituais, nas quais temos nos paralisado e temos deixado de alcançar novos planos!

Amados Senhores, Tronos Guardiões e regentes das Sete Chamas Vivas do nosso Divino Criador, neste momento Vos pedimos que o fogo vivo consuma todos os males de nossa vida, devore toda a maldade e miséria

em nós e à nossa volta, que gere a paz, a harmonia e a prosperidade para todos nós, Senhores Nossos!
 Que o poder vivo do Fogo Divino gere empregos para os desempregados, gere paz para os atormentados, gere saúde para os doentes, gere Amor para os abandonados, gere companhias luminosas para os solitários, gere Fé para os descrentes, gere fartura para os empobrecidos, gere alegria no íntimo dos entristecidos, gere conforto no íntimo dos atormentados, gere equilíbrio na vida dos desequilibrados, gere a libertação na vida dos amarrados, gere novo ânimo na vida dos desanimados, gere confiança no íntimo dos descrentes e gere esperança no íntimo dos desesperançados, renovando-os na Fé e no Vosso Amor!
 Amém! Amém! Amém!"

Rubens Saraceni

8 — Cantar pontos de chamada e sustentação da linha dos Pretos-Velhos, que atua na irradiação de Pai Obaluaiê

Vovó não quer casca de coco no terreiro,
Pra não lembrar dos tempos de cativeiro.
 Lá vem vovó, descendo a serra com sua sacola,
 Com seu cajado, com seu rosário, ela vem de Angola.

 Eu quero ver, vovó, eu quero ver, vovó,
 eu quero ver se filho de Umbanda tem querer.

(Domínio Público)

9 — Seguir os itens C.5.2 (2.10 e 2.11)

Ponto de Subida de Pai Obaluaiê

Obaluaiê, meu Pai, vai pra Aruanda, }
Obaluaiê, meu Pai, deixa saudade. } bis

Eu vou ficar com a minha devoção, }
Em Obaluaiê, com amor no coração. } bis

(Domínio Público)

10 — Seguir os itens C.5.2 (2.12 e 2.13)

Cantar Ponto de Subida dos Pretos-Velhos

Preto-Velho vai cruzar seus filhos com guiné } bis
Lá na Aruanda, onde canta o juriti, }
Preto-Velho vai embora e deixa o seu médium aqui. } bis

(Domínio Público)

Acorda, meu filho, Preto-Velho já vai caminhar } bis
É devagar, é devagarinho } bis
Quem anda com Preto-Velho nunca fica no caminho. } bis

(Domínio Público)

Preto-Velho já trabalhou, }
Agora vai pra sua Aruanda, } bis
A bênção, papai, proteção pra nossa Umbanda. } bis

(Domínio Público)

11 — Oração final de agradecimento

ORAÇÃO A PAI OBALUAIÊ

Amado Pai Obaluaiê, Senhor da Evolução!

Nós vos rogamos, querido Pai, que derrame vossa luz sobre nossas vidas, para que possamos organizá-las, de tal modo que os entraves nelas não se instalem. Pedimos a vós, Pai Divino, a estabilização das nossas qualidades positivas e a mobilidade transformadora de tudo o que necessitamos para acelerar a nossa evolução interior em todos os sentidos.

Permita-nos, Pai, abrir as portas para o sucesso e bem-aventurança, com o desenvolvimento da nossa razão, pois ela nos aproxima do Criador. Ajude-nos a fazermos dos nossos corpos físicos caminhos de desenvolvimento, para que, após deixá-los, nossos espíritos possam se libertar e alçar voos rumo ao Criador Olorum.

Ilumine nossas mentes e corações, para que usemos nossas reencarnações com sabedoria, ativando cada vez mais nossos sentidos e dons, amando e respeitando nosso Criador. Faça com que multipliquemos os dons da Fé, do perdão, da tolerância, da paciência, da compaixão e da solidariedade. Permita, também, quebrarmos as barreiras que nos induzem às más tendências, ao egoísmo, ao orgulho e à vaidade, adquiridos no decorrer de nossas várias encarnações.

Ajude-nos nesta árdua caminhada, que exige a colocação frente a frente com nossa realidade, reconhecendo os erros e defeitos, aceitando-nos como somos e sabendo que viemos a este mundo para nos melhorar sempre, para que um dia possamos conhecer o mundo divino.

Livre-nos da atuação de seres espirituais ainda desvirtuados e presos à ilusão, que se comprazem no mal, na luxúria, no vício e nas paixões desenfreadas. Faça-nos seres equilibrados em nossas emoções e sentimentos, com controle sobre nossas ações. Que jamais sejamos escravos de qualquer parte negativa que possa nos envolver no ódio, no orgulho, na inveja, no egoísmo, no ciúme e na incerteza de nossa personalidade.

Divino Criador, Olorum! Nós vos agradecemos por todas as graças recebidas no trabalho de hoje. Faça com que desenvolvamos em nossa caminhada, Pai Divino, a simplicidade, a humildade e a sabedoria, ensinadas pelos vossos Pretos-Velhos!

Amém!

12 — Canto de ligação com o próximo encontro e de confraternização

13 — Encerramento do trabalho

C.6 — CULTOS CONSAGRATÓRIOS

Os(as) dirigentes umbandistas poderão realizar Cultos Consagratórios de imagens, talismãs, ervas e outros elementos.

Sabemos que somente Deus cura, mas, lembramos que tudo o que existe é obra do Divino Criador, Olorum.

Uma pedra contém estupendas energias, pérolas, pedras preciosas, minerais, plantas e outros elementos possuem valor terapêutico para o corpo e exercem influência eletromagnética benéfica sobre as células, quando usados em contato com a pele. A consagração com a bênção espiritual potencializa esses objetos, suscitando maior Fé em quem os usa.

C.6.1 — INSTRUÇÕES GERAIS

Preparação para o Culto Consagratório

Os fiéis deverão ser orientados antecipadamente sobre os procedimentos necessários, para que tragam seus objetos a consagrar, devidamente preparados e acondicionados.

Recepção

Nos dias de Cultos Consagratórios não há necessidade de senhas. Os frequentadores deverão adentrar no Templo, até o horário de início do Trabalho ou da lotação da capacidade do espaço, e permanecer em silêncio, portando seus objetos para consagração, identificados com seus nomes e sobrenomes.

Folhetos e Textos

Os frequentadores terão as orientações de praxe, na entrada, e receberão textos ou folhetos referentes ao culto do dia, que, se quiserem, poderão adquirir ou devolver no final do trabalho. A casa deverá organizar-se para que essa aquisição ocorra em ordem e em silêncio, zelando-se para que o material não seja jogado fora ou deixado em qualquer lugar.

C.6.2 — A PRÁTICA DO CULTO CONSAGRATÓRIO

Cada casa tem sua forma de trabalho, seus próprios pontos e orações, que devem ser respeitados. Aqui iremos oferecer sugestões de cultos consagratórios, que poderão ser utilizadas e também adaptadas pelos componentes dos terreiros, procurando manter a coerência e a uniformidade nos procedimentos.

• 2.1 — O(a) dirigente deverá abrir uma grande mandala e ativá-la. Dentro dela serão colocados os objetos para consagração.

• 2.2 — Abrir o trabalho, normalmente, com o Hino da Umbanda, canto de abertura, defumação, louvor a Pai Oxalá e às Sete Linhas, saudação à Esquerda etc.

• 2.3 — O(a) dirigente ou um médium indicado por ele lerá a Invocação aos orixás, que poderá ser a mesma para todos os cultos consagratórios.

• 2.4 — O(a) dirigente poderá ler e explicar o folheto do dia, explanar sobre a doutrina, o significado do culto e dos elementos que serão consagrados e ler a oração constante no item 4 (que também poderá ser a mesma para todos os cultos consagratórios). Os fiéis deverão ser orientados para que permaneçam serenos, com Fé, Amor, Confiança no que estão fazendo e em sintonia com as forças da Natureza, sobre a importância de se ter uma religião e do cultivo da religiosidade. Se o(a) dirigente quiser, poderá indicar médiuns da casa para essas tarefas. Os folhetos poderão ser os mesmos do Culto com Doutrina ou outros.

• 2.5 — O(a) dirigente pedirá aos frequentadores, no momento certo para que, em ordem, com respeito e em silêncio, entrem no congá, passando entre a fileira de médiuns, levando seus objetos, devidamente identificados. Os objetos serão colocados, bem arrumados, dentro da mandala que deverá estar aberta e iluminada na frente do altar. Em seguida, devem voltar aos seus lugares.

• 2.6 — A Curimba cantará pontos de louvação ao Divino Pai Olorum e aos orixás e todos deverão cantar junto.

• 2.7 — O(a) dirigente ou um dos médiuns, designado por ele(a) anteriormente, fará a leitura da Evocação de Consagração.

• 2.8 — O dirigente, a seguir, fará a Consagração dos objetos materiais que estão na mandala.

• 2.9 — A Curimba poderá cantar pontos de louvor aos orixás ou, se for solicitado pelo(a) dirigente, poderá fazer a chamada e a sustentação de uma Linha da trabalho escolhida, cujas entidades serão incorporadas pelos médiuns da corrente.

• 2.10 — Se houver incorporação, as entidades formadoras da corrente irradiarão em conjunto sobre os elementos que estão sendo consagrados e abençoarão todos os fiéis, direcionando a eles seus fluxos energéticos.

• 2.11 — Na sequência, a Curimba cantará pontos para a subida das entidades em terra.

• 2.12 — O dirigente faz uma oração final de agradecimento.

• 2.13 — Os fiéis serão chamados, para que entrem ordenadamente e em silêncio, para pegar seus objetos consagrados e voltem aos seus lugares.

• 2.14 — O dirigente orienta os fiéis quanto às responsabilidades, cuidados e formas de se beneficiar dos objetos consagrados, em seus lares no cotidiano ou pessoalmente.

• 2.15 — A curimba faz um canto de ligação com o próximo encontro e de confraternização entre todos.

• 2.16 — Encerrar o trabalho

C.6.3 — EXEMPLOS DE CULTOS CONSAGRATÓRIOS

C.6.3.1 — RITUAL PARA A CONSAGRAÇÃO DE IMAGENS

As imagens são representações de divindades ou seres divinizados, que inspiram respeito e despertam nas pessoas uma postura religiosa, de Fé, silêncio e reverência. Elas ajudam a elevação das vibrações mentais, pois permitem ao fiel lembrar-se dos ensinamentos salutares da Doutrina, aumentar sua conexão com tudo o que a imagem representa em relação às qualidades divinas do Criador Olorum.

Elas devem estar sempre limpas, preservadas e é importante que sejam consagradas.

1 — Preparação

Os fiéis deverão ser informados, antecipadamente, para que adquiram suas imagens e as lavem em água corrente, em água com sal e as deixem secar ao sol. Depois, deverão colocá-las em um local limpo, acender ao redor sete velas (branca, azul-claro, cor-de-rosa, verde, vermelha, amarela e lilás) e queimar um incenso dentro do círculo de velas. Pode ser incenso Mãe Maria, Espiritual, Rosa, Jasmim ou outro afim. Levar as imagens para a consagração no Templo, embrulhadas em panos brancos de algodão, utilizados só para esse fim.

2 — Início do Ritual

Abrir uma grande mandala de limpeza e purificação, junto ao altar, com um copo de água dentro dela e ativá-la.

Velas: 1 — dourada; 2 — branca; 3 — cor-de-rosa; 4 — verde; 5 — vermelha; 6 — azul-escuro; 7 — branca; 8 — azul-claro; 9 — branca; 10 — azul-turquesa; 11 — magenta; 12 — laranja; 13 — amarela; 14 — lilás; 15 — roxa.

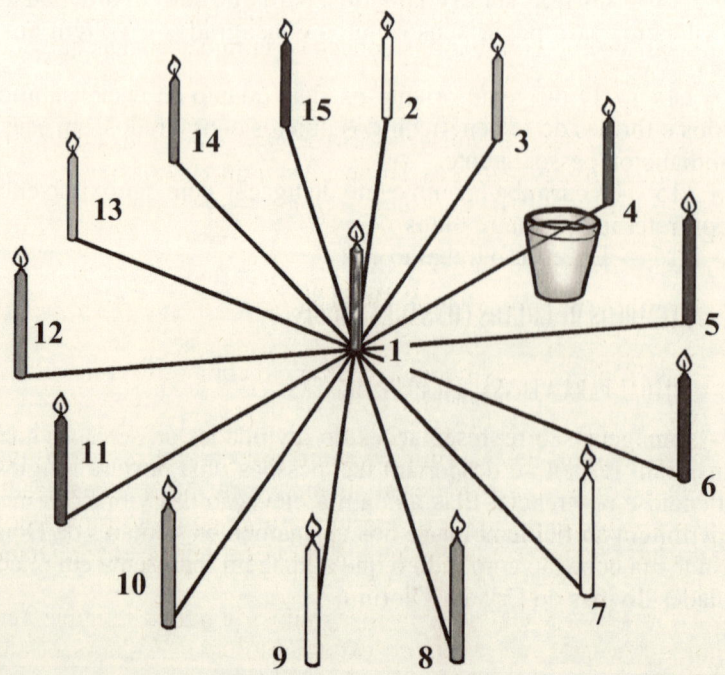

3 — Abertura do trabalho

INVOCAÇÃO AOS ORIXÁS

Pedimos as graças de Pai Olorum, para que Sua Luz Divina se irradie sobre os orixás e Guias, abençoando o nosso trabalho.

Que Pai Oxalá nos cubra com seu manto de Fé e Paz e Mãe Logunã desperte cada vez mais a nossa religiosidade! Que Pai Oxumaré dilua e afaste os maus pensamentos e instintos que possam nos obscurecer e Mamãe Oxum desperte o Amor incondicional em nossas vidas! Que Pai Oxóssi, caçador de almas e difusor do conhecimento, envolva nossas mentes com suas vibrações e Mãe Obá nos vigie atentamente, sustentando-nos nos caminhos do rigor e da verdade, proporcionando-nos conhecimento e sabedoria!

Que Pai Xangô, do alto de sua pedreira, lance seus raios iluminadores, trazendo-nos Justiça e Equilíbrio e Mãe Oro Iná nos aqueça com seu fogo vivo e queime as impurezas de nossos corpos e de nossas almas e espíritos, purificando-os! Que Pai Ogum, com a força da Lei Maior e com sua espada luminosa, nos defenda dos ataques de seres trevosos e ordene nossas vidas nos caminhos de elevação a Deus e Mãe Iansã nos direcione pelos caminhos de retidão, conduzindo-nos ao Divino Criador!

Que Pai Obaluaiê, com sua sabedoria e humildade, nos auxilie no caminho da evolução e Mãe Nanã nos tranquilize e nos proporcione as condições para que desenvolvamos nossa maturidade e razão! Que Mamãe Iemanjá lave as impurezas de nossos corpos, de nossos corações e de nossos espíritos e Pai Omolu nos conceda a cura das chagas que corrocm nossos corpos e nossas almas!

Saravá a todos os amados Pais e Mães!

Iniciamos o trabalho consagratório de hoje, em nome do Divino Criador, Olorum e de seus Sagrados Tronos, os Divinos orixás!

FOLHETO

AS IMAGENS

"Pelas orações, podemos entrar em comunhão com
Olorum e com os orixás."

Uma imagem não é simplesmente um enfeite de barro, pedra, vidro, madeira ou outro material. É uma concepção humanizada da divindade, que possibilita a reverência e uma conexão rápida do fiel com ela, por meio de uma consciência pura e repleta de energia naquele momento de prece.

A Umbanda aceita os ícones sagrados de outras religiões (como os santos católicos, os orixás do candomblé, as divindades orientais, como Buda e outros), pois um espírito, quando se universaliza, abre um campo de atuação tão amplo que ultrapassa a religião que possibilitou sua elevação e ascensão dentro das hierarquias divinas. O Divino Jesus Cristo, por exemplo, ocultava com Sua singela imagem humana, o Divino Mestre Oxalá. Um mistério divino tem alcance planetário e possui suas hierarquias espalhadas por todas as religiões.

O Ritual de Umbanda Sagrada é universalista, congrega espíritos de todas as esferas espirituais, dotando-os com nomes simbólicos, identificadores das qualidades dos orixás. A Umbanda aceita todas as divindades como exteriorizações dos mistérios divinos, acolhe a todas e reserva a cada uma um meio de melhor amparar os espíritos que Deus Pai lhe confiou, através das linhas de ação e trabalho.

Uma imagem consagrada pode facilitar a conexão com a divindade e amplia a Fé na proteção divina. Essa Fé e o uso correto da vontade conferida por Deus ao homem são forças imensamente poderosas.

Conforme a pessoa vai orando em frente à imagem, ela vai sendo cada vez mais imantada com o fervor de sua a Fé. Cada vez que o fiel voltar a orar diante da imagem, aquela imantação o estimulará a vibrar numa frequência sempre mais elevada.

Quem imantou a imagem é sempre beneficiado com isso, pois quando não estiver em condições de elevar a própria vibração, basta chegar perto dela, aquietar-se e receber a irradiação da energia que ele(ela) mesmo(a) imantou com suas preces, e entrar em estado vibracional elevado.

Qualquer ser humano que tenha um pouco de sensibilidade, ao passar diante da imagem consagrada e que recebe orações fervorosas, vai sentir sua imantação e será estimulado a vibrar positivamente.

É preciso manter silêncio, reverência e respeito diante de imagens consagradas.

ORAÇÃO

ORAÇÃO A OLORUM

Senhor Deus, dê-nos Vossas Bênçãos e sob o amparo de Vossa Lei Maior e de Vossa Justiça Divina, envie-nos Vossas 7 Luzes e 7 Forças da Natureza para que atuem nos 7 campos vibratórios de cada um de nós aqui presentes, encarnados ou desencarnados ainda ligados a este plano e atuem em todos os espíritos e seres ligados a nós.

Limpe e purifique-nos de todos os males que nos impedem de sermos felizes em todos os sentidos e de vencermos nossas fraquezas, compreendermos e usarmos a sabedoria simples que nos liga à Vossa Luz e à de Vossos Enviados Divinos, para sustentar nossa evolução.

Amplie nossa sintonia com as Vossas 7 Luzes, com as 7 forças da Natureza e com Vossos Enviados, que amparam e sustentam nossa caminhada evolutiva. Purifique nossos polos magnéticos, enfraqueça e anule qualquer elo com as forças negativas que tolhem nosso discernimento e solapa nossos esforços de crescimento na Vossa Luz e na Vossa Lei.

Anule em nossos mentais os bloqueios que nos impedem de transmutar os aspectos negativos de nossos inconscientes, que nos mantêm presos a comportamentos autodestrutivos e nos deixam à mercê de seres negativados que desejam nossa queda.

Fortaleça nossa vontade, para que a transmutação aconteça harmoniosamente e sem sofrimento. Conforte nossos corações, para que o medo da mudança evolutiva que enfrentamos possa dissipar-se na confiança do Vosso amparo e do amparo de Vossas 7 Luzes Divinas e Vossas 7 Forças da Natureza.

Abençoe nossa busca, com os recursos que necessitamos para despertar o entendimento e a lucidez. Higienize nossos emocionais de todos os bloqueios que nos limitam e nos confundem, interferindo nas condutas corretas, a ponto de prejudicar nossa clareza mental.

Desperte em nossos íntimos a força para vencermos os desafios da vida com ética, serenidade e equilíbrio. Proteja e anule em nossos mentais as inoculações das forças trevosas que geram ilusão e equívoco, fazendo-nos cair e desviarmo-nos do nosso caminho.

Anule e purifique qualquer portal negativo aberto contra nós, em nossos campos vibratórios, em nossos lares ou locais de trabalho. Corte qualquer magia negativa, anule atuações, devolvendo às suas origens todos os elementos negativos ativados magisticamente contra nós. Que a Vossa Lei e Vossa Justiça Divina determinem o destino de quem possa ter praticado magia negativa contra nós, seja encomendando-a ou fazendo-a.

Senhor! Olhe nossos corações, escute nossos pedidos e, ainda que nos detenhamos em solicitações para as nossas necessidades básicas, olhe por nós, dê-nos aquilo que nossos espíritos mais anseiam e necessitam. Abra Vossas 7 Fontes Fecundas e proporcione a todos nós os recursos e meios para nos tornarmos pródigos de tudo que achamos que necessitamos e de tudo que realmente precisamos.

Senhor, diante de Vós, de Vossas 7 Luzes, de Vossas 7 Forças da Natureza, possam os sofredores curarem-se e descansar, seguindo em paz. Possam os obsessores e todos os espíritos equivocados receber uma nova oportunidade, por meio de uma nova opção de conduta e de um novo caminho. Que eles possam desarmar seus corações para que as Vossas 7 Luzes Divinas e as 7 Forças da Natureza derramem sobre todos as bênçãos da renovação de um novo caminho na Lei de Deus! Amém!

4 — Seguir os itens C.6.2.5 e C.6.2.6

O(a) dirigente pedirá aos frequentadores, para que, em ordem, com respeito e em silêncio, entrem no congá, passando entre a fileira de médiuns, levando suas imagens, devidamente identificadas, para colocar na mandala. Em seguida, devem voltar aos seus lugares.

5 — Cantar hino de louvação ao Criador Olorum

Hino ao Divino Criador Olorum
Olorum, meu Divino Criador, }
Ouça o meu clamor, aceite a minha louvação. } bis (refrão)

Evoco todos os Seus Tronos infinitos, }
A Sua Paz, Sua Justiça e a Sua Lei Maior. } bis

Prefiro a solidão do que a degeneração,
Clamo pelo equilíbrio da mente e do coração,
Clamo pela Luz do Trono do Amor e da Evolução, Olorum.

Olorum, meu Divino Criador,
Ouça o meu clamor, aceite a minha louvação.
Evoco as forças do Universo
E a essência da Mãe Terra, que criastes para mim,
Para bem me conduzir e conduzir os meus irmãos.
Evoco as forças do Universo
E a essência da Mãe Terra, que criastes para mim,
Para bem me conduzir e conduzir os meus irmãos, Olorum.

Olorum, meu Divino Criador,
Ouça o meu clamor, aceite a minha louvação.

Eu louvo ao meu Deus, o Divino Criador, Olorum. } bis

Olorum, meu Divino Criador,
Ouça o meu clamor, aceite a minha louvação.

Que as Suas Fontes Vivas brilhem sempre sobre mim,
Sobre a Umbanda e sobre o meu país.
Que as Suas Fontes Vivas brilhem sempre sobre mim,
Sobre a Umbanda e sobre o meu país, Olorum.

Olorum, meu Divino Criador,
Ouça o meu clamor, aceite a minha louvação.

Eu louvo ao meu Deus, meu Divino Criador, Olorum. } bis ...

(Geraldo Pereira Rosa Junior)

6 — Evocação consagratória

Evocamos Deus Pai Todo-Poderoso, o nosso Divino e amado Criador Olorum, Seus Divinos Tronos, os Amados orixás, Sua Lei Maior e Sua Justiça Divina!

Amados Pais e Mães! Pedimos as Vossas bênçãos neste momento e que Vossas presenças luminosas espalhem sobre nossas cabeças as Sete Luzes e as Sete Chamas Divinas, para promover a limpeza espiritual de nossos corpos e imantar-nos com vossas irradiações.

A Vós, pedimos que as imagens trazidas por nossos irmãos sejam limpas e purificadas pelas irradiações das Sete Luzes e das Sete Chamas Sagradas, o Vosso Fogo Divino, Senhor Nosso!

Conceda-nos a graça de evocarmos esses Mistérios Vossos e sermos ajudados pelos Vossos Divinos Tronos, os Guardiões e Regentes desse Vosso poder purificador, Amado Senhor Olorum!

Que o Senhor envolva estas imagens em Vossas Sete Luzes e em Vosso Fogo Divino, consumindo qualquer impureza, incandescendo-as e purificando-as, para que elas representem esse Vosso Fogo Divino, que, quando evocado nas orações, purifique pensamentos e desperte sentimentos virtuosos!

Rogamos que, por intermédio delas, nossos irmãos sejam protegidos contra as investidas de seres, vibrações e projeções negativas, contra portais e cordões negros que porventura estiverem lhes enviando energias desequilibradoras ou retirando as deles.

Divino Pai, que diante dessas imagens, nossos irmãos possam clamar por Vossas Sete Luzes e por Vossas Sete Chamas Vivas e Divinas, para envolver seus lares, seus familiares, seus amigos e seus inimigos, purificando-os, reequilibrando-os e libertando-os das amarras que os têm paralisado e impedido de se aproximarem ainda mais de Vós, Divino Criador!

Clamamos, também, para que as irradiações imantadas nessas imagens consumam a miséria, a maldade e os males de suas vidas e tragam para as suas casas, para seus familiares e amigos, Luz, Paz, Harmonia, Serenidade, Amor, Racionalidade, Prosperidade, Confraternização e o Amparo espiritual necessário a cada um, para seguir sua evolução.

Divino Criador, Amados Pais e Mães orixás e Suas Sete Luzes e Sete Chamas Vivas Divinas, pedimos por todos nós e por todos os seres da Criação, as bênçãos de todos Vós.

Amém!

7 — Consagração, pelo(a) dirigente, das imagens na mandala

Amado Pai Olorum, sagrados orixás!

Em Vossos Divinos nomes, consagro estas imagens, para que recebam as energias dos Tronos Sagrados, nossos orixás aqui evocados, e peço que elas tenham o poder de irradiar benefícios para as pessoas que a elas recorrerem por necessidade, com devoção, reverência e respeito.

Consagro-as, também, para que quando a elas os fiéis se dirigirem possam receber limpeza e purificação, cura em todos os sentidos, abertura dos caminhos, após o fechamento dos portais negativos que tenham sido abertos contra eles, e bênçãos, de acordo com seus merecimentos.

Consagro-as, para que, durante as preces, elas sejam um meio de conexão entre o fiel, as Divindades e o Divino Criador Olorum e possam despertar e expandir a Fé e a Religiosidade no íntimo de cada um.

Consagro-as para que sejam instrumento de proteção contra doenças e contra todo o mal, gerado por outros seres ou por eles mesmos, no passado ou no presente.

Consagro-as para que sempre sejam geradoras de Esperança, Bondade, Amor, Simplicidade, Humildade, Fraternidade e Verdade, no íntimo e nos atos daqueles que através delas dirigirem preces e pedidos.

Deus Supremo e Sagrados orixás! Permaneçam sempre à direita e esquerda, no alto e embaixo, à frente e nas costas, ao redor e em todos os lugares onde estiverem os irmãos, dormindo ou acordados.

Que através destas imagens Vossas presenças os protejam sempre, pela Graça Divina, Amém!

8 — Seguir os itens 6.2.9, 2.10, 2.11

9 — Oração final de agradecimento

Agradecemos com todo o Amor e Respeito ao nosso Divino Criador Olorum, aos orixás e Guias presentes neste dia de trabalho e lhes rogamos que nos auxiliem a pôr em prática as instruções recebidas nesta consagração. Que ao nos retirarmos, cada um de nós saia fortificado na sua convicção religiosa, na religiosidade e prática do Bem e no Amor ao próximo.

Desejamos igualmente, que estas instruções sejam proveitosas a todos os espíritos que tenham assistido a esta reunião, para os quais imploramos a misericórdia de Deus.

Pedimos, ó Pai Amado, que nos sustente nas Vossas Sete Luzes Divinas e que cada um receba suas graças conforme seu merecimento.

Amém!!!

10 — Retirada das imagens (6.2.13, 2.14)

Os fiéis serão chamados, para que entrem ordenadamente e em silêncio, peguem suas imagens consagradas e voltem aos seus lugares. A seguir, o(a) dirigente os orientará para que acendam velas em frente às imagens, de acordo com a cor do(a) orixá correspondente a cada uma. Orientará também para que as mantenham limpas com um pano seco ou úmido e purificadas com incenso.

Para beneficiar outras pessoas, basta colocar os nomes delas ou suas fotos, embaixo da imagem ou ao seu lado e pedir as bênçãos necessárias.

11 — Encerramento (seguir os itens 6.2.15 e 2.16)

C.6.3.2 — RITUAL PARA A CONSAGRAÇÃO DE TALISMÃS

O talismã ou amuleto é algo tangível para o seu possuidor, no qual ele coloca sua confiança e faz sua conexão com o Plano Divino.

Os talismãs consagrados, além de suas potências curativas eletromagnéticas e intrínsecas, carregam a bênção dos sagrados orixás, Divindades de Olorum e ligam as pessoas ao Templo que os consagrou.

"Semelhante a uma casa que pode ser equipada com um para-raios de cobre para absorver a descarga do relâmpago, o templo do corpo se beneficia com certas proteções." (Sry Yuktéswar — mestre iogue)

1 — Preparação

Os fiéis deverão ser informados, antecipadamente, para que adquiram seus talismãs e, se for o caso, os lavem em água corrente, em água com sal e os deixem secar ao sol. Depois, deverão colocá-los em um local limpo, acender ao redor sete velas (branca, azul claro, cor de rosa, verde, vermelha, amarela e lilás) e queimar um incenso dentro do círculo de velas. Pode ser incenso Mãe Maria, Espiritual, Rosa, Jasmim ou outro afim. Levar os talismãs para a consagração no Templo, embrulhados em panos brancos de algodão, utilizados só para esse fim.

2. Início do Ritual — (seguir o item 6.2 — 2.1)

Abrir uma grande mandala de limpeza e purificação, junto ao altar, com um copo de água dentro dela e ativá-la). Essa mandala poderá ser a mesma da consagração de imagens ou outra. Exemplo:

Velas: 1 — dourada; 2 — branca; 3 — cor-de-rosa; 4 — azul-escuro; 5 — verde; 6 — branca; 7 — preta; 8 — vermelha; 9 — branca; 10 — azul-claro; 11 — vermelha (ver próxima figura).

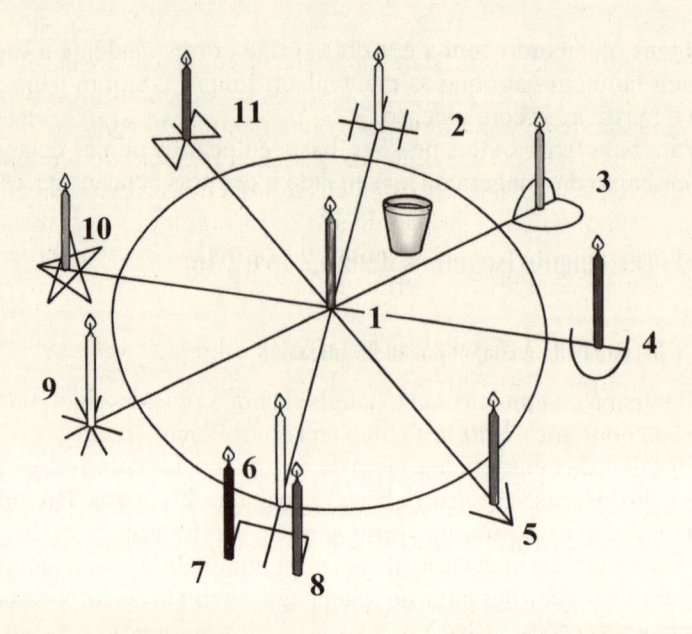

3 — Abertura do trabalho

4 — Invocação aos orixás

É a mesma da consagração de imagens.

FOLHETO

TALISMÃS E AMULETOS

Talismãs, patuás e amuletos são objetos aos quais se atribuem poderes extraordinários de magia ativa, de efeitos sobrenaturais. Certos talismãs são verdadeiros signos celestes que proporcionam virtudes extraordinárias ao seu dono, inclusive a de fazê-lo feliz, se ele o faz e o possui com Fé. São símbolos que encerram e ocultam mistérios da criação, também chamados encantos. Os amuletos são utilizados para afastar malefícios e têm seus fundamentos, pois nasceram em diferentes povos, muitos dos quais sem contatos entre si, espalharam-se por toda parte e perduraram no tempo.

Povos antigos, como os chineses, os celtas, os gregos, os romanos e outros usavam talismãs e amuletos e povos modernos continuam a usá-los. Para não haver fome e atrair fartura, os celtas amarravam feixes de trigo na porta; no interior de Minas Gerais, os mineiros colocavam espigas de milho na porta. Para dar sorte, os romanos faziam figas com os dedos das mãos; os chineses penduravam e penduram espécies de sinos do lado de fora da porta; os gregos punham ferraduras na porta; os japoneses usam o Manekineko, (pequena imagem de um gatinho). Contra inveja e mau-olhado, os judeus usam letras e versos cabalísticos ou uma caixinha com a oração do seu livro sagrado; nas residências e casas comerciais em geral é comum encontrarmos vasos com plantas místicas; no Tibete usa-se a flor de lótus; no catolicismo, a cruz e a água benta.

Um talismã pode ser uma imagem ou efígie, gravada em pedras e metais, pingentes com estrelas e luas, pergaminhos, anéis, etc.

Talismãs individuais

Os salmos dos Anjos da Guarda.

• Cruz de azeviche, crucifixos, medalhas, pés-de-coelho, figas de guiné, dentes de animais, orações em forma de escapulários, ferraduras, corujas, trevos de quatro folhas, etc.

• Pedras de ágata, água-marinha, pirita, turmalinas, quartzo, hematitas, etc.

• Flores em sachês, ervas verdes em vasos (arruda, guiné, alecrim, comigo-ninguém-pode, espada-de-são-jorge e de Iansã, etc), sementes e cascas (arroz, grão de café, feijão, girassol, lentilha, milho de pipoca, mostarda em grãos, pimenta da Jamaica, trigo, olho-de-cabra, olho-de-boi, canela, cravo-da-índia, etc.

Talismãs para lares e famílias

• Velas de canela, baunilha, achocolatadas e outras.
• Imagens de Santos, de Buda e outros.
• Baguás e espelhos do sol e da lua, metálicos ou espelhados.
• Fontes de água, que representam e incentivam a vida. A água em movimento enriquece nossas vidas, restaura o equilíbrio e suaviza o espírito.
• Harpa eólica e sinos de vento trazem boas novas, paz e harmonia.
• Peixe em pedra-sabão, madeira ou vidro e elefantes da sorte atraem prosperidade e dinheiro.
• Potes com sal grosso e cristais servem para proteção e limpeza da aura das pessoas.
• Pedras atraem energias positivas.
• Etc.

Oração

Também poderá ser a mesma do culto consagratório de imagens ou outra escolhida pelo(a) dirigente.

5 — Seguir os itens C.6.2.5 e C.6.2.6

O(a) dirigente pedirá aos frequentadores, para que, em ordem, com respeito e em silêncio, entrem no congá, passando entre a fileira de médiuns, levando seus talismãs, devidamente identificados, para colocar na mandala. Em seguida, devem voltar aos seus lugares.

6 — Cantar hino de louvação ao Criador Olorum

7 — Evocação consagratória

Evocamos Deus Pai Todo-Poderoso, o nosso Divino e amado Criador Olorum, Seus Divinos Tronos, os Amados orixás, Sua Lei Maior e Sua Justiça Divina!

Pedimos as Vossas bênçãos neste momento e que Vossas presenças luminosas espalhem sobre nossas cabeças e sobre estes talismãs as Sete Luzes Divinas. Fazei, Mães e Pais Divinos, Senhores Nossos, com que os portadores desses Talismãs os usem com recolhimento, de acordo com Vossas vontades e Leis. Fazei com que obtenham, pela Vossa bondade e com a invocação de Vossos Sagrados Nomes, a saúde do corpo, da alma e tudo o que as necessidades da vida lhes fizerem pedir com devoção e Fé.

Rogamos que, por intermédio deles, possam ser protegidos contra as investidas de seres, vibrações e projeções negativas, contra portais e cordões negros, que porventura estiverem lhes enviando energias desequilibradoras ou retirando as suas.

Mais uma vez pedimos que esses objetos se tornem remédios salutares aos irmãos, seus portadores; que os mesmos recebam bênçãos, saúde, proteção contra todas as doenças e armadilhas de seres trevosos ou inimigos de quaisquer natureza.

Clamamos, também, para que esses talismãs tragam para os seus portadores paz, harmonia, serenidade, equilíbrio, racionalidade e prosperidade.

Amados Pais e Mães orixás e Suas Sete Luzes Divinas, pedimos por todos nós e por todos os seres da Criação, as bênçãos de Deus Pai e de todos Vós. Amém!

8 — Consagração pelo(a) dirigente dos talismãs, na mandala

Amado Pai Olorum, sagrados orixás!

Em Vossos Divinos nomes, consagro estes talismãs, para que recebam as energias dos Tronos Sagrados, nossos orixás aqui evocados, e peço que eles tenham o poder de irradiar benefícios para as pessoas que os portarem, com devoção, reverência e respeito.

Consagro-os, também, para que eles sejam instrumentos de defesa, contra acidentes corporais, perdas materiais e financeiras, contra armas cortantes e de fogo, contra influências e vibrações de maus pensamentos, maus sentimentos e maus-olhados.

Consagro-os para que sempre sejam geradores de Esperança, Confiança, Amor, Simplicidade, Humildade, Fraternidade e Verdade, no íntimo e nos atos daqueles que os usarem e dirigirem suas preces e pedidos, com Fé, Amor e Devoção ao Divino Criador.

Consagro-os para que sejam escudos protetores que tornem seus portadores invisíveis, impenetráveis e invulneráveis à maldade alheia.

Consagro-os, para que, durante as preces, eles sejam um meio de conexão entre o fiel, as Divindades e o Divino Criador, Olorum e possam despertar e expandir a Fé e a Religiosidade no íntimo de cada um.

Eu, ..., servidor do Divino Pai Olorum, em nome de Pai Oxalá e de todos os orixás, abençoo, consagro e imanto estes objetos, a fim de que sejam fogo devorador contra os ataques das trevas, destruição e aniquilamento de cordões e energias negativas e de suas fontes.

Deus Supremo e Sagrados orixás! Permaneçam sempre à direita e esquerda, no alto e no embaixo, à frente e nas costas, ao redor e em todos os lugares onde estiverem os irmãos, dormindo ou acordados.

Que através destes amuletos Vossas presenças os protejam sempre, pela Graça Divina, Amém!

9 — Seguir os itens 6.2.9, 2.10, 2.11

10 — Oração final de agradecimento

Agradecemos com todo o Amor e Respeito ao nosso Divino Criador Olorum, aos orixás e Guias presentes neste dia de trabalho e lhes rogamos que nos auxiliem a pôr em prática as instruções recebidas nesta consagração. Que ao nos retirarmos, cada um de nós saia fortificado na sua convicção religiosa, na religiosidade e prática do Bem e no Amor ao próximo.

Desejamos igualmente, que estas instruções sejam proveitosas a todos os espíritos que tenham assistido a esta reunião, para os quais imploramos a misericórdia de Deus.

Pedimos, ó Pai Amado, que nos sustente nas Vossas Sete Luzes Divinas e que cada um receba Suas graças conforme seu merecimento.
Amém!!!

11 — Retirada dos talismãs (6.2.13, 2.14)

Os fiéis serão chamados, para que, ordenadamente e em silêncio, peguem seus talismãs consagrados e voltem aos seus lugares. A seguir, o(a) dirigente os orientará sobre a maneira correta de usar e manter seus talismãs.

O sacerdote deverá orientar os fiéis, para que cada qual mantenha seu talismã pessoal sempre junto do corpo. Em caso de necessidade de ajuda, segure-o entre as duas mãos, elevando-as e fazendo uma oração de sua escolha.

Em caso de talismã familiar, colocá-lo, de preferência, próximo da porta de entrada da casa, em local visível.

Mantê-los purificados, utilizando incensos.

12 — Encerramento (seguir os itens 6.2.15 e 2.16)

C.6.3.3 — RITUAL PARA A CONSAGRAÇÃO DA ÁGUA

Consagrar a água, para uso diário, é um ato de Fé, de Amor e de Respeito a esse elemento natural gerador de vidas, tão maravilhoso. A água é um elemento divino, porém, é tratada com banalidade e desrespeito pelo ser humano, pois é desperdiçada e poluída, como se não precisasse ser preservada e como se nunca fosse acabar na Natureza.

A água fluida e etérea, que deu origem à vida no Planeta Terra, não existe aqui entre nós. Ela é muito mais leve e sutil, com certeza; sacia a sede e alimenta as almas no plano espiritual, de tal forma que elas não necessitam de alimentos para subsistir naquele plano existencial. É rica em elementos por nós desconhecidos, que promovem alquimia pura nos seres que dela se servem. A água etérea possivelmente teve sua química alterada por Deus, quando criou a Terra, para ajustá-la às condições de vida que nela foram colocadas.

A consagração aproxima a alquimia da água, como a conhecemos, daquela fluídica e etérea original, existente na Espiritualidade e fonte de sustentação e de alimentação dos espíritos e das almas em evolução.

A água é um elemento importante que possui propriedades inerentes à sua fluidez e alta capacidade de absorção de energias do meio por onde passa ou permanece. Atribui-se a ela poderes específicos de atuação nas vibrações e na saúde humana, quando se recomenda o uso de água do mar, de rio, de cascatas ou cachoeira, de mina, de orvalho, de chuva, de lagoa ou outros tipos.

1 — Preparação

Os fiéis deverão ser informados, antecipadamente, para que preparem as águas, que poderão ser de mar, de rio, de cachoeira, de lago, de chuva, mineral, etc., as quais deverão ser acondicionados em garrafas plásticas ou vidros. Levar tudo para a consagração, no Templo, embrulhados em panos brancos de algodão, utilizados só para esse fim.

2 — Início do ritual

Antes da abertura do ritual, o sacerdote deverá colocar uma vasilha com água no altar, que terá a função de puxar as energias negativas, descarregando-as durante o andamento do trabalho. Logo após o encerramento, essa água deverá ser jogada do portão para fora.

A casa pode também ter uma cachoeira de qualquer tamanho no altar e, a partir de determinações e fundamentos específicos, o sacerdote poderá fazer com que ela se expanda no astral e constantemente descarregue e renove a energia do templo durante a sessão.

Abrir uma mandala de limpeza e purificação, junto ao altar, com um grande círculo de sal marinho e colocar, no meio, uma bacia de louça branca, com água mineral e ervas-de-santa-luzia dentro. A mandala deve ser grande o suficiente para conter as garrafas de água dos frequentadores. Dentro do círculo de sal, deixar as garrafas com água do mar e de cachoeira, abertas, os três vasos (um com palmas brancas, outro com rosas amarelas e um com rosas cor-de-rosa) e um círculo com 14 velas (azul-claro, brancas, rosadas e amarelas). Essas velas deverão ser menores do que as comumente encontradas no mercado, pois é necessário que todas elas queimem até o final, em uma hora.

3 — Abertura do trabalho

4 — Invocação aos orixás

Pode ser a mesma feita para a consagração de imagens.

FOLHETO

ÁGUA

A água é verdadeira fonte de vida e vida com abundância. Com o ar, ela forma o conjunto de elementos essenciais para a nossa existência. Alguns poucos seres sobrevivem em meios sem ar (anaeróbios), mas nenhum vive sem água. Sabemos que a maioria dos animais, e entre eles o homem, são gerados e desenvolvem seus primeiros meses de vida mergulhados em água, na bolsa gestacional das suas futuras mães. As plantas necessitam de água para germinar suas sementes, crescer e frutificar durante toda a sua existência. O próprio corpo humano é constituído por água em sua maior parte. A água serve para nos purificar, embelezar, higienizar, refrescar, reanimar e saciar a nossa sede.

De acordo com a concepção Hindu, as águas são femininas. São o aspecto procriador e maternal do absoluto e o lótus cósmico é o seu órgão gerador. Na Umbanda Sagrada, a água representa a purificação e a corrente energética divina que alimenta e reequilibra os seres, dando continuidade à procriação e à vida. Podemos utilizar a água de várias maneiras, obedecendo sempre à determinação do Trono Regente, para seu uso correto e propósito.

A água flui a corrente elétrica divina, gerando nela a energia da vida, por onde é conduzida. Quando imantada ou fluidificada, seu poder gerador se expande, ampliando a força de suas correntes elétricas, unindo-as a outros elementos, como sais, ervas e pedras.

Quando bebemos água imantada ou fluidificada, ela corre pela corrente sanguínea, passando uma energia azul-celeste por toda a pessoa, revitalizando a aura que, por segundos, fica com a primeira camada na cor azul néon. Essa água, ao ser ingerida, começa a regenerar os órgãos energeticamente deficientes. Ela percorre todo o cérebro, indo ate a glândula pineal, onde inicia um processo de aceleração que envia e devolve automaticamente ondas de comando ao cérebro. Ela manda uma intensidade maior de ondas para as partes deficientes do órgão, realizando um processo de limpeza que vai de dentro para fora. Isso propicia à pessoa uma sensação de paz, leveza e bem-estar, pois a água coleta "resíduos" energéticos que são eliminados através da urina e das fezes.

Como banho, limpa, vitaliza e reequilibra o ser. Quando a água imantada ou fluidificada é utilizada para banhos rituais com ervas, limpa as camadas da aura e, ao chegar à primeira delas, vai alinhando a energia de toda a aura da pessoa, deixando essas camadas equilibradas e harmônicas, Esse processo se inicia na coroa (cabeça) passando por toda a coluna (espinha dorsal) e descarregando (na altura dos joelhos), como um para-raios no chacra básico, jogando essa energia para a terra.

Na materialidade, beber quantidades adequadas de água diariamente promove o equilíbrio orgânico, facilitando o trabalho das glândulas supra renais e dos rins, que passam a eliminar as substâncias não aproveitadas pelo organismo, evitando que toxinas se acumulem no corpo, podendo trazer algum tipo de anomalia ou doença, em certo espaço de tempo.

É um meio de cura ou harmonização para o corpo, a mente, a alma, o espírito, as emoções; é um modo importante de se manter a saúde, pois:

• É a melhor bebida para a sede, além de promover o equilíbrio entre as substâncias úteis e bem aproveitadas pelo organismo e as toxinas que devem ser eliminadas.

• É remédio para acalmar nervos abalados: bebe-se água com açúcar.

• É grande elemento relaxante: tomar uma ducha de água fria ou quente; nadar para tirar as tensões; ouvir o barulho das águas correntes de um rio, as quedas de uma cachoeira; ouvir as ondas do mar ou dormir com o barulho gostoso de chuva caindo no telhado.

ORAÇÃO

Poderá ser a mesma do culto consagratório de imagens ou outra escolhida pelo(a) dirigente.

5 — Seguir os itens C6.2.5 e C.6.2.6

O(a) dirigente pedirá aos frequentadores, para que, em ordem, com respeito e em silêncio, entrem no congá, passando entre a fileira de médiuns, levando suas garrafas de água, devidamente identificadas, para colocar na mandala. Em seguida, devem voltar aos seus lugares.

6 — Cantar hino de louvação ao Criador Olorum

7 — Evocação consagratória

Segurar uma taça de água com a mão esquerda, junto com uma drusa de cristal. Com a mão direita espalmada para cima, estendendo-a para a mandala e para a assistência, deverá fazer uma oração aos Sagrados orixás e aos orixás de firmeza da casa. Pedir que limpem, fluidifiquem e consagrem todas as águas das pessoas que estão presentes para que elas deem saúde, equilíbrio físico, mental e espiritual para cada filho, conforme suas necessidades, o seu grau de evolução e merecimento.

Evocação

Evocamos Deus Pai Todo-Poderoso, o nosso Divino e amado Criador Olorum, Seus Divinos Tronos, os Amados orixás, Sua Lei Maior e Sua Justiça Divina e as Sagradas Divindades, Amadas Mães Aquáticas, aqui firmadas neste círculo mágico!

Pedimos as Vossas bênçãos neste momento e que Vossas presenças luminosas espalhem sobre nossas cabeças e sobre estas águas as Sete Luzes Divinas!

Amadas Mães Aquáticas, a Vós que gerais a vida, pedimos agora que deem vida a estas águas, consagrando-as no Vosso louvor, Mães da Vida!

Fazei, Mães e Pais Divinos, Senhores nossos, com que os portadores destas águas consagradas as usem com recolhimento, de acordo com Vossas vontades e Leis. Fazei com que obtenham, pela Vossa bondade e com a invocação de Vossos Sagrados Nomes, a revitalização, a saúde do corpo, da alma e tudo o que as necessidades da vida lhes fizerem pedir com devoção e fé!

Rogamos que, através delas, nos banhos com ervas, possam ser protegidos contra as investidas de seres, vibrações e projeções negativas, contra portais e cordões negros, que porventura estiverem lhes enviando energias desequilibradoras ou retirando as suas.

Mais uma vez pedimos que esses líquidos se tornem remédios salutares aos irmãos, seus portadores; que os mesmos recebam bênçãos, saúde, proteção contra todas as doenças e armadilhas de seres trevosos ou inimigos de quaisquer natureza. Clamamos, também, para que estas águas tragam para os seus portadores, Paz, Harmonia, Serenidade, Revitalização e bem-estar.

Que o Alto do Altíssimo se manifeste nestas águas e abençoe, abençoe e abençoe com o Seu Amor tudo o que é dedicado ao Seu Louvor!

Amados Pais e Mães orixás e Suas Sete Luzes Divinas, pedimos por todos nós e por todos os seres da Criação, as bênçãos de Deus Pai e de todos Vós. Amém!

8 — Consagração dos líquidos, pelo(a) dirigente, na mandala

Amado Pai Olorum, sagrados orixás!

Em Vossos Divinos nomes, consagro estas águas, para que recebam as energias dos Tronos Sagrados, nossos orixás aqui evocados, e peço que elas tenham o poder de irradiar benefícios para as pessoas que os portarem, com devoção, reverência e respeito.

Consagro-as para que sejam elementos purificadores, reequilibradores e curadores para os irmãos, através do seu poder gerador de energia vital, harmonização e revitalização áurica.

Consagro-as, para que, durante as preces, elas sejam um meio de conexão entre o fiel, as Divindades e o Divino Criador, Olorum e possam despertar e expandir a Fé e a Religiosidade no íntimo de cada um.

Eu, ..., servidor do Divino Pai Olorum, em nome de Pai Oxalá e de todos os orixás, abençoo, consagro e imanto estas águas, a fim de que sirvam de purificação para os seus portadores.

Deus Supremo e Sagrados orixás! Permaneçam sempre à direita e esquerda, no alto e embaixo, à frente e nas costas, ao redor e em todos os lugares onde estiverem os irmãos, dormindo ou acordados.

Que através destes líquidos consagrados Vossas presenças os protejam sempre, pela Graça Divina, Amém!

9 — Seguir os itens 6.2.9, 2.10, 2.11

10 — Oração final de agradecimento

Agradecemos com todo o Amor e Respeito ao nosso Divino Criador Olorum, aos orixás e Guias presentes neste dia de trabalho e lhes rogamos que nos auxiliem a por em prática as instruções recebidas nesta consagração. Que ao nos retirarmos, cada um de nós saia fortificado na sua convicção religiosa, na religiosidade e prática do Bem e no Amor ao próximo.

Desejamos igualmente, que estas instruções sejam proveitosas a todos os espíritos que tenham assistido a esta reunião, para os quais imploramos a misericórdia de Deus.

Pedimos, ó Pai Amado, que nos sustente nas Vossas Sete Luzes Divinas e que cada um receba suas graças conforme seu merecimento.

Amém!!!

11 — Retirada dos frascos na mandala (6.2.13, 2.14)

Os fiéis serão chamados, para que entrem ordenadamente e em silêncio, peguem seus líquidos consagrados e voltem aos seus lugares. A seguir, o(a) dirigente os orientará sobre a maneira correta de usar as águas, azeites e vinhos consagrados.

O sacerdote deverá orientar os fiéis, quanto ao uso das águas:
• Nos banhos de defesa, utilizar algumas gotas da água consagrada, de acordo com a finalidade do mesmo.
• Colocar um pouco da água consagrada nos recipientes de água a ser ingerida (no filtro ou em outros vasilhames).
• Em casos de doença, ingerir água mineral, com algumas gotas da água consagrada.
Os medicamentos também podem ser ingeridos com um pouco da água consagrada.
• Os alimentos podem ser cozidos em água, com algumas gotas da água consagrada.

12 — Encerramento (seguir os itens 6.2.15 e 2.16)

C.6.3.4 — RITUAL PARA CONSAGRAÇÃO DO AZEITE

A consagração do azeite, para uso diário, é um ato de Fé, de Amor e de Respeito a um elemento natural gerador de curas e bênçãos em nossas vidas. Esse elemento divino é usado como proteção para pessoas, casas e ambientes, para fechamento de buracos energéticos e portais magísticos negativos, exorcismo, desobsessão, retirada de ovóides, miasmas, fios energéticos e fluidos negativos.

A consagração aproxima a alquimia do azeite, como o conhecemos, daquela existente na Espiritualidade e fonte de sustentação e de alimentação dos espíritos e almas em evolução.

O azeite é um elemento importante que possui propriedades inerentes à sua fluidez e alta capacidade de absorção de energias do meio por onde passa ou permanece, purificando e dando movimento ao que está parado, desbloqueando. Atribuem-se a ele poderes específicos de atuação nas vibrações e saúde humanas.

1 — Preparação

Os fiéis deverão ser informados, antecipadamente, para que adquiram e preparem o azeite de oliva puro. O azeite deverá ser acondicionado em garrafas plásticas ou vidros. Levar tudo para a consagração, no Templo, embrulhados em panos brancos de algodão, utilizados só para esse fim.

2 — Início do Ritual

Abrir uma grande mandala de limpeza e purificação, junto ao altar, (onde caibam todos os vidros de azeite que serão consagrados), com 8 cabaças pequenas, sem tampa, com um pouco de azeite e uma vela laranja dentro de cada uma, intercaladas com três rosas vermelhas. No centro, arrumar uma moranga grande, aberta e sem miolo, com tomates vermelhos dentro e uma cabaça pequena com azeite e uma vela branca dentro. Colocar um vidro de azeite consagrado na mandala e ativá-la.

As velas deverão ser menores dos que as comumente encontradas no mercado, pois é necessário que todas elas queimem até o final, em uma hora.

3 — Abertura do trabalho

INVOCAÇÃO AOS ORIXÁS

É a mesma feita na consagração de imagens.

FOLHETO

O AZEITE

O azeite é utilizado desde a Antiguidade, tanto como fonte de alimento como nos rituais e cerimônias religiosas, tendo a energia e o poder vegetal da oliveira como principio formador. Várias lendas narram o nascimento da oliveira, como a que diz ser ela o resultado de uma disputa, por um pedaço de terra, entre Posêidon (deus do mar) e Atena (deusa da sabedoria). Nessa disputa, Posêidon fez nascer o mar quando usou a força de seu tridente numa rocha. Atena, por sua vez, fez brotar a oliveira da terra e, por isso mesmo, foi a vencedora da contenda, segundo Zeus, ganhando a posse da terra. Daí em diante, os frutos dessa árvore serviriam de alimento e deles seria extraído um óleo sagrado que alimentaria e fortificaria o homem, aliviando as suas dores e as suas feridas. Outra lenda, contada pelos hebreus, narra que a oliveira nasceu no vale de Hebron, quando Adão fez 930 anos e, pressentindo a sua morte, lembrou que o Senhor lhe havia prometido o "óleo da misericórdia". Então, um querubim enviou-lhe a semente da oliveira, que germinou na sua boca após a sua morte.

O azeite é uma fonte de extremo poder, pois é a somatória de forças regentes da Natureza. Não é restrito somente a esta ou aquela religião, e se qualquer religião se diz detentora do poder do azeite é porque, no mínimo, não está usando e não sabe usar desse poder ou seus dirigentes estão agindo de má fé e ludibriando pessoas incautas, pois o azeite é um elemento tão sagrado que nos remete a eras da Antiguidade religiosa. Além disso, todos sabem que existe somente um "Deus Pai", independente da religiosidade e da religião de cada pessoa neste mundo.

Na Antiguidade, o óleo estava associado à força de Deus e era utilizado para curar os doentes. Jesus, quando de Sua passagem em nosso mundo, falava que o bom samaritano recebeu óleo em suas feridas. A Unção dos enfermos utiliza o óleo sagrado, como sinal de Cristo, que alivia a dor e restitui a vida. Cristo foi ungido com o óleo sagrado, por Maria Madalena, depois de sua morte. O azeite também faz parte dos sacramentos: batismo, crisma e extrema-unção. O Corão também traz referências à utilização do óleo.

O sacerdote, após consagrá-lo para diversos usos dentro do campo natural de atuação na utilização religiosa, adquire também uma variedade de outros elementos, como pedras, minerais, outros tipos de vegetais e raízes, energia solar, energia lunar, etc. Com estas energias, ele amplia o seu poder através dos quatro elementos básicos da formação: fogo, água, terra e ar, alem do quinto elemento, o éter. Após a consagração, este óleo pode ser utilizado em batismos, casamentos, cerimônias religiosas, funerais, equilíbrio dos chacras, fechamento de buracos energéticos e portais magísticos negativos, selo de proteção para casas e ambientes e também de automóveis, exorcismo, desobsessão, retirar ovóides, miasmas, fios energéticos, fluidos negativos.

O azeite consagrado tem como função básica a purificação, além de dar movimento ao que está parado, pois, onde o óleo corre vai limpando e movimentando, voltando o que está bloqueado ao seu *status* natural. Vale lembrar, também, que o azeite consagrado abre outros portais de acordo com os elementos que estão acrescentados nele. Esses portais que são abertos pelo azeite consagrado, são utilizados pelos guias e mentores espirituais tanto para resgatar como para encaminhar espíritos e entidades afins. Ao entrar em contato com a pele e ser absorvido pelo corpo, o azeite forma uma energia diluidora e equilibradora, dando movimento ao fluxo energético de quem o estiver usando, voltando essa mesma pessoa à normalidade energética e vibratória.

Quando utilizado em objetos, como batente de janela ou portas, o azeite consagrado cria um filtro absorvedor e diluidor de todo e qualquer negativismo que passar por ele. No astral, causa queimaduras nos obsessores, retendo-os nesse mesmo filtro, até serem encaminhados pelos mestres e guias espirituais, cada um para o seu lugar de merecimento.

Oração

Poderá ser a mesma do culto consagratório de imagens ou outra escolhida pelo(a) dirigente.

4 — Seguir os itens C.6.2.5 e C.6.2.6

O(a) dirigente pedirá aos frequentadores, para que, em ordem, com respeito e em silêncio, entrem no congá, passando entre a fileira de médiuns, levando seus azeites, devidamente identificados, para colocar na mandala. Em seguida, devem voltar aos seus lugares.

5 — Cantar hino de louvação ao Criador Olorum

6 — Evocação consagratória

Evocamos Deus Pai Todo-Poderoso, o nosso Divino e amado Criador Olorum, Seus Divinos Tronos, os Amados orixás, Sua Lei Maior e Sua Justiça Divina! Evocamos as Sagradas Divindades firmadas aqui neste círculo mágico, as Amadas Mães Ígneas, Mães do Equilíbrio e da Purificação!

Pedimos as Vossas bênçãos, neste momento, e que Vossas presenças luminosas se irradiem sobre nossas cabeças e sobre este círculo mágico. Que vossas fagulhas ígneas impregnem os azeites que aqui trouxemos, consagrando-os, para uso como facilitador da penetração de vibrações purificadas e elevadas.

Que as espadas de fogo se levantem, Ó Pai Maior, e suas chamas fulgurantes imantem estes óleos com todo o Vosso amor!

Fazei, Mães e Pais Divinos, Senhores nossos, com que os portadores destes óleos consagrados os usem com recolhimento, de acordo com Vossas vontades e Leis. Fazei com que obtenham, pela Vossa bondade e com a invocação de Vossos Sagrados Nomes, a saúde do corpo, da alma e tudo o que as necessidades da vida lhes fizerem pedir com devoção e Fé.

Rogamos que, através deles, possam ser fortificados, protegidos, equilibrados e tenham suas energias vibratórias normalizadas.

Pedimos que esses azeites se tornem remédios salutares aos irmãos, seus portadores; que os mesmos sejam bálsamos e proteção contra todas as doenças e armadilhas de seres trevosos. Que eles fechem buracos energéticos e portais magísticos negativados, que estejam atuando no corpo dos irmãos.

Clamamos, também, para que esses elementos tragam para os seus portadores equilíbrio, racionalidade, Fé e confiança.

Amados Pais e Mães orixás e Suas Sete Luzes Divinas, pedimos por todos nós e por todos os seres da Criação, as bênçãos de Deus Pai e de todos Vós. Que assim seja e nosso Amado Criador, na sua infinita misericórdia assim o permita! Amém!

7 — Consagração dos líquidos, na mandala

Amado Pai Olorum, sagrados orixás!

Pela presença do Sagrado Olorum em mim, e pelo poder magnético do fogo sagrado que me foi confiado, peço a consagração deste elemento sagrado, para nosso uso ritual religioso e doméstico, segundo as necessidades. Eu selo com este azeite o meu campo energético e os dos presentes a este ritual. Eu me protejo de todo o mal, de toda a negatividade, assim como aos demais presentes e afasto todo o mal e toda a negatividade que em mim e neles estiverem. Peço também que sejam encaminhados todos os espíritos que forem retidos neste selo divino, cada qual para o seu lugar de merecimento, segundo determinação dos Sagrados orixás e dos orixás Regentes desta casa. Amém!

Em Vossos Divinos nomes, consagro estes azeites, para que recebam as energias do Divino Criador e dos Tronos Sagrados, nossos orixás aqui evocados, e peço que eles tenham o poder de irradiar benefícios para as pessoas que os portarem, com devoção, reverência e respeito.

Consagro-os, também, para que eles sejam instrumentos de defesa, contra influências e vibrações negativas.

Consagro-os para que sejam escudos protetores que tornem seus portadores invisíveis, impenetráveis e invulneráveis à maldade de seres trevosos. Que sejam proteção para suas casas e ambientes de trabalho, para fechamento de buracos energéticos e portais magísticos negativos, exorcismo, desobsessão, retirada de ovóides, miasmas, fios energéticos e fluidos negativos.

Eu, ..., servidor do Divino Pai Olorum, em nome de Pai Oxalá e de todos os orixás, abençoo, consagro e imanto estes óleos. Que sejam fogo devorador contra os ataques das trevas, destruição e aniquilamento de cordões e energias negativas e de suas fontes.

Deus Supremo e Sagrados orixás! Permaneçam sempre à direita e à esquerda, no alto e embaixo, à frente e nas costas, ao redor e em todos os lugares onde estiverem os irmãos, dormindo ou acordados.

Que através destes líquidos Vossas presenças os protejam sempre, pela Graça Divina, Amém!

8 — Seguir os itens 6.2.9, 2.10, 2.11

9 — Oração final de agradecimento

Agradecemos com todo o Amor e Respeito ao nosso Divino Criador Olorum, aos orixás e Guias presentes neste dia de trabalho e lhes rogamos que nos auxiliem a por em prática as instruções recebidas nesta consagração. Que ao nos retirarmos, cada um de nós saia fortificado na sua convicção religiosa, na religiosidade e prática do Bem e no Amor ao próximo.

Desejamos igualmente, que estas instruções sejam proveitosas a todos os espíritos que tenham assistido a esta reunião, para os quais imploramos a misericórdia de Deus.

Pedimos, ó Pai Amado, que nos sustente nas Vossas Sete Luzes Divinas e que cada um receba suas graças conforme seu merecimento.

Amém!!!

10 — Retirada dos frascos na mandala (6.2.13, 2.14)

Os fiéis serão chamados, para que entrem ordenadamente e em silêncio, peguem seus líquidos consagrados e voltem aos seus lugares. A seguir, o(a) dirigente os orientará sobre a maneira correta de usar o azeite consagrado:

• Colocar 7 gotas, no óleo ou no azeite utilizado nas refeições.
• Untar os dedos no azeite e passar nos batentes das portas e janelas fazendo o sinal-da-cruz.
• Untar os dedos no azeite e passar debaixo da cama, fazendo o sinal-da-cruz, começando sempre pela cabeceira e seguindo para os pés.
• Passar o azeite nas partes do corpo das pessoas, onde elas sentirem dor, ardor ou tiverem feridas.
• Utilizar o azeite para equilibrar chacras, desobsessão e limpeza espiritual de pessoas, unção de enfermos, etc.
• Guardar o azeite com uma tampa de plástico ou cortiça.
• Utilizá-lo sempre com respeito e reverência.

11 — Encerramento (seguir os itens 6.2.15 e 2.16)

C.6.3.5 — RITUAL PARA A CONSAGRAÇÃO DO VINHO

A consagração do vinho, para nosso uso domiciliar, sempre que necessário, é um ato de Fé, de Amor e de Respeito a um elemento natural gerador de curas, fertilidade, bênçãos e prosperidade em nossas vidas. Esse elemento divino é tratado como um bálsamo que restaura nossas forças, pois é capaz de acender o fogo vital.

A consagração aproxima a alquimia do vinho, como o conhecemos, daquela original, existente na Espiritualidade e fonte de sustentação e de alimentação dos espíritos e almas em evolução.

O vinho é um elemento importante que possui propriedades inerentes à terra, ao vegetal, ao tempo e à sua fluidez e alta capacidade de absorção de energias do meio por onde passa ou permanece, purificando, desbloqueando e dando movimento ao que está parado. Atribuem-se a ele poderes específicos de atuação nas vibrações e na saúde das pessoas, além da propriedade de romper qualquer tipo de encantamento e desmascarar a mentira (*in vino veritas*).

1 — Preparação

Os fiéis deverão ser informados, antecipadamente, para que adquiram o vinho. O vinho será levado para consagração no Templo, fechado e embrulhado em pano branco de algodão, utilizado só para esse fim.

2 — Início do Ritual

Abrir uma grande mandala com um círculo de parras (folhas de uva) e colocar as 14 velas coloridas (branca, azulão, azul-turquesa, rosa, verde, magenta, vermelha, amarela, azul-escuro, laranja, violeta, lilás, azul-claro, branca) dentro, em círculo. Caso não tenha todas as cores, utilizar 14 velas brancas.

A mandala deve ser grande o suficiente para conter as garrafas que os fiéis trouxerem para consagrar. As velas deverão ser menores que as comumente encontradas no mercado, pois é necessário que todas elas queimem até o final, em uma hora.

Colocar no meio do círculo, uma travessa branca de louça, com farinha de trigo, açúcar cristal e mel, com uma vela branca no meio e sete garrafas de vinho em volta.

3 — Abertura do trabalho

INVOCAÇÃO AOS ORIXÁS
É a mesma feita na consagração de imagens.

Folheto

O VINHO

O vinho, produto da videira, é fruto da terra e do trabalho humano e, na infância de todas as grandes culturas, sempre foi considerado um néctar dos deuses. Não é possível precisar o local nem a época em que foi produzido pela primeira vez, mas há inúmeras lendas sobre sua origem, citadas por diversos povos, desde a Bíblia até a versão persa sobre o rei Jamshid.

A videira, nas religiões euro-asiáticas, era uma árvore sagrada, divina — a Árvore da Vida do Paraíso Terreno — e, desde as mais remotas origens, tem um sentido doador de garantia da vida, vivificador, propiciador. É também o símbolo da imortalidade e para ela eram realizados diversos rituais dos ciclos naturais, para propiciar a abundância, a fertilidade de frutos e sua renovação anual. Também sua folha era símbolo de fertilidade e é com tal significado que a vemos cobrindo os órgãos sexuais nas estátuas gregas clássicas.

O ânimo, o arrebatamento, a alienação e a "saída de si", que o vinho desperta em quem o ingere, induziu a lhe atribuírem qualidades divinas e ele desempenhou papel importante nos mistérios ou ritos iniciáticos dos mais diversos povos.

Os celtas, 600 a.C., serviam vinho em seus rituais, com pães, frutas carnes e outras coisas, e nas celebrações após o término dos rituais. Diversos ritos antigos prestavam culto e preparavam os iniciados à videira. À noção de sacrifício iniciático junta-se a ideia da efusão de sangue e a do vinho como purificador. A videira é um símbolo maior de clarividência e o vinho coloca os iniciados em uma perspectiva clarividente de sabedoria e conhecimento.

Os sumérios utilizavam como signo para a vida uma folha de parra, a folha da videira. Os egípcios registraram os detalhes da vinificação em suas pinturas, nas tumbas dos faraós. Há pormenores das várias fases da elaboração do vinho, como a colheita, o esmagamento e a fermentação. Os faraós e os sacerdotes ofereciam os vinhedos e os vinhos aos deuses.

Para os gregos, o deus do vinho, da dança, da alegria e da sexualidade Dionísio — ou Baco para os romanos — era também o protetor das colheitas, da abundância e da riqueza. Seu mito, o do deus que viveu um eterno retorno, uma paixão e uma ressurreição sazonal cíclica, tem semelhança com a história de Cristo, pois sua imortalidade simbólica faz o seu sangue transformar-se em vinho, conhecendo a contínua ressurreição/renovação. O vinho, entre os gregos era identificado com o conhecimento dos mistérios da vida para além da morte e, também, era largamente empregado para uso medicinal e comercial. Galeno, famoso médico grego, escreveu um tratado sobre o uso de preparos à base de vinhos e ervas, usados como antídotos de venenos.

O vinho é elemento de sacrifício e de purificação nas tradições hebraicas e cristãs, é visto como o sacrifício que salva e traz a imortalidade da vida eterna. É utilizado no Cristianismo como representação divina do sangue de Cristo que purifica os homens dos seus pecados. Em Israel, com a oliveira, a videira era considerada uma das plantas messiânicas e o vinho sempre teve importante papel nos rituais judaicos. Os textos antigos fazem da videira o símbolo dos reinos dos céus e do vinho, seu fruto, o sinal de libertação da morte. A videira era a expressão vegetal da imortalidade e o vinho o símbolo da juventude e da vida eterna. Seu consumo moderado era incentivado pelos rabinos, por ser benéfico à saúde.

Vemos que desde a Antiguidade o vinho é tratado com muita reverência nos rituais. Em práticas magísticas e religiosas é usado e aproveitado no seu potencial energético-vegetal, pois carrega a força ancestral. O vinho envelhecido carrega a força do tempo e, na Umbanda, é usado em rituais consagratórios e os orixás e os Guias se servem de sua força vibratória, aceitando-o em suas oferendas.

ORAÇÃO

Poderá ser a mesma do culto consagratório de imagens ou outra escolhida pelo(a) dirigente.

4 — Seguir os itens C.6.2.5 e C.6.2.6

O(a) dirigente pedirá aos frequentadores, para que, em ordem, com respeito e em silêncio, entrem no congá, passando entre a fileira de médiuns, levando seus elementos, devidamente identificados, para colocar na mandala. Em seguida, devem voltar aos seus lugares.

5 — Cantar hino de louvação ao Criador Olorum

6 — Evocação consagratória

Durante a sessão, o sacerdote poderá imantar o vinho, que deverá ser levado pelos consulentes ou adeptos da religião para as suas casas e dado a quem dele precisar.

Segurar uma taça de vinho com a mão esquerda. Com a mão direita espalmada para cima, estendendo-a para a assistência, fazer a oração, pedindo aos Sagrados orixás que limpem, fluidifiquem e consagrem todos os vinhos das pessoas que estão presentes para que eles, quando tomados, revitalizem a saúde, melhorem o equilíbrio físico, mental e espiritual e a prosperidade que cada filho necessite, conforme o seu grau de evolução. Pedir também aos Sagrados orixás que abençoem os vinhos do templo em nome de Olorum. Amém!

A Evocação

Evocamos Deus Pai Todo-Poderoso, o nosso Divino e amado Criador Olorum, Seus Divinos Tronos, os Amados orixás, Sua Lei Maior e Sua Justiça Divina!

Pedimos as Vossas bênçãos neste momento e que Vossas presenças luminosas espalhem sobre nossas cabeças e sobre estes líquidos as Sete Luzes Divinas. Fazei, Mães e Pais Divinos, Senhores nossos, com que os portadores destes vinhos consagrados os usem com recolhimento, de acordo com Vossas vontades e Leis. Fazei com que obtenham, pela Vossa bondade e com a invocação de Vossos Sagrados Nomes, a saúde do corpo, da alma e tudo o que as necessidades da vida lhes fizerem pedir com devoção e Fé.

Rogamos que, por intermédio deles, possam ser energizados, revitalizados, purificados e curados. Pedimos que esses líquidos se tornem remédios salutares aos irmãos, seus portadores; que eles recebam bênçãos e saúde. Clamamos, também, para que esses elementos tragam para os seus portadores a ampliação das possibilidades de reflexão, meditação e conexão com o Altíssimo.

Amados Pais e Mães orixás e Suas Sete Luzes Divinas, pedimos por todos nós e por todos os seres da Criação, as bênçãos de Deus Pai e de todos Vós.
Amém!

7 — Consagração dos líquidos, na mandala

Amado Pai Olorum, Sagrados orixás!

Em Vossos Divinos nomes, consagro estes vinhos, para que recebam as energias dos Tronos Sagrados, nossos orixás aqui evocados, e peço que eles tenham o poder de irradiar benefícios para as pessoas que os portarem, com devoção, reverência e respeito.

Consagro-os para que sejam consumidos com muita moderação, sempre que houver necessidade de melhoria da saúde, equilíbrio mental e espiritual.

Consagro-os para que sejam bálsamos restauradores de forças, dotando de energias positivas aqueles que deles fizerem uso.

Consagro-os para que, através de seu potencial energético-vegetal, sempre sejam geradores de renovação e busca de conhecimento, com Fé, Amor e Devoção ao Divino Criador.

Eu, ..., servidor do Divino Pai Olorum, em nome de Pai Oxalá e de todos os orixás, abençoo, consagro e imanto estes vinhos, a fim de que sejam elementos revigorantes e revitalizantes para os seus portadores.

Deus Supremo e Sagrados orixás! Permaneçam sempre à direita e esquerda, no alto e embaixo, à frente e nas costas, ao redor e em todos os lugares onde estiverem os irmãos, dormindo ou acordados.

Que, através destes líquidos, Vossas presenças os purifiquem sempre, pela Graça Divina, Amém!

8 — Seguir os itens 6.2.9, 2.10, 2.11

9 — Oração final de agradecimento

Agradecemos com todo o Amor e Respeito ao nosso Divino Criador Olorum, aos orixás e guias presentes neste dia de trabalho e lhes rogamos que nos auxiliem a pôr em prática as instruções recebidas nesta consagração. Que ao nos retirarmos, cada um de nós saia fortificado na sua convicção religiosa, na religiosidade e prática do Bem e no Amor ao próximo.

Desejamos igualmente, que estas instruções sejam proveitosas a todos os espíritos que tenham assistido a esta reunião, para os quais imploramos a misericórdia de Deus.

Pedimos, ó Pai Amado, que nos sustente nas Vossas Sete Luzes Divinas e que cada um receba suas graças conforme seu merecimento.

Amém!!!

10 — Retirada dos frascos na mandala (6.2.13, 2.14)

Os fiéis serão chamados, para que entrem ordenadamente e em silêncio, peguem seus líquidos consagrados e voltem aos seus lugares.

A seguir, o(a) dirigente orientará a assistência sobre a maneira correta de usar o vinho:

• Mantê-lo em local adequado, que não tenha calor nem movimento.

• Só ingeri-lo em caso de necessidade, principalmente para melhoria de saúde, reenergização, revigoramento, equilíbrio mental e espiritual.

• Em caso de pessoa doente, com dificuldade para engolir alimentos sólidos, administrar 7 gotas do vinho consagrado, fazendo os devidos pedidos aos orixás.

11 — Encerramento (seguir os itens 6.2.15 e 2.16)

C.6.3.6 — RITUAL PARA CONSAGRAÇÃO DO SAL

Também a consagração do sal, para usarmos diariamente, é um ato de Fé, de Amor e de Respeito a um elemento natural gerador de curas e bênçãos em nossas vidas. Esse elemento divino é tratado como proteção para pessoas, casas e ambientes, para fechamento de buracos energéticos e portais magísticos negativos, exorcismo, desobsessão e retirada de fluidos negativos.

A consagração aproxima a alquimia do sal, como o conhecemos, daquela existente na Espiritualidade e fonte de limpeza e purificação dos espíritos e almas em evolução.

O sal é um elemento importante que possui propriedades inerentes à sua alta capacidade de absorção de energias do meio por onde passa ou permanece, purificando e dando movimento ao que está parado, desbloqueando. Atribuem-se a ele poderes específicos de atuação nas vibrações e saúde humanas.

1 — Preparação

Os fiéis deverão ser informados, antecipadamente, para que adquiram o sal grosso, que é o sal marinho, sem refinar, e o traga devidamente acondicionado em sacos plásticos. Os sais serão levados para consagração no Templo, fechados e embrulhados em pano branco de algodão, utilizados só para esse fim.

2 — Início do Ritual

Abrir uma grande mandala com um círculo de sete cristais de quartzo transparente, intercalados com ramos grandes de capim santo (erva-cidreira), 21 rosas brancas e 7 velas brancas (uma na frente de cada cristal).

Colocar no centro da mandala uma bacia branca com sal e uma vela branca no meio.

A mandala deve ser grande o suficiente para conter os sais que os fiéis trouxerem para consagrar. As velas deverão ser menores dos que as comumente encontradas no mercado, pois é necessário que todas elas queimem até o final, em uma hora.

3 — Abertura do trabalho

INVOCAÇÃO AOS ORIXÁS
É a mesma feita na consagração de imagens.

FOLHETO

O SAL

O sal é fundamental em nossas vidas, pois, em nossos tecidos e fluidos há cerca de 250 gramas dele, para garantir o bom funcionamento do organismo.

O sal é formado por cristais cúbicos, resultantes da combinação e neutralização de duas substancias complementares: o cloro e o sódio. Ele faz parte do sangue, do suor e das lágrimas dos seres humanos. O sal marinho puro, ou sal grosso, contém iodo de fácil assimilação pelo nosso organismo e cerca de 84 elementos minerais importantes para nós, que são extraídos durante a industrialização, empobrecendo o sal que consumimos. Além disso, na lavagem do sal marinho, algas microscópicas que fixam o iodo natural são eliminadas e perdidas. O sal refinado é prejudicial à saúde, enquanto pequenas quantidades de sal marinho na dieta alimentar são altamente benéficas.

Os minerais são indispensáveis para o bom funcionamento do organismo e para uma vida equilibrada e saudável. Eles desencadeiam processos enzimáticos vitais para nossas células.

O sal das rochas, retirado de minas, origina-se da sedimentação de lagos ou águas paradas. Além de poluído, ele não contém todos os elementos presentes no sal marinho e, portanto, não deve ser usado para nossa alimentação.

Na Antiguidade, o sal era extremamente valioso e, nas regiões onde faltava, era comercializado literalmente a peso de ouro. Ao longo da História, teve papel estratégico para os governantes, que controlavam seu monopólio com rigidez.

Por ser tão valioso, o sal ganhou significado sagrado, de graça, espírito, pureza, hospitalidade e sabedoria. Muitos sacerdotes utilizavam o sal em suas liturgias religiosas e em cerimônias mágicas. Era oferecido aos deuses, para afastar os demônios, pois é considerado purificador. Era utilizado como moeda valiosa e sempre foi apreciado como uma matéria sagrada.

Na Bíblia, aparece a frase "Vós sois o sal da terra"; Platão definiu-o como "a substância dos deuses"; os hebreus selavam seus acordos trocando sal; na Arábia Saudita, os beduínos jamais atacavam um homem com quem tivessem compartilhado um pouco de sal.

O sal é símbolo de hospitalidade e amizade, porque, segundo Homero, seu sabor é indestrutível. Gregos, romanos e hebreus tinham o hábito de salgar os alimentos oferecidos aos deuses. A origem de uma superstição comum até hoje está nesses rituais, pois se o sal fosse derrubado, era um prenúncio de má sorte.

No Japão, após a saída de pessoa que não deveria ter entrado na casa, até hoje é costume se jogar sal na soleira da porta.

A energia salina é largamente usada pelos esotéricos, pois cura enfermidades do espírito, queima larvas astrais resistentes e irradia energias cristalinas purificadoras para o nosso organismo. O sal é o único composto que recompõe rapidamente a aura humana, quando ela está saturada, por isso é recomendado para sua limpeza, purificação e expansão.

As populações que vivem no litoral são beneficiadas pela ação do iodo do mar e do solo. O iodo é um micro-nutriente essencial para a realização da síntese de hormônios realizada pela tireóide.

O sal é uma bênção, pois além de ser um presente da Natureza, que vem do mar e do calor do sol, de curar enfermidades do espírito e recompor a aura humana, é capaz de unir as pessoas em torno de uma mesa.

Oração

Poderá ser a mesma do culto consagratório de imagens ou outra escolhida pelo(a) dirigente.

4 — Seguir os itens C.6.2.5 e C.6.2.6

O(a) dirigente pedirá aos frequentadores, para que, em ordem, com respeito e em silêncio, entrem no congá, passando entre a fileira de médiuns, levando seus elementos, devidamente identificados, para colocar na mandala. Em seguida, devem voltar aos seus lugares.

5 — Cantar hino de louvação ao Criador Olorum

6 — Evocação consagratória

Evocamos Deus Pai Todo-Poderoso, o nosso Divino e amado Criador Olorum, Seus Divinos Tronos, os Amados orixás, Sua Lei Maior e Sua Justiça Divina!

Pedimos as Vossas bênçãos neste momento e que Vossas presenças luminosas espalhem sobre nossas cabeças e sobre estes sais as Sete Luzes Divinas. Fazei, Mães e Pais Divinos, Senhores nossos, com que os portadores destes elementos consagrados os usem com recolhimento, de acordo com Vossas vontades e Leis. Fazei com que obtenham, pela Vossa bondade e com a invocação de Vossos Sagrados Nomes, a saúde do corpo, da alma e tudo o que as necessidades da vida lhes fizerem pedir com Devoção e Fé.

Rogamos que, por intermédio deles, possam ser energizados e curados. Pedimos que esses sais se tornem remédios salutares aos irmãos, seus portadores; que os mesmos recebam bênçãos, saúde, proteção contra todas as doenças e armadilhas de seres trevosos ou inimigos de quaisquer natureza.

Clamamos, também, para que esses elementos tragam para os seus portadores limpeza áurica e energética.

Amados Pais e Mães orixás e Suas Sete Luzes Divinas, pedimos por todos nós e por todos os seres da Criação, as bênçãos de Deus Pai e de todos Vós.

Amém!

7 — Consagração dos sais, na mandala

O sacerdote deverá imantar os sais que estão na mandala, que serão levados para as casas dos fiéis e dados a quem precisar. Consagrar os sais espalmando as mãos para cima e irradiando sobre a mandala e sobre os fiéis, dizendo:

Pela presença do Sagrado Olorum e pelo poder magnético da energia cristalina sagrada, que me foi confiado, peço a consagração deste elemento sagrado, o sal, para nosso uso ritual religioso e para uso doméstico, segundo as necessidades. Eu selo com este sal o meu campo energético e os dos presentes a este ritual. Eu me protejo de todo o mal e de toda a negatividade, assim como aos demais presentes e afasto todo o mal e toda a negatividade que em mim e neles estiverem.

Peço também que sejam encaminhados todos os espíritos que forem retidos neste selo divino, cada qual para o seu lugar de merecimento segundo determinação dos Sagrados orixás. Amém!

Eu evoco Deus Pai Todo-Poderoso, o nosso Divino e amado Criador Olorum, Seus Poderes Divinos, a nossa Ancestralidade, Divindades aqui firmadas, Sagrado Pai Oxalá, Sagrada Mãe Logunã, Senhores Regentes da Sua Lei Maior e da Sua Justiça Divina e peço que consagrem este elemento, o sal, para nosso uso ritual e religioso no Templo e no lar de cada um dos presentes a esta consagração.

Sal Divino, Sal Sagrado, Sal Consagrado! Sal, que como cristal brilha e ilumina! Sal que alimenta, que purifica e santifica! Sal que limpa nosso espírito! Neste momento, as espadas cristalinas se elevam para a sua consagração aqui neste Templo de Amor, Caridade, Cura e Purificação, a serviço das Divindades aqui evocadas!

Sal Sagrado, elemento ativo do Senhor, que seu poder e força sejam expandidos aqui e agora neste ritual consagratório!

Que o seu uso dignifique e purifique aqueles que o manusearem!

Pais e Mães aqui evocados! Consagro estes sais, para que eles tenham o poder de irradiar benefícios para as pessoas que os portarem e usarem, com devoção, reverência e respeito.

Consagro-os, também, para que eles sejam instrumentos de defesa, contra influências e vibrações de maus pensamentos, maus sentimentos e maus-olhados.

Consagro-os para que sejam escudos protetores, que tornem seus portadores invisíveis, impenetráveis e invulneráveis à maldade alheia.

Que sejam proteção para suas casas e ambientes de trabalho, para fechamento de buracos energéticos e portais magísticos negativos.

Eu, ..., servidor(a) do Divino Pai Olorum, em nome de Pai Oxalá e de todos os orixás, abençoo, consagro e imanto estes sais, a fim de que sejam destruição e aniquilamento de cordões e energias negativas e de suas fontes.

Deus Supremo e Sagrados orixás! Permaneçam sempre à direita e à esquerda, no alto e embaixo, à frente e nas costas, ao redor e em todos os lugares onde estiverem os irmãos, dormindo ou acordados.

Que através destes sais Vossas presenças os protejam sempre, pela Graça Divina, Amém!

8 — Oração final de agradecimento

Agradecemos com todo o Amor e Respeito ao nosso Divino Criador Olorum, aos orixás e Guias presentes neste dia de trabalho e lhes rogamos que nos auxiliem a pôr em prática as instruções recebidas nesta consagração. Que ao nos retirarmos, cada um de nós saia fortificado na sua convicção religiosa, na religiosidade e prática do Bem e no Amor ao próximo.

Desejamos igualmente, que estas instruções sejam proveitosas a todos os espíritos que tenham assistido a esta reunião, para os quais imploramos a misericórdia de Deus.

Pedimos, ó Pai Amado, que nos sustente nas Vossas Sete Luzes Divinas e que cada um receba suas graças conforme seu merecimento.
Amém!!!

9 — Retirada dos sais na mandala (6.2.13, 2.14)

Os fiéis serão chamados, para que entrem ordenadamente e em silêncio, peguem seus sais consagrados e voltem aos seus lugares. A seguir, o(a) dirigente os orientará sobre a maneira correta de utilizá-los:
• Manter os sais em local seco.
• Para proteção pessoal, fazer um pequeno patuá com pano branco virgem e o sal consagrado e usá-lo junto do corpo. Trocar o patuá a cada vinte e um dias.
• Colocar, atrás da porta da casa, um copo de vidro com água até a borda e dois dedos de sal, para bloquear a energia negativa que entrar no ambiente. Trocar a cada sete dias, pois há saturação. Jogar em água corrente.
• Se colocar o sal em um pote, como enfeite em um ambiente, trocá-lo a cada quinze dias, pois também irá bloquear a energia negativa e saturar.
• Usar em banhos de defesa.
• Em caso de necessidade, para ajudar uma pessoa com energias negativas, colocar dois punhados de sal consagrado no chão, colocar a pessoa descalça, com os chacras dos pés sobre o sal, e deixar por alguns minutos. Fazer uma oração de sua escolha, pedindo aquilo que é necessário para o caso.
• Para revitalizar as energias de pedras e cristais que, com o tempo, perdem suas vibrações, coloque sal consagrado, água potável e um pouco de água consagrada em uma pequena bacia. Ponha os minerais nessa água por vinte quatro horas. Enxágue em água corrente e deixe secar no sol.
• Para purificação ambiental, dissolva um punhado de sal consagrado em um copo com água consagrada. Coloque tudo numa bombinha *spray* e pulverize no ambiente, fazendo uma oração para atrair energias positivas.
• Para ter um sono tranquilo, afastando pensamentos negativos e acalmando a ansiedade, coloque um pires com sal consagrado ao lado da cama.

No dia seguinte, despachar em água corrente. Outra alternativa é fazer um círculo com o sal consagrado, ao redor da cama.

• Para limpeza energética de nova residência, um dia antes de mudar, limpe a casa toda. Em seguida, misture água com um pouco da água consagrada e do sal consagrado. Molhe um pano branco bem limpo e passe por toda a casa, de dentro para fora. Por fim, coloque potinhos de vidro ou de plástico, descartáveis, com o sal consagrado, despachando-os em água corrente, um dia após a mudança.

10 — Encerramento (seguir os itens 6.2.15 e 2.16)

C.6.3.7 — RITUAL PARA CONSAGRAÇÃO DE ERVAS, BANHOS E ESSÊNCIAS

As plantas são formas de vida, proporcionadas por Deus e pela Mãe Natureza. As ervas, mesmo sem serem consagradas, têm inúmeras qualidades, mas com a consagração, essas qualidades são potencializadas e seu poder benéfico ampliado.

Flores, sementes, frutas, raízes, cascas, folhas, etc. sempre foram usadas pela humanidade, medicinalmente, nos banhos, na fitoterapia e magisticamente.

As ervas são elementos importantes por possuírem propriedades relaxantes curativas, sustentadoras da saúde e da força de quem delas se utiliza. Possuem capacidade de absorção de energias negativas do meio onde estão. Atribuem-se a elas poderes específicos de atuação nas vibrações e na saúde humana, quando se recomenda seu uso em banhos, incensos, defumações, medicamentos, patuás, etc.

Na Umbanda, os banhos não devem ser tomados aleatoriamente e sim quando houver um motivo e forem indicados por um Guia ou por um(a) dirigente espiritual. Todo banho tem um fundamento e é preciso ter Fé naquilo que se está fazendo, consciência de sua utilidade, objetivo e benefícios.

Banhos mal feitos, em excesso ou sem a devida orientação, podem trazer malefícios, ao invés de benesses, principalmente aos médiuns, quando esses banhos não estão de acordo com seu desenvolvimento.

1 — Preparação

Os fiéis deverão ser informados, antecipadamente, para que adquiram as ervas, plantas em vasos ou derivados de folhas, cascas, frutas, flores, raízes, gomas, sementes, caules, etc. Poderão adquirir, também, essências e banhos de ervas, que deverão estar acondicionados em frascos. As flores, ervas, raízes, sementes e cascas poderão ser verdes ou secas; embaladas adequadamente.

2 — Início do Ritual

Abrir uma grande mandala de limpeza e purificação, junto ao altar, fazendo o círculo com cravos-da-índia, canela, anis-estrelado e gergelim. Fazer um círculo com 7 velas verdes e 7 velas magenta, intercaladas. Colocar no centro um vaso com terra e um coco, aberto em cima, com a metade de baixo enterrada no vaso. No norte, leste e oeste da mandala, colocar pequenos vasos, com água, arruda, guiné e alecrim dentro. No sul, colocar um vaso pequeno de pimenta dedo de moça. Ao redor do vaso de terra, arrumar 3 maçãs, 3 laranjas, 3 abacates, 2 romãs, 3 batatas, 3 batatas-doce, 3 cachos de uva e ativar a mandala.

Após o final da cerimônia, o sacerdote poderá utilizar os elementos usados para a consagração.

A mandala deve ser grande o suficiente para conter os elementos que os fiéis trouxerem para consagrar. As velas deverão ser menores do que as comumente encontradas no mercado, pois é necessário que todas elas queimem até o final, em um hora.

3 — Abertura do trabalho

INVOCAÇÃO AOS ORIXÁS
É a mesma feita nas demais consagrações.

FOLHETO

AS ERVAS

"Que o teu alimento seja o teu remédio e que o teu remédio seja o teu alimento."
Escritor grego desconhecido, há 3.000 anos.

As plantas oferecem a maioria dos nutrientes básicos da vida. As ervas e seus derivados possuem diversos elementos fitoquímicos com valores nutritivos e medicinais e têm sido usadas como remédio, em toda a história da humanidade.

Evidências antropológicas relatam que o uso de plantas por seres humanos, objetivando a cura, data do período de Neandertal. Hoje vários medicamentos são classificados como ervas.

As propriedades mágicas das plantas sempre foram usadas pelos conhecedores e algumas, tidas como sagradas, tornaram-se objeto de adoração: a videira, a oliveira, a tamareira, o baobá, o carvalho, a artemísia e outras.

Os antigos magos da Natureza e os alquimistas foram classificando as plantas conforme as suas propriedades curadoras, criando verdadeiras fórmulas mágicas e fitoterápicas.

Desde os primórdios, alimento e cura estão relacionados, sem que se conheça com precisão quando se iniciou o uso das plantas sob a forma medicinal e magística. Os historiadores acreditam que as ervas medicinais percorreram um longo caminho do Oriente até a América. Os nativos americanos empregam a sabedoria ancestral da Mãe Natureza, por meio das plantas e seus derivados, utilizando-as em diversas cerimônias. Na defumação, na ingestão, nos emplastros, proporcionam a cura de várias doenças, bem-estar, equilíbrio, sabedoria, limpeza, purificação e estreitam o contato do interior com os espíritos guardiões.

As ervas detêm grande quantidade de energia mágico-universal sagrada e, quando bem combinadas entre si, potencializam o poder de limpeza da aura, produzindo grande energia positiva. As plantas são ótimas purificadoras dos ambientes, por sua capacidade de absorção de energias etéricas negativas emanadas pelas pessoas ou projetadas mentalmente, por inveja, ciúme, ira, ódio, desafeto, etc.

São derivados das ervas os incensos, as essências e os banhos de limpeza, de defesa e de atração. Acender incensos é uma prática antiga que faz parte de cerimônias e rituais de muitos povos, como os hindus, os egípcios, os chineses, os gregos, os e outros. O incenso sempre esteve ligado à religião. Seu uso para reverenciar divindades, meditar e purificar ambientes é milenar e os egípcios os preparavam em templos, com ervas e resinas de árvores consideradas sagradas. Usavam-no em cones sobre a cabeça, para perfumar o corpo, em virtude do excesso de calor da região.

Os gregos usavam ervas e óleos essenciais aromáticos em seus rituais religiosos, por estarem convencidos de que somente os deuses poderiam ter criado aromas tão extasiantes e acreditavam ser uma ponte para alcançar o Olimpo e receber dos deuses força, proteção, beleza e cura.

As ervas — plantas e seus derivados — são utilizadas na Umbanda para oferendas, amacis, banhos de descarga, de defesa e atrativos, imantações, magia, cura, etc. Nos banhos, as ervas podem ser frescas ou secas, desde que sejam colhidas e preparadas com a devida reverência e ritual adequado a cada finalidade.

ORAÇÃO

Poderá ser a mesma do culto consagratório de imagens ou outra escolhida pelo(a) dirigente.

4 — (Seguir os itens 6.2 — 2.5 2.6)

O(a) dirigente pedirá aos frequentadores, para que, em ordem, com respeito e em silêncio, entrem no congá, passando entre a fileira de médiuns, levando as plantas e seus derivados, devidamente identificados, para colocar na mandala. Em seguida, devem voltar aos seus lugares.

5 — Cantar hino de louvação ao Criador Olorum (6.2 — 2.6)

6 — Evocação consagratória (6.2 — 2.7)

Evocamos Deus Pai Todo-Poderoso, o nosso Divino e amado Criador Olorum, Seus Divinos Tronos, os Amados orixás, Sua Lei Maior e Sua Justiça Divina!

Pedimos as Vossas bênçãos neste momento e que Vossas presenças luminosas espalhem sobre nossas cabeças e sobre estas ervas as Sete Luzes Divinas. Fazei, Mães e Pais Divinos, Senhores Nossos, com que esses elementos sejam usados com recolhimento, pelos filhos, de acordo com Vossas vontades e Leis. Fazei com que eles obtenham, pela Vossa bondade e com a invocação de Vossos Sagrados Nomes, a saúde do corpo, da alma e tudo o que as necessidades da vida lhes fizerem pedir com Devoção e Fé.

Rogamos que, através delas, possam ser protegidos contra as vibrações e projeções negativas, contra doenças e males que porventura os estiverem impedindo de ser felizes.

Mais uma vez pedimos que essas ervas se tornem remédios salutares aos irmãos e que os mesmos recebam bênçãos, saúde, proteção contra todas as doenças e armadilhas de seres trevosos ou inimigos de quaisquer natureza.

Clamamos, também, para que essas ervas tragam para os filhos serenidade, equilíbrio e racionalidade.

Amados Pais e Mães orixás e Suas Sete Luzes Divinas, pedimos por todos nós e por todos os seres da Criação, as bênçãos de Deus Pai e de todos Vós. Amém!

7 — Consagração pelo(a) dirigente das ervas, na mandala

Amado Pai Olorum, Sagrados orixás!

Em Vossos Divinos nomes, consagro estes elementos (plantas, ervas, flores, raízes, sementes, cascas, banhos e essências), para que recebam as energias dos Tronos Sagrados, nossos orixás aqui evocados, e peço que eles tenham o poder de irradiar benefícios para as pessoas que os utilizarem, com devoção, reverência e respeito.

Consagro-os, também, para que eles sejam poderosos instrumentos de defesa contra influências e vibrações de maus pensamentos, maus sentimentos e maus-olhados; limpando, purificando e transmutando as más energias, tornando-as positivas e benéficas às pessoas e ambientes.

Consagro-os para que sempre sejam geradores de Esperança, Confiança, Amor, Simplicidade, Humildade, Fraternidade e Verdade. Consagro-os para que sejam escudos protetores que os tornem invisíveis, impenetráveis e invulneráveis à maldade alheia.

Eu, ..., servidor do Divino Pai Olorum, em nome de Pai Oxalá e de todos os orixás, abençoo, consagro e imanto estas ervas, a fim de que sejam forte defesa para os filhos de Fé.

Deus Supremo e Sagrados orixás! Permaneçam sempre à direita e esquerda, no alto e embaixo, à frente e nas costas, ao redor e em todos os lugares onde estiverem os irmãos, dormindo ou acordados.

Que através destes elementos Vossas presenças os protejam sempre, pela Graça Divina, Amém!

8 — Seguir os itens 6.2.9, 2.10, 2.11

9 — Oração final de agradecimento

Agradecemos com todo o Amor e Respeito ao nosso Divino Criador Olorum, aos orixás e Guias presentes neste dia de trabalho e lhes rogamos que nos auxiliem a por em prática as instruções recebidas nesta consagração. Que ao nos retirarmos, cada um de nós saia fortificado na sua convicção religiosa, na religiosidade e prática do Bem e no Amor ao próximo.

Desejamos igualmente, que estas instruções sejam proveitosas a todos os espíritos que tenham assistido a esta reunião, para os quais imploramos a misericórdia de Deus.

Pedimos, ó Pai Amado, que nos sustente nas Vossas Sete Luzes Divinas e que cada um receba suas graças conforme seu merecimento.

Amém!!!

10 — Retirada das ervas (6.2.13, 2.14)

Os fiéis serão chamados, para que, ordenadamente e em silêncio, peguem suas ervas consagradas ou derivados e voltem aos seus lugares. A seguir, o(a) dirigente os orientará sobre a maneira correta de manter e usar seus elementos consagrados:

• Regar adequadamente o vaso de planta natural.

• Para chás calmantes — Escolher a erva, de acordo com a necessidade. Despejar água fervente sobre a planta e abafar por dez minutos. Tomar três vezes ao dia, adoçado com mel e longe das refeições. A quantidade varia de acordo com a planta e utilização. O prazo de validade é de um dia; depois fermenta.

• Para cataplasmas — Mandioca ralada com arruda macerada, embalada em saquinho plástico. Colocar sobre o local afetado, durante, pelo menos, 4 horas. Dispensar o material.

• Para compressas — Chá quente de camomila ajuda a aliviar dores e resolver inflamações.

• Para gargarejos — Chá de casca de romã ou chá de gengibre.

• Para inalações — Óleo de eucalipto em água fervente.

• Para incensos — Escolher os que estão à venda no mercado ou faça seu próprio ritual de produção do incenso:

Adquira seus ingredientes aromáticos dentre as centenas existentes e faça suas próprias combinações. Deixe uma panela e uma colher de pau só para essa finalidade; use local limpo.

Ingredientes

Pó para cola de incenso, pó para incenso, 375 ml de água deionizada (água pura sem cloro e sais inorgânicos), óleo essencial ou essência para incenso ou substâncias naturais (folhas, flores, ervas aromáticas, etc.), corante alimentício e varetas de madeira. Utilizar ainda um recipiente com, no mínimo, 20 cm de altura, um local com areia para espetar as varetas.

Modo de Fazer

Junte o pó para cola de incenso com a água, leve ao fogo e mexa até ficar com textura de mingau e deixe esfriar um pouco, até cerca de 40°C. Misture o pó para incenso e mexa, coloque a essência e mexa, misture o corante e mexa. Mergulhe as varetas na massa, espete-as na areia, com a massa para fora, deixe secar por duas horas. Depois, mergulhe novamente a vareta na mistura e deixe secar mais duas horas. Repita de novo e deixe secar. (Se usar ervas, batê-las no liquidificador).

• Para dores reumáticas, artrites e artroses — Massagear o local com um dos óleos essenciais: alecrim, alfazema, arnica, sabugueiro, cana-de-açúcar, manjerona ou sassafrás.

• Para banhos: seguir as orientações dadas pelos Guias ou pelos(as) dirigentes espirituais.

• Para proteção pessoal — fazer um patuá de pano, na cor indicada para cada caso, colocando erva seca ou fresca, juntamente com outros elementos.

• Para proteção de ambientes — usar vasos com plantas de defesa (7 ervas, por exemplo), fazer arranjos de Ikebana, compondo-os com algumas ervas secas, fazer feixes com ervas consagradas, amarrados com fitas coloridas e dependurar atrás ou acima das portas, por exemplo: alecrim, arruda, benjoim, hera, mirra, oliveira, pinheiro, etc.

• Para prosperidade: vaso com árvore da felicidade, feixes de canela, camomila, artemísia. Potes arrumados com rodelas de laranja seca, folhas de louro, cravo, canela, noz-moscada, erva-doce, camomila, gergelim, milho, semente de girassol, arroz em casca, lentilha. Galhos de eucalipto fêmea, de pitanga, de camélia. Vasos de papoula. Parra (folha de uva). Espigas de trigo ou de milho.

11 — Encerramento (seguir os itens 6.2.15 e 2.16)

C. 7 — OUTROS CULTOS

C.7.1 — INSTRUÇÕES GERAIS PARA OS RITUAIS DE SAÚDE, PROSPERIDADE E OUTROS

Acreditar e ter Fé em Deus e em si mesmo pode potencializar a força do espírito e o poder do pensamento, que propiciam o progresso do homem que realiza grandes conquistas. Tudo começa em nossa mente, pensamentos e criatividade, pois somos seres racionais e espirituais e não somente corporais.

A força mental do pensamento é orientada e inspirada pelo poder Cósmico Divino, de onde provém a prosperidade, a felicidade e a saúde. A imaginação negativa ou destruidora provoca conflitos, guerras, crimes, ambições de poder e fama, doenças, etc.

PREPARAÇÃO ANTES DE IR PARA O TEMPLO

Os fiéis deverão ser orientados antecipadamente sobre os procedimentos para sua preparação corporal e espiritual e sobre os elementos necessários para os rituais.

RECEPÇÃO

Nos dias desses rituais não há necessidade de senhas. Os frequentadores deverão adentrar no Templo, até o horário de início do Trabalho ou da lotação da capacidade do espaço, e permanecer em silêncio.

FOLHETOS E TEXTOS

Os frequentadores terão as orientações de praxe, na entrada, e receberão textos ou folhetos referentes ao culto do dia, que, se quiserem, poderão adquirir ou devolver no final do trabalho. A casa deverá organizar-se para que essa aquisição ocorra em ordem e em silêncio, zelando-se para que o material não seja jogado fora ou deixado em qualquer lugar.

C.7.2 — A PRÁTICA DOS RITUAIS PARA A SAÚDE E OUTROS

Cada casa tem sua forma de trabalho, seus próprios pontos e orações, que devem ser respeitados. Aqui iremos oferecer sugestões para Rituais, que poderão ser utilizadas e também adaptadas pelos componentes dos terreiros, procurando manter a coerência e a uniformidade nos procedimentos.

• 2.1 — O(a) dirigente deverá abrir uma (ou mais) grande(s) mandala(s) e ativá-la(s). Dentro dela(s) serão colocados os objetos, quando necessário consagrá-los.

• 2.2 — Abrir o trabalho, normalmente, com o Hino da Umbanda, canto de abertura, defumação, louvor a Pai Oxalá e às Sete Linhas, saudação à Esquerda etc.

• 2.3 — O(a) dirigente ou um médium indicado por ele lerá a Invocação aos orixás, que poderá ser a mesma para todos os outros rituais e cultos.

• 2.4 — O(a) dirigente poderá ler e explicar o folheto do dia, explanar sobre a doutrina, o significado do culto e dos elementos que serão consagrados, e ler a oração constante no item 4 (que poderá ser a mesma para todos esses cultos.). Os fiéis deverão ser orientados para que permaneçam serenos, com Fé, Amor, Confiança no que estão fazendo e em sintonia com as forças da Natureza. Deverão ser orientados sobre a importância de se ter uma religião e cultivar a religiosidade. Se o(a) dirigente quiser, poderá indicar médiuns para essas tarefas. Os folhetos poderão ser os mesmos do Culto com Doutrina ou outros.

• 2.5 — O(a) dirigente pedirá aos frequentadores, para que, em ordem, com respeito e em silêncio, entrem no congá, passando entre a fileira de médiuns, levando seus objetos, devidamente identificados. Os objetos serão colocados, bem arrumados, dentro da(s) mandala(s) que deverá(ao) estar aberta(s) e iluminada(s) na frente do altar. Em seguida, devem voltar aos seus lugares.

• 2.6 — A Curimba cantará pontos de louvação ao Divino Pai Olorum e aos orixás e todos deverão cantar junto.

• 2.7 — O(a) dirigente ou um dos médiuns, designado por ele(a) anteriormente, fará a leitura da Evocação de Consagração.

• 2.8 — O dirigente, a seguir, fará a Consagração dos objetos materiais que estão na mandala.

• 2.9 — A Curimba poderá cantar pontos de louvor aos orixás ou, se for solicitado pelo(a) dirigente, poderá fazer a chamada e a sustentação de uma Linha de trabalho escolhida, cujas entidades serão incorporadas pelos médiuns da corrente.

• 2.10 — Se houver incorporação, as entidades formadoras da corrente irradiarão em conjunto sobre os elementos que estão sendo consagrados e abençoarão todos os fiéis, direcionando a eles seus fluxos energéticos.

• 2.11 — Na sequência, a Curimba cantará pontos para a subida das entidades em terra.

• 2.12 — O dirigente faz uma oração final de agradecimento.

• 2.13 — Os fiéis serão chamados, para que entrem ordenadamente e em silêncio, para pegar seus objetos consagrados e voltar aos seus lugares.

• 2.14 — O dirigente orienta os fiéis quanto às responsabilidades, cuidados e formas de se beneficiar dos objetos consagrados, em seus lares no cotidiano ou pessoalmente.

• 2.15 — A curimba faz um canto de ligação com o próximo encontro e de confraternização entre todos.

• 2.16 — Encerrar o trabalho

C.7.3 — EXEMPLOS DE RITUAL

C.7.3.1 — RITUAL PARA A SAÚDE

A fragilidade física tem origem mental e emocional. Em círculo vicioso, o corpo enfraquecido pelos hábitos constrange a mente, escravizando-a.

O pensamento cura, o espírito tem força fantástica; os milagres acontecem pela cura espiritual.

No ritual para saúde, ocorre a potencialização do poder mental e da força espiritual, por intermédio da fé e da crença do fiel.

1 — Preparação para o ritual

Os fiéis deverão ser informados, antecipadamente, para que adquiram os elementos, acondicionando as essências e os banhos em frascos. As flores, ervas, raízes, sementes e cascas poderão ser verdes ou secas. Levar para a consagração no Templo, embrulhados em panos brancos de algodão, utilizados só para esse fim.

ELEMENTOS PARA O RITUAL

Deverão ser levados ao Templo, para energização, os seguintes elementos:

— Ervas: Tapete de Oxalá, babosa, louro, sálvia, dandá da costa, palha da costa, pimenta rosa, folha de café, fumo de corda e hortelã.

— Alimentos: Canjica, arroz, leite (preferencialmente o de cabra), açúcar, trigo, mandioca, abacaxi, morango, maracujá, limão, banana, espinafre, milho, hortelã e manjericão.

— Pedras: Fluorita, calcita, olho-de-tigre, quartzo-verde, cristal branco, magnetita, ametista.

Flores: Margaridas e rosas brancas.

Defumação: Pó de café, arruda macho e fêmea, guiné, gotas de dendê.

Garrafada (uso externo): álcool, alfazema, cânfora, cipó-de-gota, unha-de-gato, sete sangrias, dandá da costa ralado, palha-da-costa e palha de alho.

Também podem ser levados, para energização, roupas, objetos pessoais e alimentos não perecíveis.

Preparação para o ritual: Antes de ir para o Templo, tomar um banho de descarrego, com 7 ervas: arruda, guiné, alecrim, manjericão, eucalipto, espada-de-são-jorge e abre caminhos.

Ferver a água, desligar e abafar as ervas. Tome o banho normal e, a seguir, o banho de descarrego, despejando a água de ervas, primeiro na frente, do lado direito, depois do lado esquerdo e, finalmente, nas costas (coluna vertebral).

2 — Início do Ritual — (seguir o item 7.2 — 2.1)

Abrir duas mandalas de cura, junto ao altar.

12 galhos de guiné e 12 de arruda, 12 galhos de café, com grãos, 5 copos de água do mar, 4 velas brancas nos polos e 1 vela lilás, no centro (dentro dos copos com água do mar).

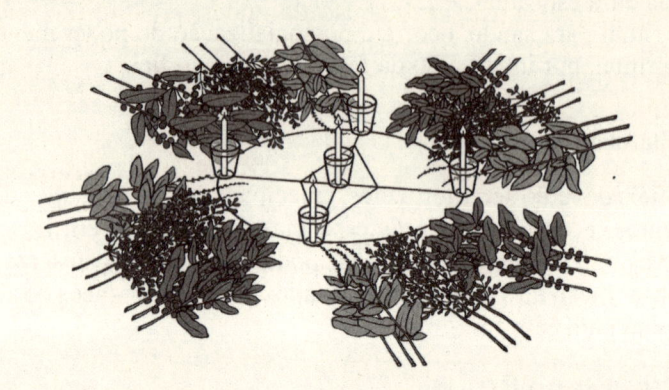

7 pembas brancas, 1 copo com água do mar, com gotas de óleo consagrado.

1 vela branca, dentro do copo com água.

3 — Abertura do trabalho

INVOCAÇÃO AOS ORIXÁS
É a mesma feita na consagração de imagens.

FOLHETO

A SAÚDE

A saúde é o bem mais precioso no ser humano para a manutenção da vida. Com saúde, o homem é capaz de realizar tudo, "vivendo", no sentido amplo da palavra. A chave da saúde está no íntimo de cada um, em seu equilíbrio e atitudes mentais, emocionais e espirituais corretas.

A doença física é resultante de anomalias que se originam em quaisquer desses campos vibracionais citados.

As pessoas sofrem por problemas iniciados em conflitos interiores, excesso de preocupações, complexos de inferioridade ou superioridade, angústias, tristezas, ansiedades, depressões, mágoas, ódios, raivas, ciúmes, inveja, rejeições, carências e outros pensamentos ou sentimentos negativos. Eles são gerados por desarmonias em casa, no trabalho, em grupos de relacionamento, abuso de poder, prostituição, etc; ou geram essas desarmonias. A constância desses sentimentos, ações ou pensamentos negativos, provoca desequilíbrios orgânicos e moléstias de todo tipo.

Há também doenças trazidas pelos vícios em bebidas, fumo e drogas, alimentos com excesso de agrotóxicos, artificiais ou industrializados (com muitos conservantes), pela exposição constante a substâncias ou ambientes prejudiciais. Mas, nesses casos, as fontes são conhecidas, perfeitamente identificáveis, e sabe-se como trabalhar para a sua cura. Basta que as pessoas queiram e se proponham a tratar-se e mudar hábitos de vida e de alimentação.

Para os problemas de origem vibracional do ser, é muito mais difícil e complexo identificar a origem de uma doença grave, em uma pessoa considerada muito boa, tranquila e que não sabe por que está sofrendo tanto. Esse sofrimento pode estar em traumas da infância, arquivados no subconsciente ou mesmo em carmas de vidas passadas, cujo resgate pode estar sendo cobrado nesta.

Para eliminar essas negatividades interiores, é preciso a reforma total do ser: reforma mental, emocional, espiritual e consciencial. Não é preciso tornar-se um "santo", mas é necessário ser honesto, trabalhador, justo, correto; levar uma vida normal sem exageros nem apegos materiais e emocionais, sem medos nem aprisionamentos. Colocar Pai Olorum (Deus) em nossas vidas e buscar constantemente a nossa essência como ser criado pelo Divino, tendo em nós todas as virtudes superiores do Pai. Não há mais tempo para tentarmos curar moléstias e chagas de origem vibracional com a medicina material e com os remédios químicos.

A cura do ser, por inteiro, está no vibracional. É preciso buscar e alcançar o autoconhecimento, entender o que há de errado conosco (e não com os outros), mudar as atitudes, o modo de vida, os pontos de vista sobre tudo, tornar os sentimentos mais puros e os pensamentos mais positivos e elevados. É preciso entender que temos muito mais a agradecer a Pai Olorum do que a reclamar e cobiçar. É permitido desejar e lutar pelo que se almeja, sem ultrapassar os limites do bom senso, da ética universal e do que nos é de direito prestabelecido espiritualmente.

Para a recuperação da saúde, regeneração física e cura dos males, podemos contar com a ajuda vibracional dos amados orixás e de Entidades

Luminosas, sempre de prontidão. Devemos usar as ervas medicinais e plantas em geral, recomendadas por elas nos banhos de limpeza e equilíbrio, nos incensos e defumadores, na harmonização e limpeza ambiental, nas infusões, "garrafadas", xaropes, em benzimentos, quebras de más vibrações e purificação. Além das ervas, podemos fazer uso da força da água, da terra e do ar.

Ter saúde e manter-se saudável é uma questão de Fé e de cumprimento das Leis Divinas, de Respeito e Amor ao próximo e a si mesmo; de elevar os pensamentos e equilibrar as emoções nos momentos difíceis; de contentar-se com aquilo que foi projetado por Pai Olorum para lhe pertencer; de encontrar-se e seguir o caminho para o Alto. É usar das fontes naturais de alimentos, de vida e de cura existentes na Natureza, criados no planeta para nosso sustento e manutenção e de todos os tipos de vida que delas possam se beneficiar.

ORAÇÃO

Poderá ser a mesma do culto consagratório de imagens ou outra.

4 — (Seguir os itens 7.2.5 2.6)

O(a) dirigente, se for o caso, pedirá aos frequentadores, para que, em ordem, com respeito e em silêncio, entrem no congá, passando entre a fileira de médiuns, levando seus elementos, devidamente identificados, para colocar na mandala. Em seguida, devem voltar aos seus lugares.

5 — Cantar hino de louvação ao Criador Olorum

6 — Evocação consagratória (7.2 — 2.7)

Evocamos Deus Pai Todo-Poderoso, o nosso Divino e amado Criador Olorum, Seus Divinos Tronos, os Amados orixás, Sua Lei Maior e Sua Justiça Divina!

Pedimos as Vossas bênçãos neste momento e que Vossas presenças luminosas espalhem sobre nossas cabeças e sobre estas ervas e demais elementos as Sete Luzes Divinas. Fazei, Mães e Pais Divinos, Senhores Nossos, com que estes elementos sejam usados com recolhimento, pelos filhos, de acordo com Vossas vontades e Leis. Fazei com que eles obtenham, pela Vossa bondade e com a invocação de Vossos Sagrados Nomes, a saúde do corpo, da alma e tudo o que as necessidades da vida lhes fizerem pedir com Devoção e Fé.

Rogamos que, através delas, possam ser protegidos contra as vibrações e projeções negativas, contra doenças e males que porventura os estiverem impedindo de ser felizes. Clamamos, também, para que ajudem a trazer para os filhos, serenidade, equilíbrio e racionalidade.

Amados Pais e Mães orixás e Suas Sete Luzes Divinas, pedimos por todos nós e por todos os seres da Criação, as bênçãos de Deus Pai e de todos Vós. Pedimos, amados Pais e Mães, que os enfermos que aqui se encontram fisicamente ou cujos nomes e fotos estejam na mandala, recebam conforme a Fé e o merecimento de cada um, a cura para as suas doenças.

Que os filhos aqui presentes, desencarnados, também recebam a cura e o alívio para suas dores, conforme os desígnios de Deus Pai.

Que as Sete Luzes iluminem nossas cabeças, energizando-nos com o bálsamo da saúde e da regeneração espiritual.

Pedimos, amados orixás, Guias e Protetores, que, se houver seres negativos atuando através de portais e cordões negros, nos enviando energias prejudiciais, que vossas emanações curadoras nos libertem dessas atuações.

Se as doenças dos nossos corpos, físicos ou espirituais, forem de origem cármica, pedimos, amados Pais e Mães, que intercedam a nosso favor, junto a Deus Pai, trazendo-nos alívio e orientações sobre como procedermos diante das situações geradoras de tais doenças.

Por nós e por todos os seres viventes, pedimos as bênçãos de Deus Pai. Amém!

7 — Consagração pelo(a) dirigente dos elementos na mandala

Amado Pai Olorum, Sagrados orixás!

Ao amado Pai Olorum, aos sagrados orixás aqui evocados, à nossa Mãe Natureza, que nos dá generosamente uma riqueza infinita de cores, aromas e vibrações, pedimos humildemente que as ervas, pedras, águas, alimentos e objetos pessoais sejam consagrados pelas energias curadoras, potencializando suas propriedades e tornando-as fontes vivas de energias, de saúde e bem-estar.

Que estes elementos nos protejam sempre, pela força das águas, do ar, dos cristais, dos minerais, do fogo, dos vegetais e da terra.

Em Vossos Divinos nomes, consagro estes elementos (plantas, ervas, flores, raízes, sementes, cascas, banhos e essências), para que recebam as energias dos Tronos Sagrados, nossos orixás aqui evocados, e peço que eles tenham o poder de irradiar benefícios para as pessoas que os utilizarem, com devoção, reverência e respeito.

Consagro-os para que sempre sejam geradores de Esperança, Confiança, Amor, Simplicidade, Humildade, Fraternidade e Verdade, no íntimo e nos atos daqueles que os usarem e dirigirem suas preces e pedidos, com Fé, Amor e Devoção ao Divino Criador.

Consagro-os para que sejam escudos protetores que tornem seus portadores invisíveis, impenetráveis e invulneráveis à maldade alheia.

Consagro-os, para que, durante as preces, eles sejam um meio de conexão entre o fiel, as Divindades e o Divino Criador, Olorum e possam despertar e expandir a Fé e a Religiosidade no íntimo de cada um.

Eu, ..., servidor do Divino Pai Olorum, em nome de Pai Oxalá e de todos os orixás, abençoo, consagro e imanto estas ervas e elementos, a fim de que sejam defesa para os seus portadores. Que sejam fogo devorador contra os ataques das trevas, destruição e aniquilamento de cordões e energias negativas e de suas fontes.

Deus Supremo e Sagrados orixás! Permaneçam sempre à direita e esquerda, no alto e embaixo, à frente e nas costas, ao redor e em todos os lugares onde estiverem os irmãos, dormindo ou acordados.

Que através destes elementos Vossas presenças os protejam sempre, pela Graça Divina, Amém!

8 — Seguir os itens 7.2.9, 2.10, 2.11

9 — Oração final de agradecimento

10 — Retirada dos elementos (7.2.13, 2.14)

Os fiéis serão chamados, para que entrem ordenadamente e em silêncio, peguem suas ervas consagradas e voltem aos seus lugares. A seguir, o(a) dirigente os orientará sobre a maneira correta de usar e manter seus elementos.

11 — Orientações do sacerdote para casos de pessoas muito doentes

1 — Preparar uma **cama de argila**:

Misturar 4 kg de argila com hortelã macerada, amassando bem, com um pouco de água (de preferência de chuva, pois fortalece o físico e o espírito, graças aos minerais que ela carrega). Colocar um plástico sobre a cama da pessoa e, sobre ele, esticar a argila e colocar a pessoa deitada sobre ela, pelo menos durante 40 minutos.

Evocar Pai Omolu, Pai Obaluaiê, Mãe Nanã e a linha dos Pretos-Velhos de Cambinda.

2 — Fazer um **banho de pipocas** no doente:
Estourar a pipoca num pouco de dendê ou na areia do mar, esperar esfriar. Passar as pipocas no doente, dando um "banho", da cabeça aos pés (sempre no sentido da cabeça para baixo). Terminado o banho, pedir licença, recolher as pipocas caídas, colocá-las em um saco de papel e despachá-las no cruzeiro do cemitério, colocando ao lado 7 velas brancas, em cruz, um copo descartável com água e flores (crisântemos brancos e roxinhos). Fazer os pedidos necessários aos três orixás citados anteriormente e à linha dos Pretos-Velhos, agradecendo antecipadamente.

3 — Abrir um **espaço mágico para cura**
Embeber 5 chumaços de algodão em óleo consagrado e colocar cada um deles dentro de um copo de água da chuva. Arrumar os 5 copos embaixo da cama da pessoa doente, conforme o desenho, evocando os Pretos-Velhos e as 13 almas benditas.

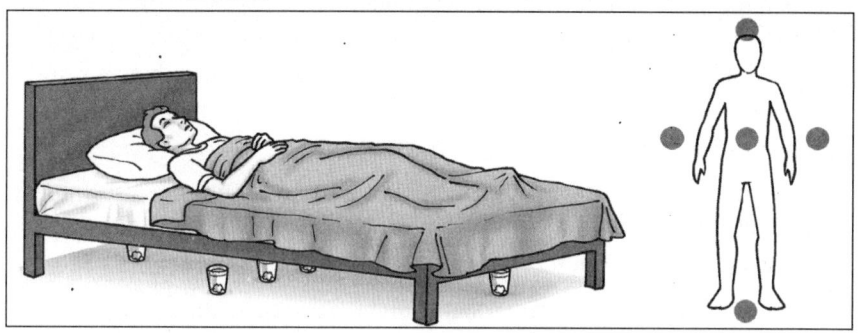

Após o Ritual para Saúde

As ervas para banhos, consagradas, deverão ser divididas para, pelo menos, 3 banhos, da mesma forma como já explicado. Antes de cada banho com as ervas, tomar o banho de higiene, fazer um banho com açúcar e água, deixando alguns minutos. Passar água no corpo e fazer o banho com as ervas energizadas.

12 — Encerramento

C.7.3.2 — RITUAL PARA PROSPERIDADE

1 — Preparação para o ritual

Os fiéis deverão ser informados, antecipadamente, para que adquiram os elementos, acondicionando as essências e os banhos em frascos. As flores, ervas, raízes, sementes e cascas poderão ser verdes ou secas. Levar para a consagração no Templo, embrulhados em panos brancos de algodão, utilizados só para esse fim.

ELEMENTOS PARA O RITUAL — MATERIAIS NECESSÁRIOS

Para defumação:

Carvão com: açúcar cristal, folha de café, folha de eucalipto, casca de arroz, canela em pó ou em pau, erva-doce, cravo-da-índia, noz-moscada.

Obs.: Todos os itens aqui pedidos serão imantados durante o ritual e, após seu término, serão levados para casa e consumidos normalmente no dia a dia.

Raízes:

Mandioca, beterraba, inhame, batata-inglesa, batata-doce, réstia de cebola, cenoura, mandioquinha.

Frutas:

Romã, uva verde, mamão, melão, maçã, banana-ouro, banana-prata, fruta do conde.

Grãos:

Milho, canjica, arroz, espigas de trigo (se não for possível, farinha de trigo), lentilha, ervilha, feijão-preto.

Ervas para banho:

Alecrim do campo, manjericão, sálvia, açoita-cavalo, louro, levante, folha de laranjeira, dandá da costa, noz-moscada, erva-doce, cravo, canela, erva-de-bicho, folha-da-fortuna, anis-estrelado. Adicionar também 7 moedas douradas e, após o uso das ervas, despachá-las em um campo de milho ou nas matas.

Obs.: quando não for possível utilizar todos os itens, escolher dois de cada.

Planta no vaso ou xaxim:

Avenca, dinheiro em penca, samambaia

(enterrar 7 moedas de R$1,00, douradas e prateadas, dentro de cada vaso/xaxim.

Flores:

Girassol, rosas amarelas, brancas e vermelhas.

Patuá:

1 pedaço de azeviche seco
3 sementes de romã
1 pedaço de manjericão seco
1 trevo de 4 folhas

3 olhos-de-cabra
1 magnetita
1 magneto

Água:

1 ou 5 litros de água potável, para ser imantada. Deverá ser destampada na hora do ritual. Escrever na garrafa a palavra prosperidade.

Colocar dentro da garrafa 3 pedras pequenas (1 pirita, 1 quartzo-verde, 1 citrino e 7 moedas douradas.

Pedras:

Pirita dourada e prateada, citrino, fluorita, quartzo-verde, esmeralda, olho-de-tigre, ouro, prata, topázio, magnetita, quartzo-rosa (para que o dinheiro venha honestamente).

Outros:

1 vela amarela
óleo de cozinha, 1 pacote de açúcar cristal, mel, melaço de cana, canela
1 garrafa de vinho tinto doce
1 cesta de vime (ou mais de uma), forrada com pano amarelo (pode ser enfeitada com fita amarela) e grande o suficiente para conter os itens.
Cipó-caboclo para rodear as cestas.
Incenso de mirra, jasmim ou flor-de-laranjeira

Entrega para Obará (Divindade da Riqueza)

Esta entrega deverá ser oferecida embaixo de uma árvore frondosa, para expansão dos negócios, para conseguir emprego, para estabilidade ou mudança de emprego, para fazer andar processos bloqueados na Justiça e para assuntos de dinheiro em geral.

1 banana-da-terra (bem amarela)

mel
7 moedas douradas
canela em pó
1 vela amarelas
suco de laranja
pétalas de rosas amarelas
7 punhados de milho de galinha
folhas de bananeira ou pano amarelo para forrar o chão

Preparo do suco: colocar 1 copo de açúcar em uma panela e deixar derreter. Antes de ficar moreno acrescentar o suco de 7 laranjas-bahia (sem sementes). Adicionar 1 pedaço de canela em pau e, assim que ferver, desligar o fogo e deixar esfriar.

Montagem da Entrega

Colocar a folha de bananeira ou o pano amarelo no chão. Colocar a banana e cortá-la de ponta a ponta no meio. Colocar as 7 moedas enterradas até a metade inclinadas para a direita de quem está fazendo, com um punhado de milho. Regar com o mel. Salpicar a canela e as pétalas. Acender a vela amarela do lado direito de quem está fazendo e colocar o suco do lado esquerdo.

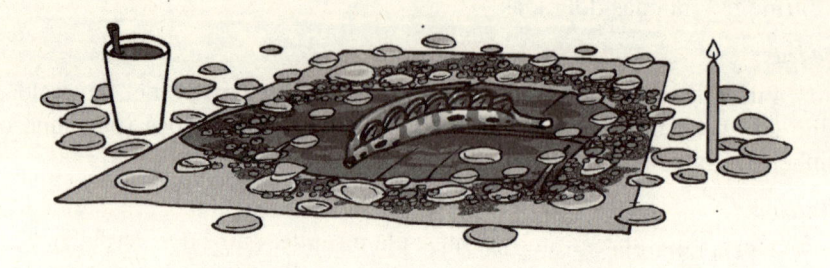

Simpatia para o Dia da Prosperidade (Dia de Reis — 6 de Janeiro)

1 romã madura

Para que não falte dinheiro o ano todo, abrir uma romã, retirar 3 sementes. Colocar uma na boca e, com os dentes, retirar a pele, dizendo: Gaspar, Balthazar e Belchior tragam-me dinheiro e prosperidade o ano todo. Fazer o mesmo com as outras duas sementes. Feito isto, pegar as 3 sementes e colocar na carteira. Esse ritual deve ser repetido todo dia de reis. Quando estiver sendo feito, mentalizar o menino Jesus sendo presenteado pelos reis magos e se imaginar também recebendo os presentes deles e se fartando de prosperidade material.

2 — Início do Ritual

O ritual deve ser feito de preferência na terça-feira. Os participantes devem estar vestidos de amarelo e branco, não ter comido carne no dia e ter feito um banho com ervas, para descarrego forte antes de se dirigirem ao Templo.

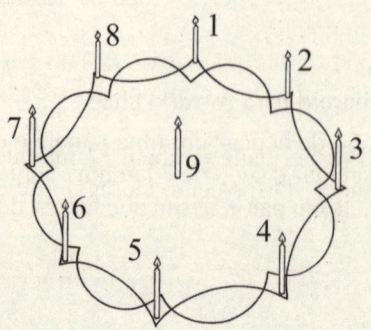

1 a 8 — velas amarelas
9 — velas rosas

O(a) dirigente deverá abrir uma grande mandala na frente do altar e ativá-la. Na mandala podem ser colocados nomes de pessoas que precisam de emprego, nomes de casas comerciais que necessitam expandir, carteiras profissionais, currículos, números de processos parados na Justiça, enfim, tudo o que estiver relacionado à prosperidade material.

3 — Abertura do trabalho

FOLHETO

PROSPERIDADE

Prosperidade — palavra que as pessoas, normalmente, associam a dinheiro, bens materiais, riquezas e crescimento econômico. Prosperidade também é isso, porém, muito antes, ela é saúde, amizades verdadeiras, respeito, trabalho digno, reconhecimento, consideração, harmonia exterior e interior, Paz. A abundância, o dinheiro e a fortuna são consequências. "A Prosperidade individual é a harmonia com a Prosperidade do Universo, e essa sintonia espiritual com o Universo tem como uma de suas consequências mais imediatas a Prosperidade material, ou seja, o poder de ganhar mais dinheiro."*

Uma pessoa próspera traz esse sentimento dentro de si, antes de procurar Prosperidade externamente. Mas ser próspero é difícil, por causa de conceitos errados, ensinados a todos nós desde a mais tenra infância. A pessoa próspera é feliz, emana essa felicidade e contagia todos à sua volta. Isso atrai bons fluidos, bons olhares, boas palavras, envolvendo-a em energias positivas, fazendo-a prosperar ainda mais. O retorno, pela Lei das Afinidades, funciona tanto positiva como negativamente, incrementando as forças pessoais de cada um. É um permanente jogo de ganha-ganha.

A Prosperidade e a Abundância não são apenas dons materiais. Fazem parte de todas as dimensões e espaços do Universo e podem ser geradas pelo estado de espírito de cada pessoa. E esse estado de espírito pode mudar a realidade física. É doar e receber, é troca ou renovação constante de energias que movimentam a Roda da Vida. A Bíblia Sagrada faz referência a guardar pelo menos a décima parte dos seus ganhos, não gastar tudo com coisas supérfluas ou investir em coisas erradas que resultem em prejuízos.

É importante pensar nisso: a Prosperidade também é uma questão de Fé, Conhecimento, Ação, Esperança, Disposição, Coragem de arris-

---

* RIBEIRO, Lair, Prosperidade: Fazendo Amizade com o Dinheiro, *Objetiva Editora*.

car, alegria; isso significa mente livre de preocupações desnecessárias, pensamentos firmes, passos constantes à frente, saber reconhecer as oportunidades e aproveitá-las da melhor maneira, colocando em prática sonhos possíveis e necessários.

A riqueza é permitida, desde que colocada a serviço das pessoas, jamais tornando-as escravas dela. Podemos ser ricos, mesmo sem dinheiro (ele vem no tempo certo), porque há pessoas pobres, mesmo com muito dinheiro: pobres de espírito, sem saúde, rodeadas de falsos amigos, cheias de preocupações, escravas de diversos vícios, escravas da própria riqueza.

Os pensamentos positivos, relativos à Prosperidade, são verdadeiras chaves para abertura de caminhos em direção a ela. Se nos propusermos a modificar o que aprendemos até hoje em relação à vida, ao real valor do dinheiro, a como ter e manter a saúde, o emprego, os bons amigos, uma boa moradia, uma bela família, etc, veremos o quanto somos capazes de ser prósperos a partir de nós mesmos, sem ficar esperando que alguém o faça em nosso lugar.

Podemos também dar uma força a mais à Prosperidade em nossas vidas, pedindo auxílio a Pai Olorum e às nossas amadas Divindades, os orixás, para atingir objetivos que determinamos serem importantes e pelos quais estamos dispostos a lutar. Podemos pedir, ainda, a magnetização e imantação de elementos materiais para utilizar como talismãs, conexão de nossa vibração pessoal com as energias positivas do cosmos, para alcançar a realização de nossos pedidos e necessidades.

Contudo, é importante que saibamos entender, respeitar e valorizar as necessidades dos nossos irmãos, tanto quanto o fazemos com as nossas; senão, seremos mesquinhos, gananciosos e insensíveis. Ser próspero também é partilhar, mas com sensatez, sem prejudicar ninguém, principalmente quem está partilhando.

4 — Seguir os itens 7.2.5, 2.6

5 — Evocação consagratória

Evoco Deus Pai Todo-Poderoso, Sua Lei Maior e Sua Justiça Divina, evoco os Sagrados Tronos Divinos da Fé, do Amor, do Conhecimento, da Justiça, da Lei, da Evolução, da Geração, evoco o divino Mehor-yê, a divina Mahor-yê, evoco os Guias, os Protetores e os Seres da Natureza, das vibrações vegetal, eólica, telúrica, ígnea, cristalina, mineral e aquática, para que atendam os nossos pedidos, trazendo para as nossas vidas e para a vida de nossos familiares a prosperidade e a saúde, em abundância, para que possamos cumprir com maior Fé e firmeza a missão espiritual a nós designada.

Clamamos a Vós, Deus Pai, para que os tronos da sagrada fartura sejam abertos neste momento, cobrindo nossas cabeças com energias renovadoras e expansoras, promovendo e fortalecendo pensamentos altamente positivos, geradores de prosperidade.

Na abundância do trigo, do milho e do vinho, pedimos, Deus Pai, a multiplicação do entendimento, da saúde e da moeda, para que assimilemos que o Universo é, potencialmente, um lugar abundante e foi construído para que todos criem, ganhem e desfrutem. Que as energias prósperas do Universo comecem, neste momento, a se movimentar a nosso favor, trazendo de volta tudo aquilo que afastamos inconscientemente, quando pensávamos que a pobreza nos levaria a Vós, ó Pai.

Pedimos que nos faça acreditar que Prosperidade é sintonia espiritual com o Universo, fonte inesgotável, que, neste momento, jorra suas energias e as direciona para nossas vidas, mentes, chacras e campos energéticos. Pedimos que haja essa sintonia e que a prosperidade material seja uma de suas consequências mais imediatas.

Consagramos a Vós estes elementos, simbolizadores de tudo que necessitamos, e pedimos que sejam fecundados com a energia da geração e da multiplicação. Que, a partir deles, nunca nos falte o pão de cada dia e que os objetos de uso pessoal passem a funcionar como imãs de energias prósperas para nós. Com nossa Fé renovada, cremos que tudo é fartura em nossas vidas e que merecemos a vida em abundância.

Agradecemos a Deus Pai todo poderoso, aos orixás e a todos aqueles que aqui estão nos auxiliando a renovar nosso padrão mental. Agradecemos aos Tronos Sagrados da Fartura e da Prosperidade e ao Universo, que nunca se nega a nos auxiliar quando nos dispomos a pedir e a receber ajuda.

Amém, Amém, Amém!

6 — Consagração dos elementos na mandala

Amado Pai Olorum, Sagrados orixás!

Em Vossos Divinos nomes, consagro estes elementos, para que recebam as energias dos Tronos Sagrados, nossos orixás aqui evocados, e peço que eles tenham o poder de irradiar benefícios para as pessoas que os utilizarem, com devoção, reverência e respeito.

Consagro-os para que sempre sejam geradores de Progresso, Prosperidade, Esperança, Confiança, Amor e Fraternidade, no íntimo e nos atos daqueles que os usarem com Fé e Devoção ao Divino Criador.

Consagro-os para que suas propriedades sejam potencializadas, tornando-os fontes vivas de energias, de saúde e bem-estar.

Em Vossos Divinos nomes, consagro estes elementos, para que recebam as energias dos Tronos Sagrados, nossos orixás aqui evocados, e peço que eles tenham o poder de irradiar benefícios para as pessoas que os utilizarem, com devoção, reverência e respeito.

Eu, ..., servidor do Divino Pai Olorum, em nome de Pai Oxalá e de todos os orixás, abençoo, consagro e imanto estes objetos, a fim de que sejam fogo devorador contra os ataques das trevas, destruição e aniquilamento de cordões e energias negativas e de suas fontes.

Deus Supremo e Sagrados orixás! Permaneçam sempre à direita e à esquerda, no alto e embaixo, à frente e nas costas, ao redor e em todos os lugares onde estiverem os irmãos, dormindo ou acordados.

Que, através destes elementos, Vossas presenças os façam progredir sempre, pela Graça Divina, Amém!

7 — Seguir os itens 7.2.9, 2.10, 2.11

8 — Oração final de agradecimento

9 — Retirada dos elementos

Os fiéis serão chamados, para que entrem ordenadamente e em silêncio, peguem seus elementos consagrados e voltem aos seus lugares. A seguir, o(a) dirigente os orientará sobre a maneira correta de usá-los e mantê-los.

10 — Encerramento do trabalho (7.2.15, 2.16)

C. 8 — CERIMÔNIAS SACRAMENTAIS

"Ser sacerdote é cuidar de sua comunidade integralmente, oferecendo seus cuidados e serviços, do nascimento até a morte."
Mestre Rubens Saraceni

C.8.1 — INSTRUÇÕES GERAIS

Sacralizar é atribuir caráter sagrado a algo ou a alguém. Os Sacramentos na Umbanda são cerimônias eficazes, realizadas durante um culto religioso, para a proteção divina dos fiéis. São sinais sensíveis, instituídos para nos dar a graça santificante, de Deus, nosso Divino Pai Olorum. Cada um deles tem uma parte que podemos ver, ouvir, cheirar, tatear ou saborear. É uma parte perceptível que indica a realização da presença de Deus e das Divindades em nossa alma. Essa parte espiritual, invisível, é a mais importante.

Em todas as cerimônias no Templo, devemos permanecer sérios, compenetrados, sem brincadeiras, solenes e reverentes.

Atualmente, pouca importância se dá às cerimônias, mas existe um fundamento divino, uma correspondência astral amparadora, por trás de cada sacramento. Cada cerimônia, se realizada com o devido respeito e sacralidade, é extremamente benéfica.

É preciso estimular os fiéis a fazerem seus sacramentos na Umbanda, que é a sua religião. Eles devem respeitar e reconhecer seus(suas) dirigentes, tendo consciência de que sacerdotes e sacerdotizas consagrados têm o poder, perante os orixás, para realizar esses atos. Cada Sacramento é um ato de Fé, é revestir a cerimônia com a vibração do(a) dirigente, com a sua convicção e religiosidade.

Todo sacerdote ou sacerdotiza umbandista deve estar preparado(a) para satisfazer a necessidade de realização dos rituais de batismo, casamento e outros, para que seus fiéis não se sintam obrigados a procurar uma outra religião a fim de efetivar seus sacramentos.

O importante é que a necessidade religiosa de realização do ritual seja satisfeita, marcando esses momentos únicos na vida das crianças e dos demais frequentadores, no seio de sua comunidade religiosa. Devemos oferecer os serviços religiosos à comunidade e o amparo religioso quando necessário, estimulando as pessoas e dando à religião a feição que ela precisa ter.

É preciso construir coletivamente, ter postura de sacerdotes, uniformizar os rituais, para criar tradição, pois só a frequência e a uniformidade dos cultos e sacramentos nos diversos terreiros propiciará o reconhecimento público do serviço sacerdotal umbandista.

Na Umbanda, alguns consideram como Sacramentos todos os rituais e cerimônias de fundamento realizados no terreiro ou na Natureza. Há dirigentes e seguidores que julgam como Sacramentos apenas o Batismo, o Casamento e o Funeral. As demais cerimônias são vistas como ritos internos e característicos de cada grupamento. Há segmentos que consideram como único Sacramento o Batismo.

Os Sacramentos abordados e descritos neste trabalho são os ensinados por Mestre Rubens Saraceni: o batismo, o casamento e a cerimônia fúnebre. Vamos estudar o caráter sagrado de cada Sacramento.

Preparação

As inscrições das pessoas que irão receber os sacramentos devem ser feitas antecipadamente, de acordo com as orientações e cronogramas de cada casa, ressalvados os casos de emergência. A casa deve exigir a apresentação de documentos comprobatórios, de acordo com o caso: nascimentos, identidade, estado civil, etc. Na Umbanda, pessoas separadas legalmente podem fazer novo casamento.

Nos casos de batismo e casamento, os fiéis deverão ser informados bem antes do dia do ritual, sobre a vestimenta adequada (que deverá ser discreta), os deveres dos padrinhos, o número de convidados, a ornamentação do Templo, etc.

No dia do Sacramento, a casa deverá estar corretamente organizada para o devido ritual. Os médiuns do terreiro e o sacerdote ou sacerdotiza deverão estar adequadamente paramentados, a casa ornamentada e a curimba preparada.

A casa deve ter bonitos livros, para o registro das cerimônias, assinaturas dos padrinhos e demais testemunhas e oferecer os certificados correspondentes.

Recepção

No dia de cerimônia sacramental de batismo e de casamento não há necessidade de senhas para os convidados e participantes em geral. A equipe responsável pela recepção deverá orientar e conduzir os convidados, os médiuns e demais participantes (fotógrafos e outros) aos seus lugares.

Folhetos e Textos

Os frequentadores terão as orientações de praxe, na entrada, e poderão receber ou adquirir textos ou folhetos referentes ao culto do dia. A casa deverá organizar-se para que essa aquisição ocorra em ordem e em silêncio, zelando-se para que o material não seja jogado fora ou deixado em qualquer lugar.

C.8.2 — A PRÁTICA DOS SACRAMENTOS

Cada casa tem sua forma de trabalho, seus próprios pontos e orações, que devem ser respeitados. Se aqui estamos oferecendo alguns exemplos de cultos, são sugestões, que poderão ser utilizadas e também adaptadas às práticas já realizadas.

• 2.1 — Abrir o trabalho, normalmente, com o Hino da Umbanda, canto de abertura, defumação, louvor a Pai Oxalá e às Sete Linhas, saudação à esquerda.

• 2.2 — O(a) dirigente poderá explanar sobre a doutrina, sobre o sacramento que será realizado, orientar os fiéis sobre a importância de se ter uma religião e de cultivar a espiritualidade.

• 2.3 — O sacerdote deverá coordenar o propósito do culto do dia com as necessidades da assistência (fiéis) e realizar o ritual.

• 2.4 — Encerrar o trabalho.

C.8.2.1 — CERIMÔNIA DE BATISMO

O batismo é uma cerimônia indispensável, para que a pessoa tenha uma vida religiosa plena. O(a) dirigente tem de estar preparado(a) para acolher os filhos de seus filhos e fazer a apresentação da criança à Divindade, para que o espírito sintonize melhor a proteção do orixá e suas vibrações.

Sempre que surgir a oportunidade de apresentar a criança, o jovem ou o adulto, no corpo físico, a Deus e à Divindade, é importante aproveitá-la.

A criança deverá ser batizada, não importando as condições de seus pais (solteiros, casados, separados, etc.).

1 — Seguir o ítem C.8.1

BATISMO

O batismo é o ato divino que reveste o espírito e o mental da criança com uma aura protetora semelhante à proteção divina que o espírito recebe ao reencarnar. Ele poderá ser feito para qualquer pessoa, não importa a idade.

Deve ser feito, preferencialmente, nos sete primeiros meses de vida da criança, mas poderá ser realizado para crianças até sete anos de idade.

Após os sete anos, faz-se a conversão do fiel, com o batismo e a imantação na nova religião, que passa a amoldar sutilmente o espírito nas suas irradiações.

O batismo é o sinal de entrada na religião, no Templo, onde o batizando se torna filho de Olorum (Deus) e seguidor de Pai Oxalá, passando a fazer parte de seu "exército branco". Ele é o primeiro e mais importante dos sacramentos, pois é a porta de entrada para o recebimento das bênçãos divinas e dos demais sacramentos.

O sacramento do batismo existe desde a Antiguidade e, praticamente, em quase todas as religiões. As preces, toques, cantos e ritos do batismo na Umbanda compõem a linguagem expressiva de nossa religião, em um cerimonial litúrgico poético, santificado e participativo da vida divina.

Pelo batismo, a pessoa é incorporada ao Templo de Umbanda e constituída como um novo irmão, passando a ter os direitos e deveres próprios da religião. Por isso, é conveniente que a preparação e a celebração do batismo ocorra na comunidade religiosa frequentada pelos pais, no caso de crianças, ou pelos amigos e parentes, no caso de adultos. Isso facilitará a integração do novo membro. Em caso de um dos pais ser de religião diferente, esta deverá ser respeitada, tanto quanto a Umbanda.

Sugerimos que as pessoas a serem batizadas, maiores de sete anos, tenham iniciação na Doutrina e na vivência dos Rituais de Umbanda, para que coloquem em prática, o mais cedo possível, as virtudes fundamentais para seu crescimento espiritual.

2 — Preparação para o batismo

O altar deverá estar devidamente organizado, iluminado e enfeitado com flores. Em frente do altar, poderá estar arrumada uma mesa, ornamentada com uma bela toalha branca rendada. Sobre a mesa, deve haver água, banha de carneiro (também conhecida como banha de ori), pó de pemba ralada ou pemba bem mole. Deve haver, também, uma vela grande, enfeitada com fita de cor clara, para cada criança a ser batizada. O(a) sacerdote(sacerdotiza) poderá realizar vários batizados no mesmo dia. Outras velas brancas de batismo deverão estar sobre a mesa.

Salvo casos excepcionais, os padrinhos deverão ser pessoas adultas (com mais de dezoito anos), seguidoras da religião de Umbanda Sagrada.

3 — O trabalho

Fazer a abertura completa do trabalho, normalmente, com o Hino da Umbanda, canto de abertura, defumação, louvor a Pai Oxalá e às Sete Linhas e saudação a Exu e Pombagira. Lembrem-se de que mesmo as crianças de colo são levadas à rua e elas têm a sua esquerda, que já as assume em suas caminhadas.

4 — Explanação

O(a) dirigente poderá explanar sobre a doutrina, sobre o sacramento que será realizado, sobre a necessidade e os benefícios do batismo. Poderá orientar os fiéis quanto à importância de se ter uma religião e do cultivo da religiosidade.

5 — O ritual de batismo (8.2 — 2.3)

A Curimba, durante toda a cerimônia, poderá cantar hinos e pontos, relacionados ao culto e aos orixás evocados.

O(a) ministrante deverá coordenar o propósito do culto do dia com as necessidades da assistência (fiéis):

• Em caso de batismo de criança, deixá-la no colo da madrinha e entregar a vela batismal branca aos pais, que deverão segurá-la acima da cabeça do bebê. Perguntar aos pais se desejam batizar a criança na Umbanda.

• Se for batismo de pessoa adulta, entregar a vela a ela e perguntar-lhe se deseja ser batizada na Umbanda, por livre e espontânea vontade.

• Pedir ao nosso Divino Criador, Olorum, e ao nosso Pai Oxalá, a imantação da água, dando a ela o poder de purificar o mental de (nome da criança)

• Apresentar a Olorum (Deus) a pessoa a ser batizada. Pegar a criança, ajoelhar e apresentá-la a Olorum e a Oxalá, dizendo o nome civil da criança: "Amado Criador Olorum, amado Pai Oxalá, eu vos apresento (nome da criança), para que iluminem sobre ela e ela seja reconhecida, iluminada e amparada por Vós nesta vida.

• Determinar o par de Padrinhos Divinos da pessoa a ser batizada.

• Conceder a um homem e a uma mulher a honra de representarem aqui na Terra o par de Padrinhos Divinos. Cada padrinho deverá segurar na mão direita uma vela batismal branca, que representa o padrinho/madrinha divino.

• Posicionar os padrinhos ao lado dos pais da criança ou da pessoa, se for adulto.

• Iniciar o batismo da pessoa, purificando sua coroa ou ori, com a água já imantada, pedindo a anulação de imantações, até de outras vidas. A água imantada anula batismos anteriores, instala a vibração da nova religião e protege o mental da pessoa, pois é condensadora e concentradora da água espiritual.

• Pegar um pouco de banha de carneiro com os dedos e passar ao redor do chacra coronal, como uma auréola ao seu redor e fazer uma cruz em cima. A banha de carneiro fecha a auréola e segura a vibração que vem, pois é condensadora dessa vibração divina. Isso é uma proteção, para que, dali em diante, a pessoa não receba vibrações negativas. A coroa fica fechada, com acesso apenas ao regente dela. Na sequência, pegar a banha de carneiro e fechar o chacra frontal, laríngeo, cardíaco e umbilical, as palmas das mãos e as solas dos pés, fazendo um círculo com uma cruz em cima.

• Colocar um pouco de pó de pemba sobre a banha de carneiro, em todas as partes untadas com ela (ou riscar com pemba mole), para proteção do mental.

• Cruzar a pessoa com uma vela batismal branca, que simboliza Olorum (Deus), pedindo ao Divino Criador Olorum e a nosso Pai Oxalá que irradiem sobre .....(nome da criança)...., envolvendo-a na aura divina que irá fechar em seu mental, imantando-a na aura vibratória da Umbanda, que a protegerá e a livrará de influências negativas. Pedir seu acolhimento e amparo na Umbanda, em sua caminhada na Terra.

• Solicitar ao par de padrinhos que abençoem a pessoa batizada, em nome de Olorum e do orixá que, ali, na cerimônia, está representando.

Orientação aos Padrinhos da Criança

Pedir aos padrinhos que se ajoelhem, com a criança no colo, e façam voto, dizendo:

"Amado Pai Olorum, amado Pai Oxalá, diante de Vós assumo o compromisso de segundo pai, segunda mãe, prometendo cuidar dela, sempre que necessário."

• A seguir, apresentar o(a) batizado(a) à comunidade:

"Irmãos e irmãs, apresento-lhes a(o) nossa(o) nova(o) irmã(ao), (nome da pessoa batizada)."

Orientação aos Pais, sobre a Vela Batismal e Banho

A vela batismal será levada para casa e guardada pela mãe. Essa vela é símbolo da Luz Divina e deve ser acesa, apenas quando necessário, posta sempre sobre a cabeça da criança e, de preferência, às suas costas. Se houver algum problema de causa desconhecida com a criança, acender a vela e elevá-la sobre a sua cabeça. O campo imantador da própria criança começará a se abrir e a criar a proteção e a limpeza necessárias.

A cabeça da criança deverá ser lavada somente após doze (12) horas, depois do ritual de batismo.

LIVRO DE BATISMO

Providenciar as assinaturas no Livro de Batismo e entregar o Certificado do Sacramento aos pais ou à pessoa adulta.

6 — Encerrar o batismo, com uma prece de bênção à pessoa batizada.

Observação: BATISMO para crianças de 7 a 13 anos

Dos sete aos treze anos, primeiro deverá haver a conversão da criança para a Umbanda, para depois ser realizado o sacramento do batismo.

Se ela já foi batizada em outra religião, o(a) dirigente banha a sua cabeça, apresentando-a aos orixás da Umbanda.

Se nunca foi batizada, banha a cabeça, passa a pemba sobre os chacras e a apresenta aos orixás.

No caso do adulto, é uma conversão religiosa e deverão ser usadas as ervas arruda, alecrim e guiné.

C.8.2.2 — CERIMÔNIA DE CASAMENTO

1 — Seguir o item C.8.1

O CASAMENTO NA UMBANDA

O elemento humano vital, o impulso universal que tudo cria e gera, que motiva duas pessoas a unirem suas vidas em uma existência comum, é o Amor. O verdadeiro sentido do casamento é a fusão de duas almas, é deixar de ser parte para tornar-se todo.

A união das forças do homem e da mulher, em um compartilhar sincero de duas vidas, faz aflorar uma parte fundamental do ciclo humano. O casamento é o elo mais forte e perpetuador da sociedade, é a união solene entre duas pessoas de sexos diferentes, com legitimação religiosa e/ou civil, para a constituição de uma família. A família deve funcionar como o berço dos valores que formam o caráter e a personalidade do ser. O casamento é perpetuador da família e da espécie.

Os primeiros conceitos de ética e moral, a primeira ideia e concepção sobre o que é Deus, religião e religiosidade, aparecem na família, uma das principais bases de nossa sociedade. Isso coloca em evidência a importância da união matrimonial, da integração e da valorização da família com a religião.

O casamento não é apenas uma instituição humana, mas é também instituição divina. Não podemos esquecer que a lei dos homens não é mais importante que as bênçãos de Deus. Para isso, o Divino Criador, Olorum, precisa estar presente, como Sacramento (sinal), na vida dos casais. Sem Olorum, o casamento pode tornar-se um fardo muito pesado de se carregar. O amor humano e o desejo sexual podem se exaurir rapidamente, e, portanto, não serem suficientes para sustentar a relação. O casamento significa uma verdadeira aliança do casal com o plano divino, um pacto de comprometimento total, pois o Divino Criador é Amor, é união, é dádiva, é bondade infinita. A bênção de Deus fortalece o casamento, na realidade do dia a dia, restaurando-o com Sua misericórdia, sempre que necessário; proporciona crescimento espiritual e aproxima o casal do Divino Criador.

O casamento na Umbanda é um ritual belo, simples e singelo, no qual o sacerdote ou a sacerdotiza, ou a entidade responsável, pela outorga a eles conferida, dá as bênçãos divinas para a união do casal, lembrando-lhes os valores e o significado dessa união.

A Umbanda prega a monogamia, a fidelidade, o respeito mútuo e o amor a Deus. O bom relacionamento deve ser dinâmico e sua harmonia só pode ser alcançada com Amor, Respeito, Dedicação, Crescimento e Maturidade.

1 — Preparação — Em frente ao altar, deverá estar arrumada uma mesa, ornamentada com uma bela toalha branca rendada. No chão podem ser colocados belos vasos com flores. Sobre a mesa, castiçais com velas: branca, para Pai Oxalá, e azul-claro, para Mãe Iemanjá. Também deve haver sobre a mesa água, pemba ralada e crisântemos, uma vela rosa para a noiva, representando Mamãe Oxum e uma vela azul-turquesa para o noivo, representando Papai Oxumaré. Esses orixás simbolizam a união para a preservação da vida.

— A água, em um cálice ou taça, significa a vida e a purificação. É utilizada para banhar as alianças.

— A pemba, representa o alimento, a terra, a firmeza e a estabilidade.

— O crisântemo é utilizado para aspergir a água, abençoando, para colocar as alianças dentro e porque foi a flor indicada pelos mentores, pois traz harmonia, quietude, paciência, tolerância e benevolência.

Em frente à mesa, no chão, devem estar duas belas almofadas brancas, de cetim, para que nelas os noivos se ajoelhem ou um genuflexório no qual os noivos fiquem bem acomodados.

Os médiuns poderão estar formando a corrente mediúnica, os homens à esquerda e as mulheres à direita, de frente para o altar. No meio, deixar um corredor, com 7 médiuns mulheres do lado direito e 7 médiuns homens do lado esquerdo, segurando palmas brancas, formando uma espécie de "túnel de flores", para a passagem da noiva, na entrada, e dos noivos, na saída. O corredor poderá estar coberto com pétalas de rosas ou folhas de outras plantas. Ele simboliza o caminho florido que estão pisando juntos.

2 — O trabalho — O (a) dirigente poderá abrir o trabalho, normalmente, com a Curimba entoando o Hino da Umbanda, canto de abertura, defumação, louvor a Pai Oxalá e às Sete Linhas, etc. A seguir, chama o noivo e os padrinhos para a frente, ao lado do altar.

3 — Entrada da noiva — A Curimba faz canto para a entrada da noiva, que se dirigirá à frente do altar, encontrando-se com o noivo. Os padrinhos posicionam-se ao lado, atrás dos noivos, segurando as velas na mão direita. O padrinho segura a vela azul e a madrinha a vela rosa. O sacerdote posiciona-se em frente aos noivos.

EXPLANAÇÃO

O(a) dirigente poderá explanar sobre a doutrina, sobre o sacramento que será realizado, orientar os fiéis sobre a importância de se ter uma religião, do cultivo da religiosidade e do casamento. Poderá falar aos noivos sobre a importância do casamento na Umbanda.

4 — O Matrimônio — "Estamos aqui reunidos, sob a luz de nosso Pai Olorum, pedindo a nosso Pai Oxalá e aos Protetores, para que seja abençoada e se consagre a união de nosso irmão ....(nome do noivo) com nossa irmã (nome da noiva). Essa união é desejo de ambos, para darem prosseguimento às suas vidas aqui no plano físico, porque é a condição fundamental, uma necessidade para a preservação da própria espécie. Que ela seja abençoada e seja o início de uma caminhada em comum.

Queremos parabenizar a decisão dos noivos, pois é assim que procedem as pessoas que se amam e querem dar sequência a uma família. O Amor é um sentimento, uma sensação, uma fonte alimentadora do ser, um princípio gerador, que extrapola as fronteiras do universo pessoal, mesclando-se à vida.

Nosso Divino Criador, Olorum, gerou espíritos masculinos e femininos e as espécies aos pares, machos e fêmeas para se complementarem. A união dos pares faz parte de uma das formas de sustentação da vida e da multiplicação da espécie humana no planeta. Quando amamos e somos amados, muda a própria visão que temos do mundo, pois ele nos parece muito melhor e mais bonito. Tornamo-nos mais tolerantes, mais humanos, mais fraternos e mais saudáveis. Felizes são os que se unem com seus pares!

O casamento é a união estabelecida por Deus, para o nosso aperfeiçoamento. Só os que se unem em Deus, com Suas divindades amparando-os, são plenamente felizes, respeitados pela sociedade, pelos familiares e pelos amigos. Um relacionamento afetivo só será bem-sucedido se houver respeito e entendimento mútuo, se houver cumprimento do dever moral e se cada um der o que tem de melhor para a felicidade do casal, para ver no outro a satisfação da vida. É isso que Deus quer de vocês!

A Umbanda adotou os procedimentos de nossa cultura ocidental, que é monogâmica. Mas, a fidelidade não deve existir por mera convenção social, e, sim, porque estaremos cumprindo diante de Deus o que aceitamos do plano espiritual.

O dever moral, na ordem dos sentimentos, é muito difícil de se cumprir e suas vitórias não têm testemunhas. Dever é coragem da alma que enfrenta as angústias da luta. A obrigação moral para com Deus jamais cessa e o homem que cumpre seu dever ama a Deus mais que às próprias criaturas.

A mesma lei que nos ampara, nos pune quando a infringimos. Se o Amor não resistir ao tempo e um dia vier a separação, que não haja traição nem ofensas. Em religião, nenhuma infidelidade é aceita.

Os casais que não seguem regras racionais, acabam por separar-se, mas o plano físico é apenas uma passagem. A separação com antipatia, com sentimentos de mágoa e ódio, gera carma que se desdobra no plano espiritual.

O casamento é a união de dois espíritos, de duas vontades, de duas consciências, para assumir as funções de marido e esposa. Implica em conduta, preservação de preceitos, mudanças interiores, amparo e respeito. A união necessita de reflexão, para que se tenha consciência das responsabilidades daí em diante, para dar orientação aos que vierem dessa união.

Pai e mãe devem ter condutas exemplares, nas quais o filho possa se espelhar para um dia ser feliz em sua união, também.

Cada um de vocês, hoje, assume um dever para com o outro, de respeito mútuo, de estimular, de amparar, de compartilhar alegrias, tristezas e dificuldades.

Na união do sagrado matrimônio, estão unindo seus espíritos diante de Deus, estão assumindo um compromisso de trilharem um único caminho, juntos, com Amor.

O casamento também é uma cerimônia religiosa muito importante porque é o momento em que um se responsabiliza pelo outro, com renúncias em benefício mútuo."

5 — A cerimônia de casamento — O(a) sacerdote(sacerdotiza) deverá coordenar o propósito do culto do dia com as necessidades da assistência. O(a) sacerdote(sacerdotiza) diz aos padrinhos:

Orientação aos Padrinhos

Ser padrinho e madrinha de casamento é um ato social, mas, para os Sagrados orixás, sua função é a de atuarem como luzes na vida de seus afilhados, para que, no caso de desavenças, eles possam chamá-los para conversar e se orientar. Vocês deverão trabalhar as dificuldades do casal, com harmonia, com a razão e não com a emotividade, para não desenvolver rupturas e carmas.

Quem está na dificuldade não consegue tomar decisões acertadas; aí é importante a ação dos padrinhos. Ser padrinho e madrinha é ter ascendência sobre os afilhados, para chamá-los à atenção quando necessário.

Nesse caso, poderão ser utilizadas as velas, deixando-as acesas um pouco, para equilíbrio, para que voltem a se ver como hoje, como par, casal que se ama. Apagar as velas em seguida.

6 — O(a) sacerdote(sacerdotiza) une as mãos dos noivos, coloca a sua mão direita sobre as deles, reza e diz ao casal — A você (nome do noivo) e a você (nome da noiva), que hoje estão aqui para dar esse passo importante, peço a bênção dessa união a nosso Pai Oxalá. Em nome de Deus Pai, Todo-Poderoso e dos Sagrados orixás, pelo poder a mim conferido pelos orixás eu pergunto:

— "Estão conscientes da responsabilidade que estão assumindo?"

O(a) dirigente pega e abençoa as alianças, que antes foram colocadas na água, na pemba e no crisântemo. Eleva as alianças, para que recebam as bênçãos, a imantação divina, enquanto os noivos permanecem ajoelhados.

"Nosso Deus, nosso Pai, Divino Criador, Sagrados orixás, peço-Vos que derramem Vossas bênçãos sobre estes símbolos de união, para que quando forem usados, os noivos sempre se lembrem do compromisso assumido diante de Vós.

A Curimba canta pontos de união. Exemplo:

> Pai Olorum, abençoe esta união } bis
> Estão aqui em Vossa casa }
> Pra pedir Vossa bênção. } bis)

"Peço ao Divino Olorum, a nosso Pai Oxalá, aos demais orixás e protetores que abençoem esta união sagrada, derramando suas luzes sobre vossas coroas. Peço-lhes que esta união ocorra também em espírito, para que, unidos diante de Deus, usufruam dos benefícios do sagrado matrimônio, para fortalecimento do vosso espírito e do elo que neste momento está se estabelecendo entre ambos.

Pede aos noivos que se levantem e pergunta:

— para a noiva: (nome da noiva) é de livre e espontânea vontade que você recebe (nome do noivo) como seu esposo?

— para o noivo: (nome do noivo) é de livre e espontânea vontade que você recebe (nome da noiva) como sua esposa?

Após o sim, "então, que seja anotado no Livro das Uniões e que, agora, vocês troquem as alianças, que representarão essa união perante a sociedade.

Que abençoados sejam vocês em sua união, para vivenciarem o Amor, que já foi vivenciado em outros planos, e aqui repitam a alegria da vida.

O(a) dirigente assina o livro e diz:

"Agora estão unidos perante Pai Olorum e perante os Sagrados orixás. Que Deus os abençoe! E porque diante de Deus e da Umbanda estão unidos como marido e mulher, finalizamos esta cerimônia, pedindo que assinem nosso livro.

"Podem se beijar!"

7 — A Curimba poderá cantar hinos e pontos de alegria (8.3 — 2.4).

O sacerdote ou sacerdotiza entrega as velas aos noivos, orientando-os para que elas sejam preservadas sempre em pé.

Parabeniza-os. Noivos, padrinhos e testemunhas assinam o livro.

8 — Saída dos noivos, com canto da Curimba, para recebimento dos cumprimentos.

9 — Encerrar o trabalho

C.8.2.3 — CERIMÔNIA FÚNEBRE

RITUAL DE PURIFICAÇÃO DO CORPO E ENCAMINHAMENTO DO ESPÍRITO, DE ACORDO COM MESTRE RUBENS SARACENI

Em todas as culturas o campo-santo é considerado um lugar sagrado, onde os corpos sem vida são devolvidos ao Criador Olorum. Os mortos merecem o nosso respeito e devem ser lembrados com Amor, pois tais sentimentos os auxiliarão em sua caminhada evolutiva.

A cerimônia fúnebre umbandista deve ser realizada de maneira que, através do corpo, o espírito, onde quer que se encontre, seja alcançado.

A MORTE

"A morte é um ato de vida."
Mestre Rubens Saraceni

O que normalmente chamamos de morte é uma dissolução progressiva do indivíduo, que, ao desencarnar, se defronta com uma zona de transição entre o mundo da matéria e o mundo astral, denominada túnel da triagem. Não fugiremos à Lei imutável de que há vida após a morte. A verdadeira vida eterna é a existência do espírito que, após um período no astral, reencarna, voltando ao corpo material muitas vezes, para ampliar a consciência do ser e continuar o seu aperfeiçoamento e crescimento, no caminho rumo ao Criador. Esta vida é apenas um estágio, no qual devemos adquirir compreensão para evoluir. Com a morte, muda apenas a vibração, pois o plano de vida passa a ser o espiritual. Vida e Morte constituem um único ciclo de vida, no qual o nascimento corresponde à entrada na vida material e a morte à entrada na vida espiritual.

Os cemitérios ou campos santos, no acima, são pontos de força regidos por nosso Pai Obaluaiê. São os pontos de transição do espírito, quando deixa a matéria e passa para o plano espiritual. Pai Obaluaiê é o "Senhor das Passagens" de um plano a outro, de uma dimensão para outra, do espírito para a carne e vice-versa. Na Umbanda, esse Pai é evocado como senhor das almas, dos meios aceleradores de sua evolução, e traz em si vontade de avançar, de ir para mais perto de Deus.

Pai Omolu é o orixá responsável por nosso corpo, quando o espírito se desprende dele. Ele é o orixá da terra, que nos aguarda até que sejamos chamados pelo nosso Senhor, Olorum. Pai Omolu, de seu ponto de forças no campo-santo, coordena todas as almas, após o desencarne, de acordo com a Lei Maior, mantendo-as no cemitério ou encaminhando-as ao umbral, onde também é o regente. O Senhor Omolu é o chefe de todos os executores da

Lei dentro da Linha das Almas e é, ele mesmo, o verdadeiro executor dos seres que caíram, por vários motivos, e que têm de purgar os seus erros no astral inferior. Ele também recolhe os espíritos que, quando na carne, ofenderam o Criador, e que cairão nos planos sem retorno.

A obrigação de todos nós é cuidarmos da vida na carne, da melhor maneira possível, com a coragem de colocarmo-nos frente a frente com os nossos vícios, erros, desejos e anseios. É reconhecermos que somos imperfeitos e buscarmos sempre nossa melhora, envidando todos os esforços possíveis para vencermos a nós mesmos, mudarmos nossas atitudes em relação aos semelhantes e a nós, e caminharmos rumo ao Divino Criador.

Purificação do Corpo:

1º — Purificação do corpo com incenso (defumação)
2º — Purificação do corpo com água consagrada
3º — Cruzamento do corpo com a pemba, ou do caixão, se lacrado
4º — Cruzamento do corpo com óleo de oliva
5º — Borrifação do corpo com essências e óleos aromáticos (óleos essenciais)

Encomenda do Espírito:

1º — Apresentação do(a) falecido(a)
2º — Palavras acerca dos espíritos
3º — Prece ao Divino Criador Olorum
4º — Canto de Oxalá
5º — Hino da Umbanda
6º — Canto de Obaluaiê
7º — Canto ao orixá de cabeça do(a) falecido(a)
8º — Despedida dos presentes
9º — Fechamento do caixão
10º — Transporte do corpo ao cemitério
11º — Enterro do corpo
12º — Cruzamento da cova onde foi enterrado

PROCEDIMENTOS DO SACERDOTE UMBANDISTA PARA
PURIFICAÇÃO DO CORPO

1 — Purificação do corpo com incenso

— A defumação poderá ser feita com incenso, que envolve o espírito em uma camada isolante. Procure incensar o corpo do(a) falecido(a), com incensos que tenham propriedade depuradora e purificadora:

— palha de alho — corta os cordões de vampirismo.
— Guiné — neutraliza as energias externas, sela o corpo para evitar a captura do espírito.
Proferir as seguintes palavras:
Irmão(ã) ...(dizer o nome do(a) falecido(a).).., neste momento eu incenso o seu antigo corpo carnal e peço a Deus que, onde quer que seu espírito se encontre, receba este incensamento e seja purificado de todos os resquícios materiais ainda agregados nele, tornando-o mais leve e mais puro, para que você possa alçar seu voo espiritual rumo às esferas superiores da vida.

2 — Purificação do corpo com água consagrada

Levar água consagrada do altar, ou consagrá-la na hora. Aspergir água consagrada sobre o corpo, dizendo as seguintes palavras:
Irmão(ã) ...(dizer o nome do(a) falecido(a).).., neste momento eu purifico o seu antigo corpo, com a água consagrada, para que, onde você estiver, o seu espírito receba esta purificação de todos os resquícios materiais ainda agregados nele, tornando-o mais leve e mais puro, para que você possa alçar seu voo espiritual rumo às esferas superiores da vida.

3 — Cruzamento do corpo com a pemba, ou do caixão, se lacrado

Cruzar a testa, a garganta e as costas das mãos, dizendo as seguintes palavras:
Irmão(ã) ...(dizer o nome do(a) falecido(a).).., neste momento eu cruzo o seu antigo corpo, com a pemba branca consagrada, para que, onde você estiver, o seu espírito fique livre de todos os resquícios dos cruzamentos materiais ainda agregados nele, desobrigando-o de responder àqueles que fizeram esses cruzamentos em você, quando você ainda vivia no plano material e, com isso, torno-o livre para que você possa alçar seu voo espiritual rumo às esferas superiores da vida.

4 — Cruzamento do corpo com óleo de oliva

Untar o ori, cruzar a testa, as costas das mãos e o peito do pé do(a) falecido(a), dizendo estas palavras:
Irmão(ã) ...(dizer o nome do(a) falecido(a)..)., neste momento eu unto o seu ori, anulando nele os resquícios das firmezas de forças feitas em sua coroa e retiro dela a mão de quem as fez, purificando o seu espírito e livrando-o de ter de responder aos chamamentos de quem quer que seja e que ainda se sinta seu superior e seu responsável nos assuntos relacionados às suas

antigas práticas religiosas. Com isto, torno-o livre para que possa alçar seu voo espiritual rumo às esferas superiores da vida.

5 — Borrifação do corpo com essências e óleos aromáticos (óleos essenciais)

Aspergir o óleo essencial aromático (alfazema, olíbano, cipreste, mangerona, sândalo *), da cabeça até os pés do corpo do(a) falecido(a).

Durante esses atos, dizer as seguintes palavras:

Irmão(ã) ...(dizer o nome do(a) falecido(a)..)..., onde quer que você esteja neste momento, que o seu espírito seja envolvido por esta essência e este óleo, para que assim você possa alçar seu voo espiritual rumo às esferas superiores, envolto numa aura perfumada e com o seu espírito livre de quaisquer resquícios materiais que nele ainda pudessem ter restado.

Observação:
— Alfazema — para purificação (limpa, acalma, revigora, renova);
— Olíbano — para conexão com a divindade;
— Cipreste — para desapego e desprendimento;
— Mangerona — para acolhimento pela Mãe Divina;
— Sândalo — é um bálsamo (ajuda a compreender a partida e a conexão com a nova morada).

ENCOMENDA DO ESPÍRITO

1 — Apresentação do(a) falecido(a)

O próprio sacerdote ministrante do sacramento ou uma pessoa que conheceu bem o falecido deve, neste momento da cerimônia fúnebre, dizer algumas palavras sobre ele aos presentes.

2 — Palavras acerca da missão do espírito que encarna

O sacerdote ministrante deve recitar algum texto escolhido por ele ou recitar de si mesmo algumas palavras acerca da missão do espírito que encarna e do que ele leva para o mundo dos espíritos, quando do seu retorno à morada maior.

3 — Prece ao Divino Criador Olorum

Olorum, Senhor nosso Deus e nosso Divino Criador, hei-nos reunidos à volta do corpo carnal do(a) vosso(a) filho(a) ...(citar o nome do(a) falecido(a)...), que cumpriu sua passagem pela Terra, com Fé, Amor e Confiança e não esmoreceu em momento algum, diante das provações a que se submeteu, para que pudesse evoluir e aperfeiçoar ainda mais a sua consciência acerca da Vossa Grandeza, Senhor Nosso Pai!

Acolha seu espírito que já retornou ao mundo maior, onde está a morada dos que O servem com Humildade, Fé e Caridade, Senhor Nosso Pai.

Envolva-o(a) na Vossa Luz Divina e ampare-o(a) no Vosso Amor Eterno, Senhor Nosso Pai! Amém!

4 — Canto de Oxalá

O sacerdote ministrante ou a curimba deve entoar um ponto cantado para Pai Oxalá. Exemplo:

> Pombinho Branco, }
> Mensageiro de Oxalá } bis
>
> Leve esta mensagem
> De todo o coração, até Jesus,
> Diga que ele(ela) foi }
> um soldado de Aruanda, } bis
> Trabalhou pela Umbanda, }
> Semeando a sua Luz. }

Após terminar o canto, deve dirigir algumas palavras a esse orixá Maior da Umbanda, solicitando-lhe que acolha o espírito do(a) falecido(a), ampare-o e direcione-o às esferas superiores do mundo espiritual.

5 — Hino da Umbanda

O sacerdote ministrante ou a curimba deve cantar o Hino da Umbanda, em homenagem ao espírito do(a) falecido(a) que, durante a sua passagem pela Terra, seguiu a religião umbandista.

6 — Canto de Obaluaiê

O sacerdote ministrante ou a curimba deve cantar um ponto de Obaluaiê e, após o seu término, deve dirigir algumas palavras a esse orixá, que é o Senhor das Almas e do Campo-santo, para que ele acolha o espírito do(a) falecido(a) e o ampare, durante o seu transe de passagem do plano material para o espiritual, direcionando-o para o seu lugar nas esferas espirituais.

Canto de Obaluaiê

"No alto do cruzeiro tem uma grande cruz
no centro do cruzeiro brilha a grande luz,
de Obaluaiê, êêêê, de Obaluaiê, êê, meu Pai.

Seu campo é grande, meu Pai.
seu reino é o campo-santo, meu Pai.
Obaluaiê, êêêê, Obaluaiê, êê, meu Pai.

Sua luz é grande, meu Pai,
e conduz quem fica pra trás,
Obaluaiê, êêêê, Obaluaiê, êê, meu Pai.

Seu campo é a terra, meu Pai,
recebe quem vai pro seu reino,
Obaluaiê, êêêê, Obaluaiê, êê, meu Pai.

Sua cruz, seu cajado, meu pai,
amparam os que ficaram pra trás,
Obaluaiê, êêêê, Obaluaiê, êê, meu pai.

Nos conduz por seu reino, meu pai,
somos os que ainda estão para trás,
Obaluaiê, êêêê, Obaluaiê, êê, meu pai.

Um dia no seu reino, meu Pai,
ilumine pra que eu encontre a paz,
Obaluaiê, êêêê, Obaluaiê, êê, meu Pai.

No cruzeiro, almas oram, meu Pai
de joelhos, pedem descanso e paz,
Obaluaiê, êêêê, Obaluaiê, êê, meu Pai.
O caminho eterno, um dia vou trilhar
e em algum lugar eu vou lhe encontrar,
Obaluaiê, êêêê, Obaluaiê, êê, meu Pai.

Sua coroa é só luz, ó meu Pai,
pra iluminar os que ficaram prá trás,
Obaluaiê, êêêê, Obaluaiê, êê, meu Pai.

Seu cajado é firme, meu Pai,
prá amparar quem não mais quer ficar para trás,
Obaluaiê, êêêê, Obaluaiê, êê, meu Pai.

Seu corpo é só chagas, meu Pai,
simbolizam as almas que caem,
Obaluaiê, êêêê, Obaluaiê, êê, meu Pai.

Seu campo é eterno, meu Pai,
guarda pra Olorum os que ficaram para trás.
Obaluaiê, êêêê, Obaluaiê, êê, meu Pai."

(Mestre Rubens Saraceni)

7 — Canto ao orixá de cabeça do(a) falecido(a)

O sacerdote ministrante deve proferir algumas palavras sobre o orixá de cabeça do(a) falecido(a), pedindo-lhe que ampare o espírito de seu(sua) filho(a), durante o seu retorno ao mundo dos espíritos.

8 — Despedida dos presentes à cerimônia

Todos os presentes, iniciando pelos familiares do(a) falecido(a), devem dar a volta no caixão, onde está depositado o corpo do(a) falecido(a), despedindo-se dele(a) e desejando-lhe uma vida luminosa e virtuosa no mundo espiritual.

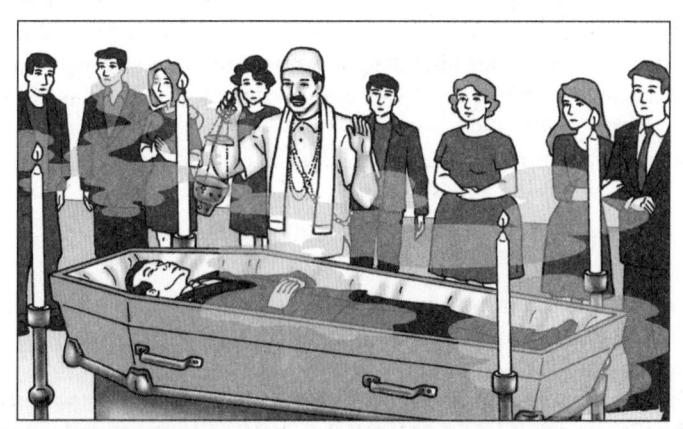

9 — Fechamento do caixão

O caixão deve ser fechado pela pessoa da funerária, responsável pelo enterro ou cremação.

10 — Transporte do corpo ao cemitério ou ao crematório

Se a cerimônia foi realizada no terreiro frequentado pelo(a) falecido(a) ou em sua casa, o caixão deve ser carregado pelos seus familiares e amigos, até o veículo que o transportará ao cemitério onde será enterrado.

Se a cerimônia foi realizada na capela do cemitério onde será enterrado, o seu transporte deverá ser feito, da capela até o seu túmulo, através do meio recomendado pelos responsáveis pelo local.

11 – Enterro do corpo

O caixão, após ser depositado dentro da cova, deve receber uma fina camada de pemba ralada, antes de ser coberto pela terra.

12 – Cruzamento da cova onde foi enterrado

Após o túmulo ser coberto de terra e as flores serem depositadas sobre ele, o sacerdote ministrante deverá cercar a cova com pemba ralada, criando um círculo protetor à sua volta, e deve acender quatro velas brancas: uma acima da cabeça, uma abaixo dos pés, uma do lado direito e outra do lado esquerdo, formando uma cruz ao redor da cova, e proferir as seguintes palavras:
— Divino Criador Olorum, amado Pai Obaluaiê, amado Pai Omolu, Senhores Guardiões do Campo-Santo, aqui eu selo e cruzo a cova onde (...dizer o nome do(a) falecido(a)...) teve seu corpo enterrado, impedindo, assim, que ela venha a ser profanada e impedindo que seu espírito venha a ser perturbado por quaisquer ações que possam ser intentadas contra ele a partir de agora.
Observação: Em caso de cremação, fazer todo o processo antes dela.

C.9 – Conclusões

Procuramos tratar os assuntos deste trabalho de forma simples e didática, priorizando as orientações comportamentais, rituais e cultos possíveis de serem realizados de imediato em nossas casas espirituais.
Mas, há diversas outras sugestões para atuarmos junto aos consulentes de Umbanda, no sentido de desenvolver neles a religiosidade e torná-los frequentadores participantes de nossos templos. Citamos a realização de Ações Sociais (ajuda humanitária, orientações jurídicas e econômicas, prestação de serviços de saúde, painel com oferta e procura de empregos). Também são importantes as Atividades Culturais (oficinas, cursos, palestras, mesas redondas, exposições, apresentações artísticas) e Educacionais (com fundação de Escolas de Ensino Fundamental, Médio e Universitário).
Não devemos descartar a possibilidade de criação de Organizações Não-Governamentais (ONGs) e mesmo de Fundações.
Esses temas são conteúdo para futuras reflexões e estudos, no sentido de subsidiar Ações da Comunidade Umbandista nessas áreas.

BIBLIOGRAFIA

ARI, Baruch Ben. *Relendo o Evangélico no Limiar do Terceiro Milênio.* São Paulo: Federação Espírita do Estado de São Paulo, sd.
BANDEIRA, Cavalcante. *O que é a Umbanda.* Rio de Janeiro: Ed. Eco, 1973.
BORGES, Wagner. *Curso de Bioenergia e Projeciologia.* São Paulo.
CUMINO, Alexandre. *Deus, Deuses, Divindades.* São Paulo: Madras Editora, 2004.
———. *Curso "Teologia de Umbanda".* São Paulo: Colégio Magno de Umbanda Pai Benedito de Aruanda.
FREIRAS, Byron Tôrres de e Freitas, Wladimir Cardoso de. *Os Orixás e a Lei de Umbanda.* Rio de Janeiro: Ed. Eco, 1969.
KARDEC, Allan. *O Evangelho Segundo o Espiritismo.* Instituto de Difusão Espírita, 2002.
MANDINO, Og. *O Maior Milagre do Mundo.* Rio de Janeiro: Record, 2003.
MARAUSHA, Haja. *Salmos da Saúde e da Alegria de Viver*, 21ª ed. Belo Horizonte: Celso Siffert Ed., sd
———. *Salmos da Riqueza Interior*, 21ª ed. Belo Horizonte: Celso Siffert Ed., sd.
MOLINS, N. A. *Manual do Babalaô e da Yalorixá.* Rio de Janeiro: Ed. Espiritualista, sd.
RIBEIRO, Lair. *Prosperidade: fazendo amizade com dinheiro.* Rio de Janeiro: Objetiva, 1992.
SANTOS, Gilton S. *Pontos Cantados e Riscados.* São Paulo: Ed. Tríade, 1987.
PINTO, Tancredo da Silva e FREITAS, Byron Tôrres de. *Umbanda – Guia e Ritual para a Organização de Terreiros.* Rio de Janeiro: Ed. Eco, 1972.
RIBEIRO, José. *Cerimônias da Umbanda e do Candomblé.* Rio de Janeiro: Ed. Eco, sd.
PINHEIRO, Iara C. *Magia e Maestria dos Ciganos do Oriente.* São Paulo: Madras Editora, 2002.

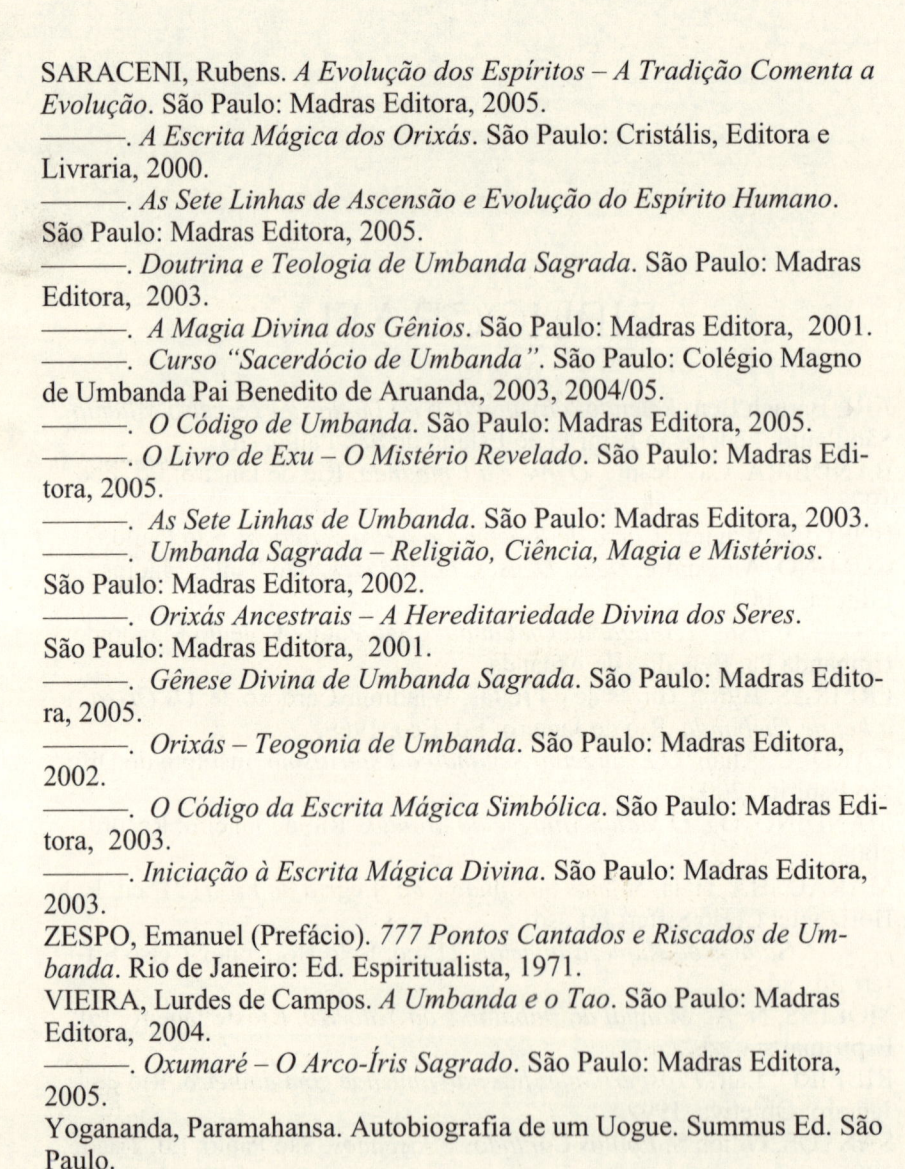

SARACENI, Rubens. *A Evolução dos Espíritos – A Tradição Comenta a Evolução.* São Paulo: Madras Editora, 2005.

———. *A Escrita Mágica dos Orixás.* São Paulo: Cristális, Editora e Livraria, 2000.

———. *As Sete Linhas de Ascensão e Evolução do Espírito Humano.* São Paulo: Madras Editora, 2005.

———. *Doutrina e Teologia de Umbanda Sagrada.* São Paulo: Madras Editora, 2003.

———. *A Magia Divina dos Gênios.* São Paulo: Madras Editora, 2001.

———. *Curso "Sacerdócio de Umbanda".* São Paulo: Colégio Magno de Umbanda Pai Benedito de Aruanda, 2003, 2004/05.

———. *O Código de Umbanda.* São Paulo: Madras Editora, 2005.

———. *O Livro de Exu – O Mistério Revelado.* São Paulo: Madras Editora, 2005.

———. *As Sete Linhas de Umbanda.* São Paulo: Madras Editora, 2003.

———. *Umbanda Sagrada – Religião, Ciência, Magia e Mistérios.* São Paulo: Madras Editora, 2002.

———. *Orixás Ancestrais – A Hereditariedade Divina dos Seres.* São Paulo: Madras Editora, 2001.

———. *Gênese Divina de Umbanda Sagrada.* São Paulo: Madras Editora, 2005.

———. *Orixás – Teogonia de Umbanda.* São Paulo: Madras Editora, 2002.

———. *O Código da Escrita Mágica Simbólica.* São Paulo: Madras Editora, 2003.

———. *Iniciação à Escrita Mágica Divina.* São Paulo: Madras Editora, 2003.

ZESPO, Emanuel (Prefácio). *777 Pontos Cantados e Riscados de Umbanda.* Rio de Janeiro: Ed. Espiritualista, 1971.

VIEIRA, Lurdes de Campos. *A Umbanda e o Tao.* São Paulo: Madras Editora, 2004.

———. *Oxumaré – O Arco-Íris Sagrado.* São Paulo: Madras Editora, 2005.

Yogananda, Paramahansa. Autobiografia de um Uogue. Summus Ed. São Paulo.